왕이신 나의 하나님이여
내가 주를 높이고
영원히
주의 이름을 송축하리이다

내가 날마다
주를 송축하며
영영히 주의 이름을 송축하리이다

여호와(하나님)는 광대하시니
크게 찬양할 것이라
그의 광대하심을 측량치 못하리로다

– 시편 145편 1–3절

평강의 주님께서
때마다 일마다
평강을 주시길 기도하며

특별히 _____님께

이 소중한 책을 드립니다.

김장환 목사와 함께
경건생활 365일

하나님을
찬양하라!

Praise ye the LORD!

나침반

하나님을 찬양하라!

1899년 영국의 대형 여객선 스텔라호(SS Stella)가 험난한 사우샘프턴(Southampton)의 채널제도(Channel Islands)를 지나다 두 개의 암초에 걸려 8초 만에 침몰했습니다. 워낙 험난한 해협이라 구조대를 파견하는 데에만 14시간이 걸렸습니다.

생존자가 있을지 장담할 수 없는 막막한 상황….

절망으로 가득한 흑암 같은 바다를 혹시나 싶어 돌아다니는 구조대의 귀에 자그마한 찬양 소리가 들려왔습니다.

"오, 주 안에 안식이 있네… 주님이 날 구하러 오실 것이네…."

영국의 유명한 오페라 가수인 그레타 윌리엄스(Greta Williams)가 12명의 생존자들과 함께 부르는 찬양이었습니다.

그레타는 사람들이 절망에 빠진 것을 보고 멘델스존의 「오, 주님 안에서 쉬기 원합니다(O, Rest in the Lord)」를 부르기 시작했고 어느덧 모든 사람들이 찬양을 따라 부르며 평안을 얻었습니다.

찬양은 하나님이 우리 인간을 창조하신 목적입니다.

"이 백성은 내가 나를 위하여 지었나니
나의 찬송을 부르게 하려 함이니라"(이사야 43:21)

아침이나 저녁이나,

기쁠 때나 슬플 때나,

주님을 찬양합시다.

"호흡이 있는 자마다 여호와(하나님)를 찬양할지어다. 할렐루야!"(시편 150:6)

김장환(목사 / 극동방송 이사장)

1월

"네 하나님 여호와께서 권고하시는 땅이라
세초부터 세말까지
네 하나님 여호와의 눈이 항상 그 위에 있느니라"

– 신명기 11장 12절 –

1월 1일

걸음을 인도하시는 하나님

읽을 말씀 : 잠언 16:1-9

● 잠 16:9 사람이 마음으로 자기의 길을 계획할지라도 그 걸음을 인도하는 자는 여호와시니라

『제가 오늘날 방송사의 책임자가 되리라고는 꿈에도 생각하지 못했습니다. 미국에서 목사 안수를 받고, 한국에 돌아와서는 수원중앙교회 목회에 전념하면서 청소년을 위한 선교에 힘을 기울이고 있던 어느 날 밥존스 대학교 동창인 일본 *FEBC* 윌킨슨 선교사로부터 "일본 오키나와에 있는 송신소를 제주도로 옮기려고 하는 데 도와달라"라는 연락을 받았습니다.

처음에는 사양했지만 간곡한 요청에 설립될 때까지만 돕고, 그 이후에는 목회에 전념하겠다는 단서를 달았는데, 설립 책임을 맡은 윌킨슨 선교사가 과로로 세상을 떠나 결국 모든 책임이 제게 주어졌고, 부족한 저를 통해 하나님께서는 마침내 1973년 6월 30일 아세아 방송(현 제주 극동방송)을 시작하게 하셨습니다.

돌아보면 어려움이 참으로 많았습니다. 특별히 바로 직전에 여의도 광장에서 열린 빌리 그레이엄 전도대회의 통역을 맡으면서 개국 준비는 더 눈코 뜰 새 없이 바빴고, 나중에는 병원에 입원까지 했습니다. 그렇게 힘든 역경들을 통과한 후에 이루어진 아세아 방송의 개국이어서 그만큼 감격은 컸고, 이후에 경영난을 겪던 극동방송과의 공동 운영, 그리고 법인을 극동방송으로 통일해 오늘에 이르게까지 하셨습니다. 하나님께서는 제 발걸음을 그렇게 인도해 주셨습니다.』-「김장환 목사의 인생 메모」 중에서

오늘은 새해 첫날입니다.

하나님께서는 우리를 향한 놀라운 계획을 갖고 계시고, 한 걸음 한 걸음 인도해 주시는 분이십니다. 더욱 하나님을 인정하고, 따라가며 꿈에도 생각하지 못한 복되고 형통한 삶을 기도합시다. 아멘!

♡ 주님, 금년에도 하나님께서 인도하시는 발걸음을 보게 하소서.

▨ 기도하며 금년의 계획을 세우고 하나님께 맡깁시다.

나의 영적 일지

주님께 맡기라

읽을 말씀 : 빌립보서 3:10-14

● 빌 3:13,14 형제들아 나는 아직 내가 잡은 줄로 여기지 아니하고 오직 한 일 즉 뒤에 있는 것은 잊어버리고 앞에 있는 것을 잡으려고 푯대를 향하여 그리스도 예수 안에서 하나님이 위에서 부르신 부름의 상을 위하여 좇아가노라

가장 뛰어난 지성인 중 한 사람으로 불리는 파스칼(Blaise Pascal)이 주님을 만난 후 세상에서의 방황을 끝내고 쓴 기도문입니다.

"주님, 큰일을 마치 작은 일처럼 하도록 도와주소서.
제가 주님의 능력으로 그 일을 하기 때문입니다.

주님, 작은 일은 마치 큰일처럼 하도록 도와주소서.
제가 주님의 이름으로 그 일을 하기 때문입니다."

스크랜턴 대학교(University of Scranton)의 조사에 따르면 8%의 사람만이 신년에 세운 목표를 이룬다고 합니다. 그럼에도 반드시 신년 목표를 세울 것을 권했는데 그 이유는 목표를 세우지 않은 사람의 성취율은 0%였기 때문입니다.
하나님은 우리를 향한 분명한 계획을 갖고 계십니다.
지금 나의 상황이 어떠하든 내 삶을 인도하시는 분이 주님이시라는 것을 믿는다면 주님은 분명히 나의 삶을 책임져 주시고 인도해 주십니다.
우리가 어디로 가든지 우리와 함께 하시는 하나님을 의지하며 마음을 강하게 하고 담대히 하고, 두려워 말며 놀라지 말고(여호수아 1:9), 하나님의 뜻대로 살아가는 올 한 해가 될 수 있게 해달라고 주님 안에서 바른 목표를 세우고 뜨거운 열정을 품으십시오. 아멘!

💚 주님, 제가 원하는 방향이 아닌, 주님이 원하는 방향으로 살아가게 하소서.
🖼 기도함으로 올해 주님이 주시는 비전을 세웁시다.

나의 영적 일지

두 가지 질문

읽을 말씀 : 시편 62:1-6

● 시 62:5 나의 영혼아 잠잠히 하나님만 바라라 대저 나의 소망이 저로 좇아 나는도다

미국에서 250개의 교회를 개척한 세계적인 베스트셀러 작가인 팀 켈러 목사님은 성도들의 신앙을 점검할 때 두 가지 질문을 한다고 합니다.

● 첫 번째 질문―"당신이 지금 가장 원하는 것은 무엇입니까?"

로또 당첨같이 "딱 이것만 있으면 좋을 텐데", "아, 그 일이 내 삶에 일어난다면" 하면서 종종 생각하는 것들이 무엇인지에 대한 질문입니다.

● 두 번째 질문―"지금 당신이 잃을까 봐 가장 두려운 것은 무엇입니까?"

"내가 아프면 어떡하지?", "갑자기 해고당하면 어떡하지?"와 같이 삶에서 일어나지 않았으면 하는 일들이 무엇인지에 대한 질문입니다.

목사님은 이 질문에 대한 답이 바로 예수님보다 우리가 더 섬기는 '우상'일 수 있다고 말합니다. 사람에게 생명보다 중요한 것은 없고 우리는 예수 그리스도를 영접함으로 영원한 생명을 얻었습니다. 가장 귀한 것을 얻었음에도 여전히 세상에서 필요한 것을 주님보다 더욱 원하고, 잃고 싶지 않아 한다면 이 모든 것이 우상일 수 있습니다.

이 질문에 이제 우리도 답을 해야 할 차례입니다.

가장 원하는 것은 무엇입니까? 정말로 주님만으로 만족하십니까? 우리의 연약함을 아시는 주님께 굳건한 믿음을 달라고 간구하십시오.

주님만으로 영혼이 만족하기를 기도하십시오. 아멘!

♡ 주님, 주님만이 나의 모든 것이 되심을 늘 고백하며 살게 하소서.

▥ 우리의 연약함을 아시는 주님께 굳건한 믿음을 달라고 간구합시다.

나의 영적 일지

예수님의 가치

1월 4일

읽을 말씀 : 골로새서 1:24-29

● 골 1:27 하나님이 그들로 하여금 이 비밀의 영광이 이방인 가운데 어떻게 풍성한 것을 알게 하려하심이라 이 비밀은 너희 안에 계신 그리스도시니 곧 영광의 소망이니라

어거스틴(Aurelius Augustinus)이 설교 중에 "여러분은 정말로 주님을 사랑하십니까?"라고 물었습니다. 모든 회중들은 큰 목소리로 "그렇습니다"라고 대답했습니다. 어거스틴이 설교를 이어갔습니다.

"어느 날 주님이 우리 앞에 나타나 이렇게 말씀하신다고 생각해 보십시오.

「이제부터 네가 원하는 모든 것을 주겠다. 세상 전부라도 주겠다. 너는 모든 기적을 행할 수 있으며 불가능한 일은 하나도 없다. 무슨 일을 해도 죄가 되지 않으며, 너를 막을 수 있는 것은 하나도 없다.

아플 일도 없으며, 눈물도 없으며, 죽음도 없으며 영원불멸의 삶을 누릴 수 있게 해주겠다. 그러나 단 한 가지는 이룰 수 없다. 더 이상 나를 만날 수도 없고, 내 음성을 들을 수도 없다.」

일순간 쥐 죽은 듯이 조용해졌습니다.

어거스틴은 다음의 질문으로 설교를 마쳤습니다.

"이 질문에 여러분은 어떻게 대답하시겠습니까?

지금 들었던 감정 혹은 기쁨, 갈등이 주님을 향한 여러분의 솔직한 마음입니다. 스스로 주님을 얼마나 사랑하는지 되돌아보십시오."

하나님은 가장 귀한 독생자를 우리를 위해 주셨고, 주님은 우리의 죄를 대신하여 모든 물과 피까지 흘리셨습니다.

모든 것을 희생하신 주 예수님을 위해 기쁨으로 우리의 모든 것을 드리겠다고 고백하십시오. 아멘!

♡ 주님, 세상의 가장 귀한 것과 바꾼다 해도 주님의 은혜를 포기하지 않게 하소서.

▨ 어거스틴의 질문에 여러분의 솔직한 답을 내려봅시다.

나의 영적 일지

나침반의 노력

읽을 말씀 : 시편 40:1-8

● 시 40:8 나의 하나님이여 내가 주의 뜻 행하기를 즐기오니 주의 법이 나의 심중에 있나이다 하였나이다

북극을 가리키는 나침반을 본 적이 있습니까?

나침반의 바늘은 멈춰있는 듯하지만 가만히 보면 마치 떨 듯이 가느다랗게 진동하고 있습니다. 이 진동이 있는 나침반은 어떤 상황에서도 북쪽을 가리키는 믿을 수 있는 나침반입니다. 나침반을 어디다 어떻게 놔도 곧바로 북쪽을 가리킵니다. 반면에 떨리지 않는 나침반은 완전히 고장 난 것이나 다름없습니다. 나침반이 조금만 움직여도 쏠리는 방향으로 바늘이 돌기 때문에 북쪽을 알 수 없습니다.

이 떨림을 보며 마치 하나님의 뜻대로 살아가고자 하는 그리스도인들의 모습과 같다는 생각이 들었습니다.

하늘의 보좌 버리고 이 땅에 오신 예수님으로 인해 구원이란 놀라운 선물을 받은 우리이지만 매일 넘어지고, 흔들리는 연약한 믿음을 가진 사람이기도 합니다.

그럼에도 계속해서 북쪽을 가리키는 떨리는 나침반처럼 우리가 향해야 할 곳이 어딘지 잊지 않고 노력해 나간다면 주님이 예정하신 그날에 주님의 뜻대로 우리의 삶은 아름다운 여정을 이어갈 것입니다.

힘들고 어려워도 결코 포기하지 말아야 할 것이 있습니다.

주님의 뜻대로 살아가며 복음을 만방에 전파하라고 말씀하신 주님이 주신 사명이 바로 그것입니다. 때론 넘어지고, 때론 흔들려도 주님만을 향해 전진하는 믿음의 성도가 되십시오. 아멘!

💟 주님, 주님의 뜻만을 가리키는 나침반 같은 삶이 되게 하소서.

🎴 언제나 어디서나 주님만을 바라보는 믿음의 사람이 됩시다.

나의 영적 일지

마음을 나누라

읽을 말씀 : 잠언 18:15–24

● 잠 18:24 많은 친구를 얻는 자는 해를 당하게 되거니와 어떤 친구 는 형제보다 친밀하니라

세상에는 세 가지 종류의 친구가 있다고 합니다.
● 첫 번째 친구는 '말로만 소통하는 친구(Say to Say)'입니다.
가끔 만나면 서로 근황이나 묻고 세상 돌아가는 잡다한 이야기를 하다가 기약 없이 헤어지는 친구입니다.
● 두 번째 친구는 '머리로 소통하는 친구(Head to Head)'입니다.
잡담을 넘어서 서로의 생각을 말하고 받아들일 수 있는 친구입니다. 지금 빠 져 있는 문제나 고민 등도 서로 편하게 묻고 도와줄 수 있는 단계입니다.
● 세 번째 친구는 '마음으로 소통하는 친구(Heart to Heart)'입니다.
가만히 있어도 불편하지 않고 누구에게도 할 수 없는 속마음을 털어놓을 수 있는 진정한 친구입니다.
친구여도 다 같은 친구가 아니듯이 성도 간의 교제에도 말을 넘어선 머리, 머 리를 넘어선 마음의 교제가 필요합니다.
독일의 작가 실러(Friedrich von Schiller)는 진정한 친구는 기쁨을 2배로, 슬픔은 절 반으로 덜어준다고 말했습니다. 진정한 친구는 너무도 중요하기에 '지혜의 서' 인 잠언에도 친구에 대한 말씀이 11번이나 나옵니다.
하나님이 주신 귀한 마음을 서로 나누며 그리스도인으로 살아가는 보람과 어 려움을 함께 나눌 동역자를 구하십시오. 그리고 상대방에게 그런 동역자가 되십 시오. 아멘!

♡ 주님, 마음으로 소통하는 친구와 함께 복음을 전하게 동역의 자리에 세워주소서.
🖼 주님께 마음으로 소통하는 친구를 달라고 기도합시다.

나의 영적 일지

분명한 증거가 있다

읽을 말씀 : 히브리서 11:1-7

● 히 11:1 믿음은 바라는 것들의 실상이요 보지 못하는 것들의 증거니

한 고고학자가 근동 지방을 발굴하던 중에 편지가 들어있는 불에 그을린 돌 항아리를 발견했습니다.

돌 항아리 안에는 각종 문서와 함께 편지가 들어 있었습니다.

"제 증언은 진실로 거짓이 없습니다.

여기 나의 '휴포스타시스'를 보내드립니다."

고고학자가 밝혀낸 사연은 이렇습니다.

아버지로부터 유산을 상속받은 한 여인이 관리의 실수로 모든 것을 잃게 되었습니다. 너무나 억울했던 여인은 항소하기 위해 모든 증거 서류를 항아리에 넣고 고등법원이 있는 알렉산드리아로 향했습니다. 여정 도중에 여관에 불이 나서 안타깝게도 이 항아리는 전달되지 못했지만 항아리에는 여인이 말한 '휴포스타시스', 즉 자신이 정당한 유산의 주인이라는 분명한 증거들이 확실히 들어있었습니다.

휴포스타시스는 '분명히 존재하는 증거'라는 뜻으로 히브리서 11장 1절에 나오는 "믿음은 바라는 것들의 실상이요"라는 말씀에도 '실상'이라는 같은 단어가 쓰였습니다.

하나님이 이미 주신 예수님이라는 확실한 증거가 있기에 성경을 통해 약속하신 다른 말씀도 우리는 '실상'으로 믿을 수 있습니다.

하나님이 주신 분명한 증거들이 우리 삶에 임하기를 기대하며 주님만을 신뢰하십시오. 아멘!

🤍 주님. 믿음으로 만물을 보고 주님의 인도하심을 볼 수 있게 하소서.

🖼 누가 뭐라고 해도 어떤 이론이 있어도 주님을 통해 보고 들읍시다.

나의 영적 일지

비전을 품으라

읽을 말씀 : 시편 37:1-11

● 시 37:9 대저 행악하는 자는 끊어질 것이나 여호와를 기대하는 자는 땅을 차지하리로다

세계적인 자동차 회사 혼다는 오토바이로 시작했습니다.

혼다의 소이치로 회장은 작은 구멍가게에서 일할 때부터 훗날 세계 최고의 오토바이 회사를 만들겠다고 매일 다짐했고 그 꿈은 오토바이를 넘어서 세계 굴지의 자동차 회사로까지 이어졌습니다.

일본 야구 최고의 명장 나가시마 시게오 감독은 현역 시절 매 경기 전 '결정타를 친 뒤의 인터뷰 연습'을 했다고 합니다. 최고의 선수이자 최고의 감독이 될 수 있었던 비결은 매일 바라는 바를 떠올리며 그 비전을 이루기 위해 끊임없이 노력했기 때문입니다.

이 두 사람의 일화를 보고 감명을 받은 나오요시라는 청년은 "나도 바라던 대로 작가가 되겠다!"라는 비전을 품었습니다. 단순히 비전을 품을 뿐 아니라 매일 정말 작가가 되기 위해 노력하자 1년이 되지 않아 일본의 국영방송 *NHK*를 비롯한 많은 방송과 언론으로부터 인터뷰 요청을 받는 작가가 됐습니다.

나오요시는 올바른 비전을 다음과 같이 설명했습니다.

"저녁에 초밥을 먹겠다고 생각하면 1,2시간 안에 쉽게 이룰 수 있습니다. 그런데 식당까지 갈 노력과 초밥을 살 돈이 있어야 합니다. 비전은 매일 떠올리기만 하면 저절로 이루어지는 마법이 아니라 그에 필요한 노력이 따르는 삶을 살 때 완성됩니다. 제 경험상 대부분의 비전은 2년 안에 이루어집니다."

비전은 말이 아닌 행동으로 이루는 것입니다.

주님이 주신 소중한 비전을 매일 떠올리며 그 비전을 따라 주님의 뜻을 삶에 펼치십시오. 아멘!

♡ 주님, 주님이 주신 비전을 선명하게 보게 하시고 비전을 이루고자 노력하게 하소서.
▨ 주님이 주신 비전을 위해 오늘은 무엇을 했는지 돌아봅시다.

나의 영적 일지

간결하게 전하는 복음

읽을 말씀 : 사도행전 8:14-25

● 행 8:25 두 사도가 주의 말씀을 증거하여 말한 후 예루살렘으로 돌아갈새 사마리아인의 여러 촌에서 복음을 전하니라

'국민의, 국민에 의한, 국민을 위한(of the people, by the people, for the people)'이라는 민주주의의 핵심을 정의한 링컨의 게티즈버그 연설은 지금도 세계적으로 손꼽히는 명문입니다. 그러나 이 연설은 채 5분도 걸리지 않은 짧은 연설이었습니다.

모르는 사람이 없을 정도로 유명한 처칠의 "결코, 결코, 결코 포기하지 마십시오"라는 연설은 1분도 되지 않습니다.

이뿐 아니라 세계적으로 훌륭한 연설문들은 하나같이 '짧고 간결하다'는 공통점이 있습니다.

학자들은 이 원칙을 'K.I.S.S.'라고 부릅니다.

"Keep It Simple, Stupid."라는 뜻으로 "최대한 단순하게, 어리석은 사람도 알아듣게 말하라"라는 원칙입니다.

헤밍웨이의 '노인과 바다'는 고등학교 1학년 학생이면 읽을 수 있을 정도의 간단한 단어만 사용되어 쓰였지만 노벨문학상을 받았습니다.

예수님도 마찬가지로 복음을 전할 때는 항상 듣는 사람의 눈높이에 맞춰서 때로는 비유로, 때로는 쉽게 풀어서 전하셨습니다.

하나님을 향한 우리의 믿음과 신앙의 핵심은 무엇입니까?

때로는 복잡하고 어려운 교리보다 우리가 주님을 만난 순간의 짧은 핵심이 사람의 마음을 녹일 수 있습니다. 주님을 처음 만난 때를 떠올리며 간결하게 복음을 전할 수 있는 간증을 준비하십시오. 아멘!

🩷 주님, 복음을 최대한 단순하고 쉽게 전할 수 있는 지혜를 주소서.

🎑 이웃에게 전할 복음을 단순하고 쉽게 미리 작성함으로 준비합시다.

나의 영적 일지

승자와 패자의 차이

읽을 말씀 : 시편 119:94-103

● 시 119:98 주의 계명이 항상 나와 함께하므로 그것이 나로 원수보다 지혜롭게 하나이다

　같은 직위에서 같은 일을 해도 하나님의 뜻을 따라 바르게 처리하는 사람은 세상을 이끄는 '리더(Leader)'가 되지만 사욕을 따라 처리하는 사람은 사람 위에 군림하는 '보스(Boss)'가 됩니다. 아무리 사회적 지위가 높고 성공한 삶이라 하더라도 보스가 되는 사람은 패자나 다름없습니다.

　미국의 전설적인 저널리스트 J. 해리스(Sydney Justin Harris)가 말한 승자와 패자의 차이점 중 7가지를 추렸습니다.
　1. 패자는 승리에도 두려워하지만/승자는 패배도 두려워하지 않는다.
　2. 패자는 날이 밝기를 기다리지만/승자는 새벽을 깨운다.
　3. 패자는 욕심을 따라 움직이지만/승자는 비전을 쫓아 움직인다.
　4. 패자는 말로 행동을 변호하지만/승자는 행동으로 말을 증명한다.
　5. 패자는 기회를 다음으로 미루지만/승자는 지금 즉시 뛰어든다.
　6. 패자는 대책 없이 비판하지만/승자는 비판에도 대책을 세운다.
　7. 패자는 구름 속의 비를 보지만/승자는 구름 위의 태양을 본다.
　눈앞의 일만 보는 사람은 세상에 끌려다니며 패자가 되지만 고개를 들어 하늘을 보는 사람은 주님의 인도를 받으며 승자가 됩니다.
　세상을 이길 힘을 주신 주님을 믿으며 세상이 아닌 전지전능하신 주님을 바라보십시오. 세상을 볼 때 패배하지만 주님을 볼 때 승리합니다.
　삶도 신앙도 성공하는 승자의 인생을 달라고 주님께 기도하십시오. 아멘!

🩷 주님, 주님의 도우심으로 세상 가운데 승자의 삶을 살게 하소서.
🧎 주님 안에서 패자가 아닌 승자의 삶을 살아가도록 노력합시다.

나의 영적 일지

한 번의 죄라 할지라도

읽을 말씀 : 시편 32:1-11

● 시 32:2 마음에 간사가 없고 여호와께 정죄를 당치 않은 자는 복이 있도다

　중국 제나라의 재상인 안자는 청렴한 마음가짐으로 백성만을 위하며 살았기에 베옷을 입고 보리밥과 나물만 먹었습니다.

　명색이 한 나라의 재상인데 너무 딱하게 지낸다 싶어 한 신하가 왕에게 이 사실을 알렸습니다. 제나라 왕 경공은 안자의 궁핍한 삶이 사실이라는 것을 알고는 왕궁으로 불러 5,000명은 먹일 수 있는 밭과 귀족이 살만한 대궐, 염전까지 하사했습니다. 자자손손 걱정 없이 살 수 있는 재산이었지만 안자는 한사코 거절했습니다. 마음이 상한 경공이 따져 물었습니다.

　"명 재상인 관중도 왕이 내리는 큰 상을 마다하지 않았습니다. 관중조차 왕이 내린 상을 달갑게 받았는데 그대는 무슨 연유로 상을 거부합니까?"

　"아무리 성품이 곧고 바른 사람이더라도 일생에 한 번은 실수할 때가 있으며 아무리 어리석은 사람이라 하더라도 한 번은 옳은 일을 할 때가 있습니다. 소인은 어리석어 이 하사품을 받음으로 한 번의 실수를 저지를까 두려우니 부디 하사품을 거두어 한 번의 옳은 일을 하게 해주십시오."

　경공은 안자의 겸손함과 깨끗한 마음을 인정해 하사품을 거두고, 그를 관중보다 높은 재상이라 일컬었습니다. '사기'를 쓴 사마천도 이 일화를 책에 적으며 안자에게 배울 수만 있다면 평생 마부 노릇이라도 하겠다고 말했습니다.

　많은 헌금을 할지라도, 성도의 삶을 살지라도, 마음을 속이는 사람은 아나니아와 삽비라처럼 벌을 받습니다.

　하나님 앞에 겸손한 마음으로 더욱 정결히 마음을 가꾸십시오. 아멘!

🖤 주님, 주님의 은혜로 죄를 물리치며 주님 앞에 당당하게 설 수 있게 하소서.
🎴 깨끗한 마음으로, 겸손한 삶으로 주님께 영광을 돌립시다.

나의 영적 일지

믿은 뒤에는

읽을 말씀 : 고린도후서 7:2-10

●고후 7:10 하나님의 뜻대로 하는 근심은 후회할 것이 없는 구원에 이르게 하는 회개를 이루는 것이요 세상 근심은 사망을 이루는 것이니라

시골 마을의 한 젊은이가 성공을 위해 도시로 떠나기로 마음 먹었습니다.

떠나기 전날 밤 젊은이는 마을에서 가장 지혜로운 노인을 찾아갔습니다. 노인은 젊은 시절 도시에서 크게 성공한 뒤에 고향으로 돌아와 편안한 여생을 보내고 있었기에 조언을 구하기 위해서였습니다.

노인은 젊은이의 사정을 듣고는 편지지에 글을 써 접어주었습니다.

"내 성공 비결은 두 가지가 있네. 하나는 이 편지에 적어두었으니 떠나기 전에 펼쳐보게나. 다른 하나는 자네가 다시 고향으로 오게 되는 날 알려주겠네."

도시로 떠나며 펼쳐본 편지에는 "서른 전에는 두려워하지 말아라"라고 적혀 있었습니다. 힘들 때마다 그 쪽지를 보며 마음을 다잡은 젊은이는 10년 뒤 크게 성공했습니다. 서른이 넘어 두 번째 비결이 궁금했던 젊은이는 오랜만에 고향을 찾았습니다. 그러나 성공의 비결을 알려준 노인은 이미 세상을 떠났고 대신 자녀가 아버지가 전해드리라고 했다며 청년에게 한 쪽지를 건넸습니다.

그 쪽지에는 이렇게 적혀 있었습니다.

"서른 후에는 후회하지 말아라."

미래를 두려워하는 사람은 성공할 수 없고, 과거를 그리워하는 사람은 앞으로 나아갈 수 없습니다. 이 말은 "믿기 전에는 의심하지 말아라, 믿은 후에는 후회하지 말아라"라고 바뀌어 전해집니다.

부르심에 후회가 없으신 하나님처럼 후회 없이 온전하게 주님께 순종하십시오. 아멘!

💗 주님, 주님의 은혜로 두려워하지 않고 후회하지 않는 삶을 살게 하소서.

🖼 지금 두려워하거나 후회하고 있는 일이 있다면 주님께 맡기며 기도합시다.

나의 영적 일지

가장 아름다운 손

읽을 말씀 : 에베소서 4:5-16

● 엡 4:12 이는 성도를 온전케 하며 봉사의 일을 하게 하며 그리스도의 몸을 세우려 하심이라

어떤 나라의 왕이 모든 백성이 참여할 수 있는 큰 잔치를 열었습니다.

모든 백성이 참석한 자리에서 왕은 '가장 아름다운 손'을 가진 사람에게 큰 상을 베풀겠다고 공언했습니다.

다음날부터 나라의 모든 사람들은 손을 가꾸기 시작했습니다.

이런저런 좋다는 약초를 바르고 때로는 향수도 뿌리며 열심히 관리한 사람들이 매일 왕궁 앞에 늘어섰지만 어떤 사람도 왕의 인정을 받지는 못했습니다. 사람들은 도대체 누가 가장 아름다운 손을 가진 주인공으로 뽑힐지 궁금했습니다.

몇 주 뒤 왕은 마침내 나라에서 가장 아름다운 손을 가진 사람을 찾았다고 발표했습니다. 왕의 눈에는 왕실을 거닐다 우연히 본 청소부 할머니의 주름이 가득한 손이 세상의 그 어떤 손보다 아름다웠습니다. 주름이 가득한 손이 어떻게 가장 아름다운 손이냐는 사람들의 말에 왕이 대답했습니다.

"이 손이 아름다운 이유는 땀과 수고, 성실이 배어있기 때문이다."

톨스토이의 「왕과 청소부」라는 단편 소설에 나오는 내용입니다.

외면보다 더욱 중요한 것은 내면입니다.

한 사람의 진정한 매력은 외면이 아닌 내면에서 나옵니다.

외면을 통한 만족은 일시적이며 제한적입니다.

사람이 보기에 좋을만한 외면을 가꾸지 말고 하나님이 보시기에 좋을만한 내면을 가꾸십시오. 아멘!

♡ 주님, 주님의 성품을 닮아가는 인격을 갖추게 하소서.

▨ 가꾸어야 할 마음의 부족한 부분이 무엇인지 기도하며 생각해 봅시다.

나의 영적 일지

농부의 서원

읽을 말씀 : 누가복음 16:1-13

1월 14일

● 눅 16:13 집 하인이 두 주인을 섬길 수 없나니 혹 이를 미워하고 저를 사랑하거나 혹 이를 중히 여기고 저를 경히 여길 것임이니라 너희가 하나님과 재물을 겸하여 섬길 수 없느니라

한 마을에 신앙심을 자랑하는 농부가 있었습니다.

농부는 만나는 사람들에게 "나는 하나님을 위해 무엇이든 드릴 수 있다"라며 호언장담을 했습니다.

농부의 신앙심이 어느 정도인지 궁금했던 옆 마을 친구는 어느 날 그를 찾아와 물었습니다.

"교회에서는 십일조를 낸다고 들었네. 소 열 마리가 있다면 한 마리를 하나님께 드릴 수 있는가?"

"우리 농장에는 소가 열 마리나 있지는 않지만 있다면야 바칠 수 있지."

친구는 만약 가격이 더 비싼 말이어도 바칠 수 있냐고 물었습니다.

"안타깝게 말도 없지만 만약 있다면 말도 당연히 바칠 수 있네."

친구는 그렇다면 돼지도 바칠 수 있냐고 묻자 갑자기 농부는 크게 화를 냈습니다.

"누구야? 나한테 돼지 열 마리가 있다고 가르쳐 준 사람이!"

서원은 우리의 성공을 위해 하나님과 하는 거래가 아닙니다.

하나님의 뜻과 마음을 아는 즉시 예배에 모든 것을 쏟고 힘과 마음을 다해 이웃을 도우며 복음을 전해야 합니다.

지금 상황 속에서도 최선을 다해 말씀을 실천하십시오. 아멘!

🩶 주님, 내가 가진 모든 것이 주님의 것임을 깨달아 믿게 하소서.

📖 주님보다 더 아끼고 있는 물건이 있지는 않은지 생각해 봅시다.

나의 영적 일지

가장 강력한 증거

읽을 말씀 : 고린도전서 4:14-21

● 고전 4:20 하나님의 나라는 말에 있지 아니하고 오직 능력에 있음이라

　미국 시카고에서 각 나라의 기독교 석학들이 모여 회의를 열었습니다.

　회의의 주제는 "성경이 진리임을 믿지 않는 사람들에게 어떻게 전할 것인가?"라는 것이었습니다.

　각 나라의 석학들은 온갖 신학적 지식, 변증학, 성경의 역사성과 해석을 놓고 사흘 동안이나 긴 토론을 했습니다.

　이토록 오랜 토론에도 믿지 않는 사람들에게 완벽하게 성경이 진리임을 보일 뾰족한 방법은 나타나지 않았습니다.

　결국 나라의 대표들이 한 마디씩 소감을 하고 회의를 마무리하기로 했습니다. 이때 사흘 내내 말 한마디 하지 않던 러시아의 대표가 다음과 같이 말했습니다.

　"사실 저는 지난 사흘간 여러분이 성경을 놓고 벌인 토론을 이해하기가 어렵습니다. 왜 성경이 진리인지를 우리가 학문적으로, 논리적으로 설명해야 합니까? 말씀대로 살다 보면 저절로 알게 되고 전하게 될 텐데 말입니다."

　회의에 참석한 모든 사람들은 이 말에 동의하지 않을 수가 없었습니다.

　냉장고, 자동차, 비행기, 핸드폰 등 물건을 사용하기 위해 물건을 만든 모든 지식을 알 필요는 없습니다. 사용하면 알 수 있습니다.

　성경 역시 마찬가지입니다. 하나님의 능력은 입에서 나올 때가 아닌 삶으로 살아갈 때 알게 됩니다.

　성경 말씀대로 살아가는 삶을 통해 성경이 결코 부정할 수 없는 세상의 유일한 진리임을 알리십시오. 아멘!

🤍 주님, 성경 말씀을 가지고 논쟁하지 않고 성경 말씀대로 살게 하소서.
🧩 성경을 마음으로 읽고 깨달은 바를 바로 실천합시다.

나의 영적 일지

우리의 정체성

읽을 말씀 : 고린도후서 3:1-5

1월 16일

● 고후 3:2 너희가 우리의 편지라 우리 마음에 썼고 뭇사람이 알고 읽는 바라

『유니폼 등 뒤에 늘 극동방송 로고를 붙이고 다니는 골프선수가 있습니다. 독실한 크리스천인 이다연 선수입니다. 그녀는 지난해 8월 메이저 대회인 *KLPGA* 한화클래식에서 19언더파 269타를 기록해 역대 최저타로 우승을 차지하는 등 *KLPGA*에서 6승을 거뒀습니다.

이다연 선수와의 첫 인연은 그녀가 고등학교 2학년 때로 골프선수가 되길 원하는 그녀를 위해 축복 기도를 해주면서부터입니다. 그러던 어느 날 이다연 선수의 부모님이 유니폼에 극동방송 로고를 달게 해달라고 부탁을 해왔습니다.

깜짝 놀라 극동방송은 스폰서를 할 수 없다고 하자 그런 것은 필요 없고, 시합 때마다 붙이고 나가게만 해준다면 감사하겠다는 말에 허락을 했습니다.

본의 아니게 극동방송이 이다연 선수의 영적 후원 단체가 됐습니다.

이후에 이다연 선수의 경기를 지켜볼 때마다 극동방송이라는 글자가 화면에 잡혔고, 덩달아 방송사 홍보와 전도도 이루어지게 됐고 많은 분들이 응원해 주고 기도해 주시는 것을 느꼈다고 고백합니다.

본인의 힘으로 이 자리에 온 것이 아니고, 기도의 힘으로 왔고, 좋은 성적을 거두거나 그렇지 않거나 언제나 함께 하시는 하나님을 경험하게 됐다는 것입니다.』-「김장환 목사의 인생 메모」중에서

우리는 모두 그리스도의 향기요 편지입니다. 하나님은 뭇사람이 보고 알 수 있도록, 그래서 그리스도를 드러내는 홍보대사들로 우리를 부르셨습니다. 그것이 바로 우리의 정체성임을 기억하십시오. 아멘!

🤍 주님, 매일 매일을 그리스도의 향기와 편지로 살게 하소서.

🧑‍🦱 혹시 예수님 믿는다는 것을 부끄러워한 일은 없는지 한번 돌아봅시다.

나의 영적 일지

힘이 되는 음성

읽을 말씀 : 시편 95:1-7

● 시 95:7 대저 저는 우리 하나님이시요 우리는 그의 기르시는 백성이며 그 손의 양이라 너희가 오늘날 그 음성 듣기를 원하노라

캐나다 서부의 작은 마을에서 있었던 일입니다.

한 남자가 강아지를 산책시키던 중 잠시 다른 일을 하다가 강아지를 놓쳐 잃어버렸습니다.

주인을 잃어버린 강아지는 막연히 길을 따라 헤매다가 무려 10킬로미터나 떨어진 다른 지역에 다다랐습니다.

집에 돌아온 남자는 강아지를 찾기 위해 전단지를 만들어 매일 거리로 나가 사람들에게 나눠주었지만 1주일이 지나도록 아무런 소식이 없었습니다.

몇 주가 지난 후 남자의 강아지를 데리고 있다는 전화가 걸려왔습니다.

그런데 한 가지 문제가 있었습니다.

"강아지가 주인을 오래 못 봐서 그런지 힘이 하나도 없어요.

며칠 전부터 음식을 먹지 않고 있습니다."

주인은 전화기를 강아지 귀에 대 달라고 부탁했습니다. 멀리서나마 주인의 목소리를 들은 강아지는 갑자기 기뻐 여기저기 날뛰며 음식을 다시 먹기 시작했습니다. 주인의 음성을 듣고 힘을 차린 강아지는 몇 시간 뒤 사랑하는 주인의 품으로 돌아왔습니다.

힘들고 지쳐 도저히 다시 설 수 없는 상황일지라도 주님이 계시기에 다시 힘을 낼 수 있습니다.

우리의 이름을 불러주시고, 우리의 손을 잡아 일어설 힘을 주시는 주님의 음성에 귀를 기울이십시오. 아멘!

♥ 주님, 힘들고 지칠수록 주님의 음성을 들을 수 있는 영적 귀를 활짝 열어 주소서.

🖼 성경을 읽으며 기도하면서 주님께서 하시는 말씀을 들읍시다.

나의 영적 일지

선을 행할 기회

읽을 말씀 : 잠언 19:16-21

● 잠 19:17 가난한 자를 불쌍히 여기는 것은 여호와께 꾸이는 것이니
  그 선행을 갚아 주시리라

　　미국의 34대 대통령이었던 아이젠하워는 2차 대전에 관한 긴급회의를 위해 파리의 사령부로 향했습니다.

　　때는 한 겨울이라 갑자기 내린 폭설로 파리의 여러 길이 막힌 상태였습니다. 길가에서 곤경에 처한 한 노부부의 모습을 본 아이젠하워는 차를 세웠습니다. 참모를 통해 사정을 알아보니 노부부는 아들을 만나러 시골에서 왔지만 파리의 지리를 몰라 고생하던 차였습니다.

　　참모는 회의가 중요하니 노부부는 경찰에게 맡기고 서둘러 길을 떠나자고 했지만 아이젠하워는 이런 날씨에 그럴 수는 없다며 노부부를 태워 아들의 집에 데려다주었습니다.

　　아이젠하워는 노부부를 돕느라 훨씬 먼 길을 돌아 사령부에 가야 했는데 알려진 바로는 훗날 이날의 선행 덕분에 목숨을 구할 수 있었습니다.

　　독일의 저격병이 아이젠하워를 암살하러 중요 거점에 배치되어 있었는데 노부부를 태워다 주고 가느라 다른 길을 거쳐 사령부에 도착했기 때문입니다.

　　하나님은 작고 연약한 사람들에게 행한 선행을 결코 잊지 않고 갚아주시겠다고 말씀하셨습니다. 아무리 작은 선이라도 행할 힘과 시간이 있다면 즉각 행하는 것이 성도의 의무이며 책임입니다.

　　살아가며 마주치는 기회들을 놓치지 말고 말씀에 순종해야 합니다.

　　오늘 우리가 할 수 있는 모든 선을 행함으로 하나님께 영광을 돌리십시오. 아멘!

🩷 주님, 매 순간 선을 행할 수 있는 마음과 행동을 주소서.
🖼 도울 수 있는 일을 만날 때마다 즐거운 마음으로 실천합시다.

나의 영적 일지

믿는다면 기도하라

읽을 말씀 : 유다서 1:17-25

● 유 1:20 사랑하는 자들아 너희는 너희의 지극히 거룩한 믿음 위에 자기를 건축하며 성령으로 기도하며

미국에 있는 메가처치 연구센터의 소장 존 번(J. Vaughan) 목사님이 뉴잉글랜드 지역의 목회자들을 대상으로 세미나를 진행하러 가던 중이었습니다.

목사님은 비행기 옆 좌석의 남자가 기도하는 모습을 보고는 그리스도인인가 싶어 말을 건넸습니다. 놀랍게도 남자는 그리스도인이 아니라며 사탄숭배자였습니다.

사탄숭배자들도 기도를 하냐는 질문에 남자가 대답했습니다.

"저희도 믿음의 대상이 있기에 기도를 열심히 합니다. 지금은 뉴잉글랜드 지역의 목회자들이 타락해서 사탄에게 돌아오기를 기도하고 있었습니다."

목사님은 완전히 평범해 보이는 사람이 사탄을 숭배하고 있다는 사실에 먼저 놀랐고, 그리스도인을 무너트리려고 그토록 열심히 기도한다는 사실에 또 한 번 놀랐다며 만나는 그리스도인들에게 이 이야기를 전하면서 더욱 열심히 성경을 읽고 기도할 것을 권했습니다.

최근 미국 아칸소 주에서는 사탄숭배자들이 의회 앞에 있는 십계명 동상 옆에 바포메트(Baphomet)라는 사탄 동상을 세우려는 움직임이 있었습니다.

시대가 흐를수록 세상은 더욱 악해지며 복음을 배척하는 사람들이 많아질 것입니다.

이럴수록 깨어 있어야 하며 기도하며 근신해야 합니다. 구주 예수님이 유일한 구원의 방법임을 믿는다면 진리의 빛이 어둠에 가리지 않도록 간절히 기도하며 흑암의 세력을 대적하십시오. 아멘!

💙 주님, 흑암을 물리치는 진리의 빛을 온 세상에 비추어주소서.

🎴 주변 사람들이 악에 빠지지 않고 빛으로 돌아오도록 기도합시다.

나의 영적 일지

열정의 유통기한

읽을 말씀 : 여호수아 14:6-15

● 수 14:12 그날에 여호와께서 말씀하신 이 산지를 내게 주소서 당신도 그날에 들으셨거니와 그곳에는 아낙 사람이 있고 그 성읍들은 크고 견고할찌라도 여호와께서 혹시 나와 함께 하시면 내가 필경 여호와의 말씀하신대로 그들을 쫓아내리이다

한 10대 소년이 '오페라의 아버지'라 불리는 베르디의 마지막 작품「팔스타프」를 보러 갔습니다.

오페라는 지루한 옛날 방식의 공연인 줄 알았던 소년은 베르디의 작품을 보고 큰 감명을 받았습니다. 집에 돌아와 베르디에 관한 자료를 찾던 소년은 베르디가 팔스타프를 80살에 만들었다는 사실을 알고는 큰 충격을 받았습니다.

'나도 나이에 상관없이 훌륭한 작품을 만드는 삶을 살아야겠다.'

이 소년은 경영학의 대가 피터 드러커였습니다.

80세가 된 피터 드러커에게 기자들이 인생의 대표작을 물을 때마다 "다음에 나올 책입니다"라고 대답했습니다.

96세에 세상을 떠난 피터 드러커는 세상을 떠나기 며칠 전에도 집필 작업을 했을 만큼 왕성한 활동을 하며 30여 권의 명저를 세상에 남겼습니다.

할 수 있다고 생각하는 사람의 열정에는 유통기한이 없습니다.

하나님의 능력을 믿는 사람, 그 말씀이 내 삶에 이루어지리라 믿는 사람이 바로 하나님께 쓰임 받는 사람입니다.

하나님은 뜨거운 열정을 품은 사람들을 나이, 인종, 국적에 상관없이 언제나 들어서 사용하셨습니다.

하나님이 주신 놀라운 비전을 이룰 때까지 뜨거운 열정을 마음에 품으십시오. 아멘!

🖤 주님, 나이를 생각하지 않고 주님이 주신 열정과 은사로 주님을 섬기게 하소서.

🖼 지금이라도 내가 시작할 수 있는 사역이 무엇인지 생각해 봅시다.

나의 영적 일지

1월 21일

하나님이 만지시면

읽을 말씀 : 이사야 64:1-12

● 사 64:8 그러나 여호와여 주는 우리 아버지시니이다 우리는 진흙이
요 주는 토기장이시니 우리는 다 주의 손으로 지으신 것이라

이태리 피렌체의 한 성당 뒷마당에 버려진 대리석이 있었습니다.

품질이 나쁜 데다 워낙에 거대해서 처치하기도 곤란한 골칫거리였습니다.

어느 날 한 청년이 이 소문을 듣고 찾아와 대리석을 보더니 자신이 조각할 수
있게 해달라고 요청했습니다.

메디치 가문의 후원을 받는 유명한 조각가였기에 담당자는 허락을 했으나 대
리석의 품질이 워낙 형편없었기에 대단찮은 작품이 나올 것이라 예상했습니다.

담당자는 조각이 완성되면 사람들의 눈에 잘 보이지 않게 성당의 높은 곳에
숨겨두려고 마음먹고는 자리를 미리 만들어두었습니다.

그로부터 3년이 지나고 청년은 마침내 작품을 완성했습니다.

청년이 완성한 조각은 놀라울 정도로 아름다워서 온 도시에 소문이 났습니다.
이 완벽한 작품을 어디에 전시할 것이냐를 놓고 레오나르도 다빈치, 보티첼리와
같은 거장들이 모여 회의를 할 정도였습니다. 결국 거장들은 이 아름다운 작품
을 되도록 많은 사람들이 봐야 한다는 생각에, 기존의 전시 장소인 성당의 천장
아래가 아니라 시청 앞 광장으로 정했습니다.

이 작품은 미켈란젤로가 20대에 완성한 '다비드'상입니다.

미켈란젤로는 모두가 볼품없게 여기던 대리석을 보자마자 다비드의 형체가
떠올랐다고 합니다.

거장의 손길은 하찮은 재료도 아름다운 작품으로 변화시킵니다. 부족한 우리
를 놀랍게 사용하실 능력의 하나님께 온전히 삶을 맡기십시오. 아멘!

💜 주님, 부족하고 약한 저도 주님께서 적절하게 사용해 주소서.

📷 우리에게 주어진 일을 하나님께 드리는 최고의 작품이란 마음으로 힘써 합시다.

나의 영적 일지

성공하는 사람의 생각

읽을 말씀 : 로마서 14:13-23

● 롬 14:18 이로써 그리스도를 섬기는 자는 하나님께 기뻐하심을 받으며 사람에게도 칭찬을 받느니라

영국의 명품 백화점의 시초인 셀프리지 백화점을 창업한 사람은 미국 위스콘신의 작은 마을에서 태어난 해리 고든 셀프리지(Harry Gordon Selfridge)입니다.

어려서부터 성공을 꿈꿨던 해리는 대도시인 시카고로 건너가 백화점의 말단 사원으로 입사했습니다.

어린 나이에 시작해 초고속 승진을 하며 백화점의 경영자 자리에까지 오른 셀프리지는 자신의 꿈을 위해 영국으로 건너가 새로운 백화점을 만들었습니다. 배운 것도 없고, 가진 것도 없었던 해리는 이토록 빠르게 꿈을 이룰 수 있던 이유에 대해 다음과 같이 말했습니다.

"제가 성공한 것은 다른 사람들의 나쁜 행동을 보면서 반대로 행동했기 때문입니다.

직원들을 몰아치는 대신 앞서서 이끌었고, 위협하고 겁을 주는 대신 함께 꿈꾸며 보상을 제시했습니다.

나보다는 우리, 우리 회사보다는 지역 사회까지 바라보며, 말로만 하지 않고 행동함으로 본을 보였습니다.

하면 안 된다고 하는 일들을 보면서 해야 하는 일이 무엇인지 배웠습니다."

세상 곳곳에서 일어나는 불합리한 일들을 통해 우리는 빛과 소금의 소명을 더욱 붙들어야 합니다.

세상의 잘못된 일들을 보고 불평하고 포기하기보다 진리의 복음을 전파하며 마땅히 성도의 행할 바를 행하십시오. 아멘!

♡ 주님, 세상과는 다른 주님의 자녀로서 합당한 주님이 삶을 살게 하소서.
🖼 우리로 인해 가까운 사람들의 평판도 칭찬을 받을 수 있도록 신경 씁시다.

나의 영적 일지

진리의 생명력

읽을 말씀 : 시편 119:137-145

● 시 119:142 주의 의는 영원한 의요 주의 법은 진리로소이다

중국 춘추시대 초나라의 철학자인 노자의 책 「도덕경」에 나와 있는 인간관계론이 현대사회에도 꼭 필요한 내용이라며 최근에 화두가 되고 있습니다.

다음은 도덕경에 나오는 노자의 '5가지 인간관계론'입니다.
1. 말은 항상 진실하게 하라.
   그럴듯한 말로 사람 비위만 맞추는 사람은 오히려 신뢰를 잃습니다.
2. 말은 되도록 줄이고 많이 행동하라.
   말이 많으면 실수가 많아지기 때문에 중요한 일은 행동으로 보여줘야 합니다.
3. 아는 척하지 말라.
   정말로 지혜로운 사람은 남에게 드러내지 않습니다.
4. 돈에 집착하지 말라.
   돈에 혈안이 된 사람은 오히려 자유를 잃습니다.
5. 남과 다투지 말고 유연히 대처하라.
   자기주장을 고집하는 사람은 항상 적을 만든다.
   고대의 좋은 글들이 오늘날에도 빛을 발하듯이 유일한 진리인 성경은 태초부터 지금까지 변함이 없는 하나님의 말씀입니다.
   하나님의 말씀인 성경의 교훈을 말미암아 세상에서 필요한 지식과 교훈을 얻으십시오. 아멘!

🖤 주님, 늘 겸손한 마음으로 나보다 주님을 높이며 행동하게 하소서.
🧩 누군가와 만난 뒤에는 행실을 살펴봅시다.

나의 영적 일지

가장 귀한 3등석

1월 24일

읽을 말씀 : 에베소서 2:1-10

● 엡 2:10 우리는 그의 만드신바라 그리스도 예수 안에서 선한 일을 위하여 지으심을 받은 자니 이 일은 하나님이 전에 예비하사 우리로 그 가운데서 행하게 하려 하심이니라

역마차는 미국 서부 개척시대의 가장 중요한 이동 수단이었습니다.

일반적으로 역마차의 승차권은 3등급으로 나누어져 있었습니다.

1등급은 오늘 날의 *VIP*석입니다.

가장 편한 자리로 다른 사람과 마주할 일도 없고 마차가 고장이 나도 자기 자리에서 시간을 보낼 수 있는 자리입니다.

2등급은 일반 좌석으로 1등급과 별다른 차이가 없었습니다.

다만 이동 중 마차가 고장 나면 수리가 끝날 때까지 마차에서 내려 있어야 했습니다. 좌석이 바퀴 위치와 맞물려 있기 때문입니다.

3등급은 승차권 가격이 가장 저렴한 대신 마차가 고장 날 때마다 마부를 도와 마차를 수리해야 했습니다.

당시에는 전부 비포장도로였기 때문에 짧은 거리를 가는 동안에도 마차가 몇 번씩이나 고장 났습니다. 이런 이유로 나중에는 1등급이 아닌 3등급에 타는 손님이 가장 중요한 역할을 했습니다.

마차를 전혀 모르는 사람이 탈 경우 일정은 일정대로 늦어지고 마부 혼자 고생해야 했기 때문에 3등급 손님이 마부의 마음에 차지 않을 경우 아예 출발을 거부하는 마부들도 있었다고 합니다.

보이지 않는 곳에서 헌신하는 사람들이 진정으로 가치 있는 일을 하는 사람들입니다. 사회와 교회에서 궂은일을 맡아하는 분들을 존중, 존경하며 주님이 보내신 곳이라면 어떤 일이라도 기쁨으로 행하는 성도가 되십시오. 아멘!

🩵 주님, 맡은 자의 구할 것은 충성이니 어느 일이든 주님 앞에서 하게 하소서.

🪨 지금 하고 있는 일이 주님이 허락하신 일임을 믿고 새롭게 충성합시다.

`나의 영적 일지`

사랑만이 변화시킨다

읽을 말씀 : 베드로후서 3:8-18

● 벤후 3:15 또 우리 주의 오래 참으심이 구원이 될 줄로 여기라 우리 사랑하는 형제 바울도 그 받은 지혜대로 너희에게 이같이 썼고

미국 볼티모어의 한 대학에서 빈민가 어린이 200여 명을 대상으로 다양한 조사를 했습니다. 교수의 지시에 따라 어린이들을 조사한 연구원들의 평가를 요약하면 다음과 같았습니다.

'이 아이들이 성공할 희망은 전혀 없다. 단 한 명의 예외도 없을 것 같다.'

그로부터 25년이 지난 뒤 다른 대학의 한 교수가 우연히 이 보고서를 발견하고는 정말로 아이들이 암울한 인생을 살고 있는지 조사했습니다. 그 결과 연락이 닿지 않는 20명을 제외하고는 모두 중산층 이상의 삶을 살고 있었습니다.

교수는 사람들을 찾아가 보고서에 대한 내용을 설명하며 살아온 삶을 조사했는데 모든 사람들이 한결같이 "한 여자 선생님 덕분에 나쁜 길에 빠지지 않고 잘 살 수 있었다"라고 대답했습니다.

수소문 끝에 주인공을 만난 교수는 이미 실패한 것이나 다름없는 아이들을 변화시킨 교육법에 대해 물었습니다.

선생님은 미소를 띠며 비결을 말해주었습니다.

"저는 최신 교육법이나 논문은 잘 모릅니다. 하지만 아이들을 변화시키는 건 아주 쉬운 일이었습니다. 전 그 아이들을 모두 다 사랑했거든요."

사랑은 세상의 그 어떤 지식과 노력보다 큰 힘이 있습니다.

자신의 목숨을 주기까지 우리를 사랑하신 주님의 놀라운 사랑을 힘입어, 주님이 우리에게 허락하신 영혼들을 더욱 사랑으로 복음을 전하며 변화되길 기도하십시오. 아멘!

♡ 주님, 다른 무엇이 아닌 사랑의 동기로 이웃에게 복음을 전하게 하소서.

👤 사랑의 마음으로 이웃을 섬기고 복음을 전하고 있는지 돌아봅시다.

나의 영적 일지

과거보다 중요한 것

읽을 말씀 : 이사야 43:22-28

● 사 43:25 나 곧 나는 나를 위하여 네 허물을 도말하는 자니 네 죄를 기억지 아니하리라

영국의 역사학자 아널드 토인비(Arnold Toynbee)는 27년간 집필한 '역사의 연구'로 세계적으로 인정받는 석학의 반열에 올랐습니다.

인품도 훌륭했던 토인비였기에 81세를 맞은 그의 생일에는 수많은 사람이 축하하기 위해 달려왔습니다. 생일을 맞아 한마디 해달라는 손님들의 부탁에 토인비는 다음과 같이 말했습니다.

"세계의 다양한 문명과 역사를 연구하며 저는 한 가지 사실을 깨달았습니다. 과거의 영광에 붙들려 있는 것은 문명도, 사람도 불행하게 만든다는 사실입니다. 사람은 과거에 안주할 때 미래를 바라보려고 하지 않습니다.

과거에 매여 있는 사람은 이미 죽어있는 사람입니다.

희망을 품고 미래를 향해 떠날 용기가 있는 사람은 언제나 늙지 않는 청년입니다."

토인비는 세계의 문명을 연구하며 오만과 태만이 행복과 평화를 파괴한다는 사실을 알았습니다.

미래가 아닌 과거에 안주하다가 몰락하는 현상을 토인비는 자존심이라는 뜻의 헬라어에서 따온 '휴브리스(Hubris)'라고 불렀습니다.

지나온 과거에 연연하는 사람은 희망을 품을 수 없습니다.

우리의 모든 죄를 용서하시고 새로운 삶을 허락하신 주님을 바라보며 주님이 허락하실 새날을 향한 소망을 품고 살아가십시오. 아멘!

💚 주님, 주님께서 저에게 예비하신 복된 앞날을 믿으며 살게 하소서.

🧶 과거에 연연하지 말고 앞날의 희망이 이뤄지길 기도하며 살아갑시다.

나의 영적 일지

모든 것을 주셨다

읽을 말씀 : 요한일서 4:7-15

● 요일 4:9 하나님의 사랑이 우리에게 이렇게 나타난바 되었으니 하나님이 자기의 독생자를 세상에 보내심은 저로 말미암아 우리를 살리려 하심이니라

다하라 요네코는 18살 때 극심한 우울증에 빠져 자살을 시도했습니다. 아무리 긍정적으로 생각해도 '살아야 할 이유'를 찾지 못해서였습니다.

달리는 기차에 몸을 던졌으나 두발과 왼팔을 잃었고 오른쪽 손가락도 3개만 남았으나 목숨에는 지장이 없었습니다. 사지가 멀쩡했을 때도 죽고 싶었던 요네코는 성치 않은 몸이 되어 더 큰 고난에 빠졌습니다. 그 후 수차례 더 자살을 시도했으나 성치 않은 몸으로는 죽는 것 조차 쉽지 않았습니다.

이런 요네코를 우연히 알게 된 아키도시라는 선교사는 그녀에게 복음을 전했고 청혼까지 했습니다.

몸이 성했을 때도 살아야 할 이유를 찾지 못했던 요네코는 오히려 사고를 당한 뒤에 구원받아 광명을 얻었고, 참된 사랑의 결실까지 맺었습니다. 놀라운 하나님의 사랑에 눈을 뜬 요네코는 자기와 비슷한 처지의 사람들을 찾아가 섬기며 복음을 전했습니다.

'세 개의 손가락'으로 수많은 사람을 주님께로 인도한 요네코는 훗날 자신의 자서전 제목을 다음과 같이 정했습니다.

「산다는 것의 황홀함」

하나님은 우리를 위한 분명한 계획을 갖고 계십니다. 그 뜻을 따라 살 때에 우리는 세상 어디에서도 느끼지 못할 참된 행복과 보람을 느끼게 됩니다.

우리에게 모든 것을 주셨으며 완전한 계획을 갖고 계신 하나님의 뜻대로 살기를 간구하십시오. 아멘!

🤍 주님, 이미 충분한 은혜를 베푸셨음을 깨닫고 감사하게 하소서.

🎨 주님을 만나기 전 나의 모습과 비슷한 사람이 있다면 간증과 함께 복음을 전합시다.

나의 영적 일지

문을 두드리는 예수님

읽을 말씀 : 요한계시록 3:14-22

● 계 3:20 볼찌어다 내가 문밖에 서서 두드리노니 누구든지 내 음성을 듣고 문을 열면 내가 그에게로 들어가 그로 더불어 먹고 그는 나로 더불어 먹으리라

오랜 세월을 무신론자로 지내다가 구원받은 영국의 화가가 있었습니다.

실력 있는 화가였던 그는 말씀을 깊이 묵상하며 얻는 영감으로 그림을 그리기 시작했습니다.

특히 "나는 세상의 빛이니 나를 따르는 자는 어둠에 다니지 아니하고 생명의 빛을 얻으리라"라는 요한복음 8장 12절의 말씀은 그에게 큰 감명을 주었습니다.

이 말씀을 더 깊이 묵상해 작품으로 승화하고 싶었던 화가는 이집트와 이스라엘을 여행하며 예수님이 거니셨던 곳을 똑같이 거닐었습니다.

여행을 마치고 와서 그림을 완성했지만 마음에 들지 않아 같은 작품을 주제로 무려 3번이나 그리다가 그림을 완성했습니다. 이렇게 탄생한 그림이 윌리엄 헌트(William Holman Hunt)의 '세상의 빛(The Light of the World)'입니다.

그림에는 어두운 밤에 가시관을 쓰신 예수님이 환한 등불을 들고 손잡이가 없는 문을 두들기고 계십니다. 문에 손잡이를 그리지 않은 것은 실수가 아니냐는 질문에 헌트는 이렇게 대답했습니다.

"이 문의 손잡이는 안쪽에만 있습니다. 밖에 예수님이 계셔도 우리가 열지 않으면 예수님이 들어오실 수 없기 때문입니다."

예수님은 지금도 구원과 진리의 등불을 들고 우리 마음의 문 앞에 서서 두드리고 계십니다. 우리를 위해 이 땅에 오셨고 우리의 구원을 위해 기다리셨던 예수님께 감사하며, 이웃이 예수님을 영접하도록 전합시다. 아멘!

♡ 주님, 마음속 등불이 없는 이웃들을 찾아가 낮이나 밤이나 복음을 전하게 하소서.
▧ 지치지 말고, 포기하지 말고 주님이 하신 것처럼 복음을 전합시다.

나의 영적 일지

예수님을 좇으라

읽을 말씀 : 디모데후서 2:1-6

● 딤후 2:5 경기하는 자가 법대로 경기하지 아니하면 면류관을 얻지 못할 것이며

영국 북부에서 약 5천 명의 선수들이 참가하는 큰 마라톤 대회가 열렸습니다.

모든 선수들이 결승선을 통과하고 시상식을 앞둔 시점에서 주최 측은 별안간 '1등을 제외하고는 모두 실격'이라는 충격적인 발표를 했습니다.

1등인 마크 후드 선수와 2등의 격차가 제법 크게 났었는데 2등인 선수가 잘 못된 코스를 달려 264미터를 덜 뛰었다는 것이 이유였습니다.

나머지 선수들이 전부 2등이 가는 코스를 따라갔기 때문에 1등인 선수를 제외하고는 모두 실격 처리가 되자 사람들은 코스 안내를 제대로 하지 않았다고 주최 측을 비난했습니다.

주최 측은 준비가 미비한 점에 대해서는 사과했지만 코스를 확인하는 것은 선수의 기본 의무라는 점을 들어 실격 처리를 되돌릴 수 없다고 말했습니다.

결론적으로 경주에 나설 코스를 미리 확인한 것은 1등인 마크 후드 선수뿐이었습니다.

많은 사람이 믿는다고 진리인 것이 아닙니다.

세상 사람들과 똑같이 열심히 뛰고, 똑같이 결승선을 통과해도 얼마든지 정답이 아닐 수 있습니다.

세상의 유일한 진리는 성경뿐이며 우리가 따라야 할 유일한 인생의 정답은 예수님뿐입니다. 다른 지식과 다른 표시를 따르지 말고 오직 진리의 빛을 좇으십시오. 아멘!

🤍 주님, 주님이 예비하신 길이 제가 걷고 있는 인생의 코스가 되게 인도하소서.

🗡 주님의 말씀대로 올바른 이정표를 향해 살아가고 있는지 점검해 봅시다.

나의 영적 일지

노숙인을 찾아온 천사

읽을 말씀 : 마태복음 25:34-46

● 마 25:40 임금이 대답하여 가라사대 내가 진실로 너희에게 이르노니 너희가 여기 내 형제 중에 지극히 작은 자 하나에게 한 것이 곧 내게 한 것이니라 하시고

눈이 펑펑 내리던 1월의 어느 날, 한 겨울의 추위를 이기지 못한 노숙인이 길 가던 행인에게 다가가 용기를 내어 한 마디를 건넸습니다.

"저… 죄송하지만 너무 추워서 그런데 커피 한 잔만 사주실 수 있나요?"

행인은 노숙인의 얼굴을 잠시 바라보더니 아무 말 없이 입고 있던 외투와 장갑을 벗어 행인에게 주었습니다.

그리고 주머니에서 5만 원을 꺼내 손에 쥐여주고는 따스한 눈빛으로 어깨를 다독이며 격려한 뒤 서둘러 길을 떠났습니다.

작은 도움을 바라며 용기를 낸 노숙인은 엄청난 환대에 어쩔 줄 몰라 제자리에 서 있다가 그만 울음을 터트렸습니다.

이 장면은 때마침 근처를 지나던 한 사진작가에 의해 찍혔습니다.

개인주의와 물질만능주의가 팽배한 시대에도 다른 사람의 도움을 외면하지 않고 자신의 모든 것을 나누었던 한 사람의 뉴스는 많은 사람들의 차가운 가슴에 따스한 온기를 전해줬습니다.

세상의 낮은 사람들을 섬기기 위해 오신 예수님은 이와 같은 마음으로 우리가 낮은 곳을 향하기를 바라고 계십니다.

힘들고 외로운 사람들을 외면하지 말고 할 수 있는 힘을 다해 손을 내밀어 도움을 주어 말씀대로 사랑을 실천하는 그리스도인이 되십시오. 아멘!

♡ 주님, 저도 어려운 사람들의 필요를 채우며 복음을 전하게 하소서.

🖼 전도 대상자들의 개인적인 필요가 무엇인지 생각해 봅시다.

나의 영적 일지

참다운 공동체

읽을 말씀 : 로마서 6:1-11

● 롬 6:5 만일 우리가 그의 죽으심을 본받아 연합한 자가 되었으면 또한 그의 부활을 본받아 연합한 자가 되리라

영국의 존 휘세트(John Fawcett) 목사님은 아무도 가려고 하지 않는 한 시골교회에서 사역을 하고 있었습니다.

목사님은 사역에는 크고 작음이 없다는 생각에 최선을 다해 성도들을 섬겼는데 설교가 어찌나 훌륭했던지 런던까지 소문이 퍼졌습니다.

런던의 유명 목회자 존 길(John Gill) 목사님은 자기 후임으로 존 휘세트 목사님을 청빙했고 망설이는 목사님에게 성도들은 "목사님은 많은 사람들에게 영향력을 줄 수 있는 곳으로 가야 합니다"라며 설득했습니다.

떠나는 날까지 미소로 목사님을 보내주는 성도들의 모습에 목사님은 눈물을 흘리며 느낀 감동을 메모로 남겼습니다.

"주 믿는 형제들 사랑의 사귐은 천국의 교제 같으니 참 좋은 친교라

하나님 보좌 앞 다 기도드리니 우리의 믿음 소망이 주안에 하나라

피차에 슬픔과 수고를 나누고 늘 동고동락하는 중 위로를 나누네.

또 이별할 때에 맘 비록 슬퍼도 주안에 교통하면서 또다시 만나리."

이 아름다운 고백은 훗날 작곡이 더해져 「주 믿는 형제들」(찬송가 221장, 통일 525장)이라는 찬송이 되었고 오늘날까지 불리고 있습니다.

주 하나님만을 믿고 따르는 성도들은 세상과 다른 방식으로 교제하고 사랑해야 합니다.

예수님이 우리에게 주신 사랑으로 더 큰 뜻을 위해 서로 섬기고 교통하는 교제를 나누십시오. 아멘!

💙 주님, 주님 안에 있는 형제자매들을 존중하며 바르게 섬기게 하소서.

🪕 주님 안의 형제자매들에게 호칭과 어울리지 않는 행동을 하고 있다면 고칩시다.

나의 영적 일지

2월

"바닷물이 흉용하고 뛰놀든지
그것이 넘침으로 산이 요동할찌라도
우리는 두려워 아니하리로다"
– 시편 46편 3절 –

2월 1일

기도의 능력

읽을 말씀 : 야고보서 5:13-18

● 약 5:15 믿음의 기도는 병든 자를 구원하리니 주께서 저를 일으키시리라 혹시 죄를 범하였을찌라도 사하심을 얻으리라

『제 소중한 친구이자 믿음의 동역자인 여의도순복음교회 조용기 원로목사가 소천하였습니다.

조 목사님은 주님께서 크게 쓰신 종으로 은사가 참 많습니다.

그중에도 기도의 능력이 참 부러웠습니다. 저도 늘 기도에 힘쓰고 성도들을 위해 간절히 부르짖는데 제가 기도할 때 보다 조 목사님이 기도하면 그 자리에서 병든 자가 벌떡 일어나는 기적이 생기니 말입니다.

하루는 함께 식사하는 자리에서 제가 단도직입적으로 물었습니다.

"조 목사님! 내가 기도하면 안 그런데 왜 목사님이 기도만 하면 그런 기적이 일어나는 걸까요? 내가 모르는 무슨 비결이라도 있는 건가요?"

조 목사님은 빙그레 웃으며 이렇게 대답했습니다.

"내게 특별한 능력이 있는 게 아닙니다. 나도 김 목사님과 똑같습니다.

다만 기도 받으러 오는 성도들이 제게 기도를 받으면 반드시 나을 거라는 확실한 믿음과 간절한 마음으로 나오기 때문인 것 같습니다. 저는 그저 손을 얻는 것뿐인데, 그들의 믿음을 보시고 하나님께서 응답해 주시는 것입니다!"

성경에 보면 불쌍히 여겨달라며 계속 소리를 질렀던 맹인에게 놀라운 은혜가 임했습니다. 그때 예수님께서 하신 말씀(누가복음 18:4)입니다.

"예수께서 그에게 이르시되 보라 네 믿음이 너를 구원 하였느니라."』

– 「김장환 목사의 인생 메모」 중에서

우리에게 이런 믿음의 기도와 응답의 기쁨이 있기를 원합니다. 아멘!

🤍 주님, 믿음의 기도, 능력의 기도를 하도록 인도해 주소서.

📖 우리 주변의 아픈 사람들을 돌아보고 기도합시다.

나의 영적 일지

우리를 살리기 위해

2월 2일

읽을 말씀 : 요한복음 3:10-21

● 요 3:16 하나님이 세상을 이처럼 사랑하사 독생자를 주셨으니 이는 저를 믿는 자마다 멸망치 않고 영생을 얻게 하려 하심이니라

중남미의 늪지에는 '레노데르마르'라는 개구리가 서식하고 있습니다.

이 개구리는 몸집이 매우 작지만 번식력이 뛰어나 험한 늪지대에서도 잘 살아남습니다.

암컷은 산란기가 되면 수컷 옆을 찾아가 많은 알을 낳습니다.

수컷은 암컷이 낳은 알을 즉시 삼킵니다.

천적으로부터 알을 보호하기 위한 행동으로 수컷은 울음주머니에 알들을 담고는 알들이 부화할 때까지 먹지도 않고 울지도 않습니다.

레노데르마르는 본능적으로 울음을 노래처럼 즐기는 개구리지만 알을 입에 담은 수컷은 절대로 울지 않습니다. 알에서 올챙이가 깨어난 뒤에도 어느 정도 성장할 때까지 수컷은 입을 열지 않다가 비로소 때가 되었을 때 새끼들을 늪지대에 내보냅니다.

수컷의 대부분은 새끼들을 내보낸 후 탈진으로 죽고 말지만 그 어떤 레노데르마르 개구리도 알을 입에 담는 일을 망설이지 않습니다. 비록 자신의 생명을 잃을지라도 그 방법이 유일하게 알들을 지킬 수 있기 때문입니다.

하나님이 예수님을 세상에 보내신 이유는 그 방법이 사랑하는 우리를 살리실 유일한 방법이었기 때문입니다.

우리를 살리기 위해 이 땅에 오신 주 예수님을, 그리고 주 예수님을 우리를 위해 보내신 하나님의 놀라운 사랑을 잊지 마십시오. 아멘!

🤍 주님, 저를 구원하기 위한 놀라운 주님의 희생을 깊이 깨닫게 하소서.

🖼 주님께서 베푸신 사랑을 깊이 묵상하며 감사하며 찬양합시다.

나의 영적 일지

2월 3일

쉬지 않으시는 주님

읽을 말씀 : 시편 121:1-8

● 시 121:4 이스라엘을 지키시는 자는 졸지도 아니하고 주무시지도 아니하시리로다

한 사냥꾼이 아들과 함께 사냥을 떠났습니다.

숲속 깊은 곳에서 갑작스러운 폭우를 만난 부자는 서둘러 피할 곳을 찾았습니다. 몸이 완전히 얼기 전에 다행히 한 동굴을 찾았는데 동굴은 너무나 깊고 어두웠습니다. 비에 젖어 모닥불도 켜지 못해 추위에 떨고 있는 아들을 위해 아버지는 꼭 부둥켜안고 기도하며 말했습니다.

"얘야 걱정 말아라. 하나님이 우리의 모든 것을 아시고 다 지켜주신단다."

"하지만 아빠, 우리는 사냥감도 잡지 못하고 쫄딱 젖어 돌바닥에 있는 걸요?"

아빠의 위로에도 불안에 떨던 아들은 이내 잠이 들었고 아침이 되자 비도 그치고 밝은 햇살이 동굴 안까지 비췄습니다.

지난밤의 무서운 추억이 떠오른 아들은 동굴을 나서며 불만을 내뱉었습니다.

"밤에 아빠가 기도하고 계실 때 도대체 하나님은 뭘 하고 계셨을까요?"

아버지는 아들의 손을 잡고 동굴을 나오며 대답했습니다.

"네 눈에는 보이지 않니?

우리가 기도할 때 하나님은 밝은 아침을 만들고 계셨단다."

쉬지 않으시는 우리를 위해 일하시는 주님은 지금도 우리를 위해 일 하시고 계십니다.

보이지 않는 주님의 손이 우리의 삶에 임하고 있음을 믿고 주님의 섭리에 삶을 온전히 맡기십시오. 아멘!

💚 주님, 저의 피난처이고, 방패이며, 요새이며, 힘이신 주님이심을 깨닫게 하소서.

🔲 힘들고 어려웠던 시절 입었던 주님의 도움을 회상하며 감사합시다.

나의 영적 일지

자녀이기 때문에

2월 4일

읽을 말씀 : 요한복음 1:6-13

● 요 1:12 영접하는 자 곧 그 이름을 믿는 자들에게는 하나님의 자녀가 되는 권세를 주셨으니

    옛날 어떤 왕국에서 대관식이 있었습니다.

    왕의 자리에서 물러난 아버지는 아들을 위해 나라에서 가장 지혜로운 스승을 불러 가르침을 달라고 부탁했습니다.

    스승은 왕을 보자마자 대뜸 물었습니다.

    "자네가 왜 왕이 됐는지 아는가?"

    "나라에서 가장 지혜롭기 때문이지요."

    "나는 자네보다 지혜로운 사람을 얼마든지 알고 있네.

    그 사람을 데려오면 왕위를 넘겨주겠는가?"

    "생각해 보니 돈이 많아서인 것 같습니다. 왕궁에는 많은 금은보화가 있습니다."

    스승은 왕보다 돈이 많은 사람도 많다며 계속해서 같은 질문을 던졌습니다. 마땅한 대답을 찾지 못하던 왕은 한참을 고민하다 나지막이 입을 열었습니다.

    "제 아버지가 왕이었기 때문에 제가 왕이 될 수 있었습니다."

    "맞네. 자네가 왕이 될 수 있는 이유는 아버지가 왕이었다는 사실 하나뿐이네. 그 사실을 잊지 말게나. 겸손할 때 성군이 될 수 있을 것이네."

    주님을 영접함으로 하나님의 자녀가 되는 권세를 주셨기에 우리는 못나고 연약해도 하나님의 자녀가 될 수 있었습니다.

    우리의 구원과 특권은 우리 때문이 아닌 오직 주님의 은혜 때문임을 두고두고 기억하십시오. 아멘!

💙 주님, 모든 좋은 것이 오로지 주님의 은혜로 얻어진 것을 깊이 깨닫게 하소서.

🖼 주님께서 베풀어주신 축복들을 노트에 적어봅시다.

나의 영적 일지

교회를 시끄럽게 하는 것

읽을 말씀 : 사사기 17:1-6

● 삿 17:6 그 때에는 이스라엘에 왕이 없으므로 사람마다 자기 소견에 옳은대로 행하였더라

중국 한 산골에서 농사를 짓는 농부가 있었습니다.

어느 날부터 집 근처의 연못에서 개구리울음이 밤마다 들렸는데 수가 어찌나 많은지 잠을 제대로 자기가 힘들 정도였습니다.

도저히 참을 수 없었던 농부는 옆 마을에 개구리 요리를 하는 식당을 찾아갔습니다.

"제가 조만간 개구리 수백 마리를 잡아 올 텐데 혹시 구입하시겠습니까?"

식당 주인은 얼마든지 살 테니 잡아만 오라고 했습니다.

다음 날 저녁 농부는 장비를 챙겨 연못을 퍼냈습니다.

불을 비춰 개구리를 확인하던 농부는 그만 깜짝 놀랐습니다.

그토록 시끄러웠지만 연못의 개구리는 단 두 마리뿐이었습니다.

농부는 식당 주인을 찾아가 자초지종을 설명하며 사과했습니다.

"그토록 시끄러운 개구리 소리를 단 두 마리가 낼 줄은 꿈에도 몰랐습니다. 정말 죄송합니다."

단 두 마리의 개구리가 온 마을을 시끄럽게 하듯이 마음속의 작은 죄 하나도 우리의 행실을 어지럽힙니다.

교회 내의 한 사람의 목소리, 한 사람의 생각이 모일 때 수십 가지 분열의 원인이 되기도 합니다. 내 생각과 목소리가 아닌 하나님이 주시는 마음과 뜻으로 연합하게 해달라고 간구하십시오. 아멘!

💜 주님, 작은 죄도 온 마음과 행실을 더럽힘을 깨닫고 회개하게 하소서.

🦋 마음을 두렵게 하고 어렵게 하는 죄를 주님께 내어놓고 기도합시다.

나의 영적 일지

말씀에 귀를 기울이라

2월 6일

읽을 말씀 : 신명기 13:1-11

● 신 13:4 너희는 너희 하나님 여호와를 순종하며 그를 경외하며 그 명령을 지키며 그 목소리를 청종하며 그를 섬기며 그에게 부종하고

설교의 황태자 스펄전은 "우리의 마음이 준비만 되어 있다면 하나님은 어떤 사람의 설교를 통해서라도 우리에게 가르침을 주신다"라고 말한 적이 있습니다. 말씀을 제대로 가르치는 설교도 중요하지만 그 말씀을 받는 성도들의 자세도 중요하다는 말입니다.

다음은 「설교를 통해 하나님의 말씀을 듣도록 도와주는 7가지」입니다.
1. 예배의 성공은 토요일에 달려 있다.
   일찍 잠자리에 들고 상쾌한 아침을 맞이하라.
2. 하나님과의 약속에 지각은 절대 금물이다.
   최소한 10분 전에는 교회에 도착하라.
3. 예배에 필요한 모든 것을 준비하라.
   옷, 성경, 헌금, 마음까지도. 예배를 준비하며 예배를 위해 기도하라.
4. 어린이와 같은 열린 마음으로 설교를 마주하라.
5. 설교 내용을 들으며 다른 사람을 떠올리지 말고
   오직 나에게 초점을 맞춰라.
6. 설교의 본문과 느낀 점을 노트나 수첩에 잘 적어두라.
7. 예배가 끝난 후에는 말씀을 실천할 수 있는 방법을 고심하라.
하나님은 예배를 통해, 말씀을 통해, 기도를 통해 지금도 우리에게 말씀하고 계십니다. 하나님과의 귀한 교제의 시간인 예배를 온 마음과 정성을 다해 준비하는 그리스도인이 되십시오. 아멘!

♡ 주님, 주님의 말씀을 깨닫게 하시고 순종할 수 있는 능력을 주소서.
🖼 위 7가지 내용 중에 제일 약한 부분이 무엇인지 찾고 개선합시다.

나의 영적 일지

맡기신 사명

읽을 말씀 : 사도행전 20:17-24

● 행 20:24 나의 달려갈 길과 주 예수께 받은 사명 곧 하나님의 은혜의 복음 증거하는 일을 마치려 함에는 나의 생명을 조금도 귀한 것으로 여기지 아니하노라

시골에서 전원 목회를 하는 목사님이 있었습니다.

목사님은 사명감을 가지고 시골로 내려왔지만 생소한 환경에 여러 가지 문제점이 겹쳐 점점 사역의 원동력을 잃어가고 있었습니다.

하루는 사랑하는 딸이 학교에서 해온 숙제를 목사님에게 읽어주었습니다.

"가장 소중한 사람 10명을 쓰고 그 사람들이 동시에 위험에 빠지면 누구부터 구할 것인가?"

딸은 놀랍게도 가장 먼저 아빠를 구하겠다고 했습니다.

애지중지 아끼던 동생들도 아니었고 세상에서 가장 사랑한다던 엄마도 아니었습니다.

놀란 목사님이 이유를 묻자 딸은 당연한 걸 왜 묻냐는 듯이 대답했습니다.

"아빠는 사람의 생명을 살리는 목사님이니까 가장 먼저 살려야죠."

딸의 고백에 깨달음을 얻은 목사님은 곧 정신을 차리고 다시 온 마을을 뛰어다니며 복음을 전했습니다.

'그래, 나는 사람을 살리는 사람이다.

사람을 살리는 일이 쉬울 순 없지.

힘들고 어려워도 사람을 살려야지.'

모든 그리스도인은 생명의 복음을 세상에 전할 사명을 짊어진 사람입니다.

복음을 몰라 지금도 죽어가고 있는 안타까운 사람들에게 생명의 기쁜 소식을 어서 전합시다. 아멘!

💙 주님, 주변에 있는 사람들에게 당당하게 그리스도의 복음을 전하게 하소서.

🖼 복음을 전하는 일을 어렵게 만드는 장애물들을 떠올리며 원인들을 제거합시다.

나의 영적 일지

사랑의 4단계

읽을 말씀 : 요한일서 2:7-17

● 요일 2:15 이 세상이나 세상에 있는 것들을 사랑치 말라 누구든지 세상을 사랑하면 아버지의 사랑이 그 속에 있지 아니하니

12세기의 끌레르보 버나드는 '사랑의 성직자'라고 불렸습니다.
종교개혁을 일으킨 마틴 루터는 버나드를 가장 존경하는 신학자로 꼽으며 자기가 아는 성도 중에 가장 경건한 사람이라고 불렀습니다.

칼뱅이 자주 인용하기도 했던 버나드가 말한 '사랑의 4가지 단계'입니다.
1. 자기 자신만을 사랑하는 단계
   자기 안위에만 관심이 있는 가장 이기적인 사랑입니다.
2. 자신을 위해 하나님을 사랑하는 단계
   자기가 잘 되려고 하나님을 사랑하는 기복적인 사랑입니다.
3. 하나님을 위해 하나님을 사랑하는 단계
   사랑의 대상이 올바로 바뀌었지만 가장 중요한 것을 놓치고 있는 아쉬운 사랑입니다.
4. 하나님을 위해 자신을 사랑하는 단계
   사랑의 목적과 방향을 올바로 이해하는 성숙하고 온전한 궁극적인 사랑입니다.
우리를 위해 모든 것을 주셨기 때문에 우리는 주님을 사랑해야 하며, 주님의 사랑의 목적인 우리를 위해 또한 스스로를 사랑해야 합니다.
현재 우리의 사랑의 단계를 올바로 파악하고 바른 대상을 바른 목적으로 사랑하십시오. 아멘!

💗 주님, 올바른 사랑이 무엇인지 알고 올바로 사랑하게 하소서.
🧩 내 사랑의 단계는 어디인지 깨닫고 더 나은 단계를 향해 갑시다.

나의 영적 일지

2월 9일

가슴에 품은 보혈

읽을 말씀 : 히브리서 13:20-25

● 히 13:20 양의 큰 목자이신 우리 주 예수를 영원한 언약의 피로 죽은 자 가운데서 이끌어 내신 평강의 하나님이

'진홍가슴새'라고 이름 붙여진 작은 새에 대한 이야기입니다.

이 새는 이름과는 달리 새하얀 가슴을 가지고 있었습니다.

하루는 이 새들이 여행을 하다가 여러 가지 기적을 행하는 남자를 만났습니다.

남자는 가는 곳마다 놀라운 기적을 이루며 사람들을 고쳐주며 섬겼습니다.

하루는 군인들이 찾아와 아무 죄 없는 이 남자를 어디론가 끌고 갔습니다.

채찍으로 때리고 무거운 십자가를 지게 하더니 급기야는 높은 언덕 십자가에 그 남자를 못 박았습니다.

이 모습을 보다 못한 한 진홍가슴새가 남자를 도우려고 다가갔지만 작은 새가 할 수 있는 것은 그저 이마에 박힌 작은 가시 하나를 뽑는 것이 전부였습니다.

가시를 뽑던 진홍가슴새의 가슴에 남자의 피가 한 방울 튀었는데 이 피는 물로 씻어도, 낙엽으로 비벼도 지워지지 않았습니다.

십자가에 달리신 남자가 독생자 예수님인 것을 깨달은 진홍가슴새는 그제야 왜 자기들이 진홍가슴새라고 불렸는지 깨달았습니다.

여자로는 세계 최초로 노벨문학상을 받은 셀마 라게를뢰프(Selma Lagerlf)의 「진홍가슴새의 비밀」이라는 책의 내용입니다.

예수님을 영접한 우리의 가슴속에는 우리를 위해 주님이 흘리신 보혈의 흔적이 있습니다. 세상에서도 이 흔적을 잊지 말고 그리스도인으로서 주님을 드러내며 당당하게 살아가십시오. 아멘!

💟 주님, 주님의 보혈의 능력을 가슴에 품고, 그 능력을 경험하며 살아가게 하소서.

🧩 주님의 십자가 희생을 떠올리며 주님의 사랑에 감사하는 기도문을 적어봅시다.

나의 영적 일지

대장장이의 믿음

읽을 말씀 : 욥기 23:1-10

2월 10일

● 욥 23:10 나의 가는 길을 오직 그가 아시나니 그가 나를 단련하신
  후에는 내가 정금 같이 나오리라

　　어떤 마을의 대장장이가 한 그리스도인의 오랜 전도 끝에 마침내 복음을 받아
들였습니다.

　　대장장이는 교회도 빠지지 않고 매일 경건생활도 열심히 했습니다.

　　그런데 어쩐 일인지 인생에서 불행한 일들이 연달아 터졌습니다.

　　1년이 흐르고 5년이 흐르고 8년인 지났지만 그리스도인이 되기 전보다 오히
려 인생은 더 힘들어졌습니다.

　　이 모습을 보다 못한 친구가 찾아와 다음과 같이 물었습니다.

　　"예수를 믿고 난 뒤 삶이 더 비참해지지 않았나?

　　무려 8년 동안 자네를 지켜봤다네. 이제 그만 신앙을 버리게."

　　대장장이는 친구의 진심 어린 조언에 미소를 지었지만 그럼에도 신앙을 포기
할 수 없다고 대답했습니다.

　　"내가 대장장이가 아니었다면 벌써 포기했을지도 모르네. 하지만 쇠를 불에
달구고 두드리지 않는다면 좋은 물건이 나오질 않는다는 사실을 나는 알고 있거
든. 연단이 길어진다는 것은 하나님이 그만큼 내 인생에 공을 들이고 계신다는
뜻이라고 믿는다네."

　　주님이 당하신 모진 고난도 우리를 구원하기 위한 것이었습니다.

　　정금과 같이 우리를 단련 하사 귀한 그릇으로 만들어주시고 놀라운 영광으로
채워주실 주님이심을 굳게 믿읍시다. 아멘!

💗 주님, 감당할 시험만 주시겠다고 약속한 주님의 사랑을 깊이 깨닫게 하소서.

🧎 지금 어려움 중에 있다면 주님의 도우심으로 감당할 수 있음을 고백합시다.

나의 영적 일지

화해의 다리

읽을 말씀 : 요한일서 4:7-13

● 요일 4:10 사랑은 여기 있으니 우리가 하나님을 사랑한 것이 아니요 오직 하나님이 우리를 사랑하사 우리 죄를 위하여 화목제로 그 아들을 보내셨음이니라

돈 리처드슨(Don Richardson) 선교사는 오지에 있는 미전도 종족을 전문으로 찾아가 복음을 전했습니다.

리처드슨 선교사가 호주 북쪽의 큰 섬 '뉴기니'를 방문했을 때 현지 원주민은 다른 부족을 잔인하게 사냥하는 풍습이 있었으며 전리품으로 다른 부족의 해골을 모을 정도로 미개하고 폭력적이었습니다.

리처드슨 선교사는 죽음을 두려워하지 않고 이들에게 온 힘을 다해 복음을 전했고 그 노력으로 뉴기니에서 가장 큰 두 부족 '뚜안족', '사위족'이 복음을 받아들였습니다.

강을 차지하려고 오랜 세월을 싸웠던 두 부족은 복음으로 서로를 향한 살육을 멈추기로 했습니다. 두 부족은 협정을 위해 각 부족 추장의 자녀가 태어난 지 100일쯤 되면 상대 부족의 추장에게 보냈습니다.

어려서부터 함께 키우며 정이 들었기에 상대 부족의 자녀였음에도 신뢰하게 되고, 또 싸움이 나면 추장의 자녀가 가장 먼저 죽기 때문에 두 부족의 모든 구성원들은 협정이 말뿐이 아닌 진심임을 믿게 됐습니다.

복음 때문에 변화된 두 부족은 서로를 위해 교환한 아이를 '화해의 아이, 화해의 다리'라고 불렀습니다.

예수님은 하나님이 우리와 화해하기 위해 보내주신 은혜의 다리입니다.

주님으로 인해 하나님과 화해하게 되었다는 놀라운 복음을 아직도 모르는 사람들에게 서둘러 전합시다. 아멘!

💙 주님, 세상을 주님과 화해시키는 전달자로서의 사명을 잘 감당하게 하소서.

🖼 혹시 누구와 어려운 관계 중에 있다면 먼저 화해를 요청합시다.

나의 영적 일지

가짜를 주의하라

읽을 말씀 : 고린도후서 13:1-7

● 고후 13:5 너희가 믿음에 있는가 너희 자신을 시험하고 너희 자신을 확증하라 예수 그리스도께서 너희 안에 계신 줄을 너희가 스스로 알지 못하느냐 그렇지 않으면 너희가 버리운 자니라

시골에서 오랫동안 농사를 짓다가 서울에 상경한 농부 부부가 있었습니다.

서울의 명소도 찾아가고 맛있는 것도 먹던 부부는 한 식당에서 참기름 맛을 보고 깜짝 놀랐습니다. 시골 가격보다 몇 배는 비싼 데다가 맛도 100% 참기름 맛이 아니었기 때문입니다.

"우리가 시골에서 진짜 참기름을 짜와서 더 싸게 팔면 되겠다"라는 생각에 부부는 시골에서 진짜 참기름을 정성껏 짜 서울에 가져다 팔았습니다.

처음에는 진짜 참기름이라는 말에 몇 병이 팔렸지만 이내 파리만 날렸습니다.

가짜 참기름 맛에 익숙해진 사람들이 진짜 참기름 맛을 알아보지 못하고 가격까지 싸다며 의심했기 때문입니다.

메밀국수 관련해서도 이와 비슷한 일이 있었습니다.

비싼 메밀을 맷돌로 갈아 100% 메밀면을 뽑는 한 식당이 있었는데 찰기가 없는 면에 적응을 못한 사람들은 오히려 밀가루가 섞인 메밀국수를 더 좋아했습니다.

익숙한 것도 진짜가 아닐 수 있고, 좋다고 느끼는 것도 진짜가 아닐 수 있습니다.

우리가 믿고 있는 복음은 진짜입니까? 가짜입니까?

우리의 기호와 생각이 아닌 성경이 전하는 진짜 복음을 믿고 배우며 지키십시오. 아멘!

💟 주님, 잘못된 것이 바른 것을 어렵게 하는 시대에 바른 분별력을 갖게 하소서.

🖼 복음에 대한 말씀과 복음을 바르게 설명한 신앙서적을 읽읍시다.

나의 영적 일지

고난의 아름다움

읽을 말씀 : 고린도전서 10:12-22

● 고전 10:13 사람이 감당할 시험 밖에는 너희에게 당한 것이 없나니 오직 하나님은 미쁘사 너희가 감당치 못할 시험 당함을 허락지 아니 하시고 시험 당할 즈음에 또한 피할 길을 내사 너희로 능히 감당하게 하시느니라

다윈과 견주어도 밀리지 않았던 영국의 저명한 생물학자이기도 한 알프레드 월리스(Alfred Russel Wallace)가 하루는 실험실에서 나비를 관찰하고 있었습니다.

여러 고치를 구해서 부화하는 나비의 모습을 관찰하고 있었는데 월리스가 보기에 고치를 뚫고 나오는 나비의 모습은 너무나 처절했습니다. 조금만 도와주면 쉽게 나올 수 있을 것이란 생각에 월리스는 고치에 칼집을 냈습니다.

칼집을 내자마자 나비는 바로 고치를 뚫고 날개를 활짝 펼쳤습니다.

그러나 어쩐 일인지 다른 나비들과 달리 영롱한 빛도 없었고 날갯짓도 힘이 없었습니다.

도움을 받은 고치에서 태어난 나비는 힘없이 날개를 몇 번 파닥이다가 제대로 날지도 못하고 떨어져 죽었습니다. 이 나비뿐 아니라 고치에 칼집을 낸 나비들에게는 모두 비슷한 현상이 일어났습니다.

오랜 시험 끝에 월리스는 고치를 뚫고 나오려는 나비의 고통스러운 몸짓이 성장에 반드시 필요한 것임을 깨달았습니다.

아무리 고치를 뚫으려는 몸부림이 힘들어 보여도 나비를 위해서는 그대로 둬야 했습니다.

주님이 주신 귀한 사명을 감당하기 위해서 그리스도인들은 때때로 고난을 통해 훈련받습니다.

천국에서의 영원한 삶이 보장된 그리스도인들에게 이 땅에서의 고난은 한낱 연단의 과정일 뿐임을 믿고 고난에도 오히려 주님께 감사하십시오. 아멘!

💛 주님, 지금의 어려움은 저를 성숙하게 하는 주님의 훈련임을 믿고 이겨내게 하소서.

🔲 지금 당하고 있는 어려운 일들을 신앙의 힘으로 이겨내고 승리합시다.

나의 영적 일지

네 이웃을 네 몸 같이 사랑하라

읽을 말씀 : 로마서 12:4-13

● 롬 12:13 성도들의 쓸 것을 공급하며 손 대접하기를 힘쓰라

19세기 프랑스의 부유한 가정에서 태어난 루이 브라유(Louis Braille)는 3살 때 송곳에 눈을 찔려 시각장애인이 됐습니다.

선천적으로 긍정적인 성격인데다가 천부적인 재능을 가진 루이는 눈이 보이지 않아도 남부럽지 않은 삶을 살았습니다.

연주를 듣고 악보를 모조리 외워 실력 있는 첼리스트가 됐고, 선생님의 강의를 모두 외워서 공부하는 방식으로 왕립학교에도 진학했습니다.

그러나 모든 사람이 자신과 같이 재능이 있는 것은 아니며 대부분의 시각장애인들은 교육을 받지 못해 비참한 삶을 살아간다는 사실을 알게 됐습니다.

루이는 자신보다 이들의 삶을 위해 무언가를 해주고 싶었지만 뾰족한 방법이 떠오르지 않았습니다.

하루는 군인인 샤를이라는 대위가 루이를 찾아와 자신이 개발한 새로운 암호 방식을 자랑했습니다. 손으로 만져만 봐도 식별이 가능해서 밤에도 암호로 사용할 수 있는 새로운 방식이었습니다.

샤를 대위의 아이디어에서 힌트를 얻은 루이는 그날부터 밤낮없이 점자 연구에 몰입했고 3년 만에 최초의 점자를 세상에 탄생시켰습니다.

루이는 자신이 아닌 다른 시각장애인들을 위해 점자를 만들었고 이후 세상을 떠날 때까지 30년 넘게 점자 보급에 온 힘을 쏟았습니다.

나보다 남을 더 낫게 여기는 마음, 나보다 남을 더 사랑하는 마음이 때로는 세상을 변화시킵니다. 주님의 말씀대로 이웃을 내 몸과 같이 사랑하십시오. 아멘!

💜 주님, 주님의 영광을 위해 주님께서 기뻐하시는 선행을 하게 하소서.
🪞 내게 있는 재능이나 은사로 이웃을 섬길 수 있는 방법을 찾아봅시다.

나의 영적 일지

맡겨주신 영혼

읽을 말씀 : 디도서 1:1-9

● 딛 1:3 자기 때에 자기의 말씀을 전도로 나타내셨으니 이 전도는 우리 구주 하나님이 명하신 대로 내게 맡기신 것이라

러시아에 있는 한 병원에서 중요한 심장 수술이 진행 중이었습니다.

개복을 하고 막 수술을 시작하려는 찰나 화재 경보가 울려 퍼졌습니다.

처음엔 실수로 울린 경보인 줄 알았으나 긴급 인터폰으로 "병원 지붕에 불이 났다"는 연락이 왔습니다. 불은 지붕을 타고 빠르게 옮겨붙고 있어 신속한 대피가 필요한 상황이었습니다. 그러나 만약 대피한다면 환자는 목숨을 보장할 수 없었습니다. 눈앞의 환자를 버려둘 수 없다는 생각에 8명의 의료진은 화재를 무시하고 수술을 강행했습니다.

밖에서는 수백 명의 환자들이 대피하는 소동이 일어났지만 의사들은 꿈쩍도 하지 않고 수술에만 집중했습니다.

다행히 소방대원들의 노력으로 불길은 수술실까지 번지지 않았고 의료진은 2시간 만에 수술을 무사히 마쳤습니다.

의사들은 불길에 목숨을 잃을 수도 있었음에도 수술을 강행한 이유를 다음과 같이 말했습니다.

"눈앞에 있는 환자를 구하는 것 말고는 의사인 우리가 할 수 있는 다른 일은 없었습니다."

화재가 나도 눈앞의 환자를 포기할 수 없는 것처럼 그 어떤 역경이 있더라도 우리는 세상을 향한 복음 전파를 멈출 수 없습니다.

복음을 가지고 나아가야 합니다. 아직 주님을 알지 못하는 우리 주변의 그 사람이 바로 주님이 우리에게 맡겨주신 영혼임을 잊지 마십시오. 아멘!

💗 주님, 생명을 구할 유일한 복음을 소중히 여기며 주변에 전하게 하소서.
🧎 주님께서 내게 맡겨주신 영혼에게 카톡이나 문자로라도 복음을 전합시다.

나의 영적 일지

기도는 기적을 낳습니다

읽을 말씀 : 야고보서 2:14-26

●약 2:17 이와 같이 행함이 없는 믿음은 그 자체가 죽은 것이라

『경북 예천 산골 한 목사님의 이야기입니다.

유명 국립대학교를 수석으로 졸업한 목사님은 남들이 꺼리는 오지로 들어갔습니다. 컨테이너 예배당에 다 쓰러져가는 사택이었지만 구령의 열정이 넘쳤습니다. 그러던 어느 날 밤 곤히 자던 아내의 목 위로 큰 뱀이 떨어졌습니다. 너무 놀라고 불안해 사택을 떠나 수개월을 교회에서 지냈지만 다른 방도가 없기에 다시 집으로 돌아와 방안에 텐트를 치고 살았습니다.

그런데 이번에는 중부 지방의 기록적인 폭우로 사택 천장이 뚫리고 방벽이 무너졌습니다. 이 안타까운 사연이 극동방송 「소망의 기도」 시간에 소개됐습니다.

진행자 목사님은 눈물이 차고 목이 멨지만 "하나님! 우리 주님께서 머리 둘 곳 없다 하셨는데, 영혼 구원을 위해 어려운 곳에 들어간 목사님이 지금 머리 둘 곳이 없습니다. 저희 간구에 응답하여 주옵소서"라고 기도했습니다. 그러자 하나님께서 놀라운 역사를 일으키셨습니다.

방송 후 며칠 만에 청취자 240여 분이 9천만 원의 헌금을 보내주셔서 예천 산골 목사님 내외분은 4개월 만에 안락한 보금자리를 마련할 수 있었습니다.

저도 1년에 몇 차례 「소망의 기도」 특별 생방송에 출연하여 성도님들을 위해 기도하면서 계속 확신하게 됩니다. 하나님께서 극동방송을 통해 복음을 전하게 하시고 방송 가족들의 간절한 기도에 응답하시며 뭇 영혼을 구원하고 계심을 말입니다.』 - 「김장환 목사의 인생 메모」 중에서

지금 생명을 전하고 있고 기적이 일어나고 있는 극동방송을 듣게 하십시오. 아멘!

💜 주님, 모든 일을 행함이 있는 믿음으로 하게 도와주소서.
🎐 어려움 속에서 목회하시는 분들을 돌아봅시다.

나의 영적 일지

감사를 잊지 말라

읽을 말씀 : 누가복음 17:11-19

● 눅 17:17 예수께서 대답하여 가라사대 열 사람이 다 깨끗함을 받지 아니하였느냐 그 아홉은 어디 있느냐

스페인의 명군 알폰소 12세(Alfonso XII)에게 하루는 다음과 같은 소식이 들려왔습니다.

"왕을 따르는 시종들이 어찌나 오만한지 온 나라에 소문이 파다합니다.

시종들은 자신이 왕이 된 것처럼 행동하며 교회에서 기도할 때도 눈을 감지 않는다고 합니다."

독실한 믿음을 가졌던 알폰소 12세는 이 소식을 듣고 크게 화를 냈습니다.

그는 곧 성대한 잔치를 베풀어 모든 시종들에게 참석하라 일렀으며 남몰래 거지 한 명을 초청했습니다. 한참 먹고 마시는 가운데 갑자기 거지가 대뜸 연회장으로 들어왔습니다. 거지는 왕의 명령대로 그대로 왕의 옆자리에 앉아 게걸스럽게 음식을 먹었습니다.

이 모습을 본 시종들은 크게 화를 내며 왕에게 당장 호위병을 불러 큰 벌을 내리라고 간언했습니다.

하지만 오히려 왕은 시종들에게 큰 화를 냈습니다.

"이 거지가 뻔뻔스럽게 보이느냐? 내가 보기에는 너희들이 더 큰 벌을 받아야 할 사람들이다. 지금 누리고 있는 축복에 감사할 줄도 모르고 왕의 이름을 팔고, 하나님 앞에서도 고개를 숙이지 않은 죄는 목숨으로 갚아야 한다!"

감사를 하지 않는 사람에게는 미래가 없습니다. 주님은 이미 가장 귀한 생명을 주심으로 우리 죄를 용서해 주시고 심판에서 우리를 구원하셨습니다.

가장 귀한 것을 이미 선물로 주신 주님께 오직 감사하십시오. 아멘!

🧡 주님, 우리에게 영원한 생명이란 큰 은혜를 베풀어주심을 늘 기억하게 하소서.

🧎 늘 주님을 경외하며 겸손하게 삽시다.

나의 영적 일지

유대인의 덕행

읽을 말씀 : 시편 119:99-106

● 시 119:105,106 주의 말씀은 내 발에 등이요 내 길에 빛이니이다
주의 의로운 규례를 지키기로 맹세하고 굳게 정하였나이다

소수 민족 중 하나인 유대인들이 세계의 다양한 분야의 중심에 설 수 있었던 비결은 교육입니다.
유대인들은 탈무드를 통해서 삶의 지혜를 배우고 자녀를 교육합니다.

다음은 유대인들이 힘써서 지키며 자녀들에게도 전통으로 물려주려고 노력하는 '탈무드가 가르치는 6가지 덕'입니다.
1. 되도록 많이 배우고 되도록 많이 가르쳐라.
2. 아프고 힘든 사람들을 찾아가 위로하라.
3. 손님은 최대한 풍성하게 대접하라.
4. 다른 사람의 장점을 먼저 바라보라.
5. 하나님께 기도하라.
6. 자녀에게 말씀을 가르쳐라.
하나님의 말씀인 성경에는 모든 지혜의 정수가 담겨 있습니다.
말씀을 통해 우리는 하나님의 지혜를 얻을 수 있고 인생에서 행해야 할 좋은 습관들을 배울 수 있습니다.
주님의 말씀대로 살아가는 사람은 인생의 보석같은 깨달음을 얻습니다.
겸손한 자세로 그 깨달음을 전할 때 내가 경험한 하나님의 지혜가 누군가에게 귀한 선물이 될 수도 있습니다. 말씀을 우리의 삶에 녹여낼 뿐 아니라 사랑하는 자녀, 가까운 주변 사람들에게 전승하십시오. 아멘!

🩷 주님, 주님의 말씀을 존귀히 여기며 그 가르침을 따라 살게 하소서.
🖼 삶에 힘이 되는 주님의 말씀들을 되도록 많이 암송합시다.

나의 영적 일지

미어캣의 지혜

읽을 말씀 : 히브리서 10:19-29

● 히 10:24,25 서로 돌아보아 사랑과 선행을 격려하며 모이기를 폐하는 어떤 사람들의 습관과 같이 하지 말고 오직 권하여 그날이 가까움을 볼수록 더욱 그리하자

아프리카 지역에 사는 작은 포유류 미어캣은 30여 마리가 집단을 이루며 굴속에 숨어 삽니다.

먹이 피라미드 사슬에서도 가장 아래쪽에 위치한 미어캣은 천적이 워낙 많아 동굴 주변을 하루 종일 감시합니다.

30여 마리가 순번을 정해 보초를 서는데 비가 와도, 모래폭풍이 쳐도, 뙤약볕이 내리쫴도 감시를 멈추지 않습니다.

누군가 희생을 하더라도 그 방법이 유일한 생존의 방법이라는 것을 알기 때문입니다.

동굴을 급습당할 때는 무조건 입구에서 가까운 미어캣이 입구를 틀어막아 다른 미어캣이 도망갈 시간을 벌어주고, 새끼를 낳으면 서로 돌아가며 젖을 먹이며 돌보아줍니다.

험한 사막에서 자신들이 살아남을 방법은 협력과 희생이라는 걸 알기에 우두머리부터 가장 작은 막내까지 목숨을 아까워하지 않으면서까지 모든 의무를 돌아가면서 성실히 수행합니다.

개미에게서 부지런함을 배우라는 성경 말씀처럼 자연에서도 협력과 희생의 원리를 배울 수 있습니다.

서로를 위해 희생하고 기꺼이 돕는 미어캣처럼 지치고 힘들어하는 성도들을 서로 위로하며 도우며 합력하십시오. 아멘!

♡ 주님, 주님의 사랑을 본받아 더욱 형제자매를 귀하게 여기게 하소서.

🖼 어려움에 있는 믿는 가정에게 주님의 이름으로 내가 할 수 있는 도움을 줍시다.

나의 영적 일지

마지막이 중요하다

읽을 말씀 : 히브리서 12:1-11

● 히 12:2 믿음의 주요 또 온전케 하시는 이인 예수를 바라보자 저는 그 앞에 있는 즐거움을 위하여 십자가를 참으사 부끄러움을 개의치 아니하시더니 하나님 보좌 우편에 앉으셨느니라

프랭크 쇼터(Frank Charles Shorter)는 세계적인 명문 예일대 법학과를 다니며 종종 취미로 달리기 시합에 나갔습니다.

달리기가 너무 좋았던 쇼터는 대학 대표로 선발되었고 전미연합 육상대회에서도 우승을 했습니다. 졸업 후 변호사가 되어서도 달리기를 포기하지 않았던 그는 체계적인 훈련으로 프로선수들과 어깨를 나란히 할 정도로 성장했습니다. 고학력자인 쇼터를 시기하는 여러 눈총이 있었지만 쇼터가 달리는 이유는 오직 행복이었기에 전혀 개의치 않았습니다.

쇼터는 차근차근 자신의 기록을 경신하며 미국 대표로 뮌헨 올림픽에도 출전했지만 세간에 알려진 것이 없어 완전히 무명 취급을 받았습니다.

남들에게 보란 듯이 금메달을 목에 건 쇼터는 일약 미국을 대표하는 육상 선수가 되었고 이후 다시 올림픽에서 은메달을 목에 걸며 명예의 전당에도 헌액됐습니다.

선수 시절 평생을 사람들의 무관심과 시기와 싸워 온 쇼터는 자신의 마라토너로써의 성공 비결을 다음과 같이 말했습니다.

"마라톤은 가뜩이나 진이 빠지는 운동인데 남과 겨룬다고까지 생각하면 정말로 괴로운 운동입니다. 저는 제 인생처럼 다만 제 자신과 싸워왔을 뿐입니다."

신앙도 마라톤도 완주가 중요합니다.

다른 사람이 아닌 주님과의 관계에 집중하므로 끝까지 넘어지지 말고 완주하는 경건한 경주자가 되십시오. 아멘!

💚 주님, 우리의 심중을 아시는 주님이 주시는 비전을 바라보며 살아가게 하소서.
🧎 세상의 잡음에 마음을 빼앗기지 말고 주님의 음성만을 따릅시다.

나의 영적 일지

2월 21일

나의 가치

읽을 말씀 : 히브리서 9:1-12

● 히 9:12 염소와 송아지의 피로 아니하고 오직 자기 피로 영원한 속
죄를 이루사 단번에 성소에 들어 가셨느니라

고대 인도에 자신이 얼마나 가치 있는 사람인지 궁금한 사람이 있었습니다.
이 사람은 나라에서 가장 현명하다고 알려진 나나크데브라는 학자를 찾아가 자
신의 가치를 물었습니다.

나나크데브는 서랍에서 작은 보석 하나를 건네주며 말했습니다.

"이 보석을 가지고 시장통을 돌며 값을 물어보십시오.

가격을 아무리 높게 불러도 절대 팔지 말고 계속 물어보기만 하십시오."

그 사람은 시장에서 만나는 상인들에게 보석의 값을 물었습니다. 과일 장수는
사과를 몇 개 준다고 했고, 옷감 장수는 비단을 조금 주겠다고 했습니다.

장신구를 만드는 사람은 장식용으로 제격이라며 꽤 높은 가격을 불렀습니다.

저마다 다른 가격을 부르는 건 보석상들도 마찬가지였습니다.

어떤 보석상은 훌륭한 보석이라며 천금을 주겠다고 했고, 어떤 보석상은 별
볼일 없는 보석이라며 헐값에 넘기라고 했습니다. 그 사람은 나나크데브에게 돌
아와 보석을 주며 있었던 일을 말했습니다. 이 말을 들은 뒤 나나크데브가 질문
에 답을 주었습니다.

"사람의 가치도 이 보석과 마찬가지입니다.

당신이 생각하는 만큼 당신의 가치가 달라집니다."

하나님은 우리의 가치를 만왕의 왕이신 예수님의 값으로 치러주셨습니다.

죄인인 우리를 구원하사 가장 귀한 존재로 세우신 주님을 믿으며 귀한 하나님
의 자녀로 살아가십시오. 아멘!

🤍 주님, 제가 존귀한 하나님의 자녀라는 사실을 어떤 상황에서도 잊지 않게 하소서.

🖼 남의 말에 흔들려 열등의식을 갖지 말고 주님 안에 있는 나를 생각합시다.

나의 영적 일지

성도가 있는 자리

읽을 말씀 : 누가복음 19:11-24

2월 22일

● 눅 19:17 주인이 이르되 잘하였다 착한 종이여 네가 지극히 작은 것에 충성하였으니 열 고을 권세를 차지하라 하고

네덜란드의 한 가난한 가정이 '아메리칸 드림'을 꿈꾸며 미국으로 이민을 떠났습니다. 할아버지는 6살의 어린 나이에 먼 타국으로 떠나는 손자를 불러 한 가지 충고를 해주었습니다.

"이민을 가면 험난한 환경이 기다리고 있을 거다.

가는 곳마다 '내가 왜 이런 고생을 해야 하지?'라는 생각도 들 거다.

그럼에도 네가 머무는 곳이 어디든 너로 인해 더 나은 환경이 될 수 있음을 잊지 말거라."

그는 미국에 도착해서 할아버지의 충고를 잊지 않았습니다.

보스턴의 외진 모퉁이에서 신문을 팔 때도 사람들이 불쾌하지 않도록 쓰레기를 치우고 담배꽁초를 주웠습니다.

단 한 부의 신문을 사는 사람의 부탁도 기꺼이 들어줬고 이런 습관은 어떤 직장을 가든지 이어졌습니다.

그는 어딜 가든지 사람들의 호감을 샀고 능력도 인정받았습니다.

그는 할아버지의 조언으로 스무 살에 인기 있는 작가로 성공해, 미국 최고의 여성 잡지 '레이디스 홈 저널'의 편집장이 된 에드워드 윌리엄 보크(Edward William Bok)입니다.

세상을 비추고, 맛을 내는 것이 주님이 우리에게 맡겨주신 사명입니다.

우리가 머무는 곳이 우리로 인해 조금이라도 더 밝아지고 나아질 수 있도록 성도의 사명을 다하십시오. 아멘!

💜 주님, 제가 머무는 곳이 저로 인해 더 나은 환경이 되게 해주소서.
🖼 이웃에게 더 나은 환경을 주기 위해 내가 할 수 있는 일을 생각합시다.

나의 영적 일지

끝까지 성공하는 리더

읽을 말씀 : 시편 119:30-40

● 시 119:33 여호와여 주의 율례의 도를 내게 가르치소서 내가 끝까지 지키리이다

풀러 신학교에서 리더십을 가르치는 로버트 클린턴(J. Robert Clinton) 박사는 유수의 여러 명문대에서 30년 동안 리더십을 연구했습니다.

클린턴 박사는 현대 사회가 '리더십 상실의 시대'로 불리지만 기독교계에서의 리더십의 부재는 더욱더 큰 위험이 되고 있다고 말했습니다.

많은 리더들이 혜성처럼 나타나지만 여러 가지 추문과 의혹으로 순식간에 사라지기 때문입니다.

다음은 클린턴 박사가 말한 「끝까지 성공하는 리더의 5가지 특징」입니다.

1. 사역과 인생에 대한 큰 그림, 즉 비전을 다른 사람들과 공유하라.
2. 비전을 향한 명확한 목표 의식, 방향성을 잃지 말아라.
3. 적극적으로 멘토링을 받고, 적극적으로 멘토링을 하라.
4. 이 정도면 됐다고 만족하지 말고, 평생 동안 배움의 자세를 유지하라.
5. 한 번의 은혜에 만족하면 유혹이 틈탈 수 있으니 반복하여 은혜를 체험하고 오직 주님만 붙잡으며 주님이 주시는 은혜를 간구하라.

끝까지 성공하는 신앙이 굳건한 신앙이며, 끝까지 성공하는 리더가 진정한 리더입니다.

리더는 많은 사람들의 이정표가 되기 때문에 신중하며 또 신중하게 길을 나아가야 합니다. 마지막까지 넘어지지 않도록 주님의 손을 꼭 붙잡고 말씀대로 사람을 이끄는 리더가 되십시오. 아멘!

💟 주님, 주님 안에서 끝까지 성공하는 리더가 되도록 은혜와 능력을 주소서.

▧ 위 5가지 목록 중에 내가 가장 약한 부분을 순서대로 써봅시다.

나의 영적 일지

그저 찬양이 기뻤습니다

읽을 말씀 : 시편 34:1–6

● 시 34:1 내가 여호와를 항상 송축함이여 그를 송축함이 내 입에 계속하리로다

어린 시절부터 찬양을 너무 좋아한 소녀가 있었습니다.

소녀는 힘든 가정 환경 속에서도 찬양의 기쁨을 잃지 않았습니다.

중학교를 중퇴하고 가정 형편 때문에 일을 해야 할 때도 찬양했고, 일을 찾아 다른 도시로 떠났을 때도 가장 먼저 교회를 찾아가 성가대에 등록했습니다.

소녀는 단 한 번도 노래를 배우거나 가수가 되려고 노력한 적이 없었습니다. 항상 기쁨으로 전심을 다해 찬양할 뿐이었습니다.

그런 소녀의 노래를 듣고 감동한 사람들은 여러 집회에 초청했고, 이내 음반을 내게 됐고, 세계적인 연주자들과 찬송가 앨범을 내게 됐습니다.

'가스펠의 여왕'으로 불리며 무려 '로큰롤, 가스펠, CCM' 세 분야에서 명예의 전당에 헌액된 마할리아 잭슨(Mahalia Jackson)의 이야기인데 그녀는 아름다운 노래의 비결을 묻는 사람들에게 항상 이렇게 대답했습니다.

"주님을 사랑하는 것 말고 다른 비결은 없습니다.

제가 사랑하는 주님이 저를 높여주셨고 저는 단지 쓰임을 받았을 뿐입니다.

우리는 스스로 자신을 높일 수 없습니다.

주님이 우리를 높여주실 수 있도록 주님을 진정으로 사랑하세요."

하나님을 섬기고 예배하는 일은 우리의 진정한 기쁨입니다.

형식적으로 예배를 드리고 의무감에 사로잡힌 신앙생활을 벗어버리고 주님을 섬기는 진정한 기쁨을 회복하십시오. 아멘!

🩷 주님, 우리에게 베푸신 주님의 은혜와 사랑을 찬양하며 예배하게 하소서.

🎬 가장 좋아하는 찬송가 한 곡을 눈을 감고 마음을 다해 반복해 부릅시다.

나의 영적 일지

누구를 만나러 왔는가

읽을 말씀 : 요한복음 4:19-26

● 요 4:24 하나님은 영이시니 예배하는 자가 신령과 진정으로 예배할 찌니라

에벤에셀 어스킨(Ebenezer Erskine) 목사는 혼돈스러운 영국의 기독교를 구교와 신교로 올바로 정립하는데 큰 공헌을 했습니다.

또한 명 설교가로 유명해서 영국 전역에서 많은 사람이 찾아오기도 했습니다. 하루는 스칼렛이라는 여자가 목사님의 설교를 듣기 위해 주일 예배에 참석했습니다.

목사님의 설교를 들은 스칼렛은 눈물을 흘릴 정도로 큰 은혜를 받았습니다.

다음 주도 은혜를 기대하며 목사님의 교회를 찾았으나 어쩐 일인지 아무 감동이 없었습니다.

스칼렛은 예배가 끝나고 목사님을 찾아가서 조언을 구했습니다.

"지난 주일 목사님의 설교를 듣고 큰 은혜를 받아 오늘 다시 이곳에 왔습니다. 그런데 저번 주 같은 큰 감동을 받지는 못했습니다. 도대체 뭐가 문제일까요?"

어스킨 목사는 다음과 같이 답변했습니다.

"지난주에는 예수님을 만나러 왔기에 은혜를 받으셨던 겁니다.

오늘은 저를 만나기 위해 오셨으니 당연히 은혜가 없을 수밖에요."

예배는 하나님께 드리는 것이며, 우리는 예배를 통해 하나님의 말씀을 받고 하나님의 임재를 체험합니다.

어디에 있든지, 어떤 말씀을 듣든지 하나님을 예배하며, 하나님의 음성을 듣고 있다는 사실을 잊지 마십시오. 아멘!

💗 주님, 오직 주님만을 생각하며 주님을 만나고자 하는 마음으로 예배하게 하소서.

🔲 예수 그리스도만이 목적이 되는 예배를 갈구합시다.

나의 영적 일지

작은 진리의 위험

읽을 말씀 : 마태복음 22:23-33

● 마 22:29 예수께서 대답하여 가라사대 너희가 성경도, 하나님의 능력도 알지 못하는고로 오해하였도다

황량한 벌판에서 진리를 찾는 순례자가 있었습니다.

한 무리의 악한 것들이 이 순례자를 낙망시키기 위해 호시탐탐 기회를 노리고 있었는데 갑자기 순례자가 무엇을 발견했는지 서둘러 뛰어갔습니다.

땅속에 묻힌 무언가를 파던 순례자는 작은 조각을 손에 들고 뛸 듯이 기뻐하며 어딘가로 뛰어갔습니다.

이 모습을 본 신참이 말했습니다.

"도대체 뭘 발견했기에 저렇게 좋아하며 뛰어가는 겁니까?"

"진리의 조각을 발견한 것 같은데?

많은 순례자들이 이곳에서 진리의 조각을 찾곤 하거든."

신참이 "그렇다면 큰일 난 것이 아니냐?"라고 묻자 고참은 대답했습니다.

"그렇지 않아. 저 사람은 분명 자기가 지닌 진리의 조각이 진리의 전부인 양 착각할 거야. 그가 마을로 돌아가 다른 진리의 조각을 가진 사람들과 다투는 모습을 우리는 구경만 하면 된다네!"

노벨물리학상을 받은 과학자이자 철학자인 닐스 보어(Niels Henrik David Bohr)는 "심오한 진리의 반대말은 다른 심오한 진리이다"라고 말했습니다.

주님이 바라시는 대로 다른 성도들과 선한 마음으로 연합과 동거함으로 시기와 질투를 버리십시오. 아멘!

🤍 주님, 저와 다른 의견을 가지고 있는 사람도 존중하며 연합하게 하소서.

📖 내 눈에 있는 들보를 인정하며 다른 사람의 의견에도 귀를 기울입시다.

나의 영적 일지

설득의 틈

읽을 말씀 : 잠언 13:9-15

● 잠 13:10 교만에서는 다툼만 일어날 뿐이라 권면을 듣는 자는 지혜가 있느니라

스티브 잡스는 '아이폰' 출시를 앞두고 흠집이 잘 나는 표면 때문에 골머리를 앓았습니다.

잡스는 제조사가 강화유리를 잘못 만든다고 생각해서 당시 거래하던 코닝 사의 최고경영자 웬들 위크스를 불러 '유리 만드는 법'을 가르치기 시작했습니다.

아무리 잡스라도 유리에 관한 한 최고의 전문가인 위크스보다 잘 알 수는 없었습니다.

매우 오만한 태도였지만 위크스는 한 마디도 반박하지 않고 잡스의 설명을 경청했습니다.

위크스가 "유리를 어떻게 만들어줬으면 좋겠냐?"라고 묻자 잡스는 그제야 자신이 유리에 대한 전문가가 아니란 사실을 깨달았습니다.

잡스의 강경함에 틈이 생기자 위크스는 준비해온 자료를 펼치며 현시점에서 최적의 방법을 제안했고 잡스는 바로 수락했습니다.

잡스는 아이폰의 발표를 성공적으로 마치자마자 가장 먼저 위크스에게 "덕분에 성공할 수 있었습니다"라고 감사의 메시지를 보냈고 위크스는 이 메시지를 인쇄해 사무실에 붙여놓았습니다.

사람의 생각을 바꾸기 위해서는 먼저 들어야 합니다.

복음이 들어갈 틈이 생길 수 있게 믿지 않는 사람의 어떤 의견이라 하더라도 먼저 귀를 기울이십시오. 아멘!

♥ 주님, 사람에게 입은 하나, 귀는 둘을 주신 뜻을 늘 깨닫게 하소서.

🖎 사람들과 대화를 하기 전에 항상 3초 정도는 생각하고 말합시다.

나의 영적 일지

하나님의 능력을 구하라

읽을 말씀 : 마가복음 9:21-29

● 막 9:29 이르시되 기도 외에 다른 것으로는 이런 유가 나갈 수 없느니라 하시니라

세계적인 영성의 대가인 아버지 밑에서 목회를 시작한 목사님이 있었습니다.

아버지에 비하면 이 목사님의 목회는 매우 보잘것없고 초라했습니다.

명문 신학교에서 오래 공부하고 아버지를 뛰어넘기 위해 열심히 노력했지만 사역 현장에서는 아무런 능력이 일어나지 않았습니다.

하루는 악령에 씌어 정신을 잃어가는 한 성도가 다급하게 목사님을 찾아왔습니다.

목사님은 성도를 위해 열심히 말씀을 선포하며 강하게 기도를 했지만 차도가 없었습니다.

목사님은 다급한 마음에 온 마음을 다해 주님께 외쳤습니다.

"주님! 제발 저를 도와주세요!"

그러자 거짓말처럼 성도에게서 악령이 떠나갔습니다.

이 경험으로 능력은 내가 아닌 하나님에게서 나온다는 사실을 깨달은 목사님은 이후 모든 사역을 이미 승리하신 예수님을 의지해 나아갔으며 아버지를 뛰어넘는 신학자이자 목회자가 되었습니다.

3차 영적 대각성 운동 때 귀하게 쓰임 받은 크리스토프 블룸하르트(Christoph Friedrich Blumhardt) 목사님의 이야기입니다.

우리의 모든 능력은 세상과 우리의 노력이 아닌 하나님께로부터 나옵니다.

이미 승리하신 주님을 믿으며 주님의 능력을 힘입어 세상에서 승리하는 그리스도인이 되십시오. 아멘!

♡ 주님, 모든 일에 필요한 능력을 제가 아닌 주님을 의지하며 감당하게 하소서.

🔯 나의 부족함을 인정하고 주님을 붙들며 능력을 구합시다.

나의 영적 일지

3월

"너희 성도들아 여호와를 경외하라
저를 경외하는 자에게는 부족함이 없도다"
- 시편 34편 9절 -

나라와 민족

읽을 말씀 : 디모데전서 2:1-8

● 딤전 2:1,2 … 모든 사람을 위하여 간구와 기도와 도고와 감사를 하되 임금들과 높은 지위에 있는 모든 사람을 위하여 하라 이는 우리가 모든 경건과 단정한 중에 고요하고 평안한 생활을 하려 함이니라

일제강점기 시절 기독교 집안에서 자란 소녀가 있었습니다.

어려서부터 하나님의 말씀으로 양육 받은 소녀는 공부도 열심히 해 미션스쿨에 들어갔습니다. 미션스쿨에서는 하나님을 향한 사랑, 부모님을 향한 공경, 그리고 나라를 위한 애국을 중요하게 가르치며 매주 기도회를 열었습니다. 하나님을 온전히 섬기기 위해서는 반드시 나라의 독립이 필요하다고 생각한 소녀는 그 누구보다 하나님께 간절히 조국의 독립을 위해 기도했습니다.

소녀는 지나가다 들리는 기차소리가 '대한 독립'으로 들린다고 친구에게 말할 정도로 나라를 사랑했습니다. 이후 10대의 어린 나이에 천안에서 독립만세운동을 주도한 소녀는 순사에게 잡혀 옥중에서 모진 고문을 당했습니다.

매일 끔찍한 고문을 당하면서도 그 어떤 고통보다도 조국의 독립을 바란다고 생의 마지막까지 고백한 소녀는 1년 뒤 삼일절에는 옥에서도 대한독립만세를 외쳤습니다.

고문 후유증과 극심한 영양실조로 순국한 소녀의 나이는 고작 19세였습니다. 매년 삼일절마다 숭고한 희생이 무엇인지 우리에게 일깨워준 유관순 열사의 독립을 향한 열정의 원동력은 바로 믿음이었습니다.

우리가 나라를 위해 기도할 때 하나님은 우리 민족이 나아가야 할 바른 방향으로 빛을 비추시고 인도해 주십니다.

나라를 위해 희생한 숭고한 선현들의 희생을 기억하며, 그 숭고한 정신이 바래지 않도록 민족과 나라를 위해 기도하십시오. 아멘!

♡ 주님, 이 땅에서 이루기를 바라시는 주님의 뜻을 깨닫게 하소서.

▦ 내가 나라와 민족을 위해 할 수 있는 일이 무엇인지 기도함으로 구합시다.

나의 영적 일지

믿음은 들음에서 나며

읽을 말씀 : 로마서 10:9-17

● 롬 10:17 그러므로 믿음은 들음에서 나며 들음은 그리스도의 말씀으로 말미암았느니라

『어느 날 광주 극동방송 「소망의 기도」 프로그램에 다음과 같은 사연이 접수되었습니다.

"골육종 수술을 받고 항암 치료 중인 11살짜리 조카, 단 한 번도 예배를 드려본 적이 없는 조카가 하루 종일 극동방송을 듣다가 하나님이 살아계심을 믿게 되었습니다. 동생 가정에 복음의 빛이 비치고 조카가 하나님을 자랑하는 간증의 자녀로 자라게 해주옵소서."

이모의 기도 제목 그대로 11살 김민영 어린이는 항암치료 중에 극동방송을 듣게 됐고 마음이 평안해지는 경험을 했습니다.

그 이후 밤낮으로 극동방송에서 흘러나오는 찬양과 목사님들의 설교를 반복해서 듣다가 자연스럽게 예수님을 만나게 되었습니다. 계속되는 수술과 항암치료를 무서워하던 민영이가 마음에 안정을 찾게 되자 예수님을 모르던 민영이 어머니도 자연스럽게 함께 극동방송을 듣게 되었고, 결국 지금은 온 가족이 예수님을 영접하고 교회에 나가게 되었습니다.

어려운 항암치료를 극동방송과 함께 견뎌온 민영이의 꿈은 "정형외과 의사가 되어 나처럼 뼈가 아픈 환자들을 치료해 주는 것"이라고 합니다.』 – 「김장환 목사의 인생 메모」 중에서

들을 것과 볼 것이 넘쳐나는 세상에서 그리스도의 말씀을 듣기로 결심 하면, 우리의 몸과 마음에 회복이 일어납니다. 계속 복음을 들으면 결국 믿어지게 되고, 믿어지면 어떤 난관도 극복할 힘이 생깁니다. 복음을 전합시다. 아멘!

💙 주님, 세상의 소리를 멀리하고 그리스도의 말씀을 가까이하게 하소서.
🖼 우리가 자주 듣는 것은 어떤 소리들인지 생각해 봅시다.

나의 영적 일지

3월 3일

다른 이들을 위한 기도

읽을 말씀 : 야고보서 5:10-20

● 약 5:16 이러므로 너희 죄를 서로 고하며 병 낫기를 위하여 서로 기도하라 의인의 간구는 역사하는 힘이 많으니라

수많은 성경 주석을 쓴 윌리엄 바클레이(William Barclay) 목사님이 성도들에게 가장 많이 받은 질문은 "기도를 어떻게 해야 하나요?"였습니다.

윌리엄 목사님은 원론적인 내용을 가르치기보다는 성도들이 쉽게 기도하도록 돕기 위해서 '사순절을 위한 기도', '사명을 위한 기도'처럼 때에 맞는 많은 기도문을 써서 성도들이 쉽게 기도할 수 있도록 도왔습니다.

다음은 그중 '다른 사람을 위한 기도문'의 일부분입니다.

"주님, 오늘도 중요한 결단을 내려야 하며,

시험을 물리치기 위해 싸워야 하며,

고달픈 날을 보내게 될 사람들에게 지혜와 능력으로 복을 주소서.

오늘 하루를 눈물과 슬픔, 외로움으로 보내야 하고,

사랑하는 사람을 떠나보내거나, 일이 없어 하루를 허비하고,

슬픈 날을 보내는 사람들에게서 눈물을 거두고 복을 베풀어 주소서.

오늘 만나는 모든 사람이 주님의 사랑을 품게 하시고

말씀대로 슬퍼하는 자들과 함께 슬퍼하고,

즐거워하는 자들과 함께 즐거워하게 하옵소서"

나를 위해서, 다른 성도를 위해서, 심지어는 모르는 사람을 위해서도 우리는 기도해야 합니다.

기도로 하루를 시작하며 주님이 주시는 감동을 따라, 성령님의 인도하심을 따라 말씀을 실천하는 하루를 살아가십시오. 아멘!

♥ 주님, 매 순간 주님이 주시는 감동과 인도하심을 따라 살게 하소서.

🖼 지금 기도가 필요한 사람을 떠올리며 위 기도문을 여러 번 묵상합시다.

나의 영적 일지

축복(큰 복)을 주신 이유

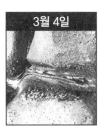

읽을 말씀 : 예레미야 7:16-28

● 렘 7:23 오직 내가 이것으로 그들에게 명하여 이르기를 너희는 내 목소리를 들으라 그리하면 나는 너희 하나님이 되겠고 너희는 내 백성이 되리라 너희는 나의 명한 모든 길로 행하라 그리하면 복을 받으리라 하였으나

    존 트랩(John Trapp) 목사님은 많이 사용되는 성경 주석을 쓴 석학이자 평생을 신실한 그리스도인으로 살았던 청교도인이었습니다.

    성경을 많이 알고 연구했던 목사님은 영국에서 일어난 청교도 혁명 때 감옥에 가기도 했지만 끝까지 진리를 포기하지 않았습니다.

    이후 기독교가 점점 널리 퍼져나가면서 많은 성도들이 복을 받게 되자 목사님은 기복 신앙을 주의해야 한다고 강조하며 「축복의 7가지 주의사항」이라는 글을 썼습니다.

    1. 주신 복보다 복을 주신 분이 누구인지를 기억하라.

    2. 어떤 사람에게, 왜 복을 주시는지를 생각하라.

    3. 복을 받은 이후에는 감사를 잊지 말라.

    4. 복을 받은 뒤 시험이 반드시 찾아온다는 것을 알고 대비하라.

    5. 복으로 인해 교만해질 수 있음을 두려워하라.

    6. 겸손한 사람에게 주님의 복이 떠나지 않음을 기억하라.

    7. 축복받은 사람의 사명은 더욱 무겁다는 사실을 기억하라.

    주님이 주신 달란트를 지혜롭게 사용한 충성된 종처럼 주님이 주신 넘치는 큰 복을 지혜롭게 세상에 흘려보내야 합니다.

    더 많은 복을 달라고 기도하며 말씀을 통해 복을 올바로 사용할 지혜를 얻으십시오. 아멘!

💚 주님, 제가 주님이 주시는 큰 복을 받을 수 있는 그릇으로 준비되게 하소서.

📿 주님이 복을 주신 분명한 이유를 마음속에 새깁시다.

나의 영적 일지

거짓보다 귀한 마음

읽을 말씀 : 베드로전서 3:8-17

● 벧전 3:8 마지막으로 말하노니 너희가 다 마음을 같이 하여 체휼하며 형제를 사랑하며 불쌍히 여기며 겸손하며

친구를 만나러 약속 장소로 향하던 청년이 있었습니다.

약속 장소 근처에는 한 할머니가 추운 날씨에도 꽃을 팔고 있었습니다.

"할머니, 이렇게 추운데 왜 밖에서 꽃을 팔고 계세요?"

"우리 손녀가 건강이 안 좋아서 내가 꽃이라도 팔지 않으면 약을 살 수가 없어서라오."

남자는 지갑에서 많은 돈을 꺼내 할머니에게 건넸습니다.

대화 중에 이 사실을 안 친구가 한심하다는 듯이 말했습니다."

그 할머니 사기꾼이야. 우리 동네에서는 그 할머니 모르는 사람이 없어.

요즘 세상에 그런 사기를 당하면 어떡해?"

그러자 꽃을 산 친구는 오히려 환하게 웃으며 말했습니다.

"그래? 정말 잘 됐네. 그럼 아픈 손녀가 없다는 얘기잖아?"

이 이야기는 해외에서 제작한 CF의 내용으로 칸 국제광고제에서 은상을 받았습니다.

좋은 성품을 가진 사람은 거짓말을 대할 때도 심성이 드러납니다.

우리의 연약함을 아심에도 주님이 우리를 용납하셨듯이 잘잘못을 따지기보다는 사랑으로 다가가고 배려로 덮어주는 성숙한 성품의 그리스도인이 되십시오. 아멘!

💗 주님, 뱀같이 지혜롭고 비둘기같이 순결하되 긍휼을 베풀며 살게 하소서.

📖 주변에 어려움 가운데 있는 이들에게 베풀 것이 무엇인지 찾아봅시다.

나의 영적 일지

신앙이 실패하는 이유

3월 6일

읽을 말씀 : 사무엘상 2:1-7

● 삼상 2:3 심히 교만한 말을 다시 하지 말것이며 오만한 말을 너희 입에서 내지 말찌어다 여호와는 지식의 하나님이시라 행동을 달아 보시느니라

미국 서부의 명성 있는 교회 크리스천 펠로십 처치의 셰인 아이들먼(Shane Idleman) 목사가 말한「목회자를 실족시키는 7가지 생각」입니다.

목회자가 아닌 일반 성도들에게도 충분히 도움이 될 경고입니다.
1. 교만한 생각 – "나는 괜찮을 거야."
2. 분주한 생각 – "바빠서 기도할 시간이 없네."
3. 타협의 생각 – "이 정도는 괜찮아."
4. 음란의 생각 – "도우려는 거니까 둘이서도 괜찮아."
5. 태만의 생각 – "조금 더 있다가 하지, 뭐."
6. 무책임의 생각 – "다들 그렇게 하던데."
7. 외로움의 생각 – "나만 열심히 하네."
주님이 주신 사명을 지키며 끝까지 실족하지 않는 방법은 겸손입니다.
겸손한 사람은 아무리 오래 신앙생활을 해도 교만하지 않습니다.
사람이 아닌 하나님을 바라보기 때문입니다.
나를 구원해 주신 주님을 향한 충만한 기쁨으로 신앙생활을 할 때 유혹들을 이겨낼 수 있습니다.
우리의 구원은 오직 하나님이 주신 은혜임을 기억하며 생각의 틈을 파고드는 마귀의 유혹을 속속들이 차단하십시오. 아멘!

♡ 주님, 교만으로 넘어지지 않도록 겸손한 마음을 허락하소서.
▨ 나에게 부족한 생각은 무엇인지 돌아보고 기도함으로 경계합시다.

나의 영적 일지

은혜에 몸을 맡겨라

읽을 말씀 : 에베소서 1:3-14

● 엡 1:7 우리가 그리스도 안에서 그의 은혜의 풍성함을 따라 그의 피로 말미암아 구속 곧 죄 사함을 받았으니

소와 말은 둘 다 수영을 잘합니다.

그러나 평지에서 서로 다른 소와 말의 습성은 물에서도 똑같이 나타납니다.

땅에서도 뛰는 법이 없이 느릿느릿 걷는 소는 물에서도 거의 미동을 하지 않을 정도로 천천히 떠서 움직입니다.

반면 하루 종일 뛰어도 지치지 않는 말은 수영 솜씨도 일품입니다.

힘차게 물살을 거슬러 밀고 나가는 말은 소보다 물에서도 두 배 이상으로 빠릅니다.

그런데 홍수나 거센 물살을 만나면 상황이 역전됩니다.

물살에 몸을 맡기고 뭍이 나올 때까지 가만히 떠 있기만 하는 소는 대부분 살지만 물살을 거슬러 이겨보려고 열심히 헤엄치는 말은 제풀에 지쳐 물에 빠져 죽습니다.

시골에서 아무리 큰 홍수가 나도 소들은 대부분 죽지 않고 어디서든 살아서 발견되는 이유입니다.

또한 "소는 살지만 말은 죽는다"라는 뜻의 '우생마사'라는 사자성어가 생긴 이유이기도 합니다.

그리스도인은 인생을 자신의 뜻대로 살아가서는 안 됩니다.

가장 좋은 길로 인도하시는 주님의 인도하심을 따라, 매일 흘려보내주시는 은혜의 강물에 몸을 맡기십시오. 아멘!

♥ 주님, 제 뜻이 아닌 하나님의 뜻을 따라 살아가게 하소서.

▨ 주님이 부어주시는 은혜의 강물에 몸을 맡기며 주님과 동행합시다.

나의 영적 일지

파송의 기도

읽을 말씀 : 시편 118:21-29

● 시 118:26 여호와의 이름으로 오는 자가 복이 있음이여 우리가 여호와의 집에서 너희를 축복하였도다

    '청소년의 벗'으로 불린 요르그 징크(Jorg Zink) 목사님은 초대교회의 모습을 본 딴 청소년 공동체 할덴비제(Haldenwiese)를 만들어 방황하는 청소년들을 도왔습니다.

    유럽의 수많은 청소년들을 전도한 목사님은 농장의 청소년들을 다른 곳으로 보낼 때마다 다음과 같은 축복 기도를 해주셨습니다.

「하나님의 큰 복이 너에게 있기를 원하노라.

하나님이 너보다 앞서가시며, 나아가야 할 바른길을 보여주시기를 원하노라.

하나님이 너의 곁에 계시며, 그 팔로 너를 안위해 주시기를 원하노라.

하나님이 너의 뒤에 계시며, 어두운 세력으로부터 보호하시고,

네 아래에서 넘어지려 할 때에 든든히 받쳐주시기를 원하노라.

하나님이 너의 옆에 계시며, 네가 슬퍼할 때에 너를 위로하시기를 원하노라.

하나님이 네 안에서 마음을 치유해 주시고,

너를 근심으로부터 지켜주시기를 원하노라.

태양처럼 하나님이 네 위에 계시며 능력을 비추사

너를 강건케 하여주시기를 원하노라.」

세상에 하나님의 빛을 전하러 가는 성도들을 서로 축복해야 합니다.

    매주일 함께 교제하며 다시 세상으로 나가는 사랑하는 동역자들을 위해 서로 축복해 주십시오. 아멘!

🤍 주님, 때마다 일마다 성실히 중보 축복 기도하는 성도가 되게 하소서.

🖼️ 주변 사람들에게 기도가 필요한지 묻고 날마다 축복하며 기도합시다.

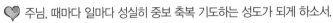

나의 영적 일지

가치 있는 인생의 비결

읽을 말씀 : 요한복음 12:23-30

●요 12:25 자기 생명을 사랑하는 자는 잃어버릴 것이요 이 세상에서 자기 생명을 미워하는 자는 영생하도록 보존하리라

스코틀랜드에는 '사랑의 쪽지'라는 전통적인 풍습이 있습니다.

자녀가 초등학교에 들어가게 되면 부모들은 매일 아침 자녀의 주머니에 격언이나 좋은 글귀를 적어서 넣어줍니다.

자녀는 학교에 도착해서 부모님이 넣어주신 쪽지를 가장 먼저 읽고 수업을 시작합니다.

당연히 부모의 생각과 가풍에 따라 사랑의 쪽지에 쓰여있는 내용은 모두 다릅니다. 그럼에도 대부분의 부모들은 첫사랑의 쪽지에는 대부분 같은 내용을 적는다고 합니다.

"지금 우리가 입는 바지에는 주머니가 있지만 죽을 때 입는 수의에는 주머니가 없단다.

더 가지려고 주머니를 계속 만드는 사람의 삶은 더 불행해진다는 사실을 반드시 기억하렴.

대부분의 불행은 더 가지려는 욕심 때문에 생긴단다."

가지는 것보다 나누는 것이, 더 버는 것보다 좋은 일에 쓰는 것이 인간의 삶을 진정으로 가치 있게 만들어줍니다.

우리의 모든 필요를 아시고 돌보아주시는 주님을 믿고 욕심을 거두고 나누는 삶을 통해 주님의 사랑을 전하십시오. 아멘!

♡ 주님, 가지는 것보다 나누는 일의 중요성을 깨닫게 하소서.

▦ 내가 나눌 수 있는 것의 목록을 적고 기도하며 대상을 찾아서 나눕시다.

나의 영적 일지

복음의 맛

읽을 말씀 : 누가복음 4:38-44

● 눅 4:43 예수께서 이르시되 내가 다른 동네에서도 하나님의 나라
복음을 전하여야 하리니 나는 이 일로 보내심을 입었노라 하시고

미국의 다른 대형 피자 체인점보다 뒤늦게 사업을 시작한 회사가 있었습니다.
처음부터 전국적으로 사업을 펼치려고 했지만 이미 두 업체가 미국 전역을 장
악하다시피 한 상태였습니다.

한 업체는 다양한 메뉴와 토핑으로 다양한 사람의 입맛을 만족시키는 방법으
로 승승장구하고 있었고, 다른 업체는 주문 30분 만에 피자가 도착하지 않으면
돈을 받지 않는 배송 서비스로 승부하고 있었습니다.

이들과 상대하기 위해서는 차별화된 무기가 필요했습니다.

회사의 경영자들은 오랜 시간 연구 끝에 다른 회사들과 '맛'을 차별화하기로
했습니다.

더 비싼 재료를 쓰고, 소스를 더 많이 넣어 피자 본연의 맛을 살린 결과 소비
자들은 다양하지도 않고, 빠르지도 않은 이 회사의 피자를 알아서 주문하고 입
소문을 냈습니다.

가장 늦게 사업을 시작했음에도 앞선 두 회사와 나란히 세계 3대 피자 회사가
될 수 있었던 비결은 '맛'이라는 본질에 있었습니다.

교회의 본질은 복음이며 복음의 본질은 예수님의 사랑입니다.

많은 프로그램과 봉사도 좋지만 교회의 목적, 그리스도인의 사명은 복음의 전
파임을 기억하고 집중하십시오. 아멘!

♡ 주님, 복음의 맛을 전하는 그리스도인의 의무를 다하게 하소서.

🦋 성도의 본분인 전도의 중요성을 깨닫고 더 잘 전할 수 있도록 삶을 준비합시다.

나의 영적 일지

3월 11일

충성된 종의 삶

읽을 말씀 : 잠언 28:1-10

● 잠 28:6 성실히 행하는 가난한 자는 사곡히 행하는 부자보다 나으니라

미국 로스앤젤레스의 거리에는 '아서 윈스턴(Arthur Winston)'이라는 사람의 이름을 딴 거리가 있습니다.

아서 윈스턴은 빌 클린턴 미국 대통령에게 '시대의 일꾼'이라는 표창까지 받았습니다. 그의 직업은 버스 수리공으로 많은 돈을 번 것도 아니었고, 승진을 거듭해 높은 위치에 오른 것도 아니었습니다. 그가 표창을 받은 이유는 은퇴를 하던 100살까지 81년간 교통국에서 버스를 관리한 단 하나의 공로 때문이었습니다.

인종차별이 극심하던 시대에 태어난 아서는 버스기사가 되고 싶었으나 사회적 분위기 때문에 꿈을 이루지 못하고 대신 버스를 청소하고 관리하는 일을 했습니다. 힘든 시대였지만 그래도 좋아하는 일을 할 수 있다는 생각에 하루하루를 성실히 보냈습니다. 시키지 않아도 새벽 6시에 출근해서 일을 시작했고, 하루도 결근을 하지 않았습니다. 아서가 관리한 버스는 누가 봐도 확실히 달랐습니다.

아서는 날마다 자기 일에 책임을 다할 뿐이었지만 그 근면은 마을을 넘어, 한 주를 넘어, 미국 전역으로 퍼져나가 보통 사람은 누릴 수 없는 큰 영예를 누렸습니다.

주님이 맡기신 일에는 결코 작은 일이 없습니다.

주님을 위해 하는 모든 일을 진심으로 기뻐하며 열정을 보이는 충성된 일꾼이 되십시오. 아멘!

♥ 주님, 오늘 저에게 맡기신 일을 성실하고 기쁘고 열정적으로 하게 도와주소서.
🧩 나에게 주어진 일을 주님을 위한 마음으로 기쁨으로 감당합시다.

나의 영적 일지

인격의 가치

읽을 말씀 : 잠언 10:1-9

● 잠 10:9 바른길로 행하는 자는 걸음이 평안하려니와 굽은 길로 행하는 자는 드러나리라

존 맥스웰(John Calvin Maxwell) 목사님은 미국 타임스가 선정한 최고의 리더십 전문가이기도 합니다.

목사님의 강의를 듣기 위해 찾아온 경영자들은 무려 600만 명이 넘습니다.

맥스웰 목사님은 강의에 참석한 사람들과 그동안 연구한 수많은 사람들을 토대로 저서 「위대한 영향력」이라는 책을 썼는데 이 책에는 성공의 3가지 종류가 나옵니다.

● 첫째, 지식으로 성공한 사람- 이들의 성공은 잠시 머무를 뿐이다.

● 둘째, 행동으로 성공한 사람- 이들의 성공은 꽤 오래 유지된다.

● 셋째, 인격으로 성공한 사람- 이들의 성공은 영원할 정도로 오래간다.

미국의 사회학자 커밍 워크(Cumming Walk) 박사는 성공에 필요한 자질로 '지능, 기술, 지식, 태도' 4가지를 꼽았는데 그중에서 '태도'가 가장 큰 영향(94%)을 미친다고 말했습니다.

아무리 높게 쌓은 탑도 바로 무너지면 아무 소용이 없습니다.

빠른 성공보다 하나님의 뜻을 따라 세우는 바르고 오래가는 성공이 더욱 중요합니다.

세상의 법도와 뜻이 아닌 하나님의 법도와 뜻을 따라 성령의 성품으로 성공의 탑을 천천히 쌓으십시오. 아멘!

💟 주님, 성령의 열매가 저의 인격으로 나타날 수 있도록 변화시켜주소서.

🧩 성령의 열매 중에 내게 더 필요한 것을 순서대로 적고 변하길 기도합시다.

나의 영적 일지

3월 13일

신앙의 거름

읽을 말씀 : 시편 42:1-11

● 시 42:8 낮에는 여호와께서 그 인자함을 베푸시고 밤에는 그 찬송이 내게 있어 생명의 하나님께 기도하리로다

매일 끼니 걱정을 할 정도로 가난한 가정에서 태어난 8남매가 있었습니다. 그럼에도 어머니는 자녀들에게 신앙교육을 철저히 시켰습니다.

동이 트면 자녀들을 깨워 가정 예배를 드렸고, 예배를 드리자마자 새벽예배를 드리기 위해 교회로 갔습니다.

어느 추운 겨울날 새벽예배를 가던 어머니와 자녀들이 강을 건너다 물에 빠졌습니다. 돌아오는 길에 옷이 얼 정도로 추웠지만 어머니는 집에 와서 아이들 옷을 갈아입혀 다시 교회로 향했습니다.

8남매는 어머니를 통해 삶에서 가장 중요한 것이 무엇이고, 하나님께 어떻게 예배를 드려야 하는지를 확고히 배웠습니다.

신앙을 통해 훌륭히 성장한 자녀들은 훗날 법무부 장관, 국회의원, 기독교 학교 교장, 중견 기업 회장이 됐습니다.

국가조찬기도회의 부회장을 맡았던 김명규 장로님 가족의 이야기입니다.

"큰 비전을 갖고 교회와 사회에 덕을 끼치는 사람이 돼라"라는 어머니의 가르침이 이들 8남매의 인생에서 가장 값진 교육이었다고 합니다.

한 사람의 인생에서 할 수 있는 가장 고귀한 일은 기도이며, 한 사람의 인생을 위해 할 수 있는 가장 중요한 일도 역시 기도입니다.

하나님은 우리의 기도를 결코 외면하지 않으십니다.

사랑하는 자녀와 동역자들을 위해 쉬지 말고 함께 기도하십시오. 아멘!

💟 주님, 주님께 예배하며 섬기는 일을 가장 우선순위로 하게 도와주소서.

🦌 그 어떤 중요한 일정보다도 예배와 경건생활을 중요하게 여깁시다.

나의 영적 일지

눈이 보이지 않아도

읽을 말씀 : 골로새서 4:1-6

● 골 4:3 또한 우리를 위하여 기도하되 하나님이 전도할 문을 우리에게 열어 주사 그리스도의 비밀을 말하게 하시기를 구하라 내가 이것을 인하여 매임을 당하였노라

시각장애인으로 태어나 가족에게도 학대를 당하는 여인이 있었습니다.

가족들은 그녀에게 의무 교육도 시키지 않았고 폭력을 일삼고 때때로 감금까지 했습니다. 학대를 참다못한 그녀는 앞이 보이지 않았음에도 무작정 집을 나왔습니다. 여러 사람의 도움으로 보호소에 들어갔지만 그곳에서도 방치나 다름없는 학대를 당했습니다.

이대로 있으면 죽겠다 싶어 보호소를 나와 쓰레기통을 뒤지기 시작했는데 정체를 알 수 없는 테이프 더미가 있었습니다. 소일거리로 들어나 보자 하고 가져온 그 테이프는 한 선교단에서 전도용으로 만든 것이었습니다.

인생의 가장 힘든 순간 쓰레기통에서 찾은 테이프 하나로 그녀는 복음을 들었고 주님을 만났습니다.

복음으로 거듭나 새 삶을 살게 된 그녀는 10년이 넘도록 자신과 비슷한 처지의 사람들을 찾아가 간증을 하며 복음을 전했습니다.

건강도 좋지 않고 앞이 보이지 않아 전도 대상자를 찾는 것이 쉽지 않았지만 그녀는 자신이 할 수 있는 방법으로 자신을 살린 생명의 복음을 세상에 전하는 귀한 사명을 감당하고 있습니다.

그리스도인에게 전도란 여유가 될 때 하는 종교생활이 아니라 목숨을 걸고 해야 하는 가장 중요한 의무입니다.

전도를 하지 못하게 가로막는 모든 방해물을 제거해달라고 기도하며 때를 얻든지 못 얻든지 복음을 전하십시오. 아멘!

🤍 주님, 구원의 복음을 언제나 어디서나 누구에게나 전하게 도와주소서.

🖼 복음을 전할 수 있는 전도지를 사람들이 볼만한 곳에 종종 놓아둡시다.

나의 영적 일지

충성의 척도

읽을 말씀 : 시편 101:1-8

● 시 101:6 내 눈이 이땅의 충성된 자를 살펴 나와 함께 거하게 하리니 완전한 길에 행하는 자가 나를 수종하리로다

로마의 실권자 줄리어스 시저는 충직한 병사들을 보유한 것으로 유명했습니다. 병사들은 시저가 명령하면 화살이 쏟아지는 절벽도 기어 올라갔고, 아무리 열세에 처해도 창과 칼을 들고 용맹하고 돌격했습니다.

나중에는 오랜 전쟁으로 고향에도 가지 못하고 봉급도 못 받았지만 한 명도 탈주하지 않고 끝까지 시저를 따랐습니다.

병사들은 시저를 구약 성경에 나오는 그 뜻의 '주님'이라고 불렀습니다.

시저 병사들의 놀라운 충성심은 온 유럽에 알려져 있었기 때문에 당시 박해를 당하던 그리스도인은 다음과 같이 기도했습니다.

"시저를 섬기는 병사들보다 주님을 더욱 섬기게 하소서!"

그리스도인의 충성은 말만으로 끝나지 않았습니다.

사자에게 먹히면서도 찬양을 불렀고, 화형을 당하면서까지 복음을 전했기 때문에 누구보다 황제를 따르던 로마의 병사들조차 '도대체 저들이 믿는 분이 누구시길래 저토록 충성할 수 있는가?'라며 궁금해했다는 것은 많은 기록으로 남아 있습니다.

주님께서 우리의 죄를 대신해 죽으신 것처럼 우리 역시 주님을 위해 죽기까지라도 충성할 마음을 가집시다.

세상의 그 무엇보다 주님께 더욱 충성하십시오. 아멘!

♡ 주님, 먹든지 마시든지 무엇을 하든지 주님의 영광을 위해 하게 하소서.

🖼 내 마음속에 주님이 최고이며, 주님의 일이 최우선이 되게 해달라고 기도합시다.

나의 영적 일지

나의 마지막 호흡 다하도록

3월 16일

읽을 말씀 : 디모데후서 4:1-8

● 딤후 4:7 내가 선한 싸움을 싸우고 나의 달려갈 길을 마치고 믿음을 지켰으니

『2021년 7월, 91세의 나이로 소천하신 故 권정현 장로님은 대쪽 같은 분이셨습니다. 평생을 교육에 몸담으며 교장 선생님으로 은퇴하신 후 창원 극동방송의 운영위원으로 오래도록 섬기셨고, 시청자위원회 위원장을 지내기도 하셨습니다. 장로님은 돌아가시기 3일 전 온 가족을 모아놓고 이렇게 말씀하셨답니다.

1. 극동방송을 듣고 싶으니 라디오를 가져다 달라.
2. 평소 늘 말했듯이, 나는 너희들에게 유산을 남기지 않을 것이며, 모든 유산을 극동방송, 교회, 해외 선교회에 흘려보내거라.
3. 엄마를 많이 사랑한다. 너희들을 사랑한다.

장로님의 아들은 이 말씀이 장로님께서 마지막 남은 호흡에 온 힘을 다해 남기신 마지막 말씀이라고 전해 주었습니다.

늘 강직하게만 생각했던 장로님의 마지막 말씀을 듣는 순간, 방송선교와 가족 사랑에 대한 장로님의 마음을 그대로 유언으로 표현하셨음을 알 수 있었습니다. 그리고 장로님의 한평생 삶을 다 보진 못했지만 얼마나 복된 삶을 사셨을까 알 수 있었습니다. 우리의 마지막 호흡이 다할 때 남길 수 있는 말은 결국, 평소 생각하고 되뇌던 바로 그 말일 것입니다.』 - 「김장환 목사의 인생 메모」 중에서

오늘 어떤 마음으로 살아가십니까?

우리의 평생을 지켜주신 주님을 향한 사랑과 믿는 자로서 마땅히 해야 할 마지막 그 말, 하나님의 사랑을 가장 많이 흘려보내는 마지막 인생의 명대사를 준비하며 하루하루를 살아가야겠습니다. 아멘!

💛 주님, 생명 다하는 날까지 믿음으로 승리하게 하소서.
🖼 평소 우리는 어떤 말을 하며 살고 있는지 돌아봅시다.

나의 영적 일지

목숨과도 같은 진주

읽을 말씀 : 시편 71:17-24

● 시 71:20 우리에게 많고 심한 고난을 보이신 주께서 우리를 다시
살리시며 땅 깊은 곳에서 다시 이끌어 올리시리이다

　귀한 보석인 진주와 바닷가에 널브러져 있는 조개껍질은 사실 같은 성분입니다. 또한 진주조개뿐 아니라 평범한 조개도 진주를 만들어 낼 수 있습니다.

　다만 일반 조개가 만들어낸 진주는 영롱한 빛도 없고 동그랗게 예쁜 모양도 아닙니다.

　일반 조개는 진주조개처럼 살을 깎는 아픔으로 모래를 품지 않기 때문입니다. 진주조개는 파고든 모래알을 '나카'라는 체액으로 감쌉니다.

　모래로 인한 상처 때문에 나오는 체액이기에 엄청난 고통이 따르지만 진주조개는 일반 조개처럼 모래를 대충 내뱉지 않고 끝까지 품고 있습니다.

　수명이 거의 다할 때까지 모래를 품고 계속해서 체액을 묻혀야 우리가 아는 한 알의 진주가 탄생합니다.

　조개껍데기와 성분도 같고, 모든 조개가 만들 수 있는 진주이지만 고통을 인내하며 끝까지 참아낸 진주조개만이 영롱한 진주를 빚어낼 수 있습니다.

　하나님을 향한 감사와 기쁨으로 하루하루를 살아갈 때 고난과 역경도 우리의 삶을 성장시키는 훌륭한 재료가 됩니다.

　내 삶을 진주같이 빚으시며 아름다운 천성으로 인도해 주시는 주님을 믿으며 무슨 일에든지 감사와 찬양을 주님께 올리십시오. 아멘!

🧡 주님, 저에게 주어진 고통스러운 일을 감사함으로 받으며 이기게 하소서.

🎴 내게 진주조개의 모래 같은 일이 장래 빛나는 일이 되도록 기도합시다.

나의 영적 일지

다음 세대의 생각

읽을 말씀 : 잠언 16:1-8

3월 18일

● 잠 16:6 인자와 진리로 인하여 죄악이 속하게 되고 여호와를 경외함으로 인하여 악에서 떠나게 되느니라

많은 사회학자들이 문명화된 사회일수록, 젊을수록 사람들은 점점 종교에 무관심해질 것이라고 예측했습니다.

호주 디킨 대학교(*Deakin Univ.*)에서는 이 예측이 사실인지 알아보기 위해 13-18세의 청소년을 대상으로 청소년이 종교와 영성에 대해서 어떻게 생각하고 있는지를 조사했습니다.

결과적으로 요즘 시대의 청소년은 종교에 매우 호감을 갖고 있었고 영성적인 삶을 살기를 원했습니다.

그러나 이전 시대와는 다른 몇 가지 특징이 있었습니다.
● 85%가 기독교에 긍정적이었지만 이중 대부분이 불교와 힌두교에도 긍정적이었다.
● 83%는 종교가 없는 사람도 긍정적으로 생각했다.
● 다양한 종교가 세상을 더 평화롭게 만들 것이라고 생각했다.
● 종교적 신념이 강한 사람은 사회적 문제와 갈등을 일으킨다고 생각했다.

현대 사회의 청소년, 그리고 청년은 복음에 관심이 없는 것이 아니라 옳은 진리가 무엇인지를 몰라 방황하고 있습니다.

영적인 것을 갈구하지만 진리를 찾지 못한 이들에게 구원받을 수 있는 유일한 진리가 무엇인지 전하십시오. 아멘!

♡ 주님, 청소년들에게 관심을 갖고 복음을 전할 수 있는 방법을 가르쳐주소서.
▨ 청소년들이 복음에 관심을 가질 수 있는 방법이 무엇인지 함께 고심해 봅시다.

나의 영적 일지

거룩한 결단

읽을 말씀 : 욥기 11:10-20

● 욥 11:14 네 손에 죄악이 있거든 멀리 버리라 불의로 네 장막에 거하지 못하게 하라

정치가이자 대학자로 큰 존경을 받았던 율곡 이이는 나쁜 습관을 없애는 가장 좋은 방법은 풀뿌리를 뽑듯이 단번에 결단하는 것이라고 말했습니다.

다음은 율곡 이이가 쓴 「격몽요결」에 나오는 「반드시 뿌리 뽑아야 할 8가지 나쁜 습관」입니다.

1. 일할 생각은 않고 놀 궁리만 하는 것.
2. 빈둥대다가 하루를 허비하는 것.
3. 같은 생각을 하는 사람과만 교제하는 것.
4. 칭찬을 받으려고 헛된 말과 글을 쓰는 것.
5. 풍류를 핑계로 인생을 허비하는 것.
6. 돈만을 목표로 삼고 살아가는 것.
7. 남의 성공을 부러워하며 질투하는 것.
8. 절제하지 못하고 돈과 여색을 탐하는 것.

하나님께 더 가까이 나아가며, 하나님을 사랑하기 위해 내가 끊어야 하는 일은 무엇입니까? 이미 여러 번 실패했다 하더라도 하나님의 도우심을 통해 끊어야 할 것은 끊어내야 합니다.

하나님을 위해 어떤 일을 하는 것처럼, 하나님의 말씀대로 어떤 일을 하지 않는 것도 중요합니다. 하나님이 기뻐하지 않으시는 어떤 습관을 지금 당장 삶에서 뿌리 뽑으십시오. 아멘!

🖤 주님, 주님께서 기뻐하지 않으시는 나쁜 습관을 깨달아 뿌리 뽑게 하소서.
🀫 위에 있는 8가지 목록 중에 내게 해당하는 것을 찾아 고칩시다.

`나의 영적 일지`

마음 밭을 정리하라

3월 20일

읽을 말씀 : 시편 42:1-11

● 시 42:11 내 영혼아 네가 어찌하여 낙망하며 어찌하여 내 속에서 불안하여 하는고 너는 하나님을 바라라 나는 내 얼굴을 도우시는 내 하나님을 오히려 찬송하리로다

전통적인 목화 재배지인 미국 앨라배마 주의 엔터프라이즈 마을에 어느 날 원인을 알 수 없는 벌레들이 출몰했습니다.

마을 사람들은 퇴치를 위한 모든 수단과 방법을 강구했지만 벌레들은 오히려 점점 늘어났습니다. 벌레 때문에 목화 생산량은 절반으로 줄었고 화학적으로 옷감을 합성하는 기술의 발달로 면화 생산 가격은 나날이 곤두박질쳤습니다.

마을 사람 대부분이 실직자가 될 위기에 처하자 마을 사람들은 오랜 회의 끝에 엄청난 결단을 내렸습니다.

목화를 모두 뽑아버리고 땅콩을 심기로 한 것입니다.

손에 익숙한 일을 버리고 새로운 도전을 시작하기가 쉽지 않았지만 죽는 것보다는 나았습니다.

마을 사람들의 끝없는 노력과 도전으로 엔터프라이즈 마을은 훌륭한 땅콩을 재배하는 미국 땅콩 산업의 중심으로 거듭났습니다.

주민들은 마을 입구에 목화를 좀먹었던 벌레의 동상을 세우고 밑에 다음과 같은 문구를 적었습니다.

'더 발전할 수 있도록 고난을 준 벌레에게 감사하며….'

마음속에 있는 세상의 잡초들을 과감히 뽑아내고 말씀의 씨앗을 심을 때 하나님이 약속하신 놀라운 큰 복이 우리 삶에 임하게 됩니다.

떠나온 세상을 그리워하지 말고 주님 안에서 누리는 진정한 평화를 즐기십시오. 아멘!

🤍 주님, 제 속에 있는 잡초를 뽑아 버리고 좋은 씨앗을 심게 하소서.
🖼 내 안에 있는 잡초가 무엇인지 깨닫고 그곳에 말씀의 씨앗을 심읍시다.

나의 영적 일지

쓰레기 하나의 기적

읽을 말씀 : 시편 34:9-17

● 시 34:14 악을 버리고 선을 행하며 화평을 찾아 따를찌어다

프랑스에 은행원이 꿈인 한 청년이 있었습니다.

집안이 어려워 대학을 나오지 못했지만 일찍 사회생활을 시작한 청년은 어떤 일을 하든 좋은 수완을 발휘했습니다. 다른 사람보다 학력은 부족했지만 자신만의 장점을 내세우면 은행원 면접에서도 승산이 있어 보였습니다.

그러나 면접관은 청년을 보자마자 면박을 주며 집으로 되돌려 보냈습니다.

"그 옷차림은 도대체 뭡니까? 어떤 분들이 우리 은행을 이용하는지 아시나요? 학력도 별 볼일 없는 데다가 행색도 좋지 않은 사람을 뽑을 수 없습니다."

청년은 말 한마디도 하지 못하고 면접장을 나왔습니다.

그런데 은행문을 나서자마자 아까 그 면접관이 뒤쫓아 와 붙잡더니 내일부터 출근을 하라고 말했습니다.

청년이 이유를 묻자 면접관이 말했습니다.

"은행에서 나가는 길에 작은 쓰레기를 주워 가더군요. 모욕을 준 은행에서도 그런 선행을 베풀 사람이라면 우리 고객을 누구보다 잘 섬길 수 있다고 생각했습니다."

프랑스의 명망 있는 은행가인 자크 라피도(Jacques Lafido)의 이야기입니다.

하나님이 주신 계명들은 언제든 행할 수 있을 정도로 삶에 녹아들어 있어야 합니다.

기분과 감정의 지배를 벗어나 어디서든, 누구에게든 마땅히 행할 바를 행하고, 전할 바를 전하십시오. 아멘!

💙 주님, 어떤 경우에도 내 뜻대로 아닌 주님의 말씀대로 생활하게 하소서.

🔲 기분이 나쁠 때에도 말씀에 순종하여 주님께서 예비한 복을 받읍시다.

나의 영적 일지

심령의 갈급함

읽을 말씀 : 요한일서 2:13-17

3월 22일

● 요일 2:15 이 세상이나 세상에 있는 것들을 사랑치 말라 누구든지 세상을 사랑하면 아버지의 사랑이 그 속에 있지 아니하니

세계적인 톱 모델 제니퍼 스트릭랜드(Jennifer Strickland)는 8살 때부터 런웨이에 오를 정도로 두각을 나타냈습니다.

22살에 이미 상위 1%의 톱 모델이 됐지만 그녀의 마음은 늘 불안했고 사랑으로 갈급했습니다.

사람들의 필요에 몸을 맞추고 자세를 맞춰야 하는 직업이었기 때문에 진정한 자신이 누구인지, 자신을 사랑해 줄 사람이 있을지를 알 수 없었습니다.

그런 그녀에게 한 남자가 운명처럼 나타났습니다.

진정한 사랑이 무엇인지 마침내 찾은 것 같았습니다.

그러나 영원할 것 같은 사랑도 결국 떠나갔고, 마음속의 불안과 염려는 오히려 더욱 커졌습니다.

지금껏 살아왔던 인생에서 가장 힘들었던 그 순간 그녀는 주님을 믿어 마침내 마음의 모든 문제를 해결했습니다.

진정한 자신의 모습을 찾은 그녀는 톱 모델에서 세계를 돌아다니며 간증을 하는 전도자가 됐습니다.

세상에서는 어떤 사랑도, 갈망도 완전하게 채울 수 없다는 그녀의 고백처럼 참된 만족은 오직 주님 안에서만 누릴 수 있습니다.

세상의 헛된 것이 아닌 진리의 말씀으로 마음을 채우며 주님의 은혜와 평안을 누리십시오. 아멘!

♡ 주님, 주님 안에 거하며 주님만이 주시는 참된 평안을 누리게 하소서.

📷 마음의 평안과 만족을 위해 성경적인 세상의 방법을 따르고 있는지 살펴봅시다.

나의 영적 일지

감사를 적으세요

읽을 말씀 : 역대상 16:7-13

●대상 16:8 너희는 여호와께 감사하며 그 이름을 불러 아뢰며 그 행사를 만민 중에 알게 할찌어다

네팔의 한 대학교에서 현지의 호텔 직원들을 대상으로 다음과 같은 실험을 진행했습니다.

●첫 번째 호텔 직원들에게는 매일 감사 일기를 쓰게 했습니다.

●두 번째 호텔 직원들에게는 업무일지를 쓰게 했습니다.

●세 번째 호텔 직원들에게는 아무런 요청을 하지 않았습니다.

2주가 지나고 각 그룹을 대상으로 업무 평가를 했는데 업무일지를 쓴 두 번째 호텔 직원들과 아무것도 하지 않은 세 번째 호텔 직원들은 큰 차이가 없었습니다.

그러나 감사 일기를 쓴 호텔 직원들은 업무 효율이 2배가 높아졌고 일에 대한 만족도 역시 높아진 반면 스트레스는 매우 낮아졌습니다.

감사 일기를 통해 자신이 하는 일에 의미를 부여했기 때문이었습니다.

더욱 놀라운 사실은 실험이 끝나고 감사 일기를 더 쓰지 않았지만 그 효과는 무려 한 달이나 지속됐다는 점입니다.

하나님이 베푸신 놀라운 은혜에 우리는 충분한 감사를 드리고 있습니까?

받은 은혜에 감사할 줄 모르며 구하는 사람의 삶에는 기쁨이 없습니다.

감사는 우리의 인생을 하나님의 선물로 변화시키는 놀라운 능력입니다.

모든 일에 감사하는 하루를 보내십시오. 아멘!

🤍 주님, 주님 말씀대로 모든 일에 감사하도록 믿음에 믿음을 더해 주소서.

🖼 매일 감사의 일기나 감사의 제목을 쓰면서 주님께 감사하며 찬양합시다.

나의 영적 일지

표류하는 배의 고통

3월 24일

읽을 말씀 : 시편 119:44-54

● 시 119:49 주의 종에게 하신 말씀을 기억하소서 주께서 나로 소망이 있게 하셨나이다

'아나키스트'는 정부와 모든 체제를 거부하는 무정부주의자를 말합니다.

사회의 모든 권력과 제도를 부정하는 운동이지만 미국의 대표적인 아나키스트 엠마 골드만(Emma Goldman)은 아이러니하게도 희망의 중요성을 강조했습니다.

다음은 골드만이 쓴 「희망을 찾아서」라는 시입니다.

「희망이 없는가? 소망이 없는가?

꿈이 없는가? 그러면 만들어야 한다.

반드시 만들어야 한다.

절망 가운데 희망과 소망이 아무것도 없을지라도

찾아보라. 또 찾아보라.

그래도 없다면

억지로라도 만들어야 한다.

더 이상 희망이 없는 삶은

곧 죽음이나 다름없기 때문이다.」

목적이 없는 배는 표류할 뿐입니다.

사람들은 이런저런 방법으로 세상의 목적과 희망을 찾고 싶어 하지만 인생의 유일한 목적과 희망은 창조주이신 주님을 떠나서는 결코 알 수가 없습니다.

우리를 만드시고 우리를 인도하시는 주님을 통해 인생의 참된 목적을 찾으십시오. 아멘!

🖤 주님, 주님은 소망이시며 능력이심을 굳게 믿고 주님 안에서 살게 하소서.

🙇 주님이 주시는 희망을 가지고 그 희망이 주님 안에서 이뤄지기를 기도합시다.

나의 영적 일지

신호를 따르라

읽을 말씀 : 에스겔 44:23-31

● 겔 44:23 내 백성에게 거룩한 것과 속된 것의 구별을 가르치며 부정한 것과 정한 것을 분별하게 할 것이며

미국 콜로라도 주의 한 스키장은 시각장애인도 이용할 수 있습니다.

시각장애인이 스키를 타러 오면 '나는 시각장애인입니다'라고 적힌 빨간 조끼를 먼저 입힙니다. 일반인들과는 다른 곳에서 스키를 타지만 언제 어디서 사고가 일어날지 모르기 때문입니다.

빨간 조끼를 입은 사람들은 시각장애인이라고 미리 다른 손님들에게 공지를 하면 만약에 일어날지도 모르는 사태를 미연에 방지할 수 있습니다.

그러고는 한 명의 시각장애인에게는 2명의 도우미가 붙습니다.

앞에서 이끄는 가이드는 음악을 틀고 조금 일찍 내려갑니다.

시각장애인은 가이드의 노랫소리를 듣고 슬로프를 천천히 내려갑니다.

뒤에 있는 도우미는 시각장애인보다 훨씬 천천히 내려오면서 방향을 잘못 들거나 속도가 빠르면 휘슬을 불어서 '왼쪽, 오른쪽, 천천히, 멈춤'의 사인을 줍니다.

눈이 보이지 않기에 당연히 위험할 수 있지만 두 도우미의 지시를 잘 따르는 시각장애인은 일반인 못지않게 고급 코스에서도 스키를 즐길 수 있습니다.

하나님의 말씀과 성령님이 주신 감동을 따라 살 때 우리도 혼란한 이 세상에서 길을 잃지 않습니다.

주님의 음성에 집중하며 올바른 길을 걸어가는 순례자가 되십시오. 아멘!

♡ 주님, 거친 세파 속에서도 주님의 인도를 받고 살고 있음을 감사하게 하소서.

🎬 세상의 잡음 속에서도 주님의 분명한 음성을 구별합시다.

나의 영적 일지

소통의 5가지 비결

읽을 말씀 : 고린도전서 16:13-24

● 고전 16:20 모든 형제도 너희에게 문안하니 너희는 거룩하게 입맞춤으로 서로 문안하라

크리스토퍼 호에닉(Christopher Hoenig)은 세계적인 컨설팅 회사 매킨지에서도 실력을 인정받은 '문제 해결 전문가'이자 베스트셀러 작가입니다.

크리스토퍼가 꼽은 최고의 문제 해결사이자 소통 전문가로는 프랭클린 루스벨트(Franklin Roosevelt) 전 미국 대통령입니다.

미국이 경제적으로 가장 어렵고 혼란한 국제 정세에 있던 때에 소통을 무기로 화합을 이끌어 문제를 극복했기 때문입니다.

크로스토퍼가 꼽은 「루스벨트의 소통의 비결은 5가지」입니다.

1. 최대한 단순하게 설명하라.

2. 먼저 공감대를 형성하라.

3. 상대방에게 관심을 갖고 진지하게 이해하려고 하라.

4. 공통된 언어를 찾아라.

5. 언행일치로 상대의 신뢰를 얻으라.

소통은 상대방의 눈높이에서 이루어져야 합니다.

미약한 우리를 구원하시려고 주님이 세상에 내려오셨듯이 우리도 아직 복음을 모르는 곳으로 찾아가야 합니다.

복음을 위해 허리와 무릎을 숙일 줄 아는 소통하는 그리스도인이 되십시오. 아멘!

♡ 주님, 남을 더 낮게 여기고 존중하는 마음으로 복음을 전하게 하소서.

🦑 위에 나온 5가지 소통의 기술을 참고해 부족함을 채웁시다.

나의 영적 일지

안전한 영혼

읽을 말씀 : 시편 12:1-8

●시 12:5 여호와의 말씀에 가련한 자의 눌림과 궁핍한 자의 탄식을 인하여 내가 이제 일어나 저를 그 원하는 안전 지대에 두리라 하시도다

짐 발바노(Jim Valvano)는 미국 대학 농구계의 전설입니다.

그는 도전하는 모든 일에서 최고의 자리에 올랐습니다. 선수일 때는 팀을 우승으로 이끌어 '올해의 선수상'을 받았고, 대학농구팀 감독을 맡은 뒤에는 가장 강력한 우승 후보를 꺾고 팀을 우승으로 이끌었습니다. 은퇴 뒤에도 탁월한 해설로 선수 시절보다 더 큰 사랑을 받았습니다. 도전하는 모든 분야에서 성공하는 짐에게 팬들은 항상 승리한다는 뜻의 '지미 V'라는 애칭을 붙여줬습니다.

그러나 짐은 인생에서 가장 빛이 나던 최고의 시기에 골수암에 걸렸습니다. 당시 기술로는 치료할 수 없는 절망적인 상황이었지만 오히려 다른 암 환자를 위한 재단을 만들어 47세의 나이에 죽기 전까지 활발히 모금활동을 다녔습니다. 걷지도 못하는 상황에서 모금활동을 다녔던 그는 자신의 건강을 걱정하는 사람들에게 다음과 같이 말했습니다.

"저는 걸을 수도 없습니다. 암은 곧 제 육체를 파괴할 것입니다.

그러나 하나님이 구원하신 제 영혼까지는 건드릴 수 없습니다.

하나님이 주신 제 사명을 다 하는 날 저는 평온히 하늘나라에 가게 될 것입니다.

여러분에게 하나님의 가호가 있기를 바랍니다."

우리의 소망은 이 땅이 아닌 하늘나라에 있습니다.

충만한 기쁨과 빛나는 영광이 넘쳐나는 천국으로 떠나는 그날까지 주님이 맡겨주신 사명을 충실히 감당하십시오. 아멘!

♥ 주님, 환경을 탓하지 않고 끝까지 주님이 기뻐하시는 선한 일을 맡게 하소서.

🖼 고난 가운데 평안을 주시는 주님을 통해 힘을 얻읍시다.

나의 영적 일지

하나님의 영광을 위해

읽을 말씀 : 데살로니가후서 1:3-12

● 살후 1:11 이러므로 우리도 항상 너희를 위하여 기도함은 우리 하나님이 너희를 그 부르심에 합당한 자로 여기시고 모든 선을 기뻐함과 믿음의 역사를 능력으로 이루게 하시고

아주 추운 겨울에 조지 뮬러가 운영하는 영국 브리스톨(Bristol, Ashley Down)의 한 고아원의 보일러가 망가지는 큰 사고가 일어났습니다.

보일러를 수리하려면 1주일은 걸리는데 2천 명이나 되는 어린이들을 매서운 영국 한파에 방치할 수는 없었습니다.

사람들이 어찌할 바를 몰라 허둥지둥할 때 조지 뮬러는 조용히 성경을 들고 예배당을 찾았습니다.

"하나님, 여기에 있는 모든 아이들은 하나님이 맡겨주신 소중한 영혼들입니다. 매서운 한파에서도 주님이 이들을 지켜주실 줄 믿사오니 부디 이들의 건강을 지켜주소서."

조지 뮬러가 밤새워 기도를 마치고 예배당에서 나오자 기적처럼 따스한 동풍이 불며 날이 풀렸습니다. 갑작스러운 기상 이변으로 보일러 없이도 따스한 날이 정확히 1주일간 지속되었고 보일러를 고치고 나자 다시 한 겨울의 추위가 몰아쳤습니다.

사람들이 믿음을 의심하고 기도 응답이 더 이상 일어나지 않을 것이라고 생각하던 시대였지만 "하나님은 여전히 살아계시며, 기도를 듣고 계신다(God is faithful still, and hears prayers still)"라는 사실을 조지 뮬러는 자신의 삶을 통해 증명하고자 했습니다.

하나님은 진실로 우리의 기도를 들으시고 응답하시는 분이십니다.

필요한 것이 무엇이든지 주님께 간절히 기도하십시오. 아멘!

🤍 주님, 우리가 구하는 것보다 더 후히 주시는 주님을 믿고 기도하게 하소서.
🖼 어려운 일이 생길 때마다 먼저 주님께 기도합시다.

나의 영적 일지

막을 수 없는 복음

읽을 말씀 : 하박국 2:4-14

● 합 2:14 대저 물이 바다를 덮음 같이 여호와의 영광을 인정하는 것이 세상에 가득하리라

중동의 한 국가에서는 아직도 이슬람을 제외한 다른 종교를 믿는 것이 법으로 금지되어 있습니다. 외국인이라 하더라도 예배당을 지을 수 없으며 어디서든 모여서 예배를 드릴 수도 없습니다.

이 나라에는 세계에서 가장 큰 인쇄소가 있습니다. 코란을 찍어내 세계에 보급하기 위해서입니다.

매년 3000만 권의 코란이 이곳에서 전 세계로 보급됩니다.

이슬람이 아니면 종교에 대한 표현조차도 죄가 되는 이곳, 개종했다는 사실이 발각되면 최고형인 사형까지도 당할 수 있는 나라였기에 100년 동안 그리스도인의 수는 50명 정도밖에 되지 않았다고 합니다.

그러나 고난 중에도 신앙을 지켜가며 복음을 전하던 신실한 성도들의 노력으로 여전히 표면적으로는 인구의 100%가 무슬림이지만 지금은 무려 140만 명의 그리스도인이 있다고 합니다.

여전히 공식적인 예배나 신앙을 표현할 수 없어 숨어서 신앙생활을 하고 온라인으로 성경을 배우고 교제하지만 그런 이 나라에서도 복음의 불길은 점점 퍼져나가고 있습니다.

신앙을 위해 때로는 목숨까지도 포기해야 하는 나라들이 여전히 있습니다.

목숨을 포기할지라도 신앙을 포기하지 않는 곳곳의 성도들을 위해 기도하며 세계에 복음을 전하는 많은 선교사님들과 단체를 위해서도 기도하며 물심양면으로 도우십시오. 아멘!

♡ 주님, 보내는 선교사로서의 사명이라도 온전히 감당하게 하소서.

🖼 우리 교회에서 파송한 선교사나 가까운 선교 단체를 위해 지속적인 헌금을 합시다.

나의 영적 일지

사탄의 3가지 유혹

읽을 말씀 : 베드로전서 5:1-11

● 벧전 5:8 근신하라 깨어라 너희 대적 마귀가 우는 사자 같이 두루 다니며 삼킬 자를 찾나니

사탄이 성도들을 무너트리기 위해서 즐겨 사용하는 3가지 생각입니다.

● 첫 번째는 "이 정도는 괜찮겠지"입니다.

큰 물고기를 낚는 것은 작은 미끼 하나입니다. 작은 죄니까 괜찮다고 생각할 수 있지만 이 역시 양심을 좀먹어 결국은 더 깊은 죄의 수렁에 빠트립니다.

● 두 번째는 "딱 한 번인데 뭘"입니다.

딱 한 번만 지어도 괜찮은 죄는 없습니다. 한 번의 유혹을 이길 수 없는 죄라면 역설적으로 한 번만 지을 수도 없습니다. 어떤 모양의 죄든지 딱 한 번의 유혹을 조심해야 합니다.

● 세 번째는 "너는 아직 젊어"입니다.

미래의 시간이 많이 남아 있다고 느낄수록 여유를 부리게 됩니다. 교회는 좀 더 있다 나가고, 경건생활도 조금 여유 있을 때 하고, 어쨌든 나중에만 믿으면 된다고 생각하게 됩니다.

바른길이 어디인지 아는데 잘못된 길에서 허비하고 있을 이유는 없습니다.

이런 생각은 세월을 허비하게 만들고 결국 눈물을 흘리게 만듭니다.

결단이 부족할 때 믿음이 흔들립니다.

사랑을 확신하심으로 우리를 구원하신 주님을 우리도 확신할 때에 사탄의 유혹을 물리칠 수 있습니다.

하나님이 주시는 말씀을 기준으로 죄의 유혹에 빠지지 않고 살아가게 해달라는 기도로 주님의 도우심을 구하십시오. 아멘!

🖤 주님, 성도들을 무너뜨리려는 사탄의 덫에 걸려 무너지지 않게 하소서.

🏃 일상의 유혹을 멀리하며 경건한 생활을 가까이 둡시다.

`나의 영적 일지`

미룰 수 없는 구원

읽을 말씀 : 누가복음 21:29-38

● 눅 21:34 너희는 스스로 조심하라 그렇지 않으면 방탕함과 술취함과 생활의 염려로 마음이 둔하여지고 뜻밖에 그 날이 덫과 같이 너희에게 임하리라

뉴욕항에서 샌프란시스코로 향하는 '센트럴 아메리카'호가 항해 중에 사고를 당했습니다.

선체에 금이 갔는지 배의 하부에서부터 물이 조금씩 새어 나왔습니다.

다행히 근처를 지나던 구조선이 있어서 배가 가라앉기 전에 조치를 취할 수 있었습니다. 당장 승객을 구조선으로 옮겨 태우고 배를 인양해야 했지만 선장은 뜻밖의 요청을 했습니다.

"지금은 한밤중이라 비상사태를 선언했다가 오히려 큰 혼란이 생길 수도 있습니다. 다행히 배에도 별 이상이 없으니 아침까지만 기다렸다가 승객들을 옮기게 해주십시오."

구조 대원들은 배가 언제 가라앉을지 모르니 어서 태워야 한다고 말했지만 선장은 끝까지 요지부동이었습니다.

결국 1시간 뒤에 배에 급격한 균열이 일어나 여객선은 바다에 가라앉고 말았습니다. 바로 옆에 구조선이 있었음에도 안일한 판단으로 단 한 명의 승객도 목숨을 건지지 못했습니다.

우리의 인생은 한 치 앞을 알 수 없습니다.

알 수 없는 인생에서 유일하게 구원을 보장해 주는 진리의 복음을 지금 꼭 붙잡고 놓지 마십시오.

이 복음을 아직도 모르는 사람들에게 서둘러 구조선으로 보내십시오. 아멘!

🖤 주님, 전도를 망설이던 사람들에게 시급한 마음으로 복음을 전하게 해주소서.

🖼 복음을 전해야 할 사람들의 명단을 작성한 후 기도하며 날짜를 정합시다.

나의 영적 일지

4월

"너는
여호와를 바랄찌어다
강하고 담대하며
여호와를 바랄찌어다"

– 시편 27편 14절 –

과부의 두 렙돈

읽을 말씀 : 마가복음 12:41-44

● 막 12:42 한 가난한 과부는 와서 두 렙돈 곧 한 고드란트를 넣는지라

『전주에 사는 한 시각장애인 여 집사님의 이야기입니다.

방송선교헌금을 드리고 싶은데 자신은 시각장애인이라서 헌금을 보낼 수가 없다 하셔서 지사장과 직원이 수소문해서 방문을 했습니다.

이 집사님은 결혼 후 사고로 막내아들을 잃은 후 너무 큰 슬픔에 몇 번이고 죽으려 했습니다.

이후 늘 몸이 아프던 집사님께 큰 아들이 "엄마, 교회 나가면 몸이 안 아프대… 병이 낫는대"라고 해서 교회에 나가기 시작했습니다.

교회를 다니면서 우연히 극동방송을 듣게 되었는데 그때부터 극동방송을 "애인"처럼 사랑하게 되었습니다. 먼저 세상을 떠난 남편을 극동 방송처럼 대했다면 많이 사랑받았을 것인데 아쉬워하면서 애인이랑 같이 있기 때문에 하나도 외롭지 않다고 말씀하셨습니다.

집사님은 월 32만 원 정도의 장애 연금을 받으시는데 거기서 매월 10만 원을 극동방송의 방송선교사역에 헌금하십니다. 언제까지 할 수 있을지는 모르겠지만 당신이 할 수 있을 때까지 계속하고 싶다는 말씀에 큰 감동을 받고 큰 책임을 느꼈습니다.』 - 「김장환 목사의 인생 메모」 중에서

예수님께서는 두 렙돈을 헌금한 가난한 과부가 헌금함에 넣는 모든 사람보다 많이 넣었다고 말씀하셨습니다. 그 이유는 삶 전체를 드리는 것이었기 때문입니다. 하나님은 물질의 양이 아닌, 삶 전체로 하나님을 기뻐하고 사랑하기를 원하십니다. 아멘!

♡ 주님, 주님께 우리 삶 전부를 아낌없이 드리게 하소서.

🎴 우리의 물질생활이 하나님을 기쁘시게 하는지 살펴봅시다.

나의 영적 일지

타이어의 응답

읽을 말씀 : 시편 69:13-19

● 시 69:13 여호와여 열납하시는 때에 나는 주께 기도하오니 하나님 이여 많은 인자와 구원의 진리로 내게 응답하소서

미국 오리건 주에 사는 한 성도의 간증입니다.

전도 사역에 헌신하던 남자는 재정상황이 넉넉지 않았습니다.

복음을 전하러 여기저기를 많이 다닌 탓에 타이어를 교체해야 했지만 충분한 돈이 없었습니다. 하나님께 기도를 드릴까 고민하던 남자는 고작 타이어 때문에 기도를 드리는 것이 탐탁지 않았습니다. 그렇다고 고작 타이어 때문에 주변 사람에게 도움을 구하는 것도 마음에 어려움이 있었습니다.

전전긍긍하고 있을 때 갑자기 한 친구에게서 오랜만에 연락이 왔습니다.

어쩌다 보니 타이어 세트가 생겼는데 자기는 필요하지 않다며 혹시 타이어가 필요하지 않냐는 전화였습니다.

공교롭게도 남자의 차에 딱 맞는 규격이었습니다.

남자는 이때의 경험을 통해 다음과 같이 고백했습니다.

"내 차의 타이어에 하나님이 관심이 있다고 생각하지 못했습니다.

그러나 하나님은 나의 가장 작은 일부터 훨씬 크고 원대한 일에도 모두 관심이 있으십니다. 하나님의 지혜와 힘을 제한하지 말고 필요한 모든 것을 구하십시오, 하나님은 정말로 하실 수 있습니다."

하나님이 약속하신 기도의 응답은 '구하는 모든 것'에 대한 응답입니다.

주님의 일을 위해 필요한 것은 아무리 작은 것이라도, 아무리 큰일이라도 전심으로 주님께 구하십시오. 그리고 반드시 들어주실 주님을 믿으십시오. 아멘!

♡ 주님, 작은 일이라도 주님의 힘을 구하며 주님만을 더욱 의지하게 하소서.

🙇 나의 모든 필요를 적은 후 그 제목을 순서대로 주님께 구하는 기도를 합시다.

나의 영적 일지

포기할 수 없는 사랑

읽을 말씀 : 로마서 8:31-39

● 롬 8:39 높음이나 깊음이나 다른 아무 피조물이라도 우리를 우리 주 그리스도 예수 안에 있는 하나님의 사랑에서 끊을 수 없으리라

중국 쓰촨 성에 사는 한 아버지가 장을 보다가 그만 딸을 잃어버리고 말았습니다.

세 살 된 딸을 찾으러 아버지는 아내와 온 시내를 두루 다니며 전단지를 돌렸지만 아무런 소용이 없었습니다.

인신매매가 성행하는 도시였기에 어쩌면 딸은 이미 잘못됐을 수도 있었습니다. 시장에서 딸을 잃어버린 것치고는 목격자도 없었습니다.

그럼에도 아버지는 결코 딸을 포기할 수 없었습니다.

딸이 혹여나 다른 지역으로 팔려 갔을까 봐 전국을 돌며 15년이나 전단지를 돌렸던 아버지는 택시 기사가 되어 손님에게 딸을 수소문했습니다.

아버지의 안타까운 사연은 방송을 타고 중국 전역에 소개됐고 멀리 떨어진 길림성에서 방송을 본 딸이 아버지에게 연락을 했습니다.

24년이나 생사를 모르고 지내던 아버지와 딸은 아버지의 포기하지 않은 노력으로 마침내 다시 만나 눈물의 재회를 이뤘습니다.

1%의 희망이 있더라도 결코 포기할 수 없는 것이 아버지의 사랑입니다.

하나님의 사랑은 주님을 외면하고, 때때로 배척했던 우리를 끝까지 포기하지 않으신 놀라운 사랑입니다.

결코 나를 포기하지 않으시고, 아들 독생자까지 보내주신 하나님의 놀라우신 사랑에 감복하는 신앙생활을 이어가십시오. 아멘!

💙 주님, 주님이 저에게 베풀어주신 형언할 수 없는 사랑을 잊지 않게 하소서.

📷 끝까지 나를 포기하지 않으시는 주님의 사랑에 감사하며 삽시다.

나의 영적 일지

경건의 집중

읽을 말씀 : 디모데전서 4:6-16

● 딤전 4:8 육체의 연습은 약간의 유익이 있으나 경건은 범사에 유익하니 금생과 내생에 약속이 있느니라

하루는 누구에게나 24시간으로 공평하게 주어집니다.

그러나 모든 사람에게 같은 효율을 가지고 있지는 않습니다.

한국 직장인 1천 명을 대상으로 연구한 결과 같은 1시간이라도 시간대에 따라서 효율이 다르다고 합니다.

사람마다 편차는 있었지만 일반적으로 오전 10시부터 11시(56%), 오전 9시부터 10시(22%)가 78%로 가장 효율이 높았고 오후 시간대가 효율이 높다고 말한 사람은 10%밖에 되지 않았습니다. 같은 일을 해도 중요한 일이라면 오전에 하는 것이 훨씬 더 효율이 높았습니다.

유명한 야구선수이자 전도자인 빌리 선데이는 '하루에 15분 말씀을 보고, 하루에 15분 기도하고, 하루에 15분 전도하는 것이 경건생활의 핵심'이라고 말했습니다.

우리의 가장 귀한 시간을 하나님의 말씀을 듣고 기도하는 시간으로 드려야 합니다.

지금 우리의 경건생활은 어떻습니까?

하나님과 교제하는 시간을 구별하여 가장 귀하게 드리고 있습니까?

아니면 마지못해 시간을 때우고 있습니까?

하나님과의 교제는 단 하루도 빼먹지 말아야 하는 그리스도인의 가장 중요한 시간입니다. 누구에게도 방해받지 않고 주님께만 집중할 수 있는 시간을 구별하여 하나님과 함께 하루를 시작하십시오. 아멘!

🖤 주님, 매일 성실하게 주님과 교제하는 시간을 통해 주님의 음성을 듣게 하소서.

🖼 내가 집중할 수 있는 가장 좋은 시간을 하나님께 드립시다.

나의 영적 일지

방안에서 부친 희망

읽을 말씀 : 에베소서 3:1-13

● 엡 3:7 이 복음을 위하여 그의 능력이 역사하시는대로 내게 주신 하나님의 은혜의 선물을 따라 내가 일군이 되었노라

작은 충격에도 뼈가 부러지는 희귀병에 걸린 남자가 있었습니다.

태어난 지 3일째부터 뼈가 부러지기 시작해 바깥 활동은 할 수도 없었고 키는 1미터 정도밖에 자라지 않았습니다. 수도 없이 부러졌다 붙은 뼈로 인해 체형도 엉망진창이었습니다.

이따금씩 밖에 나갈 때면 이상한 눈으로 쳐다보는 사람들의 시선이 무서웠습니다.

세상에 자신이 할 수 있는 일은 없다는 생각에 방안에만 틀어박혀 세상과 단절된 삶을 살다가 동생이 가져오는 책들과 교과서를 읽으며 글에 대한 소망을 품었으나 이 역시 세상의 커다란 벽에 가로막혔습니다.

이제 정말로 아무것도 할 수 없다는 생각에 예수님이 떠올랐고 그동안의 사연을 적어 기독교계 방송국에 보냈는데 그 간증을 통해 많은 사람들이 은혜를 받았습니다.

인생에서 가장 깊은 절망에 빠졌을 때 삶의 의미를 찾은 것입니다.

이후 사람들의 후원을 통해 사람들에게 희망과 복음을 전하는 편지를 쓰기 시작한 오아볼로 전도사는 '사랑의 편지'라는 이름으로 20년 동안 50만 명에게 복음과 희망을 전하며 귀하고 귀한 인생으로 주님께 쓰임 받고 있습니다.

세상의 모든 사람에겐 하나님의 분명한 계획이 있습니다.

우리를 귀하게 사용하시며 우리를 통해 세상에 영생의 복음과 주님의 사랑을 전하실 하나님의 섭리와 능력을 믿으십시오. 아멘!

♡ 주님, 저의 연약함을 바라보지 말고 주님의 뜻과 능력을 바라보게 하소서.

🎴 나의 환경에서 복음을 전할 수 있는 좋은 방법이 무엇인지 찾아 실행합시다.

나의 영적 일지

감사의 7계명

읽을 말씀 : 역대상 23:25-32

● 대상 23:30 새벽과 저녁마다 서서 여호와께 축사하며 찬송하며

　　모토로라와 같은 세계적인 기업의 임원까지 올랐던 벤처기업인 김충기 장로는 은퇴 뒤에 미션스쿨과 선교센터를 운영하고 있습니다.

　　김 장로는 한국 전쟁이 끝난 뒤 혼란하고 어려웠던 시기에도 항상 하나님께 감사했던 어머니를 통해 감사의 힘을 깨달았습니다.

　　어머니처럼 모든 일을 감사로 하나님께 맡겼더니 생각지도 못한 기적들이 일어났다는 것이 김 장로가 고백하는 성공의 비결입니다.

　　다음은 장로님이 인생을 통해 깨달은 「감사의 7가지 단계」입니다.

　　1. 무조건 감사하라.

　　2. 소리 내어 감사하라.

　　3. 주신 은혜에 정확하게 감사하라.

　　4. 마음으로도 감사하라.

　　5. 즉시 감사하라.

　　6. 모든 것에 감사하라.

　　7. 감사할 뿐 아니라 감사함으로 다른 이를 축복하라.

　　감사는 하나님이 우리에게 주신 축복의 비밀입니다.

　　고난을 축복으로, 슬픔을 기쁨으로 변화시키는 감사의 힘을 경험할 수 있게 감사를 생활화하십시오. 아멘!

💜 주님, 무조건, 범사에, 즉시, 감사하는 굳건한 믿음을 주소서.

🎴 오늘 있었던 모든 일들을 주님께 감사합시다.

`나의 영적 일지`

죄와 용서

4월 7일

읽을 말씀 : 마가복음 11:20-33

● 막 11:25 서서 기도할 때에 아무에게나 혐의가 있거든 용서하라 그리하여야 하늘에 계신 너희 아버지도 너희 허물을 사하여 주시리라 하셨더라

스페인에서 가장 흔한 이름은 '프란체스코'인데 스페인 사람들은 이를 줄여서 '파코'라고 부릅니다.

하루는 스페인의 수도 마드리드에서 유명한 잡지에 다음과 같은 광고가 실렸습니다.

'파코야, 내일 정오에 몬타나 호텔의 정문에서 만나자.

아버지는 이미 너의 모든 것을 용서했단다. 돌아오렴.'

다음날 정오 몬타나 호텔의 정문은 수많은 청년들로 바글거렸습니다.

신문의 광고를 보고 '파코'라는 이름을 가진 사람이 800명이나 모였기 때문입니다. 수많은 파코들이 모여 아버지를 찾느라 소란이 벌어졌고 결국 이들을 해산시키기 위해 경찰까지 동원됐습니다.

사람이 얼마나 실수를 많이 하며, 또한 얼마나 용서를 받고 싶은 마음이 있는지에 대한 통찰을 담은 헤밍웨이의 「세상의 수도」라는 단편에 나오는 내용입니다.

용서받지 못한 죄는 사람의 마음을 평생 괴롭게 합니다.

평범한 사람, 착한 사람이라 할지라도 누구나 죄에 대한 근심을 안고 살아가며 해결할 방법도 찾지 못합니다.

우리의 모든 죄를 보혈로 용서하여 주시고 하나님의 자녀가 되게 해주신 주님을 믿음으로 죄에서 자유한 인생을 살아가십시오. 아멘!

💙 주님, 저의 모든 죄를 보혈을 흘려 용서하신 주님의 사랑을 깨닫게 하소서.

🙏 하나님의 사랑으로 우리를 용서하신 것처럼 우리도 다른 사람을 용서합시다.

나의 영적 일지

누구를 보고 있는가

읽을 말씀 : 고린도후서 1:1-11

● 고후 1:9 우리 마음에 사형 선고를 받은 줄 알았으니 이는 우리로 자기를 의뢰하지 말고 오직 죽은 자를 다시 살리시는 하나님만 의뢰하게 하심이라

홀어머니 밑에서 자란 여인이 있었습니다.

명석한 두뇌로 어려서부터 수재로 자란 딸의 꿈이 꺾이지 않도록 어머니는 모든 힘을 다해 뒷바라지를 했습니다.

오랜 유학 생활 중에 박사학위를 따고 교수가 되어 국내로 돌아온 딸은 어머니의 간곡한 부탁에 드디어 교회에 나가 신앙생활을 시작했습니다.

그런데 교회에 나간 지 2주 만에 오히려 어머니에게도 더 이상 교회를 나가지 말라며 언성을 높였습니다.

어떤 성도는 몰래 찾아와 불법적으로 자녀의 대학 입학을 청탁하는가 하면 수시로 다른 성도들의 이런저런 소문을 이야기하는 모습이 도저히 그리스도인 같지 않았기 때문입니다. 이 말을 들은 어머니는 조용히 한마디를 건넸습니다.

"나는 평생 교회를 다니면서 예수님만 보였는데 너는 딱 한 주 나가놓고 사람만 보고 왔구나."

어머니의 깊은 통찰에 딸은 머리를 얻어맞은 듯 멍했습니다.

다시 교회에 나가 말씀을 보고 주님을 바라보자 더 이상 사람들의 부족한 모습이 보이지 않았고 어머니가 바라보던 그 예수님을 바라보며 신앙생활을 멋지게 할 수 있었습니다.

신앙생활은 사람이 아닌 주님을 바라보는 것입니다. 사람으로 인해 잠시 시험에 들 수도 있고 실족할 수도 있지만 그로 인해 주님을 떠나며 신앙을 포기하는 어리석은 성도가 되지 말고 더욱더 주님만을 바라보십시오. 아멘!

💟 주님, 사람이 아닌 주님을 바라보며 자라나는 신앙이 되게 하소서.

🧎 지금 부정적으로 생각하고 있는 사람이 있다면 주님의 사랑을 통해 바라봅시다.

나의 영적 일지

생명수 예수님

읽을 말씀 : 요한복음 4:9-15

● 요 4:14 내가 주는 물을 먹는 자는 영원히 목마르지 아니하리니 나의 주는 물은 그 속에서 영생하도록 솟아나는 샘물이 되리라

사람은 태어나기 전에 어머니 뱃속에서 물과 함께 지냅니다.

어머니 뱃속에서 10개월 지내고 세상에 태어난 인간의 몸은 대부분 물로 구성되어 있습니다.

피의 90%, 뇌의 80%, 살의 70%가 물입니다. 단단해 보이는 뼈도 25%는 물입니다. 이 물을 통해 각종 비타민과 미네랄이 온몸을 타고 돌기에 인간은 살아갈 수 있습니다.

몸 안에 물이 없으면 영양소가 돌 수 없고, 노폐물도 배출되지 않습니다.

그렇게 인간은 70%가 물로 뒤덮인 지구에서 평생 70톤이나 되는 물을 마시면서 살아갑니다.

물은 생명 그 자체이기 때문에 예수님이 스스로를 '생명수'로 지칭하신 것은 너무나도 합당한 비유였습니다.

2000년 전 중동지방의 사람들에게는 더욱더 가슴에 와닿는 비유였을 것입니다. 복음을 통해 영혼의 갈증을 해소한 초대 그리스도인은 이런 이유로 물고기 모형의 '익투스(Ichthus)'를 상징으로 썼습니다. 예수님이라는 물을 떠나서 살 수 없는 존재가 바로 그리스도인이기 때문입니다.

영혼의 갈급함을 채워주시는 주님을 만난 사람은 더 이상 세상의 즐거움에 미련을 갖지 않습니다. 세상의 즐거움이 마실수록 갈증이 나는 바닷물이라면 예수님이 주시는 기쁨은 영혼의 갈증까지 해갈하는 영생의 물이기 때문입니다.

주님만으로 만족하며 주님의 은혜 안에서 마음껏 뛰어노는 그리스도인이 되십시오. 아멘!

♡ 주님, 물고기가 물 안에, 새가 공중에 살 듯 주님 안에 살아가는 자녀가 되게 하소서.

🖼 주님의 사랑 안에 거하는 삶을 살아가고 있는지 생각해 봅시다.

나의 영적 일지

기독교의 실체

읽을 말씀 : 요한복음 13:31-38

● 요 13:35 너희가 서로 사랑하면 이로써 모든 사람이 너희가 내 제자인줄 알리라

로마의 4세기 황제였던 율리아누스(Flavius Claudius Iulianus)는 기독교가 국교로 승인받기 전 시대의 마지막 비기독교인 황제였습니다.

율리아누스는 단순히 기독교를 믿지 않았을 뿐 아니라 로마의 전통 종교들을 부활시키려고 많은 노력을 했습니다.

이 과정에서 자연스럽게 기독교는 전에 없는 극심한 박해를 받았습니다.

특히 율리아누스는 그리스도인을 오히려 무신론자라고 생각했습니다.

신의 형상을 한 동상도 없이, 보이지 않는 무언가를 찾고 예배하는 모습이 당시 관점으로는 우상숭배보다 더 이상했기 때문입니다.

그러나 박해에도 그리스도인은 나날이 늘어갔고 기독교는 점점 더 퍼져갔습니다. 이런 현상을 보고 율리아누스는 다음과 같이 개탄했습니다.

"저 무신론자들의 사랑은 놀라울 따름이다. 저들은 가진 자가 없는 자를 돌보며 심지어 종교가 다른 우리 로마의 극빈자들까지 돕고 있다. 우리 로마인은 이들에게 관심조차 없으니 이 얼마나 창피한 일인가!"

율리아누스가 바라본 기독교의 실체는 바로 사랑이었습니다.

이 사랑 때문에 예수님이 세상에 오셨고, 이 사랑 때문에 성도들이 세상을 변화시켰습니다.

지금 시대의 성도들에게 부족한 것은 다름 아닌 사랑입니다.

주님이 주신 그 사랑으로 세상에 나가 사랑을 베풀며 복음을 담대히 전하십시오. 아멘!

💗 주님, 주님께서 목숨까지 주신 사랑을 본받아 나누는 삶이 되게 하소서.

🧎 무엇보다 사랑이 부족한 신앙생활이 되지 않도록 조심합시다.

나의 영적 일지

4월 11일

십자가를 지실 때

읽을 말씀 : 이사야 53:1-6

● 사 53:5 그가 찔림은 우리의 허물을 인함이요 그가 상함은 우리의 죄악을 인함이라 그가 징계를 받음으로 우리가 평화를 누리고 그가 채찍에 맞음으로 우리가 나음을 입었도다

예수님은 십자가의 대업을 이루기 위해 직접 십자가를 메고 골고다 언덕을 오르셨습니다.

오전 9시에 십자가에 달리신 주님은 6시간 동안 매달려 계시다가 운명하셨는데 6시간이나 되는 긴 시간 동안 단 7마디의 말씀만을 하셨습니다.

'가상칠언'으로 불리는 이 말씀을 복음서의 순서대로 정리하면 다음과 같습니다.

1. 아버지여 저희를 사하여 주옵소서(누가복음 23:34).
2. 내가 진실로 네게 이르노니 오늘 네가 나와 함께 낙원에 있으리라 (누가복음 23:43).
3. 여자여 보소서 아들이니이다(요한복음 19:26).
4. 엘리 엘리 라마 사박다니(마태복음 27:46).
5. 내가 목마르다(요한복음 19:28).
6. 다 이루었다(요한복음 19:30).
7. 내 영혼을 아버지 손에 부탁하나이다(누가복음 23:46).

우리의 죄를 용서해 주시고 구원해 주시기 위해 십자가를 지신 예수님의 마음, 우리를 위해 십자가에 달리신 예수님의 마음은 온 인류를 구원 하사 하나님과 인간의 관계를 회복시키고자 하는 가장 위대한 사랑의 마음입니다.

세상에서 가장 위대한 사랑을 전하시려 우리 대신 고난을 받으신 주님의 희생을 깊이 묵상하며 하나님 아버지의 마음에 더 가까이 다가가십시오. 아멘!

🤍 주님, 우리를 대신해 죄를 짊어지고 돌아가신 주님을 묵상하게 하소서.
🖼 주님께서 십자가 위에서 하신 7구절의 말씀을 더 깊이 묵상합시다.

나의 영적 일지

죄를 사할 수 있는 분

읽을 말씀 : 마태복음 9:1~8

● 마 9:6 그러나 인자가 세상에서 죄를 사하는 권세가 있는 줄을 너희로 알게 하려 하노라 하시고 중풍병자에게 말씀하시되 일어나 네 침상을 가지고 집으로 가라 하시니

중세 시대 면죄부 판매 위원장인 요한 테젤(*Johann Tetzel*)에게 한 귀족이 찾아왔습니다.

"면죄부를 사면 미래에 지을 죄도 용서받을 수 있습니까?"

테젤은 그렇다고 답했습니다. 귀족은 큰돈을 냈고 테젤은 "미래에 지을 죄를 용서하노라"라는 내용의 인장을 면죄부에 찍어줬습니다.

그런데 귀족은 면죄부를 받자마자 테젤을 마구 때리기 시작했습니다.

독일 작센주의 게오르그 공작은 귀족을 잡아다가 이유를 묻자 그는 면죄부를 보여주며 대답했습니다.

"이 면죄부에는 제가 지을 미래의 죄를 용서한다고 적혀 있습니다.

제가 지을 죄가 바로 이 폭행이었습니다."

성직자를 때렸다는 이유로 크게 화를 냈던 공작은 면죄부를 보고는 죄를 묻지 않고 그냥 풀어줬습니다.

마틴 루터는 테젤의 면죄부 판매와 연옥에 대한 설교에 강력하게 반발했고 이 논쟁이 종교개혁의 불씨를 일으켰습니다.

죄를 용서할 수 있는 분은 오직 예수님 한 분이시며 우릴 구원하실 수 있는 분도 오직 예수님 한 분입니다.

예수님을 믿으면 모든 죄를 용서받고 하나님의 자녀가 됩니다.

성경에 나오는 내용만을 온전한 진리로 믿으며 다른 가르침에 미혹되지 마십시오. 아멘!

💜 주님, 그리스도의 복음만이 진리임을 철저하게 믿고 전하게 하소서.

🖼 혹시 주변에 잘못된 복음을 믿는 사람이 있다면 바른길로 인도합시다.

나의 영적 일지

4월 13일

결점이라는 장점

읽을 말씀 : 고린도후서 12:1-10

● 고후 12:9 내게 이르시기를 내 은혜가 네게 족하도다 이는 내 능력이 약한데서 온전하여짐이라 하신지라 이러므로 도리어 크게 기뻐함으로 나의 여러 약한 것들에 대하여 자랑하리니 이는 그리스도의 능력으로 내게 머물게 하려함이라

세상 어디를 가도 사람들은 칭찬은 좋아하지만 아부는 싫어합니다.

미국 심리학 협회가 뽑은 20세기의 가장 영향력 있는 심리학자인 아론슨 엘리엇(Aronson, Elliot)은 칭찬에 대한 한 가지 실험을 했습니다.

실험 대상자들은 지인들이 자신에 대해 나누는 대화를 몰래 엿들었습니다.

지인들이 하는 칭찬은 다음 4종류 중에 하나였습니다.

1. 무조건적인 칭찬

2. 무조건적인 비난

3. 비난으로 시작해서 칭찬으로 끝남

4. 칭찬으로 시작해서 비난으로 끝남

사람들은 실험에 참가하기 전에는 대부분 '무조건적인 칭찬'이 가장 좋다고 대답했습니다. 그러나 실험이 끝난 뒤에는 '비난으로 시작해서 칭찬으로 끝나는 경우'를 가장 선호했습니다.

자존심에 상처를 줄 정도가 아닌 약한 비난은 오히려 이어지는 칭찬의 강력한 근거가 됐습니다.

결점이 없는 사람은 세상에 존재할 수 없습니다.

하나님이 주신 장점에 집중할 때 결점은 오히려 장점을 드러냅니다.

가지지 못한 것을 바라보지 말고 주님께서 이미 풍성히 주신 달란트를 바라보십시오. 아멘!

♡ 주님, 인간적인 약점은 인정하며 하나님이 주신 장점에 집중하며 살아가게 하소서.

▨ 주님께서 내게 주신 장점에 감사하며 더욱 계발합시다.

나의 영적 일지

조심해야 할 사랑

읽을 말씀 : 요한일서 3:13-24

●요일 3:23 그의 계명은 이것이니 곧 그 아들 예수 그리스도의 이름을 믿고 그가 우리에게 주신 계명대로 서로 사랑할 것이니라

　예수님은 제자들에게 "서로 사랑하라"라고 가르치셨고, 성경은 "원수도 사랑하라"라고 말씀하고 있습니다.

　세상 사람들도 기독교를 '사랑의 종교'라고 생각합니다.

　그런데 우리가 하는 '사랑'이 진짜인지 아닌지는 어떻게 알 수 있을까요?

　미시건 스프링 아버 대학교(Spring Arbor University)의 영성신학 교수인 리처드 포스터(Richard Foster)는 "섬기고 싶을 때만 섬기는 것이 가짜 사랑의 특성"이라고 말했습니다.

　탁월한 변증가 C.S. 루이스는 「스크루테이프의 편지」에서 "자기가 선택한 사람에게만 베푸는 사랑이 위선적인 사랑의 특징"이라고 말합니다.

　자기와 가깝고 좋아하는 사람에게는 누구나 쉽게 사랑을 베풀 수가 있습니다.

　독일의 신학자 본회퍼(Bonhoeffer, Dietrich)는 무엇보다도 루이스가 말한 위선적인 사랑을 조심하라고 경고했습니다.

　"영적인 사랑은 오직 주님만을 섬기는 것이다. 그러나 자신을 사랑하는 사람은 아무것도 사랑할 수 없다. 다른 사람에게도, 주님에게도 접근할 수 없다."

　예수님은 우리가 베푸는 사랑을 보고 세상이 우리가 제자인 것을 알게 하라고 말씀하셨습니다.

　우리가 경험한 주님의 진짜 사랑을 되도록 모든 사람에게 베푸는 진정한 그리스도의 제자가 되십시오. 아멘!

🩶 주님, 주님께서 보이신 본 대로 주님을 바르게 섬기게 하소서.

📖 진정한 사랑의 속성을 깨닫고 주님의 사랑을 따라 다른 이를 사랑합시다.

나의 영적 일지

암벽 위의 나무

읽을 말씀 : 베드로전서 4:12-19

●벧전 4:19 그러므로 하나님의 뜻대로 고난을 받는 자들은 또한 선을 행하는 가운데 그 영혼을 미쁘신 조물주께 부탁할찌어다

미국 애리조나주는 '사막과 선인장의 땅'으로 불립니다.

일반적인 모래사막이 아니라 붉고 단단한 화강암이 대부분이라 대부분의 사막 지역에서는 선인장을 제외하고는 식물을 찾아보기가 힘듭니다.

그런데 이 광활한 사막을 다니다 보면 계곡 틈 사이에 열대지방에서나 자랄 법한 종려나무들을 볼 수 있습니다.

애리조나의 사막은 종려나무가 자라기에는 너무 덥고 계곡의 틈 사이에서 자라기에는 햇볕이 너무 부족합니다.

이곳에서 자라는 종려나무들은 지역을 불문하고 하루에 2시간 정도밖에 햇볕을 쬐지 못했습니다.

학자들의 연구결과 이 기적은 '암벽' 때문에 일어날 수 있었습니다.

종려나무 주변의 암벽들이 햇볕을 적절히 반사해 준 결과 사막에서도 자랄 수 있는 적당한 온도가 되었고, 이런 조건들이 유지되는 곳에서는 어김없이 종려나무들이 자랐습니다.

사막의 높은 암벽들이 인생의 어려움과 고난이라면 따스한 햇볕은 주님의 은혜입니다.

때로는 고난을 통해 주님의 은혜를 더욱 깨닫게 되는 순간들이 있습니다.

암벽 위에서도 굳건히 자라는 나무들처럼 주님의 은혜로 척박한 세상에서 자라나는 아름드리나무가 됩시다. 아멘!

♡ 주님, 감당할 시험만 주시고, 또한 피할 길을 주시는 주님을 의지하게 하소서.

✺ 암벽과 같은 어려움을 통해 주님께 더욱 나아가게 해달라고 기도합시다.

나의 영적 일지

내 마음속의 경건생활 365일

읽을 말씀 : 히브리서 4:12-13

● 히 4:12 하나님의 말씀은 살았고 운동력이 있어 좌우에 날선 어떤 검보다도 예리하여 혼과 영과 및 관절과 골수를 찔러 쪼개기까지 하며 또 마음의 생각과 뜻을 감찰하나니

『많은 분들이 성경 필사를 통해 은혜를 받고 있습니다.

그런데 극동방송 애청자인 울산에 사는 한 성도님은 「경건생활 365일」로 필사를 하며 은혜를 받고 있다고 합니다.

벌써 6권째라고 밝힌 이분은 필사를 하게 된 동기에 대해 10년째 연락이 끊어진 아들과 손자로 인해 가슴이 너무 아프고, 힘이 드는데 그때마다 마음의 위로와 평안을 준 것이 이 책이었다면서 책이 너무 귀하고 복돼 한자 한자 필사를 시작하게 되었고, 펜을 들고 글을 쓰면서 그 글에 웃기도 하고 울기도 하고 하나님의 음성을 듣기도 했다는 것입니다.

특별히 집사님은 한 권이 완성되면 하나님을 믿지 않는 지인에게 기도하며 선물로 주었고, 그 선물을 받은 사람 가운데 네 명이 전도가 되어서 하나님을 신실하게 믿고 있다는 놀랍고도 반가운 소식도 전했습니다.

이 책의 필사가 무엇보다도 생명을 살리는 일에 사용된 것을 생각할 때 하나님께 감사드리지 않을 수 없습니다. 그리고 날마다 말씀을 읽고, 쓰면서 하나님의 말씀을 마음에 기록하고 계신 집사님을 통해 저 또한 큰 감동과 은혜를 받습니다.』- 「김장환 목사의 인생 메모」 중에서

한 말씀 한 말씀, 손끝으로 써 내려가는 말씀이 마음에 기록되고 삶으로 적용되며, 성령님께서 주시는 귀한 열매를 맺게 되는 하루가 되시길 소망합니다. 아멘!

🩷 주님, 주님의 말씀을 한 말씀이라도 더 심비에 새기게 하소서.
🦹 성경 읽기나 성경 필사 등을 통해 경건생활에 힘씁시다.

나의 영적 일지

믿음의 시작점

읽을 말씀 : 요한복음 11:17-26

● 요 11:25 예수께서 가라사대 나는 부활이요 생명이니 나를 믿는 자는 죽어도 살겠고

그리스와 러시아의 전통 기독교인들은 부활절에 독특한 의식을 치릅니다.

부활절 전날 저녁, 성도들은 삼삼오오 모여 작은 촛불 하나를 들고 마을 구석 구석을 돌아다닙니다. 한참을 돌아다니다가 자정이 될 때쯤 한두 명씩 교회로 향하지만 예배당으로 들어가진 않습니다.

자정을 넘기면 한 남자가 교회 앞에 서서 큰 소리로 외칩니다.

"주 예수 그리스도가 부활하셨습니다!"

그제야 성도들은 교회로 몰려듭니다. 부활의 소식을 듣고 나서야 성도들은 다시 이전과 같이 성찬을 하고, 찬양을 드리고, 말씀을 들으며 주님을 예배합니다.

마을 밖을 돌아다니는 성도들은 십자가에 달려 돌아가신 예수님의 시체를 찾던 사람들을 의미합니다. 예수님은 죽은 지 사흘 만에 다시 사셨기에, 즉 부활하셨기에 그 시체를 찾을 수 없습니다.

부활하신 예수님이 제자들 앞에 나타나고 나서야 비로소 말씀의 모든 예언이 이루어지고 구원의 역사가 완성됩니다.

다시 말하면 예수님의 부활이 곧 우리 믿음의 시작점인 것입니다.

예수님의 부활 없이 구원은 완성될 수 없었습니다.

예수님의 부활이 제자들이 만들어낸 거짓 소문이었다면 복음은 지금처럼 모든 족속에게로 퍼져나가지 못했을 것입니다.

세상의 그 누구도 부인할 수 없는 명백한 부활의 증인이 되어 만방에 이 놀라운 소식을 전하십시오. 아멘!

💙 주님, 주님께서 우리를 위해 돌아가셨다가 삼일 만에 사심을 증언케 하소서.

🖼 예수 그리스도의 부활을 알리기 위해 교회로 VIP들을 초청합시다.

나의 영적 일지

인간관계의 지혜

읽을 말씀 : 잠언 31:22–31

●잠 31:31 그 손의 열매가 그에게로 돌아갈 것이요 그 행한 일을 인하여 성문에서 칭찬을 받으리라

요즘 시대의 화두는 '개인화'로 많은 청년들이 직장과 사회에서 관계에 어려움을 느끼고 있습니다. 함께 식사를 하면서도 말 한마디를 하지 않는 학생들이 있을 정도입니다.

그러나 하나님은 사람을 사회적인 존재로 창조하셨고, 관계가 건강할 때 인생이 행복해지며 복음도 효과적으로 전할 수 있습니다.

다음은 저명한 심리상담가인 고코로야 진노스케가 말한 「단단한 인간관계를 만드는 6가지 지혜」입니다.

1. 사실이 확인되기 전에는 오해하지 말라.
2. 내 기억과 감정으로 상대방의 의도를 예측하지 말라.
3. 약간의 손해는 괜찮다는 생각으로 먼저 베풀라.
4. 약점을 감추지 말고 적절한 방법으로 나타내라.
5. 진짜 나의 모습으로 상대방에게 나아가라.
6. 관계를 통해 받을 상처를 두려워하지 말라.

관계를 통해 사람은 성숙해지고 성장해 나갈 수 있습니다.

혹독한 훈련이 있어야 승리의 영광이 있는 것처럼 관계를 통해 말씀을 실천할 수 있고 세상에 복음을 흘려보낼 수 있습니다.

하나님이 주시는 감동과 말씀의 지혜로 인간관계를 아름답게 가꾸십시오. 아멘!

🩶 주님, 저도 주님께서 주시는 능력으로 단단한 인간관계를 만들게 하소서.
🧎 위에 있는 6가지 목록 중에 내게 부족한 부분을 기도하며 보완합시다.

나의 영적 일지

그럼에도 유일한 문

읽을 말씀 : 요한복음 17:1-9

● 요 17:3 영생은 곧 유일하신 참 하나님과 그의 보내신 자 예수 그리스도를 아는 것이니이다

전도자 무디가 한 성도의 소개로 강경한 무신론자를 만났습니다.

무디가 담대하게 교회에 나올 것을 권유하자 무신론자는 기다렸다는 듯이 쏘아붙였습니다.

"나도 교회에 대해 나쁜 감정을 가지고 있지는 않아요. 예수는 분명히 존경할 만한 인물이기도 합니다. 그러나 교회에 모인 사람들이 어떻게 행동하는지 안다면 교회에 누군가를 나오라고 초청할 수는 없을 겁니다. 저보다 당신이 더 잘 알겠지만 저는 교회의 위선자들을 정말로 꼴도 보기 싫습니다. 진정한 성도만 교회에 남는다면 그때는 교회에 나가겠습니다."

무신론자의 반박에 무디는 이렇게 대답했습니다.

"예수님의 12제자 중에도 가룟 유다라는 위선자가 있었습니다.

그가 싫어서 예수님을 믿지 않는 사람도 있었을 겁니다.

그러나 중요한 것은 믿는 사람은 구원을 받았고 그렇지 못한 사람은 지옥으로 갔다는 사실입니다.

나는 교회 내의 위선자가 아닌 당신을 위해서 전도하는 겁니다."

전도자 무디는 어떤 사람에게라도 하루에 1명에게는 복음을 전하겠다는 목표를 세우고 평생 실천했기에 어떤 사람을 만나더라도 지혜롭게 복음을 전할 수 있었습니다.

유일한 생명의 길이신 예수님을 담대히 세상에 전하는 지혜롭고 충성된 그리스도인이 되십시오. 아멘!

🩷 주님, 믿지 않는 사람들의 마음을 움직일 지혜의 입술을 허락하소서.

🎨 비판하는 마음이 아닌 사랑하는 마음으로 사랑하고 전도합시다.

나의 영적 일지

시야의 차이

읽을 말씀 : 열왕기하 17:34-41

● 왕하 17:39 오직 너희 하나님 여호와를 경외하라 그가 너희를 모든 원수의 손에서 건져내리라 하셨으나

리더십의 대가로 알려진 존 맥스웰(John Maxwell) 목사님이 미국 오하이오 주에서 목회를 하던 때의 일입니다.

목사님이 한 성도와 꽤 먼 거리의 교회를 함께 가던 중이었습니다.

성도는 갑자기 목사님에게 다람쥐를 봤느냐고 물었습니다.

목사님은 보지 못했다고 대답했습니다.

잠시 뒤 성도는 이번에는 방금 오리가 지나갔다고 말했으나 여전히 목사님 눈에는 아무것도 보이지 않았습니다.

차를 타고 가는 동안 성도는 수시로 사슴이나 토끼 같은 산짐승을 발견했지만 목사님은 단 한 마리도 보지 못했고 오직 고속도로만 눈에 보였습니다.

나중에 알고 보니 성도의 직업은 포수였습니다.

이때의 경험으로 목사님은 다음과 같은 깨달음을 나누었습니다.

"운전자에게는 눈앞의 도로만 보이고, 포수에게는 스쳐 지나가는 동물도 눈에 들어오듯이 그리스도인은 오직 하나님만을 바라봐야 합니다."

하나님이 우리와 함께 하시더라도 우리의 눈이 세상에 고정되어 있다면 하나님의 충만한 은혜를 느끼지 못합니다.

하나님이 지금까지 베풀어 주신 은혜를 돌아보십시오.

하나님이 앞으로 베풀어 주실 은혜를 기대하십시오.

약속의 땅을 하나님의 선물로 바라봤던 여호수아와 갈렙처럼 하나님의 말씀을 통해 세상을 바라보며 받아들이십시오. 아멘!

🤍 주님, 오직 주님만 바라보며 주님이 주신 소망으로 살아가게 하소서.

🖼 하루하루 주님께만 집중하는 삶을 살아갑시다.

나의 영적 일지

감사의 전염

읽을 말씀 : 시편 145:8-16

● 시 145:10 여호와여 주의 지으신 모든 것이 주께 감사하며 주의 성도가 주를 송축하리이다

"행복한 사람은 주변 사람도 행복하게 한다."

하버드 대학의 연구진이 무려 20년간 조사한 연구의 결론입니다.

20년 동안 4,700명의 삶을 면밀하게 조사한 결과 행복한 사람을 가까이 두면 주변 사람도 행복해지고, 불행한 사람을 가까이 두면 불행해질 확률이 매우 높았습니다.

감정의 강도가 강할수록, 사이가 가까울수록 전염성이 높았습니다.

미국 캘리포니아 대학교의 파울러(James W. Fowler) 교수는 비만인 12,000명을 32년간 조사한 결과 비만도 전염된다는 결론을 내렸습니다.

비만인 사람의 친구는 57%, 배우자는 37%나 비만일 확률이 더 높았고 이는 멀리 떨어져 사는 경우에도 동일한 결과였습니다.

파울러 교수는 믿을 수 없는 이런 현상에 대해 사회적 환경보다 사회적 관계가 사람의 삶에 영향을 더 크게 미치기 때문이라고 분석했습니다.

그리스도인은 세상에 좋은 소식, 기쁜 소식을 전하는 믿음의 군사들입니다.

하나님이 주신 기쁨으로 살아가는 그리스도 한 사람으로 인해 주변은 물론 세상까지 더 밝아질 수 있습니다.

주님이 오늘 부어주시는 충만한 기쁨을 삶 속에서 드러내며 살아가십시오. 아멘!

♡ 주님, 주님이 주시는 충만한 삶을 방해하는 것들을 깨닫게 하소서.

🌀 주변인과의 관계에서 선한 영향력을 끼치는 사람이 됩시다.

나의 영적 일지

환경을 탓하지 말라

읽을 말씀 : 히브리서 12:1-11

● 히 12:2 믿음의 주요 또 온전케 하시는 이인 예수를 바라보자 저는
그 앞에 있는 즐거움을 위하여 십자가를 참으사 부끄러움을 개의치
아니하시더니 하나님 보좌 우편에 앉으셨느니라

영국 런던에 책을 옮겨 쓰는 직업을 가진 한 청년이 있었습니다.

당시에는 제대로 작동하는 인쇄기가 나오기 전이라 책의 내용을 사람이 하나
하나 옮겨 적어야 서점에서 팔 수 있었습니다.

하루 종일 글을 쓰느라 손이 부르트고 월급도 매우 적었기 때문에 사람들이
기피하는 직업이었지만 세계 2차대전 직후라 마땅한 일자리가 없었기에 청년은
묵묵히 자신의 일을 해나갔습니다.

주변 사람들은 "작가가 꿈이라더니 고작 남의 글이나 옮겨 쓰는 일을 하나?"
고 손가락질했지만 청년은 모든 일을 긍정적으로 생각했습니다.

'책을 옮기면서 다른 사람의 글을 읽으니 훌륭한 공부가 되고 있어.'

집에 올 때마다 녹초가 됐고 손도 부르텄지만 그래도 청년은 조금씩 자신의
글을 써나갔습니다.

청년의 첫 소설은 무려 35살에야 세상에 등장했지만 이 책은 수백만 부가 팔
리며 베스트셀러가 되었고 훗날 노벨문학상까지 수상했습니다.

「파리 대왕」을 쓴 윌리엄 골딩(William Golding)의 이야기입니다.

꿈이 있는 사람은 어떤 시련에도 포기하지 않습니다.

마찬가지로 하나님이 주신 비전을 품고 사는 사람은 어떤 고난에도 포기하지
않습니다.

힘들고 어려울수록 주님이 주신 비전을 품고 승리하십시오. 아멘!

♡ 주님, 어떤 어려운 일이 있어도 포기하지 않고 주님을 바라보게 하소서.
🔲 나를 힘들게 하는 일이 생길수록 주님의 도우심을 구합시다.

나의 영적 일지

먼저 존중하라

읽을 말씀 : 빌립보서 2:1-11

● 빌 2:2,3 마음을 같이 하여 같은 사랑을 가지고 뜻을 합하며 한 마음을 품어 아무 일에든지 다툼이나 허영으로 하지 말고 오직 겸손한 마음으로 각각 자기보다 남을 낮게 여기고

다른 사람의 잘못을 보면 어떤 식으로든 비평해야 하는 사람이 있었습니다.

이 사람은 온갖 방법을 사용해 사람들을 비난했습니다. 직접 찾아가서 면전에 대고 면박을 주기도 했고, 시나 작품으로 풍자를 하기도 했습니다.

한 번은 잘 모르는 사람을 비판하기 위해 그 사람이 지나는 길을 알아두었다가 실수인 척 편지를 떨어트리기까지 했습니다.

이와는 다르게 어떤 사람에게도 비판을 하지 않는 사람이 있었습니다.

이 사람은 상대방이 무례하게 굴어도 절대 비난하지 않았고, 자신을 공격하는 편지를 받았을 때는 답장을 적어 서랍에 넣어두었다가 며칠 뒤에 봐도 감정적으로 느껴지지 않을 때만 답장을 보냈고 그렇지 않을 경우 다시 답장을 썼습니다.

놀랍게도 이 두 사람은 모두 같은 인물입니다.

링컨은 젊은 시절 혈기를 이기지 못해 잘못을 저지른 사람들을 매섭게 몰아붙였으나 변호사 시절 사람을 존중하는 법을 배운 뒤에는 결코 타인을 비난하지 않았습니다. 사람의 마음을 얻는 사람이 진정한 승리자이며 그러기 위해서는 누구든 먼저 존중해야 한다는 사실을 깨달았기 때문입니다.

남을 나보다 낮게 여기며, 대접받고 싶은 대로 대접하라는 것이 주님의 가르침입니다.

믿는 사람에게도, 믿지 않는 사람에게도 먼저 존중함으로 다가가고 결코 비난하지 마십시오. 아멘!

💙 주님, 언제나 겸손한 마음을 허락하시고 모든 성품이 주님을 닮아가게 하소서.

🖼 남을 비난하는 사람이 되지 말고 상대를 용납하는 사람이 됩시다.

나의 영적 일지

죽음도 막을 수 없는 것

4월 24일

읽을 말씀 : 야고보서 1:12-18

● 약 1:12 시험을 참는 자는 복이 있도다 이것에 옳다 인정하심을 받은 후에 주께서 자기를 사랑하는 자들에게 약속하신 생명의 면류관을 얻을 것임이니라

글도 모르고 평생 양만 치던 아키바라는 유대인 목동이 있었습니다.

아키바의 아내는 남편이 비록 글은 모르지만 머리가 매우 좋다는 것을 알아채고는 늦게라도 공부를 해보라고 권했습니다.

아키바는 아내의 권유를 따라 아이들이 다니는 학교에 입학했습니다. 남들보다 몇 배나 습득력이 빨랐던 아키바는 10년 뒤 나라에서 가장 지혜로운 사람이 되었습니다.

의학부터 천문학, 성경까지 그보다 더 잘 아는 사람이 없을 정도였습니다.

외국어에도 능통했던 그는 당시 나라를 지배하고 있던 로마에 독립을 요구하는 사절단으로도 몇 번 방문했습니다.

독립을 시켜줄 마음이 없었던 로마는 더 효과적으로 이들을 지배하기 위해 정신적 지주인 아키바를 죽이려고 했습니다.

정신적 지주를 잃을지도 모른다는 사실에 두려워하는 사람들에게 아키바는 다음과 같이 말했습니다.

"물고기는 물을 떠나서 살 수 없듯이 내가 없더라도 배움의 중요성을 잊지 말고 계속해서 아이들을 가르친다면 아무 걱정 없을 것입니다."

가장 처음으로 탈무드를 엮은 아키바는 이스라엘에서 가장 위대한 랍비로 추앙받고 있습니다. 사람은 사라질지라도 정신은 남아있습니다.

믿음의 선배들이 목숨을 아까워하지 않고 전한 복음이 지금 열매를 맺고 있듯이 우리의 삶을 하나님의 복음을 위해 사용해 달라고 기도하며 온전히 올려드리십시오. 아멘!

💜 주님, 현 상황에 만족하지 않고 계속해서 믿음을 쌓아나가게 하소서.

🖼 복음을 전할 때 이해하기 쉬운 이야기들을 모아 성도들과 공유합시다.

`나의 영적 일지`

한 걸음씩 나아가라

읽을 말씀 : 히브리서 5:8-14

● 히 5:12 때가 오래므로 너희가 마땅히 선생이 될터인데 너희가 다시 하나님의 말씀의 초보가 무엇인지 누구에게 가르침을 받아야 할 것이니 젖이나 먹고 단단한 식물을 못 먹을 자가 되었도다

영국의 유명한 시인이자 독실한 크리스천인 조지 메러디스(George Meredith)에게 어떤 사람이 다음과 같이 질문했습니다.

"매주 교회에 가서 기도하는 성도들 중에도 왜 여전히 악한 사람이 있습니까?"

메러디스가 대답했습니다.

"스스로의 연약함을 알고 죄를 깨닫는 사람도 한 번의 기도로 변할 수는 없습니다. 기도를 하고 난 후에 기도를 하기 전보다 조금이라도 나아졌다면 그 사람은 신앙에 성공한 사람이며 기도를 응답받은 사람입니다."

갓난아기가 막 걸음마를 떼었을 때를 생각해 보십시오.

오늘은 한 걸음을 내딛고 넘어지고, 다음날은 두세 걸음을 내딛고 넘어지지만 아기를 바라보는 부모의 눈에는 실패가 아닌 성공으로 보일 것입니다.

우리를 바라보는 하나님의 마음도 마찬가지입니다.

연약한 가운데 주님을 의지하며 어제보다 오늘, 오늘보다 내일 조금씩 더 나아진다면 우리의 신앙은 성공의 길을 걸어가고 있는 것입니다.

연약하고 부족하더라도 한 걸음 한 걸음 주님을 향해 소중한 발걸음을 내디디십시오. 아멘!

♡ 주님, 어린아이의 신앙에서 장성한 자의 신앙으로 자라나게 도우소서.
▨ 누군가의 연약함을 비난하기 보다 사랑으로 응원해 줍시다.

나의 영적 일지

설득이 아닌 사랑으로

읽을 말씀 : 갈라디아서 5:1-9

● 갈 5:6 그리스도 예수 안에서는 할례나 무할례가 효력이 없되 사랑
으로써 역사하는 믿음 뿐이니라

'인간관계론'의 저자 데일 카네기(Dale B. Carnegie)가 더스틴 하워드(Dustin Howard)라
는 유명한 마술사의 공연을 보기 위해 브로드웨이를 찾았습니다.

공연은 매우 만족스러웠지만 카네기가 보기에 더스틴의 마술 솜씨는 뛰어난
정도는 아니었습니다. 40년간 6천만 명이나 보러 온 마술사의 공연치고는 비슷
한 실력의 마술사가 너무 많았습니다.

공연이 끝나고 카네기가 더스틴을 찾아가 조심스럽게 자기 생각을 전하자 더
스틴도 동의했습니다.

"지금 저와 비슷한 실력의 마술사는 10명도 넘습니다.

제 인기의 비결은 실력이 아닙니다.

제 인기의 비결은 딱 두 가지입니다. 하나는 관객들이 원하는 개성을 공연 때
나타내는 것이고 두 번째는 관객을 정말로 사랑하는 것입니다. 많은 마술사들이
관객을 속이려는 자세로 공연을 하지만 저는 관객들에게 즐거움을 주기 위해 공
연합니다."

더스틴은 매번 공연 전에 "나는 관객을 존중한다. 나는 관객을 사랑한다"라고
되뇌었다고 합니다.

사랑과 존중은 마음의 문을 열고 진정한 관계를 시작하게 하는 열쇠입니다.
전하는 내용만큼 전달하는 행동과 어투에도 신경을 쓰며 좋은 선물을 아름답게
포장하는 지혜로운 성도가 되십시오. 아멘!

♡ 주님, 만나는 모든 사람들을 되도록 존중하며 사랑하게 하소서.

🖼 상대방을 언짢게 하는 습관이 있다면 오늘 고칩시다.

나의 영적 일지

4월 27일

경쟁이 아닌 조력

읽을 말씀 : 시편 133:1-3

●시 133:1 형제가 연합하여 동거함이 어찌 그리 선하고 아름다운고

　미국의 명문 스탠퍼드 대학교의 리 로스(Lee Ross) 교수는 학생들을 두 그룹으로 나눠서 '죄수의 딜레마'라는 게임을 진행했습니다.

　죄수의 딜레마는 두 사람이 각각 '협력, 배반' 중 하나를 선택하는 게임입니다. 만약 두 사람 다 협력을 선택하면 똑같은 보상을 받고, 두 사람 중 한 사람만 협력을 선택했을 때는 배반을 선택한 사람이 큰 보상을 받습니다.

　만약 두 사람 모두 배반을 선택하면 아무런 보상을 받지 못합니다.

　로스 교수는 한 그룹에게는 이 실험을 '친분 쌓기 게임(커뮤니티)'이라고 하고 다른 그룹에는 '경쟁 승리 게임(월스트리트)'이라고 했습니다.

　같은 게임에 이름만 달리했지만 '친분 쌓기 게임'이라는 이름이 붙었을 때 사람들이 얻는 총 보상은 더 컸습니다.

　반면에 '경쟁 승리 게임'은 서로를 믿지 못하고 배반만 선택했기 때문에 보상을 얻어 간 사람이 적었습니다.

　단순한 이름의 차이지만 상대방을 '경쟁자'로 인식하느냐 '협력자'로 인식하느냐가 큰 차이의 결과를 만들어 낸 것입니다.

　붙이는 이름에 따라 때로는 바라보는 시선이 달라집니다.

　신앙생활을 함께 하는 동역자들은 '형제'와 '자매'이며 전도 대상자는 불신자가 아닌 'VIP'입니다.

　덕이되는 사랑의 관점으로 세상을 바라보십시오. 아멘!

💗 주님, 언제나 주님처럼 온유하고 겸손하게 사람들과 협력하게 하소서.
🧩 경쟁이 아닌 조력의 프레임을 갖고 살아갑시다.

나의 영적 일지

신념의 중요성

4월 28일

읽을 말씀 : 데살로니가전서 5:12-23

● 살전 5:15 삼가 누가 누구에게든지 악으로 악을 갚지 말게 하고 오직 피차 대하든지 모든 사람을 대하든지 항상 선을 좇으라

네덜란드 위트레흐트의 한 학교에서 어떤 학생이 몰래 교실에 선생님의 얼굴을 우스꽝스럽게 그려놨습니다.

학교는 범인을 찾기 위해 옆자리에 있었던 학생을 추궁했지만 학생은 퇴학을 당하면서까지 친구의 이름을 말하지 않았습니다.

친구가 잘못을 한 것은 맞지만 고자질을 할 정도로 큰 실수를 한 것은 아니라고 생각했기 때문입니다.

고등학교를 졸업할 수 없게 된 학생은 집에서 공부를 이어가 학위가 없어도 실력만 있으면 들어갈 수 있는 스위스의 연방 공과대학에 입학했습니다. 우수한 성적으로 졸업을 한 뒤 독일에서 일자리를 구했으나 고등학교 때 퇴학을 당했다는 이유로 어떤 곳에서도 뽑아주지 않았습니다.

그럼에도 그는 친구를 원망하지 않았고 오히려 하고 싶은 연구를 할 수 있게 됐으니 잘 됐다고 생각했습니다.

오랜 연구로 성과를 내기 시작하자 오히려 여러 명문대에서 먼저 스카우트 제의가 왔고 뮌헨대학교 교수로 임용이 된 그는 훗날 노벨 물리학상까지 받았습니다.

엑스선을 발견한 뢴트겐(Röntgen, Wilhelm Conrad)의 이야기입니다.

사소한 신념(믿음) 때문에 큰 고난을 당했지만 결국은 그 신념으로 인해 세기의 발견을 할 수 있었습니다.

세상 가운데서도 그리스도인으로서 지켜야 할 믿음과 양심을 결코 잊지 말고 담대히 드러내십시오. 아멘!

♡ 주님, 다른 사람을 원망하거나 책임을 전가하지 않는 그리스도인이 되게 하소서.
🧩 요셉처럼 억울한 일을 당해도 옳은 일에 대한 신념을 잃지 맙시다.

나의 영적 일지

용서의 크기

읽을 말씀 : 고린도후서 2:5-11

● 고후 2:7 그런즉 너희는 차라리 저를 용서하고 위로할 것이니 저가 너무 많은 근심에 잠길까 두려워하노라

젊은 시절의 죗값을 감옥에서 치렀지만 평생 반성하는 의미에서 새로운 신분으로 남을 도우며 살아가는 남자가 있었습니다.

새로운 인생의 2막은 모든 시민들의 존경을 받을 정도로 훌륭한 삶을 살아가고 있었지만 그의 수감 시절을 알고 있는 한 형사는 그가 과거에 죄인이라는 사실을 밝혀내기 위해 끈질기게 미행하며 남자를 괴롭혔습니다.

남자가 지은 죄는 중죄도 아니었으며 이미 죗값을 치렀음에도 형사는 그가 과거에 범죄자였다는 사실 때문에 끈질기게 붙들고 늘어졌습니다.

결국 사회 곳곳에 만연한 이런 부조리를 개혁하려는 혁명이 일어났고 남자를 따르는 청년들은 가장 먼저 그 형사를 붙잡아 사형을 시키려고 했습니다.

그러나 남자는 오히려 형사를 풀어주었습니다.

그를 쫓았던 형사도 이해가 되지 않아 "누구보다 나를 죽이고 싶은 당신이 왜 앞장서서 나를 풀어주느냐?"라고 묻자 남자가 말했습니다.

"바다가 땅보다, 땅보다는 하늘이 더 넓소. 그러나 하늘보다도 넓은 것이 용서의 마음이오."

빅토르 위고의 「레미제라블」에 나오는 내용입니다.

하나님의 자비와 사랑은 바다보다도, 하늘보다도, 온 우주보다도 광대한 놀라운 은총입니다.

죄로 인해 실족할지라도 모든 것을 용서하시는 주님의 은혜 안에 속히 돌아오십시오. 아멘!

💙 주님, 모든 일이 합력해서 선을 이룸을 믿고 모든 일을 주님께 맡기게 하소서.

🖾 나를 어렵게 하는 사람에게도 주님의 사랑과 방법으로 대합시다.

나의 영적 일지

대신 이루어준 꿈

읽을 말씀 : 이사야 61:1-7

● 사 61:3 무릇 시온에서 슬퍼하는 자에게 화관을 주어 그 재를 대신하며 희락의 기름으로 그 슬픔을 대신하며 찬송의 옷으로 그 근심을 대신하시고 그들로 의의 나무 곧 여호와의 심으신바 그 영광을 나타낼 자라 일컬음을 얻게 하려 하심이라

불의의 사고로 세상을 떠난 딸의 유품을 정리하던 어머니가 작은 수첩을 발견했습니다. 수첩에는 작은 글씨로 '내가 일생 동안 하고 싶은 14가지'라고 적혀 있었습니다.

"장학 재단을 만든다", "강원도에 이동식 도서관을 만든다", "시각 장애인을 위한 복지 사업을 한다" 등 하나같이 자신이 아닌 다른 사람을 돕는 고운 마음씨에서 나온 소원이었습니다.

20대 초반의 꽃다운 나이에 딸을 떠나보낸 어머니는 사랑하는 딸의 소원이라도 이루어주겠다고 다짐했습니다.

사고로 받은 보상금으로 딸의 이름을 딴 장학 재단을 만든 어머니는 당장 현장으로 뛰어들어 딸의 소원을 대신 이루어주기 시작했습니다.

10년이 지나도록 소원을 다 이루어주지 못했지만 그녀의 선한 꿈이 세상에 알려지며 함께 하는 사람이 늘어났습니다.

보상금으로 도저히 불가능해 보였던 요양원 건설과 이동식 도서관 같은 사업들도 기적처럼 이루어지며 딸이 세상에 남긴 14가지 선한 씨앗은 여전히 세상 속에서 피어나고 있습니다.

우리를 구원하기 위해 주님이 우리의 죄를 대속하셨습니다.

주님의 희생으로 구원을 얻은 우리가 이제는 주님을 위해 세상에 복음의 씨앗을 뿌려야 합니다. 우리를 구원해 주신 주님을 위해 주님의 향기를 세상에 대신 전하십시오. 아멘!

🖤 주님, 주님의 지상 명령인 복음 전하는 일에 열심을 품고 행동하게 하소서.

🖼 복음을 전해야 할 사람들의 명단을 작성하고 한 명씩에게라도 복음을 전합시다.

나의 영적 일지

5월

"내가 그들에게 복을 내리며
내 산 사면 모든 곳도 복되게 하여
때를 따라 비를 내리되
복된 장마비를 내리리라"
– 에스겔 34장 26절 –

삼부자 집회

읽을 말씀 : 고린도전서 12:12-27

● 고전 12:27 너희는 그리스도의 몸이요 지체의 각 부분이라

『저와 큰아들 요셉, 작은아들 요한이까지 우리 삼부자는 모두 목회자입니다. 그러다 보니 삼부자 집회를 해달라는 요청을 종종 받습니다. 아마도 삼부자가 목회자라는 점에 호기심을 갖고, 각기 어떤 스타일로 어떤 메시지를 전할까 궁금해하는 것 같습니다.

약 20여 년 전 처음으로 삼부자 집회를 했습니다. 미국 워싱턴 한인교회들이 저를 초청하면서 "아들들과 함께 하면 어떻겠습니까?"라는 제안을 했습니다. 그때 저는 이민 1세대, 요셉 목사는 1.5세대, 당시 전도사였던 요한 목사는 이민 2세대를 대상으로 설교했고, 그 이후 몇 차례 국내에서도 삼부자 집회를 하면서 큰 호응을 얻게 되었습니다.

한 번은 우리 삼부자를 신체에 적용해서 설교한 적이 있습니다. 저는 가난한 시절을 겪어서 배에 하는 설교, 교육학을 전공한 요셉 목사는 머리에 하는 설교, 요한 목사는 감수성이 발달해서 가슴에 하는 설교였습니다. 주변에 이 이야기를 했더니 흥미로워하면서 꼭 맞는 해석이라고 공감하셨습니다. 또, 우리 삼부자에 대해 시계에 비유해서 저는 초침, 요셉 목사는 분침, 요한 목사는 시침으로 표현하는 사람도 있었습니다. 제가 가장 바쁘게 사역하는 것을 빗댄 것입니다.

그러고 보면 하나님께서는 사람을 다양하게 창조하셨고, 그 사람에 맞게 사용하는 분이심을 다시 한번 느낍니다.』 - 「김장환 목사의 인생 메모」 중에서

다른 사람을 부러워할 것이 아니라 자신을 향한 하나님의 창조 섭리를 인정하고, 하나님께서 마음껏 쓰시도록 자신을 내어드리면 좋겠습니다. 아멘!

💗 주님, 우리를 통해 이루실 하나님의 일을 기대하게 하소서.

🧩 하나님께서 우리에게 주신 달란트가 무엇인지 생각해 봅시다.

나의 영적 일지

듣는 지혜를 구하라

읽을 말씀 : 야고보서 1:19-27

● 약 1:19 내 사랑하는 형제들아 너희가 알거니와 사람마다 듣기는 속히 하고 말하기는 더디 하며 성내기도 더디 하라

'카운슬링' 기법의 창시자 칼 로저스(Carl Ransom Rogers)는 경청에 대해 다음과 같이 말했습니다.

"경청은 깊이 듣는 것을 의미합니다.

나는 내담자의 이야기를 들으며 그 사람의 단어, 생각, 깔려있는 의미, 숨겨있는 의식까지 들을 수 있습니다. 겉으로 보기에는 그냥 평범한 이야기지만 때때로 그 밑에는 인간적인 절규가 묻혀 있습니다."

칼 로저스는 심리 상담의 70%는 '듣는 것'에 달려 있다고 말했습니다.

독일의 신학자 본회퍼(Bonhoeffer, Dietrich)는 「성도의 공동생활」이라는 책에서 마찬가지로 경청의 중요성을 말했습니다.

"그리스도인이 세상에 나가서 아무리 진리를 외쳐도 세상 사람들은 듣지 않습니다. 왜인지 아십니까?

먼저 들어야 할 때 말하기 때문입니다.

남의 말을 듣지도 않고 자기 할 말만 하는 사람은 결코 세상에 복음을 전할 수 없습니다. 세상 사람의 말도, 함께 하는 동역자들의 말도 듣지 않는 사람은 곧 하나님의 음성에도 귀를 막을 것입니다."

올바른 복음을 전하기 위해서는 먼저 들어야 합니다. 예수님께서도 만난 모든 사람들에게 먼저 사연을 물으셨습니다.

옳은 길을 찾지 못해 헤매고 있는 이들의 아픔과 고통에 공감하고 그들의 사연을 먼저 경청하십시오. 아멘!

🖤 주님, 듣기는 속히 하고 말하기는 더디 하라는 주님의 말씀을 순종하게 하소서.

🧑‍🤝‍🧑 누군가와 대화할 때 먼저 철저하게 경청하고 공감하는 사람이 됩시다.

나의 영적 일지

주님이 진리인 이유

읽을 말씀 : 요한복음 1:9-18

● 요 1:17 율법은 모세로 말미암아 주신 것이요 은혜와 진리는 예수 그리스도로 말미암아 온 것이라

사회학이라는 학문을 창시한 프랑스의 석학 오귀스트 콩트(Auguste Comte)와 세계적인 역사학자 토마스 칼라일(Thomas Carlyle)이 종교에 대해 토론 중이었습니다.

철저한 무신론자인 콩트는 독실한 크리스천인 칼라일에게 다음과 같이 말했습니다.

"성경은 허무맹랑하고 유치한 이야기뿐입니다. 논리적으로 맞지도 않고요. 제가 지금 연구 중인 학문은 기독교보다 훨씬 유익한 종교가 될 것이라고 봅니다. 당신은 어떻게 생각하십니까?"

칼라일은 매우 합리적인 주장이지만 예수님처럼 한 번 죽었다가 살아나지 않으면 아무도 콩트의 말을 믿지 않을 것이라고 말했습니다.

콩트가 그게 무슨 말이냐고 물었습니다.

"기독교가 지금까지 전파되고 많은 사람이 믿게 된 이유는 예수님이 정말로 죽었다가 살아나셨기 때문입니다. 그 놀라운 능력 앞에 사람의 지혜와 논리는 아무 힘도 발휘하지 못하고 무너졌습니다.

아무리 논리적인 종교라 해도 이러한 능력이 없다면 생명력을 지니지 못하고 곧 사라질 것입니다."

복음의 진정한 힘은 말이 아닌 능력에 있습니다.

지금도 살아서 역사하시는 주님을 말과 더불어 우리의 삶에서 나타나는 능력으로 전하십시오. 아멘!

💙 주님, 죽음에서 부활하신 주님을 절대 신뢰하며 복음을 전파하게 하소서.

📖 나에게 진리를 전하기 위해 이 땅에 오신 예수님을 묵상하며 기도합시다.

나의 영적 일지

더 아름답게 하라

읽을 말씀 : 시편 149:1-9

5월 4일

● 시 149:4 여호와께서는 자기 백성을 기뻐하시며 겸손한 자를 구원으로 아름답게 하심이로다

사랑하는 딸과 함께 공원으로 나들이를 간 아버지가 있었습니다.

많은 가족들이 나들이를 나왔지만 공원의 상태는 영 좋지 않았습니다.

아이들이 즐길만한 놀이기구는 하나도 없었고, 공원 관리를 위해 나온 직원들의 표정은 좋지 않으며 거리를 뒤덮는 쓰레기만 눈에 띄었습니다.

어디를 가나 아이들을 위한 공원의 상태는 비슷했습니다.

사람들은 온 가족이 함께 갈만한 곳이 없다고 불평만 했지만 이 아버지는 언젠가 자신이 아이들을 위한 환상의 테마파크를 만들겠다고 다짐했습니다.

그렇게 탄생한 곳이 바로 '디즈니랜드'입니다.

미국 필라델피아 근교에서 안정적인 목회를 하던 데이비드 윌커슨(David Wilkerson) 목사는 어느 날 타락하는 뉴욕 청소년들에 대한 뉴스를 봤습니다.

청소년들의 타락을 안타까워만 하던 목사님은 돌연 무릎을 꿇고 기도했습니다.

"주님, 가만히 있는 제가 문제입니다. 바로 제가 가겠습니다."

윌커슨 목사님은 바로 모든 사역을 정리하고 뉴욕으로 떠났습니다. 목숨을 아까워 하지 않고 청소년들을 사랑하는 목사님 때문에 많은 사람들이 청소년 사역에 뛰어들었고 나중에는 정부에서도 이 문제를 위해 큰 노력을 쏟았습니다.

가만히 앉아서 불평만 하는 사람은 어떤 것도 바꿀 수 없습니다.

주님이 보내신 그곳, 하나님이 보여주시는 그곳이 바로 우리가 가야 할 곳이며, 우리가 해야 할 일임을 믿으십시오. 아멘!

🖤 주님, 주님이 보내신 그곳, 주님이 보여주시는 그곳에서 복음을 전하게 하소서.

🖼 복음을 전해야 할 지인과 이웃을 위해 무엇을 해야 할지 생각하고 계획합시다.

나의 영적 일지

바르게 양육하라

읽을 말씀 : 에베소서 6:1-9

●엡 6:4 또 아비들아 너희 자녀를 노엽게 하지 말고 오직 주의 교양
과 훈계로 양육하라

영국의 교육심리학자 허츠(Dr. R.F. Hertz) 박사는 24개국의 어린이 10만 명을 대
상으로 「원하는 부모의 상」을 조사했습니다.

그중 어린이들이 가장 많이 바라는 부모의 모습 10가지입니다.

01. 자녀 앞에서 싸우거나 말다툼하지 않는 모습

02. 거짓말하지 않는 모습

03. 질문에 성의 있게 대답해 주는 모습

04. 모든 자녀를 똑같은 애정으로 대해 주는 모습

05. 자녀의 개성을 존중해 주는 모습

06. 꼴찌를 해도 노력을 칭찬해 주는 모습

07. 때로는 친구처럼 지내 주는 모습

08. 친구나 동생 앞에서 꾸짖지 않고 차별하지 않는 모습

09. 변함없는 애정과 관심으로 대해 주는 모습

10. 모든 면에서 자녀에게 본을 보여주는 모습

아이들은 이제 막 싹이 튼 나무와 같습니다.

세상에서 풍성한 믿음의 열매를 맺을 수 있게 믿음과 사랑의 양분을 충분히
부어줘야 합니다.

하나님이 우리에게 맡기신 소중한 한 영혼인 사랑하는 자녀들을 위해 기도하
며, 바르게 양육하고자 노력하는 부모가 되십시오. 아멘!

🤍 주님, 그럼에도 자녀를 위한 기도가 가장 중요함을 잊지 않게 하소서.

📖 정기적인 대화를 통해 자녀들의 기도 제목을 나눕시다.

나의 영적 일지

대적할 자를 아는 지혜

읽을 말씀 : 고린도전서 14:1-12

● 고전 14:7 혹 저나 거문고와 같이 생명 없는 것이 소리를 낼 때에 그음의 분별을 내지 아니하면 저 부는 것인지 거문고 타는 것인지 어찌 알게 되리요

케냐에서 가장 큰 교회인 '디퍼 크리스천 바이블 처치'의 윌리엄 쿠무이(William Kumuyi) 목사는 사탄이 그리스도인을 공격하는 가장 효과적인 방법은 '무지'라고 말했습니다.

흑사병이 중세 유럽을 휩쓸었을 때 사람들이 두려워했던 것은 병보다 병에 대한 무지였습니다.

지금처럼 흑사병의 원인이 무엇이고 어떻게 예방하는지를 알지 못했기에 사람들은 흑사병을 피하고 치료하기 위해 상상도 할 수 없을 정도로 무지한 방법을 사용했습니다.

쥐가 흑사병을 옮기는 매개체이며 손을 잘 씻는 등의 개인위생 관리만으로도 전파를 막을 수 있다는 사실을 알고 있는 오늘날에는 가끔씩 개발도상국에서 흑사병이 발생하지만 중세 시대처럼 퍼지지 않고 금세 사라집니다.

그리스도인이 만약 사탄을 대적하지 않고 서로의 사소한 실수를 놓고 잘잘못을 따지느라 시간을 낭비한다면 사탄의 입장에서는 이보다 기쁜 일은 없을 것입니다.

우리를 구원한 분이 누구인지, 우리가 어떤 분을 따라야 하는지, 우리가 대적해야 할 존재는 누구인지를 바르게 분별하는 지혜로운 그리스도인이 되십시오. 허튼 일에 시간을 낭비하지 않고 주님이 주신 사명을 위해 바쁘게 달려가는 그리스도인이 되십시오. 아멘!

♡ 주님, 우리가 대적해야 할 존재는 누구인지를 바르게 분별하게 하소서.
🖾 우리를 구원한 분이 누구인지, 어떤 분을 따라야 할지 바르게 분별합시다.

나의 영적 일지

사랑한다면 행하라

읽을 말씀 : 요한일서 3:13-24

● 요일 3:18 자녀들아 우리가 말과 혀로만 사랑하지 말고 오직 행함과 진실함으로 하자

공자는 수제자인 자로가 방 안에 틀어박혀 공부만 하는 것을 안타깝게 여겼습니다. 하루는 보다 못해 자로를 불러 다음과 같이 질문했습니다.

"내가 가르친 6가지 덕을 잘못 행하면 6가지 폐가 된다는 사실을 알고 있느냐?"

자로는 6가지 덕은 배웠지만 6가지 폐는 배우지 못했다고 대답했습니다.

"어질게 행하는 법을 배우지 못하면 어리석은 사람이 되고,

슬기로움을 배우지 못하면 무절제한 사람이 된다.

신실하기를 배우지 못하면 도둑이 되고,

정의가 무엇인지 모르면 가혹한 사람이 된다.

용맹을 배우지 못하면 성급한 사람이 되고

뜻을 관철하기만 하면 고집이 센 사람이 된다.

내가 말하는 6가지의 덕은 방에서 책으로 배울 수 있는 것이 아니니라."

'경험이 학문보다 낫다'라는 서양 속담처럼 아는 만큼 행하는 것이 더 중요합니다.

주님을 사랑한다고 말하며 사람을 미워할 수 없고, 주님의 제자로 살아가겠다고 서원하면서 전도하지 않을 수는 없습니다.

주님을 사랑하는 만큼, 주님의 말씀을 통해 매일 받는 은혜만큼 주님을 위해 행하십시오. 아멘!

💜 주님, 행함과 진실함으로 이웃과 성도를 사랑하게 하소서.

🎴 말과 혀로만 전하지 말고 마음과 행동으로 사랑을 전합시다.

나의 영적 일지

말씀대로 공경하라

읽을 말씀 : 시편 1:1-3

● 시 1:3 저는 시냇가에 심은 나무가 시절을 좇아 과실을 맺으며 그 잎사귀가 마르지 아니함 같으니 그 행사가 다 형통하리로다

어린 시절부터 바다를 보며 뱃사람의 꿈을 키우던 소년이 있었습니다.

장성한 청년은 큰 선박회사에 취직해 그토록 바라던 꿈을 이루기 위해 떠나려고 짐을 꾸렸습니다. 이런 아들을 바라보던 어머니가 간곡히 부탁했습니다.

"생사를 알 수도 없는 저 먼바다로 너를 떠나보내는 것이 너무 두렵구나.

부디 다시 한번만 생각해 보지 않겠니?

뱃사람만 아니라면 어떤 일을 해도 반대하지 않겠다."

일생의 꿈이었지만 어머니의 진심을 느낀 청년은 다른 일을 찾기로 결심했습니다.

청년은 "부모에게 공경하라는 성경 말씀을 따라 이번 일은 어머니의 뜻을 따르겠습니다"라고 말했고, 어머니는 "성경에 나온 말씀을 따랐으니, 성경에 나온 말씀대로 복을 받을 것이란다"라고 대답했습니다.

자신 때문에 꿈을 포기한 아들을 생각하며 어머니는 매일 아들의 인생을 놓고 주님께 기도했습니다.

이 청년은 훗날 미국의 독립을 이룬 위대한 장군이자 링컨 못지않게 지금도 온 국민의 존경을 받는 훌륭한 정치인이 됐습니다.

미국의 초대 대통령인 조지 워싱턴의 청년 시절 이야기입니다.

하나님의 말씀에 절대적으로 순종하는 사람은 절대적인 하나님의 큰 복을 받습니다. 헤아릴 수 없는 수고로 우리를 위해 헌신하시고, 높은 기도의 제단을 쌓아주신 부모님을 주님의 말씀을 따라 공경하며 섬기십시오. 아멘!

💜 주님, 더 큰마음으로 부모님을 공경하며 모시게 하소서.

🦶 부모님의 노고에 대한 감사를 표현하며 정성껏 선물을 준비합시다.

나의 영적 일지

선행을 흘려보내라

읽을 말씀 : 잠언 12:10-19

●잠 12:12 악인은 불의의 이를 탐하나 의인은 그 뿌리로 말미암아 결실하느니라

집안 환경이 어려웠지만 출중한 재능을 타고난 학생이 있었습니다.

학생은 국가장학생으로 뽑혀 외국에서 마음껏 공부를 하고 뛰어난 학자가 되어 국내 최고의 과학기술자가 되어 돌아왔습니다.

자신의 꿈을 펼치게 도와준 나라에 보답하는 유일한 길은 국가 산업에 이바지하는 것이라는 생각에 자신이 연구한 최신 기술을 상황이 어려운 한 중소기업에 거의 무료로 전수해 주었습니다.

이 회사는 교수의 도움으로 활로를 뚫었고 매년 수백억의 매출을 올리는 강소기업이 됐습니다.

회사가 궤도에 오르자 이 회사의 회장은 교수가 몸담은 대학을 찾아가 무려 500억 원을 기부했습니다. 개인 기부액으로는 한국 역대 최고액이었습니다. 조건은 단 한 가지 "그때 우리 회사에 도움을 줬던 교수에게 기부금 사용의 전권을 줄 것"이었습니다.

나라에 보답하기 위해 베푼 선행이 한국 역사상 가장 큰 기부액이 되어 돌아온 것입니다. 사연의 주인공인 카이스트의 교수는 "이 금액을 다시 다른 기업들의 미래 가치 기술을 위해 사용하겠다"라는 다짐을 밝혔습니다.

때를 얻든지 못 얻든지 복음을 전해야 하듯이 힘이 닿는 대로 세상에 선을 흘려보내야 합니다.

믿음으로 베푸는 선행을 삼십 배, 육십 배, 백 배의 큰 복으로 갚아주실 주님을 기대하며 오늘도 복음과 선행의 씨앗을 뿌리십시오. 아멘!

♡ 주님, 받은 도움을 잊지 않고 더 큰 은혜로 갚을 축복을 주소서.

▧ 오늘의 내가 있기까지 도운 분들에게 주님의 이름으로 감사하며 선물합시다.

나의 영적 일지

유혹을 이기는 전략

읽을 말씀 : 창세기 39:1-10

● 창 39:10 여인이 날마다 요셉에게 청하였으나 요셉이 듣지 아니하여 동침하지 아니할 뿐더러 함께 있지도 아니하니라

구원받은 성도들이 죄를 짓는 이유는 바로 유혹 때문입니다.

사탄은 우리가 천국으로 가는 그날까지 한 명이라도 더 실족시키기 위해서 끊임없이 유혹합니다.

우리가 죄를 짓지 않기 위해서는 사탄의 유혹에 올바로 대처해야 합니다.

미국의 부흥회 강사 톰 아이젠맨(Tom L. Eisenman) 목사가 제시한 「유혹에 대처하는 7가지 방법」입니다.

1. 내가 어떤 유혹에 약한지 알아야 한다.
2. 성령님의 인도하심을 따라 늘 회개 또는 자백하라.
3. 의심하고 방심하게 하는 사탄의 전략에 대비하라.
4. 세속의 법이 아닌 비전을 따라 살라.
5. 좋은 습관을 들이라.
6. 내 강점을 통해 넘어지지 않게 조심하라.
7. 유혹의 자리에서 도망쳐라.

작은 균열로 큰 댐이 무너지듯이 작은 죄와 작은 유혹을 조심해야 합니다.

아무리 작은 유혹도 말씀에 바로 비추어 물리치는 사람이 끝까지 성공하는 지혜로운 성도입니다.

세상의 죄에 맞서 버티지 말고 하나님을 바라보며, 하나님께 다가감으로 반석 위에 굳건한 믿음을 세우십시오. 아멘!

🩷 주님, 늘 깨어있어 주님의 도우심으로 죄의 유혹을 이기게 하소서.

🧎 위에 나온 7가지 내용을 참고해 도처에 도사리고 있는 유혹을 조심합시다.

나의 영적 일지

가슴이 뜨거운 성도

읽을 말씀 : 누가복음 24:22-35

● 눅 24:32 저희가 서로 말하되 길에서 우리에게 말씀하시고 우리에게 성경을 풀어 주실 때에 우리 속에서 마음이 뜨겁지 아니하더냐 하고

1866년에 세계에서 가장 많은 성도가 모이는 교회는 영국 런던의 메트로폴리탄(Metropolitan Tabernacle) 교회였습니다.

당시 이 교회의 담임 목회자이던 찰스 스펄전은 어느 날 예배당에 모인 4천3백여 명의 성도들에게 다음과 같은 메시지를 선포했습니다.

"예수님의 복음을 온 세계에 퍼트린 사람은 단 12명의 가슴 뜨거운 성도들이었습니다. 사명감에 충만한 12명의 뜨거운 사람들만 있으면 지금 우리 영국도 복음으로 변화될 수 있습니다. 그러나 4천3백 명의 성도가 있다 하더라도 가슴이 미지근하다면 아무것도 변하지 못하고 고여있다 사라질 뿐입니다.

사랑하는 성도 여러분, 부디 가슴이 뜨거운 성도가 됩시다."

지금 시대의 기독교는 찰스 스펄전이 설교하던 당시와 비교해 놀라울 정도로 성장했습니다.

한국에만 970여만 명의 기독교인이 있으며 세계 인구의 33%가 기독교인입니다. 그러나 다방면의 연구에 따르면 기독교는 안타깝게도 점점 더 세상에서 고립되어 가고 있습니다. 몇 년째 성장률이 1%도 되지 않을 정도로 정체되어 있습니다.

가슴이 뜨거운 12명의 성도가 나라를 변화시키고 세상을 변화시킨다는 성경의 교훈을 바탕으로 가슴에 뜨거운 성령의 불을 다시 한번 지피십시오. 아멘!

♡ 주님, 주님을 향한 첫사랑을 회복하며 복음 전파를 향한 열정을 품게 하소서.

🖼 지난 한 해 동안 교회 또는 주님께 몇 명을 인도했는지 생각해 봅시다.

나의 영적 일지

고백하지 않을 수 없는 은혜

읽을 말씀 : 에베소서 1:3-14

● 엡 1:6 이는 그의 사랑하시는 자 안에서 우리에게 거저 주시는바 그의 은혜의 영광을 찬미하게 하려는 것이라

평범한 그리스도인이던 에드워드 모트(Edward Mote)는 어느 날 예배 중에 깊은 하나님의 은혜를 체험해 모든 사업을 정리하고 신학을 공부해 영국에서 사역하는 목사님이 되었습니다.

어느 날 아침 근처에 있는 홀본산(Mt. Holborn) 정상에 올라 너른 바위에서 아래를 보니 온 세상이 먼지나 다름없이 작아 보였습니다.

'굳건한 반석이신 예수님의 위에 올라 볼 때 모든 땅은 이처럼 한낱 모래에 불과하구나.'

에드워드 목사님은 하나님 주신 은혜로 그 즉시 '굳건한 반석(The Solid Rock)'이라는 제목의 시를 적어 내려갔습니다.

이 찬송은 한 기도모임에서 찬송가책이 없어서 처음 불리게 되었는데 그때 위중한 병에 걸려 위독한 한 여인에게 큰 위로와 소망을 주었습니다.

그 일을 계기로 많은 성도들에게 감동을 주며 저절로 널리 퍼지며 불려 졌는데 그 찬송가가 '이 몸의 소망 무언가'라는 찬양으로 지금도 많은 사람들에게 은혜를 주고 있습니다.

하나님이 주신 은혜는 혼자 간직하지 말고 세상에 널리 알려야 합니다.

매일 충만하게 주시는 주님의 은혜를 많은 사람들에게 전하며 우리의 소망되시는 하나님을 증거합시다. 아멘!

💚 주님, 매일 넘치게 부어주시는 주님의 은혜를 깨달으며 살아가게 하소서.

🖼 내가 체험한 하나님의 능력을 기회가 닿는대로 가감없이 전합시다.

나의 영적 일지

원수를 축복하는 기도

읽을 말씀 : 마태복음 5:38-48

● 마 5:44 나는 너희에게 이르노니 너희 원수를 사랑하며 너희를 핍박하는 자를 위하여 기도하라

우간다의 독재자 아민(Amine)은 기독교를 비롯한 모든 종교를 법으로 금지했습니다. 그럼에도 많은 믿음의 성도들은 당당히 예배를 드렸습니다.

정부는 교회가 아민에 대한 비판적인 설교를 하나 싶어 모든 교회에 성도로 위장한 비밀경찰을 파견했습니다. 비판이 심할 경우 바로 처형해도 좋다는 명령이 내려진 상황이었지만 우간다에서 가장 큰 교회의 담임인 케파 셈팡기(Kefa Sem pangi) 목사는 아랑곳하지 않고 아민을 비판하며 복음을 선포했습니다.

셈팡기 목사가 예배를 마치자마자 5명의 비밀경찰들이 나타나 목사님을 끌고 가 총을 겨눴습니다.

몇 분 안에 목숨을 잃을 상황이었지만 목사님은 당황하지 않고 2분만 시간을 달라고 요청한 뒤 기도하기 시작했습니다.

"주님, 저는 죽음이 두렵지 않습니다. 그러나 나를 죽이러 온 이 사람들이 죄책감을 느끼며 평생을 살아갈까 두렵습니다. 독재자 아민이 하나님을 두려워하게 하시고, 어쩔 수 없는 명령에 순종해야 하는 이 다섯 형제들을 용서해 주시고 사랑하여 주소서. 다시는 이런 비극이 조국에 일어나지 않게 도우소서."

셈팡기 목사의 간절한 기도를 들은 경찰들은 감동을 받아 목사님을 죽이지 않고 돌려보냈습니다.

진정한 사랑의 기도에는 원수의 마음도 녹일 힘이 있습니다.

우리를 힘들게 하는 그 사람을 위해 오히려 기도하며 축복하십시오. 아멘!

🤍 주님, 저에게 주님의 온유하고 겸손한 마음을 주시고 이웃을 사랑하게 하소서.
🧎 나를 힘들게 하는 사람들을 떠올리며 기도하고 축복합시다.

나의 영적 일지

감사를 시도하라

읽을 말씀 : 빌립보서 4:1-9

● 빌 4:6 아무 것도 염려하지 말고 오직 모든 일에 기도와 간구로, 너희 구할 것을 감사함으로 하나님께 아뢰라

농촌에서 목회하시는 목사님께 어떤 성도가 찾아와 하소연을 했습니다.

"목사님, 저희 가정은 단칸방에서 7명이 살고 있습니다.

하루하루가 정말 미칠 것 같습니다.

도저히 입 밖으로 감사가 나오지 않습니다. 어떻게 해야 합니까?"

목사님은 염소 한 마리를 방 가운데 두고 1주일만 살아보라고 권했습니다.

1주일이 지나자 성도는 거의 울면서 목사님을 찾아왔습니다.

"목사님, 어떻게든 1주일은 버텼지만 이제는 한계입니다.

지금은 매일이 지옥입니다."

목사님은 성도의 손을 부드럽게 잡으며 말했습니다.

"이제 집에 가서 염소를 치우면 감사할 이유가 생길 것입니다.

힘들지만 어떤 상황에서도 감사하는 사람에게 하나님은 길을 열어주십니다."

미국의 한 선교센터의 로비에는 "감사를 해보라(Try Thanksgiving)"라는 문구가 적혀 있습니다.

여러 선교지에서 어떤 고초를 당하더라도 '감사'를 잊지 않을 때 하나님의 능력과 은혜를 경험할 수 있습니다.

감사는 주어지는 것이 아니라 시도함으로 성취하는 것입니다.

구원이라는 가장 큰 축복을 받은 우리에게 감사하지 못할 일은 없습니다.

오늘 삶에 일어나는 모든 일들에 주님께 감사하십시오. 아멘!

🤍 주님, 저에게 일어나고 있는 모든 일을 감사함으로 받게 하소서.

🗃 힘들고 어려운 일이 찾아올지라도 감사를 시도해 봅시다.

나의 영적 일지

5월 15일

참된 목자, 참된 스승

읽을 말씀 : 요한복음 10:7-15

● 요 10:11 나는 선한 목자라 선한 목자는 양들을 위하여 목숨을 버리거니와

폴란드의 작은 마을에 있는 '고아들의 집(Dom Sierot)'은 교육의 선구자 야누시 코르차크(Janusz Korczak)가 세운 전문 보육원이었습니다.

폴란드를 점령한 나치는 이 고아원의 학생들 대부분이 유대인이라는 이유로 수용소에 보내려 했습니다.

고아원에서 소동을 일으키고 싶지 않았던 나치는 몰래 코르차크를 찾아와 유대인인 아이들과 선생님을 넘겨주면 코르차크에게는 자유를 주겠다고 제안했습니다. 참 스승이었던 코르차크는 아이들을 단 한 명도 포기할 수 없었기에 나치의 제안을 뿌리치고 함께 수용소로 향했습니다.

코르차크는 두려워하는 아이들을 위해 가장 아끼는 물건을 하나씩 들게 하고는 4명씩 짝을 이루어 수송차량까지 걷게 했습니다. 어떤 군인들은 달려들어 아이들을 때리고 공포 사격까지 했지만 그래도 아이들은 두려워하지 않았습니다. 코르차크 선생님과 함께였기 때문입니다.

200여 명의 아이들을 위해 코르차크와 선생님들은 함께 아우슈비츠에 들어갔고, 그곳에서 목숨을 잃었습니다.

폴란드는 코르차크의 숭고한 희생을 기리기 위해 겁에 질린 아이들을 인자하게 안고 있는 코르차크의 모습을 동상으로 만들어 바르샤바에 세웠습니다.

참된 목자가 자신의 양을 결코 포기하지 않듯이 참된 스승은 결코 제자를 포기하지 않습니다. 바른길로 인도해 주신 스승을 향한 은혜를 기억하며, 맡겨주신 양들을 신앙의 바른길로 인도하는 참된 스승이 되십시오. 아멘!

💙 주님, 바른길로 이끌어주신 좋은 스승들을 만나게 해주심에 감사하게 하소서.
🖼 나를 위해 수고하는 목회자와 선생님들에게 감사의 문자와 선물을 보냅시다.

나의 영적 일지

당신을 위한 기적의 선물

5월 16일

읽을 말씀 : 요한복음 8:21-30

● 요 8:29 나를 보내신 이가 나와 함께 하시도다 내가 항상 그의 기뻐
하시는 일을 행하므로 나를 혼자 두지 아니하셨느니라

『한 영혼이 하나님께 돌아오는 일은 그 어떤 일보다 가장 값지고 감격스럽고 감사한 일입니다.

한 번은 극동방송에서 개최한 「당신을 위한 기적의 선물」이란 라디오 전도대회 공개방송에서 말씀을 선포한 뒤였습니다. 실제 현장에서 많은 이들이 예수님을 영접하는 기적이 일어났는데, 행사가 끝나고 도착한 방송 가족의 문자 사연에 큰 감동을 받았습니다.

"한 번도 교회를 간 적이 없는 친구를 초대하여 참석하였습니다.

친구는 이유는 모르겠지만 눈물이 났다고 했습니다. 방송에서 김장환 목사님의 영접 메시지 시간에 손은 들었지만, 일어나라고 할 때는 자신이 없어 일어나지 못했다고 합니다. 그런데 주차장에서 집으로 가려다 친구가 고급 수입차를 긁는 사고가 일어났습니다. 차주분이 연락을 주신다고 하여 그 자리를 떠났습니다. 친구는 '내가 영접 안 해서 벌을 받나?'라고 생각했다고 합니다.

그런데 차주께서 친구에게 "혹시 교회 다니세요?"라고 카톡을 보냈다고 합니다. 안 다닌다고 하니 "그럼 수리비는 교회 가는 걸로 대신합시다"라고 답이 왔다고 합니다. 친구는 거짓말을 할 수 없으니 교회를 다니겠다고 약속했습니다. 정말 놀라우신 하나님께 감사드립니다!"

문자를 보면서 놀라운 은혜를 허락하신 주님께 대한 감사의 마음과 함께 한 영혼을 안아주시는 주님의 사랑을 느꼈습니다.』 - 「김장환 목사의 인생 메모」 중에서

오늘도 잃어버린 한 영혼을 향하여 기도하는 방송 가족 여러분을 축복합니다. 주님이 앞서서 일하실 것입니다. 아멘!

💜 주님, 한 영혼을 간절히 찾으시는 하나님의 마음을 알게 하소서.
🧩 믿는 사람답게 이웃에게 너그럽게 대하며 복음을 전합시다.

나의 영적 일지

주님 덕분에

읽을 말씀 : 이사야 33:1-6

● 사 33:2 여호와여 우리에게 은혜를 베푸소서 우리가 주를 앙망하오
니 주는 아침마다 우리의 팔이 되시며 환난 때에 우리의 구원이 되
소서

코로나19 발생 후 우리 사회를 휩쓴 이슈 중에 '덕분에 챌린지'라는 것이 있습
니다. 위기 상황에서 수개월 동안 땀을 쏟아가며 고생하는 의료진을 위해 시작
된 작은 사회 운동입니다.

SNS 등에 특정한 손 모양의 사진과 의료진의 노고에 감사하다는 글을 함께
올리고 다른 사람을 지목하면 그 사람이 이어서 같은 사진과 글을 올리는 방식
입니다.

'덕분에 챌린지'는 많은 사람의 관심과 참여로 의료진에 이어 소방대원, 각종
불치병을 앓는 환자에 대한 감사와 공감을 나누는 운동으로까지 발전했습니다.

'덕분'은 '덕을 함께 나눈다'는 뜻의 한자어입니다.

나에게 은혜와 도움을 베푼 사람에게 쓰는 말로 이 열풍을 통해 평범한 일상
이 유지되기 위해서 매우 많은 분야의 많은 사람들이 고생하고 있다는 사실을
우리는 알게 됐습니다.

평범한 하루의 삶을 위해서도 많은 사람의 도움과 은혜가 필요한 것처럼 구원
받은 우리의 새로운 삶도 전적으로 모든 것이 하나님의 은혜입니다.

이 은혜를 혼자 간직하지 말고 날마다 간증으로 다른 사람들에게 알리십시오.
모든 사람이 알아야 하고 누려야 할 하나님의 은혜를 우리의 삶을 통해 전하십
시오. 아멘!

💗 주님, 매 순간마다 베풀어주시는 은혜와 사랑을 이웃과 나누게 하소서.

🧩 오늘 나에게 베풀어주신 주님의 사랑과 은혜는 무엇이었는지 생각합시다.

나의 영적 일지

흙 속에 둔 머리

읽을 말씀 : 골로새서 2:6-19

● 골 2:7 그 안에 뿌리를 박으며 세움을 입어 교훈을 받은대로 믿음에 굳게 서서 감사함을 넘치게 하라

서아프리카의 부족 '마찌족'은 "내 머리를 땅속에 심습니다"라는 독특한 표현으로 감사를 표현합니다.

마찌족은 상대방에게 예의를 갖출 때 머리를 땅에 닿게 절을 합니다.

'머리를 땅속에 심는다'는 표현은 그보다 더 정중하고 겸손한 극한의 표현입니다.

'감사를 그렇게까지 표현해야 하나?' 싶기도 하지만 사회학자들의 연구에 따르면 감사는 인간 사회가 존재하기 위해 반드시 필요한 요소라고 합니다.

'서로를 믿고 돕는 관계 형성'의 기본이 바로 감사이기 때문입니다.

감사를 느끼고 표현하기만 해도 사람은 저절로 기쁨과 보람을 느끼게 됩니다. 감사에는 이토록 놀라운 힘이 있음에도 대부분의 사람들은 부끄럽거나, 감사의 힘을 믿지 못하겠다는 이유로 감사에 소극적입니다.

시카고 대학의 니콜라스 이플리(Nicolas Epley) 박사는 평소에 감사를 잘 표현하지 않는 사람들을 대상으로 '감사 쪽지'를 쓰게 했는데 하루 단 한 번의 감사의 표현만으로도 삶의 행복도가 매우 크게 높아졌습니다.

감사를 표현할 줄 아는 사람은 행복의 비밀을 아는 지혜로운 사람입니다.

우리를 구원해 주신 주님께 매일 감사하며 작은 도움이라도 주신 분들을 향한 감사의 표현을 놓치지 마십시오.

감사를 통해 매일 하나님이 허락하신 행복의 문을 여십시오. 아멘!

🖤 주님, 크고 작은 감사를 느끼며 표현하는 지혜로운 사람이 되게 하소서.
🧎 오늘 주님과 이웃이 내게 베풀어준 감사한 일을 생각하고 표현합시다.

나의 영적 일지

5월 19일

한 사람의 불빛

읽을 말씀 : 마태복음 5:13-20

● 마 5:14 너희는 세상의 빛이라 산위에 있는 동네가 숨기우지 못할 것이요

　　미국 로스앤젤레스의 한 대형 체육관에서 10만 명의 성도가 모이는 대형 집회가 있었습니다. 사회를 맡은 목사님이 강단에 서자 갑자기 체육관의 모든 조명이 꺼지며 어두워졌습니다.

　　잠시 뒤 체육관 중앙에서 작은 불빛이 켜졌습니다.

　　사회를 맡은 목사님이 작은 성냥을 켰을 뿐이었지만 커다란 체육관 어디에서도 이 작은 불빛이 또렷이 보였습니다.

　　성냥불을 켠 목사님이 성도들에게 다음과 같이 말했습니다.

　　"자, 이제 나누어드린 성냥을 다 같이 켜주십시오."

　　10만 명의 사람들이 다 같이 성냥을 켜자 드넓은 체육관은 환한 빛으로 가득 찼습니다.

　　한 사람의 작은 빛일지라도 어둠을 밝힐 수 있다는 것을 보여주기 위해 계획한 퍼포먼스였습니다.

　　하나님이 나와 함께 하신다면 아무리 작은 불이라 하더라도 세상을 환하게 비출 수 있습니다.

　　하나님의 말씀대로 살아가며 진리의 빛을 세상에 전하는 성도들이 한 명, 두 명 늘어갈 때 모두가 불가능한 것처럼 보이는 부흥이, 전도가, 능력이 세상에 다시 일어날 것입니다.

　　말씀의 등불을 가슴에 품고 매일 세상을 향해 나아가십시오. 아멘!

💗 주님, 저에게 주신 작은 불빛이라도 세상을 비출 수 있음을 알게 하소서.

🖼 주님이 주신 빛을 세상에 비출 수 있는 방법이 무엇인지 고민해 봅시다.

`나의 영적 일지`

인생의 핵심

읽을 말씀 : 레위기 19:1-8

● 레 19:4 너희는 헛것을 위하지 말며 너희를 위하여 신상들을 부어 만들지 말라 나는 너희 하나님 여호와니라

발표하는 소설마다 베스트셀러가 되어 일찍 성공한 소설가가 있었습니다.

평단의 인정과 대중의 인기를 함께 얻은 소설가는 20대에 이미 많은 사람이 부러워할 만한 부와 명예를 쌓았습니다.

지중해에는 요트가 있었고, 여러 지역에 휴양을 위한 별장도 소유하고 있었습니다. 매일 호화로운 삶을 누리며 마음껏 사치를 부렸지만 계좌의 돈은 점점 더 늘어만 갔습니다.

그가 쓴 소설을 읽고 새로운 삶의 의미를 찾았다는 독자들의 감사 편지도 매일 쏟아졌습니다.

모든 것을 얻었고 원하던 삶을 살고 있던 소설가는 40세가 되던 해에 별안간 자살을 시도했습니다.

다행히 자살은 실패했지만 더 이상 살아야 할 이유를 찾지 못하겠다며 방 안에서 소리만 지르다가 결국 1년 뒤 세상을 떠났습니다.

「벨라미」, 「여자의 일생」과 같은 명작들을 남긴 모파상의 묘비에는 "모든 것을 갖고자 했지만 아무것도 갖지 못했다"라고 적혀 있습니다.

이는 그가 죽기 전에 사람들에게 가장 많이 했던 말이라고 합니다.

세상의 모든 것을 얻는다 해도 죽음 앞에선 누구도 두려워할 수밖에 없습니다. 복음을 통해 주님을 만나고 영생의 기쁨을 누리는 것이 인생의 가장 중요한 일이자 유일한 의미입니다.

헛된 유혹에 빠지지 말고 진리의 복음을 굳건히 붙잡으십시오. 아멘!

💚 주님, 저에게 주어진 삶을 감사하며 성실히 살게 하소서.
🖼 내가 원하는 삶이 아니라 주님이 원하시는 삶으로 살아갑시다.

나의 영적 일지

도우심을 힘입으라

읽을 말씀 : 시편 42:1-11

● 시 42:11 내 영혼아 네가 어찌하여 낙망하며 어찌하여 내 속에서 불안하여 하는고 너는 하나님을 바라라 나는 내 얼굴을 도우시는 내 하나님을 오히려 찬송하리로다

산업혁명이 일어나기 전인 200년 전만 해도 지구상의 모든 에너지의 90%를 사람과 소, 말과 같은 가축이 생산했습니다.

산업혁명으로 증기기관이 발명되고 여러 발전소가 생긴 지금은 상황이 180도 달라졌습니다.

지구상의 모든 사람과 가축이 생산하는 에너지가 고작 1%도 되지 않기 때문입니다.

곧 다가올 '4차 산업 시대'에는 어쩌면 사람이 더 이상 일을 해야 할 필요가 없을 수도 있습니다. 과거에는 수백 명이 필요했던 공장 운영도 이제는 2,3명만 있어도 충분하기 때문에 세계적인 대기업들도 생산 공장을 더 이상 인건비가 싼 곳이 아닌 본사가 있는 곳으로 이전하고 있습니다.

대부분의 일을 자동화된 시스템이 처리하기 때문에 이제는 "어떻게 더 많이 만들 것이냐"가 아닌 "생산된 부를 어떻게 분배해야 하느냐"가 오히려 더 중요한 미래 사회의 문제로 대두되고 있습니다.

우리의 힘으로 할 수 없는 일들이라도 하나님의 힘을 입어 해낼 수 있습니다. 말씀의 능력대로 살아가는 사람은 이전과는 달라진 새로운 세상을 살아가는 사람입니다.

하나님의 능력을 힘입어 놀라운 일들을 이루었던 믿음의 인물들처럼 하나님의 도우심을 구하며 살아가십시오. 아멘!

♥ 주님, 내 힘과 능력이 아닌 주님의 힘과 능력을 힘입게 하소서.

🖼 주님의 능력을 구하며 살아갑시다.

나의 영적 일지

십자가의 의미

읽을 말씀 : 고린도후서 13:1-7

5월 22일

● 고후 13:4 그리스도께서 약하심으로 십자가에 못 박히셨으나 오직
하나님의 능력으로 살으셨으니 우리도 저의 안에서 약하나 너희를
향하여 하나님의 능력으로 저와 함께 살리라

외국의 유명한 사진작가가 서울의 야경을 찍으러 와서 이렇게 말했습니다.
"서울의 어디에서 사진을 찍어도 빨간 십자가가 없는 곳이 없다.
십자가가 내 사진을 망쳐 놨다."
사람의 영혼을 살리는 교회는 아직도 부족한 실정이지만 사진작가가 보기에
는 그저 사진을 망치는 붉은 조형물이었던 것입니다.
예수님과 함께 십자가에 매달린 강도들도 마찬가지였습니다.
한 편의 강도는 예수님의 십자가를 구원으로 바라봤지만 다른 편의 강도는 예
수님을 자기와 똑같은 죄인으로만 생각했습니다. 그 결과 한 강도는 구원을 받
았지만 다른 강도는 마지막 구원의 기회를 놓치고 말았습니다.
수치의 상징이었던 십자가는 예수님의 희생으로 인해 구원의 상징이 됐습
니다.
지금도 사람들은 여러 곳에서 십자가를, 또 그리스도인을 바라보고 있습니다.
사람들은 십자가를, 우리를 어떻게 바라보고 있습니까?
또 우리는 십자가를 어떻게 바라보고 있습니까?
부끄러워하고 있습니까?
자랑스러워하고 있습니까?
영혼을 살릴 유일한 구원의 방법으로 세상 사람도 십자가를 바라볼 수 있도록
말씀대로 살아가며 세상에 주님의 십자가를 자랑하십시오. 아멘!

🖤 주님, 주님의 십자가 사랑을 깨닫고 주님의 사랑을 전하게 하소서.
🖼 복음에 좋은 이미지를 줄 수 있는 선한 그리스도인이 됩시다.

나의 영적 일지

사람과 짐승의 차이

읽을 말씀 : 누가복음 17:11-19

● 눅 17:17 예수께서 대답하여 가라사대 열 사람이 다 깨끗함을 받지 아니하였느냐 그 아홉은 어디 있느냐

외국의 한 거대 농장의 점심시간이었습니다.

농장의 안주인은 일꾼들을 위해 풍성한 식탁을 차려놓았습니다.

다른 농장에서는 볼 수 없는 진수성찬이었지만 일꾼들은 고맙다는 말 한마디 없이 게걸스럽게 음식을 먹어치우고는 늘어져라 낮잠을 잤습니다.

다음날 점심시간이 되자 일꾼들은 어제와 같은 진수성찬을 기대하며 다시 식탁에 모였습니다. 그러나 이번에는 말이 먹는 건초가 접시 위에 얹어져 있었습니다. 일꾼들은 크게 화를 냈습니다.

"우리를 짐승으로 아는 거야, 뭐야?"

그러자 농장의 안주인이 말했습니다.

"나는 어제 당신들을 위해 오전 내내 땀을 흘리며 음식을 준비했어요.

그런데 단 한 사람도 잘 먹겠다는 인사조차 하지 않았죠.

감사를 모르는 사람에게 줄 수 있는 음식은 건초뿐이에요."

안주인의 말을 들은 일꾼들은 그제야 잘못을 깨닫고 정중히 사과를 했습니다.

미국 아이오와주의 농장에서 실제로 일어났던 일입니다.

감사를 모르는 사람은 은혜를 누릴 자격이 없습니다.

무엇을 위해 감사해야 하는지, 누구에게 영광을 돌려야 하는지 아는 사람만이 하나님의 귀한 축복을 누릴 자격이 있습니다.

세상의 그 어떤 것보다 귀한 은혜와 큰 복을 허락하신 주님을 향한 감사를 하루도, 단 한시도 잊지 마십시오. 아멘!

♡ 주님, 때에 맞는 감사로 주님께 영광을 돌리게 하소서.

🗿 받은 은혜에 걸맞은 감사를 표현하는 사람이 됩시다.

나의 영적 일지

하나님의 완벽한 계획

5월 24일

읽을 말씀 : 잠언 19:20-29

● 잠 19:21 사람의 마음에는 많은 계획이 있어도 오직 여호와의 뜻이 완전히 서리라

　한 무신론자가 세상의 모든 것은 우연히 생긴 것이라며 다음과 같은 주장을 펼친 적이 있습니다.

　"지구는 70%가 물입니다. 땅의 면적은 고작 30%밖에 되지 않습니다.

　공기의 구성 요소를 비롯한 세상의 모든 것들이 정교하게 창조되었다고 보는 것보다는 무작위적으로 이루어졌다고 보는 것이 타당합니다."

　그러나 과학자들의 연구에 따르면 지구에 생명체가 살 수 있는 이유는 표면의 70%가 물이기 때문입니다. 비열이 크기 때문에 온도가 비교적 일정하게 유지되고 있으며 생명의 필수적인 요소이기 때문에 물이 70%는 되어야 생명체가 살아갈 수 있습니다.

　문명이 발달한 지금도 물이 부족해 어려움을 겪는 나라가 많습니다. 태양계에 지구 외에 생명체가 살지 못하는 이유도 바로 물이 없기 때문입니다.

　미국 과학자들의 절반이 크리스천이라고 하는데 그 이유도 세상에 이미 넘칠 만큼 하나님의 살아계심에 대한 분명한 증거가 있기 때문입니다.

　빨간 색안경을 쓴 사람은 온 세상이 빨갛게만 보입니다.

　세상이 빨간 것이 아니라 안경 때문입니다. 마찬가지로 열린 마음으로 세상을 바라볼 때 누구나 하나님의 살아계심을 목도하게 됩니다.

　우리가 살아가는 이 세상도, 하나님이 창조하신 우리도 분명하고 놀라운 하나님의 계획하심 가운데 이루어진 것임을 확신하십시오. 아멘!

♡ 주님, 세상의 모든 것이 주님의 계획 가운데 이루어진 것임을 깨닫게 하소서.
🖼 하나님이 우리를 창조하셨고 천지만물의 주인이심을 분명히 선포합시다.

나의 영적 일지

죄를 대적하는 눈

읽을 말씀 : 로마서 12:14-21

● 롬 12:21 악에게 지지 말고 선으로 악을 이기라

아프리카 보츠와나의 북부는 유네스코 세계 유산으로 지정된 야생동물보호구역입니다. 그런데 맹수들은 초원에서 사냥을 하지 않고 쉽게 먹잇감을 구할 수 있는 민가의 가축들을 습격했습니다. 그렇다고 사냥꾼을 고용할 수도 없었기에 마을 주민들은 큰 고민이었습니다.

호주 뉴사우스웨일스대학(UNSW)에서 가축의 습성을 연구하는 전문가들은 이 소식을 접하고 가축의 엉덩이와 등 쪽에 눈 모양을 그려 넣는 해결책을 제시했습니다. 고양잇과의 맹수들은 사냥감 모르게 숨어 있다가 단숨에 덮치는 방식으로 사냥하는데 눈이 마주치면 은신이 실패했다고 생각해 사냥을 포기하기 때문입니다.

사자는 마음만 먹으면 눈 그림이 있든 없든 얼마든지 소를 사냥할 수 있습니다. 그러나 눈이 마주쳤다는 이유로 사냥을 포기하고 다른 지역으로 떠났습니다. 가축의 엉덩이에 눈을 그려 넣은 이후로 약 4년 동안 가축들은 거의 습격을 받지 않았다고 합니다.

하나님의 말씀을 우리 안에 새길 때 사탄의 유혹을 물리칠 수 있습니다.

살아계신 하나님은 또한 내 안에 머무시며 죄를 이길 힘을 공급해 주시는 분이십니다.

그 어떤 강한 죄의 유혹도 이겨낼 수 있는 그리스도인의 흔적을 마음에 새기십시오. 아멘!

💙 주님, 주님의 말씀을 마음에 채우고 주님의 능력으로 사탄을 이기게 하소서.

🖾 하나님이 싫어하는 죄를 같은 마음으로 멀리하며 경계합시다.

나의 영적 일지

잔잔한 은혜

읽을 말씀 : 이사야 43:14-21

● 사 43:19 보라 내가 새 일을 행하리니 이제 나타낼 것이라 너희가 그것을 알지 못하겠느냐 정녕히 내가 광야에 길과 사막에 강을 내리니

사막의 연간 강수량은 평균적으로 250mm가 안됩니다.

우리나라 연평균 강수량의 10%밖에 되지 않는 매우 적은 양입니다.

전체 면적으로 따지면 물이 있는 오아시스도 지극히 일부에만 존재하지만 사막에는 다양한 종류의 동식물들이 살고 있습니다. 낮과 밤의 극심한 기온 차로 이른 밤과 늦은 새벽에 이슬이 맺히기 때문입니다.

여우는 바위 사이에 스며들어 있는 이슬을 핥아먹으며 수분을 보충하고 개구리는 얼굴에 맺힌 이슬을 손으로 받아먹습니다.

개구리나 뱀처럼 자기 몸에 이슬을 맺을 수 없는 곤충들은 서로의 등에 맺힌 이슬을 나누어 먹습니다. 친구가 없을 때는 물구나무를 서서 이슬을 머리 쪽으로 흘려서 받아먹습니다.

모든 것이 메말라 보이는 황량한 사막이지만 하루 두 번 내리는 이슬로 많은 동물과 식물들이 살아가고 있습니다.

하나님이 우리에게 내려주시는 은혜도 이와 같습니다.

주님을 만나던 순간이나 기도가 응답받을 때처럼 강과 같은 은혜가 임할 때도 있지만 매일 작은 이슬처럼 주님이 적셔주시는 은혜 역시 존재합니다.

오늘 주시는 이슬 같은 은혜에 만족하며 살아갈 때 오아시스를 만나게 하시고, 샘과 같이 강과 같이 풍성한 은혜의 물줄기를 내어주시는 주님이심을 믿으십시오. 아멘!

🩶 주님, 때에 따라 내려주시고 부어주시는 은혜에 감사하게 하소서.

 매일 주시는 이슬 같은 은혜도 크게 감사하며 삽시다.

나의 영적 일지

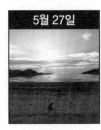

소망이 있다면

읽을 말씀 : 베드로전서 1:13-25

● 벧전 1:21 너희는 저를 죽은 자 가운데서 살리시고 영광을 주신 하나님을 그리스도로 말미암아 믿는 자니 너희 믿음과 소망이 하나님께 있게 하셨느니라

단테의 소설 「신곡」에 나오는 지옥 입구에는 다음과 같은 글이 적혀 있습니다.
"이곳에 들어오는 자, 모두 소망을 포기하라!"
다른 말로 생각하면 소망이 없는 곳이 곧 지옥이라는 이야기입니다.
이와 반대로 초대 교회의 그리스도인은 순교를 당하면서까지 '소망'을 잃지 않았습니다.
그리스도인이 품은 소망은 예수님의 재림, 즉 "주님이 반드시 다시 오신다"라는 소망이었습니다. 이 소망이 있었기에 성도들은 사잣밥이 되면서도 신앙을 포기하지 않았고 화형을 당하면서까지 찬송을 불렀습니다.
죽음에서 다시 살아나신 주님을 통해 정말로 다시 오실 주님을 향한 살아있는 소망을 품었기 때문입니다.
이 소망은 성도들의 희생을 통해 계속해서 전해져 왔습니다.
찰스 웨슬리가 쓴 7,000곡의 찬송 중 5,000곡은 예수님의 다시 오심에 대한 소망이 주제였습니다. 영국의 엘리자베스 2세 여왕의 대관식을 진행했던 목회자는 대관식에서 다음과 같이 말했습니다.
"이 왕관을 쓰시기에 마땅한 분이 오시기 전까지 나라를 훌륭히 통치하소서."
소망이 있다면, 소망만 있다면 지금 우리가 처한 환경과 관계없이 언제나 기쁨과 찬양이 넘칠 수밖에 없습니다.
우리를 위해 돌아가시고, 우리를 위해 다시 오실 주님을 향한 소망을 품으십시오. 아멘!

🤍 주님, 어떤 환경에서도 주님이 주시는 은혜와 소망을 누리며 살게 하소서.
🖼 요즘 마음에 어려운 일이 있다면 시편 42편 5절을 찾아 낭송합시다.

나의 영적 일지

불을 비추라

읽을 말씀 : 사무엘하 22:21-30

● 삼하 22:29 여호와여 주는 나의 등불이시니 여호와께서 나의 흑암을 밝히시리이다

아직 전기가 없던 시절, 미국의 한 도시에서는 사람들이 밤에 거리를 다닐 때 큰 불편을 겪었습니다.

거리의 밤은 정말 칠흑같이 어두워 바로 앞에 지나가는 사람을 보지 못해 부딪힐 때가 많았고 이를 노린 범죄도 들끓었습니다.

그러던 어느 날 한 집에서 문밖에 등불을 걸어놨습니다.

가격도 비싼 기름을 쓰는 등불을 집안도 아닌 집 밖에 걸어놓은 것을 보고 사람들은 집 주인이 참으로 어리석은 사람이라고 생각했습니다.

그런데 하루가 지나고, 한 달이 지나자, 집 밖에 등불을 걸어놓는 집이 많이 생겼습니다.

단 한 집이 걸어놓은 등불로 인해 많은 사람들이 거리를 편하게 다녔으며 범죄도 사라졌기 때문입니다.

'미국 건국의 아버지' 벤저민 프랭클린이 집 앞을 다니는 사람들을 위해 걸어놓은 등불 하나로 인해 많은 사람들이 빛의 중요성을 깨달았고, 이로 인해 가로등이 만들어져 사람들이 밤에도 안전하게 다닐 수 있게 됐습니다.

등불 하나가 온 세상을 비추는 것처럼 깨어있는 한 성도가 세상을 변화시키며 복음을 널리 전할 수 있습니다.

교회 안에서와 세상에서의 삶을 분리하지 말고 세상에서도 복음의 등불을 널리 비추십시오. 아멘!

🩶 주님, 제 삶의 모든 행동들이 세상을 밝히는 불빛이 되게 하소서.

🖼 주변 사람들의 어려움을 해결할 아이디어가 생길 때 즉각 실천합시다.

나의 영적 일지

최후의 방법, 사랑

읽을 말씀 : 에베소서 2:1-10

● 엡 2:8 너희가 그 은혜를 인하여 믿음으로 말미암아 구원을 얻었나니 이것이 너희에게서 난 것이 아니요 하나님의 선물이라

시도 때도 없이 자라나는 민들레 때문에 골치를 앓던 미국의 한 정원사가 도저히 방법을 찾지 못해 농림부의 담당자에게 편지를 썼습니다.

"나는 정원에 민들레를 없애기 위한 모든 방법을 사용했습니다.

농림부에서 발간한 책자도 모두 참고했지만 아무 소용이 없었습니다.

이제 어떻게 해야 할지 알려주실 수 있겠습니까?"

그냥 무시하고 넘길 수 있는 편지였지만 뜻밖에 농림부 장관으로부터 친필로 답변이 왔습니다.

"자연이란 때때로 너무 신비로워서 우리의 힘으로 어쩌지 못할 때가 많습니다. 만약 지금까지 모든 방법을 동원해봤음에도 민들레를 없앨 수 없다면 이젠 한 가지 방법밖에 남아있지 않습니다.

바로 민들레를 사랑하는 마음으로 정원을 가꿔보는 것입니다."

제멋대로 하나님을 미워하고 멀리하던 인간을 향한 하나님의 마지막 방법은 사랑이었습니다. 때때로 누군가를 미워하고, 시기하고, 멀리하고 싶어 마음이 너무 힘들다면 하나님의 마지막 방법인 사랑을 사용해 보십시오.

예수님이 주신 놀라운 사랑으로 틀림없이 형제를 사랑하며 그 가운데 역사하시는 주님의 따스한 손길을 느끼게 될 것입니다.

우리를 구원하기 위한 하나님의 최후의 방법인 예수님의 사랑으로 다른 지체들을 사랑으로 덮으십시오. 아멘!

♡ 주님, 미움과 증오를 덮는 사랑의 마음을 주소서.

🖼 사이가 좋지 않은 사람들에게 오히려 호의를 베풉시다.

나의 영적 일지

지능보다 중요한 것

읽을 말씀 : 누가복음 10:1-12

●눅 10:2 이르시되 추수할 것은 많되 일군이 적으니 그러므로 추수
하는 주인에게 청하여 추수할 일군들을 보내어 주소서 하라

벌과 파리에 대한 재밌는 실험이 있습니다.

벌과 파리를 커다란 병 속에 넣고 옆으로 눕힌 다음에 밝은 창가에 둡니다.

그리고 마개를 열어두면 벌은 병에 갇혀서 죽지만 파리는 유유히 입구를 빠져
나옵니다. 벌은 파리보다 지능이 훨씬 높고 체력도 강합니다. 지능이 높은 벌은
위쪽에서 들어왔으니 여전히 입구가 위쪽이라고 생각합니다.

또 본능적으로 햇살이 비치는 곳에 출구가 있다는 사실을 알고 있습니다.

입구가 옆으로 바뀌었음에도 벌들은 병을 깨고 나가려고 계속해서 몸을 부딪
치다가 결국 죽고 맙니다.

반면에 이런 구조를 이해할 지능이 없는 파리는 그냥 병 속을 이리저리 돌아
다니다가 열려 있는 마개를 발견하고 빠져나갑니다. 벌들이 죽어도 빠져나갈 수
없다고 느끼는 병 속을 파리는 보통 2분 만에 빠져나갑니다.

벌이 파리보다 똑똑할지라도 모든 걸 아는 인간이 보기에는 오히려 미련한 행
동입니다.

마찬가지로 사람이 아무리 지혜롭고 똑똑해도 하나님이 보시기엔 어리석고
미련할 뿐입니다.

주님의 공로를 힘입지 않고 스스로를 구원할 인간은 한 명도 없습니다.

모든 사람을 위해 구원의 방법을 마련하신 하나님의 완전한 계획을 믿으십시
오. 아멘!

♡ 주님, 우리는 주님 앞에 미련한 사람들임을 깨닫고 주님의 지혜를 구하게 하소서.

🎑 서로의 주장이 옳다고 싸우지 말고 주님의 뜻을 구합시다.

나의 영적 일지

스타의 편지

읽을 말씀 : 스바냐 3:14-20

● 습 3:17 너의 하나님 여호와가 너의 가운데 계시니 그는 구원을 베
푸실 전능자시라 그가 너로 인하여 기쁨을 이기지 못하여 하시며 너
를 잠잠히 사랑하시며 너로 인하여 즐거이 부르며 기뻐하시리라 하
리라

세계적인 팝스타 테일러 스위프트(Taylor Swift)에게 다음과 같은 팬레터가 도착
했습니다.

"저는 살 이유를 찾지 못해서 자살을 여러 번 시도했었어요.

이제는 당신의 노래를 통해 살아갈 힘을 얻고 있습니다."

테일러는 이 팬에게 다음과 같은 답장을 보냈습니다.

"매일매일 이 글을 보고 기억하세요.

1. 절대 다른 사람과 자신을 비교하지 마세요.

누구나 무대 뒤에서 준비할 시간이 필요해요. 자신의 준비 기간을 다른 사람
의 전성기랑 비교하는 건 의미 없는 일이잖아요.

2. 지나온 과거, 너무 먼 미래를 보지 말고 지금 이 순간에 집중하세요.

3. 괜찮지 않아도 괜찮아요. 적당히 스스로를 풀어주세요.

4. 테일러에게는 당신이 필요해요.

그러니 스스로를 소중히 여겨주시겠어요?"

감동받은 팬은 이 편지를 찍어 한 사이트에 올렸고, 감동적인 이야기는 순식
간에 미국 전역으로 퍼져나갔습니다.

팬이 걱정되어 직접 편지를 쓴 스타처럼, 하나님은 우리를 구원하시기 위해
성경이란 사랑의 편지를 주셨습니다.

진리를 알게 하고 구원을 얻게 하는 나침반인 성경을 통해 하나님의 사랑을
느끼며 살아갈 힘을 얻으십시오. 아멘!

♥ 주님, 존귀한 주님의 자녀임을 깨닫고 남과 비교하지 않고 살아가게 하소서.

🎴 사람의 평가가 아닌 하나님이 내려주신 평가를 믿고 살아갑시다.

나의 영적 일지

6월

"또 여호와를 기뻐하라
저가 네 마음의 소원을 이루어 주시리로다"
- 시편 37편 4절 -

우리가 누리는 자유의 소중함

읽을 말씀 : 요한복음 8:31-36

● 요 8:32 진리를 알찌니 진리가 너희를 자유케 하리라

『*Freedom is not free.* (자유는 공짜가 아니다.)
미국 워싱턴 *D.C.* 내 한국전쟁기념공원에 새겨진 유명한 글귀입니다.
북한의 남침으로 시작된 6.25 전쟁은 많은 사상자를 낳았습니다. 알지도 들어
보지도 못한 극동의 작은 나라, 대한민국의 자유를 수호하기 위해 유엔군의 이
름으로 수많은 젊은이들이 참전해 피를 흘렸습니다. 이들의 고귀한 희생을 통해
우리가 현재 누리고 있는 '자유'가 지켜졌습니다. 그러나 미군이 참전한 다른 전
쟁과 달리 그동안 한국전쟁기념공원에 전사자들의 이름이 없다는 이야기를 듣
고, 2021년 8월에 이를 위한 모금 방송을 갖게 됐습니다.
전쟁의 참혹함을 두 눈으로 목격했고, 한 미군의 도움으로 미국 유학까지 다
녀온 저로서는 감회가 남다를 수밖에 없었습니다. 미군 3만 7천여 명, 카투사 7
천 2백여 명. 이들의 이름을 한국전쟁기념공원 내 추모의 벽에 새기기 위한 모
금방송은 1시간 30분 동안 진행됐는데 많은 방송 가족들이 마음을 모아주셔서
총 404,516,218원이 모금되었고, 이를 전액 한미동맹재단에 전달했습니다. 늦
었지만 그들을 잊지 않고, 그들이 지키기 위해 싸운 자유를 잊지 않은 것입니
다.』 - 「김장환 목사의 인생 메모」 중에서
성경에도 자유를 위한 고귀한 희생의 이야기가 나옵니다. 바로 예수 그리스도
의 십자가 희생입니다. "피 흘림이 없은 즉, 사함이 없느니라"(히 9:22) 이 말씀을
위해 하나님의 독생자 예수 그리스도는 십자가에서 생명을 기꺼이 내어놓으셨
습니다. 죄로부터 우리를 자유케 하기 위해 친히 제단 위의 어린 양이 되신 것을
기억합시다. 아멘!

🫰 주님, 다시는 이 땅에 동족상잔의 비극이 없도록 해주소서.

🧎 하나님께서 허락하신 자유를 힘써 지키며 오늘도 복음에 합당한 삶을 삽시다.

나의 영적 일지

더 나은 것을 선택하라

6월 2일

읽을 말씀 : 신명기 8:11-20

● 신 8:19 네가 만일 네 하나님 여호와를 잊어버리고 다른 신들을 좇아 그들을 섬기며 그들에게 절하면 내가 너희에게 증거하노니 너희가 정녕히 멸망할 것이라

미국 댈러스에 있는 오크 클리프 바이블 펠로십 교회(Oak Cliff Bible Fellowship)의 담임이자 프로 농구팀 댈러스 매버릭스(Dallas Mavericks)의 구단 목사님인 토니 에반스(Tony Evans) 목사님에게 한 성도가 "너무 바빠서 주님을 위한 일들을 할 시간이 없다"라고 상담을 했습니다.

그러자 목사님은 다음과 같은 예화를 들려주었습니다.

"새끼 송아지 두 마리를 얻은 농부가 있었습니다.

농부는 기쁜 마음에 한 마리를 주님께 드리겠다고 서원했습니다.

그런데 며칠 뒤 한 마리가 죽고 말았습니다.

죽은 송아지를 확인한 농부는 아내에게 가서 이렇게 말했습니다.

〈여보, 주님의 송아지가 죽어버렸어.〉

우리의 삶에도 두 가지 송아지가 늘 존재합니다. 그런데 대부분의 사람은 주님의 송아지를 죽입니다. TV 볼 시간은 있어도 성경 볼 시간은 없으며 간식을 살 돈은 있어도 구제를 할 돈은 없습니다. 내 송아지를 죽이고 주님의 송아지를 살리면 우리 삶에 더 풍성한 열매가 맺힌다는 사실을 기억해야 합니다."

세상의 일보다 하나님의 일이 더 중요하다면, 나의 의지보다 하나님의 말씀이 더 중요하다면 어렵고 힘들더라도 우리는 모든 일에 주님의 나라와 주님의 일을 위한 일에 순종해야 합니다.

말뿐인 순종이 아닌 삶의 순종으로 하나님께 향기로운 제사를 드리십시오. 아멘!

♡ 주님, 주님이 주신 것을 주님께 드리는 일에 아까워하지 않게 하소서.

🖼 세상과 하나님을 위한 선택의 기로에 설 때마다 망설이지 맙시다.

`나의 영적 일지`

이미 용서하신 죄

읽을 말씀 : 요한일서 1:5-10

●요일 1:9 만일 우리가 우리 죄를 자백하면 저는 미쁘시고 의로우사 우리 죄를 사하시며 모든 불의에서 우리를 깨끗케 하실 것이요

세계적인 베스트셀러인 경건 서적 「용서」의 저자 코리 텐 붐(Corrie Ten Boom) 여사에게 한 성도가 용서에 대해 물었습니다.

"저는 같은 죄를 계속해서 짓고 있습니다.

이런 저의 회개도 주님이 받아주실까요?"

여사는 인자한 미소로 대답했습니다.

"어제 지은 죄를 회개하고 오늘 또다시 죄를 짓는다 해도 주님은 아마 언제 그 죄를 지은 적이 있느냐고 말씀하실 겁니다. 하나님의 용서는 완전합니다."

대답을 듣고 안심한 성도에게 여사는 한 가지 조언을 더 했습니다.

"하나님이 이미 용서하신 죄를 절대로 다시 끄집어내지 마십시오.

죄책감이란 낚싯대로 마음속 죄를 건져 올리지 마세요.

하나님은 이미 용서하신 죄에 우리가 매여 있는 것을 원하지 않으십니다.

그러나 같은 죄에 다시 매이는 것도 원하지 않으신다는 사실도 같이 기억하시기 바랍니다."

하나님의 용서는 완전합니다.

그러나 죄를 짓는 순간 잠시나마 우리는 다시 죄에 매여 있는 것 또한 사실입니다.

우리의 연약함과 무지함을 솔직히 인정하고 모든 죄를 주님께 고백하며 다시는 같은 죄를 짓지 않게 해달라고 성령님의 도우심과 인도하심을 구하십시오. 아멘!

🤍 주님, 자백한 죄를 이미 사해주신 주님이심을 믿고 자유를 누리게 하소서.

📖 요한일서 1장 9절을 묵상하고 자백하지 않은 죄가 있다면 자백합시다.

나의 영적 일지

진정한 사랑의 조건

읽을 말씀 : 로마서 8:31-39

● 롬 8:32 자기 아들을 아끼지 아니하시고 우리 모든 사람을 위하여 내어주신 이가 어찌 그 아들과 함께 모든 것을 우리에게 은사로 주지 아니하시겠느뇨

기독교 문학의 거장 C.S. 루이스의 「스크루테이프의 편지」에는 마귀가 이제 막 유혹을 시작한 조카에게 다음과 같은 조언을 하는 장면이 나옵니다.

"그리스도인이 자기에게 관심이 있는 사람과만 교제하도록 놔두려무나. 그러나 사이가 안 좋고 껄끄러운 사람과 친하게 지내려고 한다면 어떻게든 방해하는 것이 좋아. 사랑하고 싶은 사람과만 사랑하는 것처럼 위선적인 사랑은 없거든."

미국 스프링 아버지대학의 리처드 포스터(Richard Foster) 영성 신학 교수는 이에 대해 다음과 같이 말했습니다.

"많은 성도들은 기분에 따라 하나님을 사랑한다.

성령에 의해 감동받지 않으면 하나님을 사랑할 수 없는가?

진정한 섬김과 사랑은 변함없이 하나님께 최선을 다하는 것이다."

독일의 신학자 본회퍼(Dietrich Bonhoeffer)도 "위선적인 사랑은 하나님이 아닌 자기 자신을 위한 것이기 때문에 교만이자 죄이다"라고 말했습니다.

우리의 어떤 모습도 있는 그대로 사랑하시는 주님이신 것처럼 우리 역시 환경과 감정의 지배를 벗어나 주님을 사랑하며 순종해야 합니다.

기쁠 때도 주님께 감사하며 찬양을 올리십시오.

그러나 슬플 때도 더욱 감사하며 주님을 기뻐하십시오.

주님을 찬양하는 것이 우리 삶의 목적이 되어야 합니다.

우리 자신보다도, 세상보다도, 주님만을 사랑하고 섬기십시오. 아멘!

🩷 주님, 기분과 감정을 따라 주님을 섬기지 않고 진정한 마음으로 섬기게 하소서.

🧎 진정한 섬김의 본을 보이신 주님을 따라 우리도 최선을 다해 주님을 섬깁시다.

나의 영적 일지

성령 충만의 유익

읽을 말씀 : 갈라디아서 5:16-26

● 갈 5:22,23 오직 성령의 열매는 사랑과 희락과 화평과 오래 참음과 자비와 양선과 충성과 온유와 절제니 이같은 것을 금지할 법이 없느니라

세계적인 법조인 칼 힐티(Carl Hilty)는 '행복한 삶을 살려면 어떻게 해야 하는지'를 한 평생 연구했습니다.

많은 종교들의 경전, 철학서, 자기 계발서를 섭렵한 힐티는 자신의 철학을 「행복론」이라는 책에 집대성했는데 이 책 내용의 대부분은 성경 말씀으로 채워져 있습니다.

힐티는 특이하게도 행복을 위해선 '성령 충만'을 구해야 한다고 말했습니다. 다음은 칼 힐티가 말한 「성령 충만의 5가지 유익」입니다.

1. 말로는 표현할 수 없는 인생의 즐거움
2. 모든 사람과 사물에 대한 공포의 해방
3. 모든 염려에서의 자유
4. 세상에 존재하지 않는 열정과 생기 소유
5. 하나님의 자녀가 됨으로 얻는 권위

세상의 모든 학문을 통틀어 행복을 연구한 학자의 정답은 예수 그리스도, 그리고 성령 충만이었습니다.

성령을 따라 사는 사람의 삶에는 오직 유익과 기쁨뿐입니다.

세상의 헛된 기쁨은 곧 사라질 허탄한 기쁨이지만 주님이 주시는 기쁨은 다함이 없는 영원한 기쁨입니다.

우리 마음에 담긴 세상을 향한 모든 정욕을 내어버리고 오직 성령님으로 가득 채워달라고 간구하십시오. 아멘!

💗 주님, 성령의 열매가 맺히는 삶으로 세상 가운데 승리하게 하소서.

🖼 성령 충만에 대한 성경 말씀과 신앙적인 글을 찾아 읽고 깨달은 바를 실천합시다.

나의 영적 일지

성령으로 새롭게

읽을 말씀 : 디도서 3:1-11

6월 6일

● 딛 3:5 우리를 구원하시되 우리의 행한바 의로운 행위로 말미암지 아니하고 오직 그의 긍휼하심을 좇아 중생의 씻음과 성령의 새롭게 하심으로 하셨나니

　'20세기 첼로의 거목'으로 불리는 파블로 카잘스(Pablo Casals)는 노년에도 왕성히 활동했습니다.

　90살이 된 카잘스의 공연을 보러 간 기자 노만은 무대에 들어서는 카잘스를 보고 다음과 같이 생각했습니다.

　'가느다란 버드나무 같은 노인이 무대를 향해 걸어 나온다.

　호흡도 힘들어 보였고 관절이 안 좋은지 손은 퉁퉁 부어 있다.

　아무리 거장이라도 저 손으로 제대로 연주를 할 수 있을까?

　내가 걱정이 될 정도다.

　협연하는 피아노 앞까지 나오는 데에만 시간이 엄청 오래 걸린다.'

　이윽고 카잘스가 자리에 앉아 첼로를 연주하자 노만은 다시 한번 놀랐습니다. 완전히 다른 사람인 것처럼 보였기 때문입니다.

　'호흡이 편안하고 연주는 섬세하고 힘이 있다. 심지어 키가 더 커진 것처럼 느껴질 정도다. 걷기도 힘들어 보이던 노인은 어느샌가 사라지고 음악 안에서 다시 태어난 거장이 이 자리에 있다.'

　음악을 사랑하고 평생을 음악에 바친 거장은 음악 안에서 힘을 얻습니다.

　주님을 사랑하며 주님으로 인해 새롭게 태어난 우리도 주님 안에서 새롭게 되며, 날마다 살아갈 힘을 얻어야 합니다.

　우리의 구원주이시고 힘과 능력이신 주님을 더욱 사모하십시오. 아멘!

♡ 주님, 주님이 주시는 힘으로 인생의 모든 역경을 이겨내게 하소서.
▨ 모든 일을 주님의 도우심을 바라며, 기도하면서 하는지 생각해 봅시다.

나의 영적 일지

뜻에 맞추라

읽을 말씀 : 요한복음 9:26–34

● 요 9:31 하나님이 죄인을 듣지 아니하시고 경건하여 그의 뜻대로 행하는 자는 들으시는 줄을 우리가 아나이다

미국 남부에서 가장 전통 있는 '사우스웨스턴침례신학교(S.W.B.T.S.)'의 게인즈 도빈스(Gaines Dobbins) 신학과 교수가 학생들에게 가장 많이 받는 질문은 "제 인생을 향한 하나님의 뜻이 무엇일까요?"라고 합니다.

교수는 이 질문을 받을 때마다 먼저 질문이 잘못됐다고 지적합니다.

"잘못된 질문에는 옳은 답이 나올 수 없다"라며 학생들에게 대신 다음의 질문을 스스로 생각해 보라고 권합니다.

"하나님의 뜻은 무엇입니까?"

비슷한 질문 같지만 중대한 차이가 있습니다.

'내 인생을 향한 하나님의 뜻'은 초점이 나의 인생에 맞추어져 있지만 '하나님의 뜻은 무엇인가?'라는 질문은 초점이 '하나님'께 맞추어져 있기 때문이라고 합니다.

하나님은 우리 인생에 분명한 계획을 가지고 계시며 누구보다 큰 관심을 갖고 계시지만 그 시작은 내 인생을 위해 맞추시는 하나님이 아닌 하나님을 위해 맞춰가는 내 인생에서 출발합니다.

하나님의 뜻이 무엇인지 성경을 통해 깨닫고, 그 뜻을 위해 내 인생을 드릴 때 우리 삶에 자연스럽게 하나님의 손길과 능력이 펼쳐집니다.

오늘 하루 주어진 귀한 시간을 먼저 주님을 위해 드리십시오. 아멘!

♡ 주님, 하나님의 뜻을 따라 모든 것을 맞추며 살아가게 하소서.

▨ 내 비전이 아닌 하나님의 비전을 올바로 분별합시다.

나의 영적 일지

주가 지켜주시네

읽을 말씀 : 신명기 32:1-12

● 신 32:10 여호와께서 그를 황무지에서, 짐승의 부르짖는 광야에서 만나시고 호위하시며 보호하시며 자기 눈동자 같이 지키셨도다

한 남자가 서재에 앉아 열린 창 사이로 힘겹게 날아오는 작은 새를 바라보고 있었습니다.

무언가에 쫓기느라 지쳤는지 창문을 넘어 서재로 들어온 새는 남자의 소매에 자리를 잡고 평안히 앉았습니다.

창밖을 바라보니 거대한 매가 주변을 맴돌고 있었습니다.

매를 피해 힘껏 달아나던 작은 새가 안식처를 찾아 서재로 날라온 것입니다.

목숨을 잃을 뻔한 상황에서 금세 소매에 안겨 편안해지는 작은 새를 보고 남자는 하나님의 보호하심을 느꼈습니다.

'우리가 지치고 힘들 때 주님이 이와같이 우리를 보호해 주시겠구나.'

감리교의 창시자인 요한 웨슬레(John Wesley)의 동생인 찰스 웨슬레(Charles Wesley)는 훗날 미국으로 선교를 떠날 때 거친 풍랑을 만났지만 작은 새의 믿음을 떠올리며 굳건히 이겨냈는데….

이 경험을 바탕으로 만들어진 찬송가가 「비 바람이 칠 때와(새 388장)」입니다.

거친 풍랑 가운데 두려워하는 제자들에게 예수님은 "왜 두려워하느냐?"라고 물으셨습니다.

거친 풍파 가운데서도 주 예수님만 함께 하신다면 그 어떤 것도 두려워할 이유가 없습니다.

지친 자녀를 언제나 품어주고 위로해 주시는 주님의 품에서 안식을 얻으십시오. 아멘!

♡ 주님, 주님은 피난처이시며 방패이시오니 역경 중에 주님을 더욱 신뢰하게 하소서.

🖼 새 찬송가 388장을 펴서 가사를 묵상하며 불러봅시다.

나의 영적 일지

믿음과 성경의 관계

읽을 말씀 : 로마서 10:16-21

● 롬 10:17 그러므로 믿음은 들음에서 나며 들음은 그리스도의 말씀으로 말미암았느니라

하나님께 더 많은 믿음을 달라고 기도하던 남자가 있었습니다.

성경에 나오는 많은 믿음의 인물들처럼 극적으로 하나님의 은혜를 체험하기를 바랐지만 아무런 일도 일어나지 않았습니다.

마음이 조급해진 남자는 더 열심히 기도했으나 믿음은 조금도 성장하지 않는 것 같았습니다.

그러던 어느 날 책상 위에 덩그러니 놓여있는 성경책이 눈에 들어왔습니다. 믿음을 달라고 기도했지만 성경은 보지 않았던 자신의 모습이 떠올랐습니다.

성경을 펴자 로마서 10장이 눈에 들어왔습니다.

"믿음은 들음에서 나며, 들음은 그리스도의 말씀으로 말미암느니라."

그날부터 성경을 읽고, 말씀을 실천하기 시작하자 믿음이 성장하기 시작했습니다.

전도자 무디(Moody)가 로이드 존 오길비(Lloyd John Ogilvle) 목사님에게 들려준 일화라고 합니다.

무디는 이때의 경험으로 성도들에게 "성경을 덮은 채 믿음을 구하지 말라"라고 늘 강조했습니다.

우리가 그토록 구하는 하나님의 뜻과 모든 비밀은 성경에 이미 적혀 있습니다. 하나님이 주신 귀한 말씀을 묵상하고 실천함으로 주님을 기쁘시게 하는 믿음을 가진 성도로 성장해나가십시오. 아멘!

💚 주님, 주님을 만나는 경건의 시간을 하루도 소홀히 여기지 않게 하소서.

🙏 성경을 소홀히 여기지 말고 매일 주님이 주신 말씀을 깊이 묵상합시다.

나의 영적 일지

나의 내어놓을 것

읽을 말씀 : 로마서 12:1-13

● 롬 12:1 그러므로 형제들아 내가 하나님의 모든 자비하심으로 너희를 권하노니 너희 몸을 하나님이 기뻐하시는 거룩한 산 제사로 드리라 이는 너희의 드릴 영적 예배니라

웨스트민스터 신앙고백의 공동 작성자인 존 톰슨(John Thomson) 목사님이 필라델피아에서 부흥회를 하던 중이었습니다.

부흥회 마지막 날 존 목사님은 "주님을 영접하고 새로운 삶을 살아갈 사람은 앞으로 나오라"라고 말했습니다.

목사님의 말이 끝나자마자 한 남자가 두 아들을 데리고 울면서 강단으로 나왔습니다. 남자는 품 안에서 권총을 꺼내면서 다음과 같이 고백했습니다.

"저는 교도소에서 나온 지 얼마 되지 않았습니다.

오늘 돌봐줄 사람이 없는 두 아들을 죽이고 저를 교도소에 보낸 사람을 죽이러 갈 예정이었는데 우연히 집회에 참석해 주님을 만났습니다.

이제 저는 권총이 아닌 성경을 들고 그 사람을 찾아가겠습니다.

새로운 삶을 살겠습니다."

부흥회가 끝나고 남자는 정말로 성경을 들고 자신을 교도소에 보낸 사람을 찾아갔습니다. 단 한 번의 예배로 새로운 삶을 살아간 그는 많은 사람에게 복음을 전하며 필라델피아의 유명한 전도자로 쓰임을 받았습니다.

우리의 악함과 악함을 주님 앞에 내어놓을 때 주님은 우리를 용서하시고 새로운 삶을 살아가도록 일으켜 세우십니다.

그리스도인으로서 합당하지 않은 모든 것을 회개하며 자백하는 마음으로 주님 앞에 내어놓으십시오. 아멘!

🤍 주님, 제 마음에 자리 잡은 쓴 뿌리를 성령님의 능력으로 뽑아주소서.

📖 다른 사람을 향한 분을 품지 말고 오히려 축복하며 기도합시다.

나의 영적 일지

기다려주시는 주님

읽을 말씀 : 베드로후서 3:1-10

● 벧후 3:9 주의 약속은 어떤 이의 더디다고 생각하는 것 같이 더딘 것이 아니라 오직 너희를 대하여 오래 참으사 아무도 멸망치 않고 다 회개하기에 이르기를 원하시느니라

태어난 지 얼마 안 된 갓난아기가 있습니다.

아기는 울고 웃는 것으로밖에 감정을 표현할 수 없습니다.

한밤중에 배가 고파 운다고, 기저귀를 갈아 달라며 시도 때도 없이 운다고 부모님이 귀찮아하고 짜증을 낼까요? 오히려 서둘러 달려와 달래주고 먹여주고 갈아줄 것입니다.

아이가 조금 더 자란 뒤에도 마찬가지입니다.

아이는 걸음마도 제대로 못합니다. 자기 먹을 것도 찾아먹지 못합니다.

그래도 부모는 흡족하게 자녀를 바라보고 넘어진 자녀를 일으켜주고, 좋은 것을 매 끼니 준비해 먹입니다.

자녀를 너무나 사랑하기 때문에 부모는 자녀를 부끄럽게 여기지 않고 자녀가 장성할 때까지 물심양면으로 지원할 것입니다.

단지 사랑하기 때문입니다.

부족한 자신이 예수님께 너무 부끄럽다는 한 성도의 고민에 맥스 루케이도 (Max Lucado) 목사님이 들려준 예화입니다.

어린아이가 부모님의 인내를 통해 성장하듯이 하나님도 우리의 성장을 기다려주십니다.

몇 번 넘어지고, 조금 부족해도, 돌보아주시는 주님을 의지하며 주님을 향해 한 걸음씩 걸어 나가십시오. 아멘!

💙 주님, 부족하고 연약한 저를 감싸주시며 기다리시는 주님의 은혜를 기억하게 하소서.
🧶 아기를 기다리는 부모의 마음처럼 아직 연약한 성도들을 바라봅시다.

나의 영적 일지

인간 대 하나님

6월 12일

읽을 말씀 : 고린도전서 1:18–25

● 고전 1:18 십자가의 도가 멸망하는 자들에게는 미련한 것이요 구원을 얻는 우리에게는 하나님의 능력이라

미국의 조지 윌슨(George Wilson)이라는 남자가 우체국에서 사람을 죽인 혐의로 사형을 선고받았습니다.

윌슨은 사람을 죽일 사람이 아니라고 생각한 주변 사람들은 사고가 정당방위였다는 증거를 찾아 대통령한테까지 탄원을 했습니다.

당시 미국의 대통령이었던 앤드류 잭슨(Andrew Jackson)은 탄원에 일리가 있다고 생각해 '특별 사면장'을 써주었습니다. 그런데 윌슨이 사면을 거부했습니다.

대통령은 발급한 사면장을 어떻게 처리해야 할지 몰라 이 문제를 연방 대법원에 넘겼고 대법원장 존 마샬은 다음과 같이 판결했습니다.

"죄수가 사면을 거절했다면 사면장은 효력을 발휘할 수 없다. 사면장은 한낱 종이에 불과하기에 그 효력은 받는 사람이 수락할 때만 나타나기 때문이다."

당시 이 사건은 '윌슨 대 미국'이라고 불리며 큰 이슈가 됐습니다.

법정 최고형인 사형을 사면 받을 수 있는 기적을 스스로 거부했기 때문입니다.

우리가 믿지 않으면 구원받을 수 없는 이유도 이와 같습니다.

모든 인류가 구원받을 가장 완벽한 계획과 은혜와, 주님께서 우리 대신 죄의 대가를 치렀다고 하더라도 우리가 믿지 않으면 저절로 구원받을 수는 없습니다.

믿기만 하면 구원 받는다는 놀라운 기쁨의 소식을 서둘러 더 많은 사람에게 전하십시오. 아멘!

♥ 주님, 믿음의 기쁜 소식인 복음을 아직도 모르는 사람들에게 전하게 하소서.

▨ 구원주 주님을 믿음으로 예비하신 영생과 축복을 누립시다.

나의 영적 일지

죄를 고백하라

읽을 말씀 : 요한일서 1:5-10

● 요일 1:9 만일 우리가 우리 죄를 자백하면 저는 미쁘시고 의로우사 우리 죄를 사하시며 모든 불의에서 우리를 깨끗케 하실 것이요

세상을 환히 비추는 태양의 밝기는 약 10만 럭스입니다.

1럭스는 1미터 거리에서 촛불 하나가 비추는 밝기입니다.

반면 밤하늘을 은근하게 비추는 달빛은 0.2럭스 밖에 안 됩니다. 촛불 하나보다도 어두운 빛이지만 세상 어디서도 달을 바라볼 수 있고 달빛만으로도 대부분의 형체를 구분할 수 있습니다.

아무리 어두운 밤이라도 작은 빛이 존재한다면 숨겨진 것들이 드러납니다.

세상의 죄인들에게 죄를 용서하고 소망을 주기 위해 주님도 세상에 빛으로 오셨습니다. 주님을 통해 우리의 죄를 알아야 구원받을 수 있기에 주님은 언제나 스스로를 죄인이라고 엎드리는 사람의 고백을 가장 기뻐하셨습니다.

반면에 스스로를 높이며 율법을 잘 지키고 도덕적이라고 자랑하는 자칭 의인들을 책망하셨습니다. 빛을 앞에 두고도 죄를 발견하지 못하는 사람은 구원받을 수 없기 때문입니다.

우리가 죄인이기에 예수님이 필요합니다.

예수님을 통해 우리의 죄는 용서 받았습니다. 그 예수님이 우리 안에 계시기에 이제 우리 마음에는 죄를 둘 수가 없습니다.

실패하고 낙망하며 다시 죄를 지을지라도 이미 우리의 생각과 마음을 모두 아시는 주님께 감추지 말고 죄를 자백하십시오.

빛 되신 주님이 우리의 죄를 용서하여 주시고 밝히 보여주시는 은혜의 길을 따라 걸으십시오. 아멘!

♡ 주님, 우리의 구원주가 되시는 주님을 여러 방법으로 전하게 하소서.

🖼 복음을 직접적으로 전하기 어려울 때는 복음 방송을 통해 복음을 전합시다.

나의 영적 일지

진정한 사역의 뜻

읽을 말씀 : 빌립보서 2:12-18

● 빌 2:13 너희 안에서 행하시는 이는 하나님이시니 자기의 기쁘신 뜻을 위하여 너희로 소원을 두고 행하게 하시나니

미국의 리젠트 칼리지(Regent College)에서 '실천 신학', '평신도 신학', '생활 영성'을 가르치고 있는 폴 스티븐스(R. Paul Stevens) 교수에게 한 성도가 다음과 같이 질문했습니다.

"교수님, 성도가 거룩한 삶을 살려면 어떻게 해야 하나요?

저 같은 평범한 성도들은 선교도 갈 수 없고 사역자들만큼 교회 일에 집중할 수도 없습니다."

스티븐스 교수는 이렇게 대답했습니다.

"직장인이라면 회사에서 열심히 일하십시오.

주부라면 가족들을 위한 식사를 맛있게 준비하십시오.

예술가라면 작품을 열심히 만들고,

자동차 공장에서 일한다면 부품을 열심히 조립하십시오.

사역은 교회나 선교지에서만 할 수 있는 일이 아닙니다.

하나님과 하나님의 목적을 위해 하는 일은 무엇이든 사역입니다."

모든 사람이 목회자가 되고 선교사가 되는 것이 하나님의 뜻은 아닙니다.

하나님이 주신 달란트를 통해 하나님이 허락하신 곳에서 하나님을 위한 일을 하는 것이 진정한 의미의 사역입니다.

지금 있는 자리에서 주님을 위해 맡은 일에 최선을 다하십시오. 아멘!

🤍 주님, 주님이 맡겨주신 일이 사역임을 깨닫고 더 성실히 감당하게 하소서.

🖼 지금 내가 하는 일이 주님께서 맡기신 일임을 믿고 할 수 있는 최선을 다합시다.

나의 영적 일지

흘러야 산다

읽을 말씀 : 요한복음 12:20-26

● 요 12:24 내가 진실로 진실로 너희에게 이르노니 한 알의 밀이 땅에 떨어져 죽지 아니하면 한 알 그대로 있고 죽으면 많은 열매를 맺느니라

마을 전체가 농사를 짓는 큰 농촌이 있었습니다.

강을 맞대고 있는 논은 마을에서 가장 부자가 가진 땅이라서 다른 농부들은 이 논의 수로를 통해 물을 공급받았습니다.

워낙에 땅이 좋고 물이 좋아 마을은 매년 풍년을 맞았습니다.

그러던 어느 날 강 옆에 땅을 가진 부자가 이런 생각을 했습니다.

'이렇게 물을 나눠주고도 수확이 풍성한데 물을 아예 내 논에만 대면 열매가 더 풍성히 열리지 않을까?'

부자는 다음날 바로 다른 논으로 향하는 수로를 막았습니다.

농부들이 아무리 사정을 해도 눈 하나 꿈쩍하지 않고 모두 거절했습니다.

며칠이 지나자 다른 논의 작물들이 말라가기 시작했습니다.

이 모습을 본 부자는 자기 생각이 맞았다며 매우 기뻐했습니다.

그러나 몇 주가 지나자 부자의 논에 심은 작물들은 완전히 썩어버렸습니다.

물이 흐르지 못하고 고여있는 바람에 작물들도 시들고 썩어버린 것입니다.

샘은 솟아나야 하고, 강물은 흘러야 삽니다.

하나님이 우리에게 큰 은혜와 축복을 주신 것은 요셉과 같이 세상에 흘려보냄으로 하나님의 살아계심을 알리게 하기 위해서입니다.

주님이 주신 큰 복을 다양한 방법으로 세상에 흘려보낼 지혜를 구하십시오. 아멘!

💙 주님, 주님께서 넉넉히 주신 것을 어려운 사람과 나누는 삶을 살게 하소서.

🖼 하나님이 흘려보내주신 축복이 있다면 다시 주변으로 흘려보냅시다.

나의 영적 일지

전쟁이 맺어준 우정

읽을 말씀 : 요한복음 15:9-15

● 요 15:12 내 계명은 곧 내가 너희를 사랑한 것 같이 너희도 서로 사랑하라 하는 이것이니라

『칼 파워스(Cral L. Powers) 상사는 오늘날의 저를 있게 해 준 은인입니다.

그는 미국 버지니아주 탄광촌 출신으로 고등학교를 졸업하고 대학 학자금 마련을 위해 군대에 자원입대해 한국전까지 오게 됐습니다.

전쟁 중에 고통받는 많은 사람들을 보면서 그중에 한 사람만이라도 돕겠다는 결심을 하게 되는데 제가 그의 눈에 띄었습니다. 부지런하고 성실하게 일하는 모습에 감동을 받아 미국 유학의 기회를 주고 싶은 마음이 들었다는 것입니다.

당시 전쟁에 파병된 미군은 복무 기간이 1년이었는데 파워스 상사는 저를 위해 몇 번이나 제대를 미뤘으며, 미국의 밥존스 고등학교로부터 합격 통지서를 받고 저를 미국행 배에 태운 뒤에야 군 복무를 마치고 귀국했습니다. 그리고 제가 미국에서 공부하던 8년 동안 등록금과 기숙사비 등의 마련을 위해 본인의 대학 입학도 미루고, 결혼도 포기하는 등 희생과 헌신을 아끼지 않았습니다.

지난 2016년 85세를 일기로 하나님 곁으로 간 칼 파워스를 저는 늘 잊지 못하고, 지금도 그분과 같이 아무런 대가 없이 누군가를 돕고자 애쓰고 있습니다. 그렇게 해서 만들어진 것이 바로 P.K. 장학재단으로 칼 파워스의 P와 빌리 킴의 K를 합쳐 이름을 붙였습니다.

2010년에 설립되었으며, 지난해까지 모두 1,200여 명에게 32억여 원을 전달했습니다.』-「김장환 목사의 인생 메모」 중에서

소년과 군인 두 사람의 만남을 통해 하나님께서 기적을 이루신 것처럼 오늘 우리 주위의 작은 만남을 통해 동일한 역사가 이루어질 것을 믿습니다. 아멘!

🤍 주님, 아낌없이, 조건 없이 베푸는 사랑을 베풀게 하소서.
🖼 오늘 우리의 도움이 필요한 사람을 향해 작은 사랑을 실천해 봅시다.

`나의 영적 일지`

신호를 지켜라

읽을 말씀 : 로마서 8:18-26

● 롬 8:26 이와 같이 성령도 우리 연약함을 도우시나니 우리가 마땅히 빌바를 알지 못하나 오직 성령이 말할 수 없는 탄식으로 우리를 위하여 친히 간구하시느니라

영국 런던의 패딩턴 지역에서 급행열차가 추돌해 60명이 죽는 사고가 일어났습니다. 사고 자체도 충격적이었지만 밝혀진 사고의 원인은 더욱 충격적이었습니다.

딴짓을 하던 기관사가 멈추라는 신호를 발견하지 못하고 그냥 지나쳐서 일어난 사고였기 때문입니다.

또한 공사비용을 아끼기 위해 다른 나라처럼 '자동제동장치'를 설치하지 않았기 때문에 한 번의 실수가 큰 사고로 이어졌습니다.

사고의 재발을 방지하기 위해 정부에서는 철저하게 조사를 했습니다.

그 결과 그동안 열차가 신호를 무시하고 지나간 것이 무려 643번이었고 그중 8번은 이때와 같이 대참사로 이어질 뻔했습니다.

기관사가 정신만 차리고 제대로 신호를 봤다면 사고는 일어나지 않았을 것입니다. 그러나 한두 번의 실수가 사고로 이어지지 않자 '이 정도는 괜찮겠지'라는 안일한 마음을 먹은 것이 이처럼 큰 사고의 원인이 됐습니다.

죄의 달콤한 유혹에 빠져 하나님의 정지 신호를 보지 못할 때 그리스도인에게도 큰 사고가 일어납니다.

우리를 위해 내려주시는 하나님의 정지 신호를 무시하지 말고 기도와 말씀으로 철저히 대비하십시오. 아멘!

🖤 주님, 성령님의 인도하심을 따라 멈추고 서게 하소서.
🗺 내 삶에 주시는 주님의 신호를 바르게 분별합시다.

나의 영적 일지

하루를 책임지는 말씀

읽을 말씀 : 여호수아 1:1-9

● 수 1:8 이 율법책을 네 입에서 떠나지 말게 하며 주야로 그것을 묵상하여 그 가운데 기록한대로 다 지켜 행하라 그리하면 네 길이 평탄하게 될 것이라 네가 형통하리라

일본 나고야시의 전통찻집인 '미루메'에는 매일 아침마다 사람들이 줄을 설 정도로 인기가 있습니다.

일본의 젊은 세대들이 전통적인 '차' 문화보다 커피와 탄산음료를 선호하면서 일본의 차 문화는 점점 축소되고 있지만 미루메는 오히려 더 많은 사람들이 찾고 있습니다. 미루메의 장점은 하루 종일 즐길 수 있는 녹차를 텀블러에 담아 제공하는 것입니다.

미루메는 아침 8-10시 사이에 오는 손님에게 3천 원 정도를 받고 녹차가 담긴 텀블러를 줍니다. 텀블러의 녹차 양은 하루에 3번 우릴 수 있는 양인데, 아침에 3천 원을 투자하면 아침, 점심, 오후까지 몸에 좋은 녹차를 간편하게 즐길 수 있습니다. 퇴근할 때 텀블러를 다시 맡기면 일회용품을 사용하지 않아도 돼서 환경에도 큰 도움이 됩니다.

몸에 좋다는 건 알아도 편하다는 이유로 커피와 탄산음료를 찾던 젊은 세대지만 충분한 편의를 제공하자 다시 차를 찾기 시작했습니다.

하루의 여유를 위해 티타임을 즐기는 것처럼 우리의 영혼을 위해서도 시시때때로 말씀을 읽어야 합니다.

오늘 우리를 위해 주시는 주님의 말씀을 사모하는 마음으로 매일 잊지 말고 말씀의 양식을 챙기십시오. 아멘!

♡ 주님, 주님의 말씀이 내 발에 등이요 내 길에 빛임을 알게 하소서.
▧ 식사 때마다 핸드폰 앱을 통해서라도 간단히 성경을 읽읍시다.

나의 영적 일지

사랑의 물결

읽을 말씀 : 요한일서 3:1-12

● 요일 3:1 보라 아버지께서 어떠한 사랑을 우리에게 주사 하나님의 자녀라 일컬음을 얻게 하셨는고, 우리가 그러하도다 그러므로 세상이 우리를 알지 못함은 그를 알지 못함이니라

코로나로 아버지를 잃은 영국의 매트 파울러(Matt Fowler)는 큰 슬픔에 빠져 하루하루를 보냈습니다.

날마다 템스강을 바라보며 아버지와의 추억을 그리던 매트는 강변에 있는 기다란 벽에 붉은 하트를 그리고 아버지의 이름과 추모하는 메시지를 적었습니다.

코로나로 가족을 잃은 아픔을 경험하는 사람들이 점점 늘어나는 것을 보고 안타까운 마음이 들었던 매트는 매일 저녁 템스강에 나와 벽에 여러 모양의 하트를 그렸습니다. 사랑하는 사람을 잃은 사람들이 잠시나마 위안을 받기를 바라는 마음에서였습니다.

매트는 아무 말도 없고 하트만 그릴뿐이었지만 강변의 하트를 발견한 사람들은 저마다 약속이라도 한 듯이 사랑하는 사람의 이름을 적고 추모하는 메시지를 적었습니다.

몇 달 만에 템스강의 콘크리트 벽은 20만 개의 하트와 추모의 메시지로 가득했습니다.

전염병으로 인해 혼란한 시대에 많은 사람들이 고통과 고난을 겪고 있지만 그럼에도 그들이 가장 갈구하는 것은 바로 사랑이었습니다.

어려운 시대를 극복하며 이겨나갈 힘은 오직 사랑뿐입니다.

우리의 생명을 구원하고 영생을 허락하신 주님의 사랑이 모두가 어려운 이 시대를 극복하게 할 해답입니다. 세상에서 가장 크고 놀라운 주님의 사랑을 전함으로 주변 사람들을 위로하십시오. 아멘!

🤍 주님, 위로가 필요한 사람들에게 주님의 사랑을 전하게 하소서.

▨ 위로가 필요한 사람들에게 주님의 말씀으로 사랑을 전합시다.

나의 영적 일지

유혹을 견디지 말라

읽을 말씀 : 잠언 4:20-27

● 잠 4:27 우편으로나 좌편으로나 치우치지 말고 네 발을 악에서 떠 나게 하라

세계 최대 기독교 세미나 단체인 '걸어서 성경 안으로(W.T.B.)'의 대표이자 「야 베스의 기도」의 저자인 브루스 윌킨슨 목사(Bruce H. Wilkinson)는 그리스도인들이 유 혹을 이겨내기 위해서는 먼저 선택해야 한다고 말했습니다.

세상에서의 유혹은 분명히 존재합니다.

그렇기 때문에 세상이 아무런 문제도 없고 우릴 향한 유혹도 없는 곳이라고 생각하는 것은 오히려 위험합니다. 다이어트하는 사람은 빵 한 조각, 사탕 하나 에도 큰 유혹을 받습니다. 혼자 눈을 감고 "여기에 먹을 것은 없어"라고 아무리 되뇌어도 오히려 역효과만 날 뿐입니다. 눈앞의 음식을 다른 곳으로 치우던가, 음식이 없는 곳으로 이동하는 '행동'을 해야 이 유혹을 이길 수 있습니다.

눈앞의 유혹에 처한 그리스도인이 해야 할 행동은 오직 한 가지, '유혹 대신 하 나님을 선택하는 것'입니다.

유혹을 참고 무시하기보다 유혹 대신 하나님을 반복해서 선택할 때 고된 훈련 을 하는 운동선수처럼 점점 유혹을 쉽게 이겨내며 오히려 하나님이 주시는 기쁨 을 온전히 맛볼 수 있기 때문입니다.

세상을 살아가는 동안 그 누구도 유혹을 피할 수는 없습니다.

유혹 대신 하나님을 선택할 때, 옛 삶 대신 새로운 삶을 선택할 때, 하나님이 주시는 진정한 기쁨이 우리의 삶에 충만할 것입니다.

우리에게 찾아오는 작은 유혹의 순간에도 지지 말고 주님을 선택하십시오. 아멘!

🤍 주님, 유혹을 떠나 회복할 수 있는 피난처가 되어 주소서.
🖼 유혹을 피하지 말고 하나님을 선택합시다.

나의 영적 일지

여섯 개의 헌금통

읽을 말씀 : 고린도후서 8:1-9

● 고후 8:2 환난의 많은 시련 가운데서 저희 넘치는 기쁨과 극한 가난이 저희로 풍성한 연보를 넘치도록 하였느니라

어린 나이에 백혈병으로 투병하는 아이가 있었습니다.

몸도 아프고 나이도 어렸지만 주님을 분명히 만났기에 아이는 병상에 누워서도 매일 하나님의 말씀을 보고 틈만 나면 찬송을 했습니다. 투병 중 아무리 큰 고통이 찾아와도 화 한 번 내지 않고 모든 사람에게 환한 미소로 인사를 건넸습니다.

매사에 밝고 씩씩했던 아이였지만 결국 병을 이기지 못하고 꽃다운 나이에 일찍 하늘나라로 떠나고 말았습니다.

부모님은 아이의 유품을 정리하다가 병상 탁자에서 작은 저금통 6개를 발견했는데 그 저금통에는 다음과 같은 쪽지가 놓여 있었습니다.

"저는 예수님을 알고 세상을 떠나서 괜찮아요.

이 헌금은 아직 예수님을 모르는 친구들을 위해 사용해 주세요."

아이가 투병 생활 중 모은 귀한 6개의 저금통을 안고 부모님은 한참을 울었습니다. 작지만 이 귀한 헌금은 아이의 뜻을 따라 동남아에서 어린이 선교를 하시는 한 선교사님에게 전달되어 성경을 보급하는 일에 쓰였습니다.

세상에서 가장 중요하고 귀한 일이 주님을 만난 것이라는 아이의 고백이 진정한 그리스도인의 고백입니다.

우리를 구원해 주신 주님께 진정한 감사를 드리며 이 놀라운 복음을 아직도 알지 못하는 사람에게 전하기 위해 할 수 있는 일을 하십시오. 아멘!

🖤 주님, 주님을 위해 가장 중요한 일이 무엇인지 깨닫고 실행하게 하소서.

🎴 어려운 지역에 성경을 전달하기 위한 일에 기도와 물질로 동참합시다.

나의 영적 일지

감사의 차이

읽을 말씀 : 데살로니가후서 1:1-12

● 살후 1:3 형제들아 우리가 너희를 위하여 항상 하나님께 감사할찌니 이것이 당연함은 너희 믿음이 더욱 자라고 너희가 다 각기 서로 사랑함이 풍성함이며

「피할 수 없는 하나님(God is Inescapable)」의 저자이자 목회자이면서 저명한 범죄심리학자인 데이비드 소퍼(David Wesley Soper) 박사가 감옥과 수도원을 함께 연구한 적이 있습니다.

박사가 보기에는 감옥과 수도원은 별다를 게 없었습니다.

자의와 타의의 차이는 있지만 비슷한 성향의 사람들이 나갈 수 없는 곳에 모여서 겨우 끼니를 때울 정도의 음식만 먹고 노동을 하며 살아갑니다.

그렇다면 삶에 대한 만족도도 비슷해야 했습니다.

실제 연구 결과 수도원과 교도소의 생활은 예상보다 훨씬 더 비슷했습니다. 그러나 삶의 만족도와 행복감을 비교도 되지 않을 만큼 크게 차이가 났습니다. 어떤 죄수들은 수도사만큼 행복했고, 어떤 수도사들은 죄수만큼 불행했습니다.

박사가 찾은 답은 바로 '감사'였습니다.

감사 외에는 그 어떤 유의미한 조건도 발견할 수 없었습니다.

"교도소에서도 감사하는 죄수는 수도원처럼 지낼 수 있고 수도원에서도 감사하지 못하면 교도소처럼 지낸다"라는 것이 박사의 결론이었습니다.

우리를 위해 모든 것을 주신 주님을 알 때에 어떤 일에도 감사할 수 있습니다. 우리의 삶에 허락하신 모든 것이 주님의 은혜라 생각하며 모든 일에 오직 감사로 반응하십시오. 아멘!

♡ 주님, 좋거나 나쁘거나 모든 일에 감사하는 복된 삶을 허락하소서.

🖼 이유를 막론하고 내 삶에 일어나는 모든 일에 감사합시다.

나의 영적 일지

참여하는 예배의 기쁨

읽을 말씀 : 요한복음 4:21-30

● 요 4:24 하나님은 영이시니 예배하는 자가 신령과 진정으로 예배할 찌니라

구약시대에는 예배를 드리는 성도들은 모두 참여자였습니다.

모세의 때에도 그랬고 에스라의 때에도 그랬고, 모든 회중들은 하나님이 주시는 은혜를 따라 때로는 기뻐함으로 춤을 추며, 때로는 눈물을 흘리며 회개했습니다.

시간이 흘러 중세 시대가 되자 회중은 구경꾼이 됐습니다.

성직자들은 성도들이 입도 뻥긋하지 못하게 통제했습니다.

찬양도 마음대로 할 수 없었고 성경도 특권 계층이 아니면 읽을 수 없었습니다.

다시 종교개혁이 일어나 회중들은 자유롭게 예배에 참여하게 됐습니다.

누구나 장소와 환경에 구애받지 않고 하나님을 찬양하며 말씀으로 은혜를 받았습니다. 그러나 시대가 흐르며 다시 한번 예배에 변혁이 일어났습니다.

신학자들은 오늘날의 회중을 '비평가'로 정의합니다.

예배가 끝나자마자 찬양팀의 선곡, 실수, 목사님의 설교를 즉각적으로 판단하며 예배를 마치 관람하는 듯한 성도들이 많아지고 있기 때문입니다.

예배에서 가장 중요한 것은 예배를 드리는 올바른 대상과 주님을 향한 우리의 진심입니다. 하나님이 기쁘게 받으시는 예배는 형식과 규모에 있지 않고 우리의 마음에 있습니다.

모든 예배를 온전한 마음을 다하여 오직 주님께 집중하십시오. 아멘!

♥ 주님, 오직 저의 중심을 주님께 드리는 참다운 예배를 드리게 하소서.

▨ 예배 때 오직 주님께 받은 은혜와 복만을 생각하며 감사합시다.

나의 영적 일지

예수님을 믿는다는 것

읽을 말씀 : 사도행전 11:19-30

● 행 11:26 만나매 안디옥에 데리고 와서 둘이 교회에 일년간 모여 있어 큰 무리를 가르쳤고 제자들이 안디옥에서 비로소 그리스도인 이라 일컬음을 받게 되었더라

'그리스도에게 속한 사람'이라는 뜻의 그리스도인이라는 단어는 성경에 3번 밖에 나오지 않습니다(행 11:26, 26:28 / 벧전 4:16).

바울과 바나바가 1년간 안디옥에서 하나님의 말씀을 가르칠 때 성도들의 행실을 보고 믿지 않는 사람들이 '그리스도인'이라고 먼저 부르기 시작했습니다.

중세 시대에는 예수님을 믿는 사람들을 '세상에 저항하는 사람'이라는 뜻의 '프로테스탄트(Protestant)'라고 불렀습니다.

마틴 루터가 무소불위의 권력을 가진 종교 지도자들과 왕들에게 굴하지 않고 꿋꿋이 신앙적 신념을 지키며 개혁을 이루어냈기 때문입니다.

이 역시 성도들이 아닌 세상 사람들이 먼저 불러주었던 호칭입니다.

우리나라에 복음이 처음 전해지고 몇 안 되는 성도밖에 없던 시절에 세상 사람들은 성도들을 '예수쟁이'라고 불렀습니다. 어디서나 예수님 이야기만 하며 복음을 전하고, 무슨 말을 하고 무슨 일을 해도 오직 예수님밖에 모른다는 뜻이었습니다. 그리고 이 역시 세상 사람들이 먼저 성도들을 향해 붙여준 호칭입니다.

성도의 삶이 말씀을 따라간다면 이를 가장 먼저 알고 인정해 주는 것은 바로 세상 사람입니다.

세상 속에서의 그리스도인이라는 호칭이 다시 빛처럼, 소금처럼 인정받을 수 있도록 함께 기도하며 말씀을 따라 살아가십시오. 아멘!

💜 주님, 예수쟁이라고 불릴 만큼 주님만을 위해 살게 하소서.

🧩 사람들이 나를 예수님을 믿는 사람으로 인정하는지 생각해 봅시다.

나의 영적 일지

섬기는 사람의 자세

읽을 말씀 : 사무엘상 12:19-25

● 삼상 12:24 너희는 여호와께서 너희를 위하여 행하신 그 큰 일을 생각하여 오직 그를 경외하며 너희의 마음을 다하여 진실히 섬기라

유목 민족인 베두인(Bedouin)은 사막을 떠돌며 살았기 때문에 시간관념이 매우 느슨했습니다.

약속은 '해가 뜰 때, 해가 뜨거울 때, 해가 질 때'와 같이 두루뭉술하게 잡았기에 같은 말로 약속을 해도 모이는 시간은 천차만별이었습니다.

하루하루 어떤 사고가 일어날지 모르는 황량한 사막이기 때문에 언제 만나자는 약속도 정확히 지킬 수 없었고 약속을 지키든 못 지키든 그저 신의 뜻이라고 생각하며 살았습니다. 이런 전통이 현대까지 이어져 지금도 아랍에서 사업을 하는 외국인들은 시간 약속 때문에 큰 어려움을 겪고 있다고 합니다.

이처럼 시간 약속을 느슨하게 정하고 때때로 어겨도 큰 문제 삼지 않는 아랍 사람들 때문에 현지 선교사들도 큰 어려움을 겪는다고 합니다.

한 번은 어떤 선교사님이 이 문제에 대해서 한 성도에게 힘든 심정을 토로했는데 그 말을 들은 성도가 다음과 같이 말했습니다.

"목사님, 그래도 우리에겐 한 가지 철칙이 있습니다. 높은 위치에 있는 사람은 얼마든지 늦게 나와도 되지만 낮은 위치에 있는 사람은 어떤 경우든지 먼저 나와 있어야 합니다."

섬기는 사람의 자세는 항상 준비하는 자세입니다.

우리의 예배와 모임과 약속을 떠올려봅시다. 하나님과 우리, 우리와 다른 사람들 누가 섬기는 자입니까? 하나님을 전심으로 섬기고 하나님을 섬기듯 사람들을 섬기는 겸손한 마음을 달라고 간구하십시오. 아멘!

💙 주님, 말이 아니라 행동으로 주님을 가장 으뜸으로 섬기는 삶이 되게 하소서.

🖼 항상 예배시간 전에 예배당에서 예배를 위해 준비하는 정성을 들입시다.

나의 영적 일지

죽음을 준비하라

읽을 말씀 : 요한복음 5:24-27

● 요 5:24 내가 진실로 진실로 너희에게 이르노니 내 말을 듣고 또 나 보내신 이를 믿는 자는 영생을 얻었고 심판에 이르지 아니하나니 사망에서 생명으로 옮겼느니라

"예수 천국, 불신 지옥"의 원조 최권능 목사님은 예수님을 만나고 나서 어디서 누구를 만나든 복음을 전했습니다. 죽을 때까지 복음을 외친 최권능 목사님은 세상을 떠나기 전 다음과 같은 유언을 남기고 평안히 눈을 감았습니다.

"하늘에서 어서 오라는 전보가 왔구나."

비슷한 시기에 끝까지 신사참배를 거부하다가 감옥에서 순교하신 주기철 목사님이 전하신 '그리스도인이 준비해야 할 죽음에 대한 3가지 사항'입니다.

1. 사망을 두려워하지 않도록 준비해야 합니다.

   하나님을 만나고 말씀과 양심을 따라 행동한 사람은 죽음을 두려워할 이유가 없습니다.

2. 사망이 슬픔만을 남기지 않도록 준비해야 합니다.

   세상 사람은 소망이 없기에 죽음은 슬픔만을 남기지만 영광의 천국으로 떠난 성도의 사망은 오히려 기쁨을 남깁니다.

3. 재물을 하늘에 쌓으며 준비해야 합니다.

   재물을 쌓아둔 사람은 땅에만 연연하게 됩니다. 재물을 하늘에 쌓아 천국을 준비하십시오.

   그리스도인의 죽음은 영원한 소멸이 아닌 영생의 시작입니다.

   그리스도인의 죽음은 슬픔과 눈물이 아닌 기쁨과 소망을 남깁니다.

   진정한 고향으로 떠날 그날을 준비하십시오. 아멘!

♡ 주님, 언젠가 다가올 죽음을 잘 준비하면서 주님을 위해 살아가게 하소서.

▨ 오늘 세상을 떠난다 해도 두려워하거나 후회하지 않는 삶을 삽시다.

나의 영적 일지

하나님과 나 사이

읽을 말씀 : 로마서 5:1-11

● 롬 5:1 그러므로 우리가 믿음으로 의롭다 하심을 얻은즉 우리 주 예수 그리스도로 말미암아 하나님으로 더불어 화평을 누리자

    미국의 청소년들과 해외 선교에 일생을 바쳤던 짐 월튼(*Jim Walton*) 목사님이 콜롬비아 라바사바의 원주민들을 위한 신약 성경을 번역하고 있을 때의 일입니다.
    목사님은 대부분의 성경을 원주민어로 무리 없이 번역하고 있었지만 십자가의 구원을 설명할 '화평'이라는 단어의 대체어를 찾지 못해 근심하고 있었습니다.
    어느 날 목사님은 추장이 어떤 사람의 실수에 대해 크게 화를 내며 "나는 지금 너와 한마음이 아니다. 마음이 가로막혀 있다"라는 말을 반복하는 것을 들었습니다.
    목사님은 '불화'의 반대말을 물어보면 '화평'의 뜻을 알 수 있을 것 같아서 추장에게 다음과 같이 물었습니다.
    "그렇다면 한마음일 때는 어떤 상태입니까?"
    "당신과 내가 한마음이라는 것은 우리 사이를 막고 있는 것이 아무것도 없음을 뜻합니다."
    원주민어로 한마음은 성경이 말하는 화평의 뜻과 일맥상통했습니다.
    죄 때문에 하나님과 우리 사이가 한마음이 아니라는 뜻을 원주민들은 잘 이해했고 목사님이 번역한 성경으로 많은 사람들이 복음을 믿고 받아들였습니다.
    하나님과 우리 사이를 가로막고 있는 죄를 해결하실 수 있는 분은 오직 예수 그리스도이십니다. 주님의 십자가 희생으로 인해 뚫려 있는 하나님과 우리의 관계를 죄로 인해 다시 가로막는 어리석은 성도가 되지 마십시오. 아멘!

♡ 주님, 주님과 화평케 될 수 있는 유일한 복음을 온전히 전하게 도우소서.
🧩 주님과 우리 사이에 죄가 끼어들지 않도록 조심합시다.

나의 영적 일지

나를 위해 오신 주

읽을 말씀 : 요한일서 4:7-12

● 요일 4:9 하나님의 사랑이 우리에게 이렇게 나타난바 되었으니 하나님이 자기의 독생자를 세상에 보내심은 저로 말미암아 우리를 살리려 하심이니라

생계가 어려운 한 청년이 거리에서 구걸을 하고 있었습니다.

하루 종일 구걸을 해도 별 소득이 없어 배를 곯고 있었는데 갑자기 커다란 덩치의 한 남자가 앞을 가로막았습니다. 사실 남자는 청년의 처지가 딱해 여러 음식이 담긴 바구니를 전해주려고 다가온 것이었습니다.

그러나 남자의 덩치를 보고 겁을 먹은 남자는 바로 뒤돌아 달리기 시작했습니다. 청년의 딱한 처지를 그냥 두고 볼 수 없었던 남자는 바구니를 들고 청년을 따라 뛰었습니다. 잠시만 기다려 달라고 목이 터져라 외치며, 바구니에 먹을 것이 있으니 가져가라고 아무리 소리를 쳐도 청년은 뒤도 돌아보지 않고 도망쳐 어느 골목으로 사라지고 말았습니다.

마틴 루터가 여러 신학자들과 나눈 대화록 '탁상 담화'에서 하나님과 인간의 관계를 설명하기 위해 든 예화입니다.

하나님은 인간에게 은혜와 자비, 축복을 베풀려고 다가오시지만 인간은 하나님을 오해하며 외면하고, 때로는 도망칩니다.

성경의 모든 계명과 율법은 우리를 살리기 위한 하나님의 사랑이지 징계를 위함이 아닙니다.

먹을 것이 담긴 바구니와는 비교도 할 수 없는 놀라운 큰 복을 주기 위해 하나님은 오늘도 사랑을 가득 품고 우리를 찾아오십니다.

오직 우리를 위해 준비하신 하나님의 놀라운 사랑을 오해하지 말고 속히 받으십시오. 아멘!

🤍 주님, 잘못된 생각으로 하나님의 사랑을 오해하지 않게 도와주소서.

📖 하나님을 오해하고 하나님이 주신 큰 복을 못 받은 것은 없는지 생각해 봅시다.

나의 영적 일지

성경이 가르치는 대화법

읽을 말씀 : 야고보서 1:19-27

● 약 1:19 내 사랑하는 형제들아 너희가 알거니와 사람마다 듣기는 속히 하고 말하기는 더디 하며 성내기도 더디 하라

비대면 시대가 장기화되면서 사람과 사람 사이의 소통이 줄어들며 혼자 있는 것을 선호하는 사람들이 늘어나고 있다고 합니다.

그러나 하나님은 인간을 사회적 존재로 창조하셨습니다.

어렵고 힘들어도 우리는 서로 소통하며 교제해야 합니다.

다음은 성경이 가르치는 「지혜로운 7가지 대화법」입니다.

1. 상대방이 말을 끝내기 전에 대답하지 않는다(약 1:19).
2. 서두르지 말고 깊이 생각한 뒤 대답한다(잠 29:20).
3. 사랑을 담아 진실되게 말한다(골 3:9).
4. 의견을 전달할 때 언성을 높이지 않는다(롬 13:13).
5. 부드럽고 친절하게 응대한다(엡 4:26).
6. 상대방이 나를 비난한다고 해서 똑같이 대응하지 않는다(벧전 2:23).
7. 상대를 책망하거나 비판하지 말고 격려함으로 세워준다(살전 5:11).

어렵다고 포기하면 교제를 통해 누릴 수 있는 놀라운 유익들을 얻지 못하고 점점 더 먼 길로 돌아가게 됩니다.

하나님이 창조하신 원리를 성경을 통해 배우고 힘들어도 이를 위해 노력하는 것이 참된 행복의 비결입니다. 조금 힘들고, 어려워도 성경이 가르치는 지혜를 통해 서로의 마음을 통하고, 뜻을 합치며 거룩한 하나님의 나라를 경험하는 참된 교제를 사모하는 성도가 되십시오. 아멘!

🖤 주님, 주님의 마음을 주시고 온유하고 겸손하며 성내지 않게 하소서.
🧩 성경의 가르침대로 지혜롭게 대화하며 서로 교제합시다.

나의 영적 일지

지금 있는 것으로

읽을 말씀 : 신명기 23:15-25

● 신 23:20 타국인에게 네가 꾸이면 이식을 취하여도 가하거니와 너의 형제에게 꾸이거든 이식을 취하지 말라 그리하면 네 하나님 여호와께서 네가 들어가서 얻을 땅에서 네 손으로 하는 범사에 복을 내리시리라

오스트리아 빈의 한 레스토랑에서 있었던 일입니다.

이 레스토랑은 전 유럽의 전도유망한 음악가들이 모이는 장소로 유명했습니다. 그런데 어느 추운 겨울날 한 거지가 들어와 사람들에게 성냥을 사달라고 부탁했습니다. 사람들은 대부분 거절했고 고급 레스토랑에 거지가 어쩐 일이냐며 화를 내는 사람도 있었습니다.

거지는 결국 단 하나의 성냥도 팔지 못했습니다.

빈손으로 나가던 거지는 문 옆의 '가난한 예술가들을 위한 지원금'이라고 쓰여 있는 모금함을 보고는 자기가 가진 성냥 하나를 넣고 나갔습니다. 돈도 못 벌고 수치까지 당했지만 지금 있는 것으로 누군가를 돕기 위한 마음의 성냥 하나였습니다.

이 모습을 본 유일한 사람은 폴란드의 세계적인 피아니스트 파데레프스키(Paderewski)였습니다.

파데레프스키는 자기 인생의 가장 큰 교훈을 그때 얻었다고 말하곤 했습니다.

누구나 당장 다른 사람을 도울 수 있는 것이 있다는 사실을 거지의 성냥 한 갑을 통해 배운 파데레프스키는 훗날 더 많은 사람을 돕기 위해 정계에 진출했고 폴란드 초대 총리의 자리에 올랐습니다.

여유의 차이는 마음의 차이에서 옵니다.

줄 수 있는 것은 주고, 도울 수 있는 것은 기꺼이 돕는, 주님이 말씀하신 사랑을 실천하는 삶을 살아갑시다. 아멘!

♡ 주님, 어려운 이웃에게 나의 가진 것을 나누어 주님을 빛나게 하소서.

▩ 내가 어려운 이웃과 나눌 수 있는 것이 무엇인지 찾아봅시다.

나의 영적 일지

7월

"내 영혼아 네가 어찌하여 낙망하며
어찌하여 내 속에서 불안하여 하는고
너는 하나님을 바라라
그 얼굴의 도우심을 인하여 내가 오히려 찬송하리로다"

– 시편 42편 5절 –

북녘 지하교회 성도들의 헌금

읽을 말씀 : 시편 19:1-6

● 시 19:4 그 소리가 온 땅에 통하고 그 말씀이 세계 끝까지 이르도다 하나님이 해를 위하여 하늘에 장막을 베푸셨도다

『북한에서 극동방송이 잘 들리고, 또 몰래 방송을 듣는 분들이 많다는 것은 남한에 정착한 탈북민들을 통해 입증된 지 오래입니다. 그리고 인편을 통해 북한 내에서 방송을 잘 듣고 있다는 편지도 간헐적으로 전해 받고 있습니다. 그만큼 북한선교에 있어서, 복음 전파에 있어서 극동방송이 큰 역할을 하고 있습니다.

지난해에는 '베드로와 형제들'이라는 이름으로 편지는 물론이고 중국 돈 500위안의 헌금이 당도해 우리를 깜짝 놀라게 했습니다. 우리가 그분들에게 후원을 해줘야 하는데 오히려 후원을 받는 상황이 됐습니다.

이유는 단 한 가지였습니다.

극동방송이 전하는 하나님의 말씀과 기도가 북녘땅뿐 아니라 그들을 살리기 때문이라면서 이렇게 고백했습니다.

"마음의 감동을 받고 갇혀서 숨죽여 아버지(하나님)를 찾는 이곳 형제들의 마음을 담아 작은 헌금을 드리오니 생명을 살리는 귀한 일에 쓰임 받기를 바랍니다."

이분들의 헌금을 하나님께서 분명히 받으신 줄 믿습니다.

그리고 이분들의 소원대로 이 헌금이 생명 살리는 일에, 특히 북녘 동포들의 생명을 살리는 일에 사용될 것입니다.』 –「김장환 목사의 인생 메모」 중에서

"극동방송을 듣게 하세요. 기적이 일어납니다.

우리는 지금 생명을 전하고 있습니다."

극동방송 프로그램이 끝날 때마다 아나운서들이 선포하는 이 방송 문구가 국내의 청취자들뿐 아니라 북녘 성도들에게도 동일하게 전해지고 있고, 실재가 되고 있습니다. 날이 갈수록 구원받는 사람이 많기를 기도합시다. 아멘!

♡ 주님, 하루속히 복음으로 평화통일이 이루어지게 하소서.

🧎 하루에 잠시라도 북녘 동포들의 구원과 자유를 위해 기도합시다.

나의 영적 일지

양식을 주소서

읽을 말씀 : 누가복음 11:1-10

●눅 11:3 우리에게 날마다 일용할 양식을 주옵시고

누가복음 11장의 주님이 가르쳐주신 기도에 나오는 '일용할 양식'은 그리스도인에게 단순한 '음식' 이상의 의미가 담겨 있습니다.

다음은 릭 워렌(Rick Warren) 목사님이 말한 「주기도문의 일용할 양식의 4가지 의미」입니다.

1. 세상에서 해야 할 일

   세상에서 살아가는 그리스도인은 세상에서 일을 해야 합니다. 가만히 있을 때 저절로 얻게 되는 양식이 아닌, 일을 통해 얻는 양식입니다.

2. 하나님의 말씀

   몸을 위한 양식이 필요하듯 영을 위한 양식이 필요하며 이 양식은 곧 성경에 기록된 말씀입니다.

3. 가족과 성도와의 교제

   하나님이 허락하신 가정과 동역자들과의 교제 또한 삶에 필요한 양식입니다.

4. 구원

   최후의 만찬에서 예수님은 제자들에게 떡을 떼어 주며 자신의 몸이라고 말씀하셨습니다. 주님을 통해 얻게 된 구원을 잊지 않고 살아갈 때 주님을 의지하며 살아가게 됩니다.

하나님께 기도함으로 우리에게 필요한 것이 무엇인지 알고 필요한 것을 채우며 살아갈 수 있습니다. 주님이 가르쳐주신 기도를 통해 날마다 필요한 양식을 공급받으십시오. 아멘!

🤍 주님, 이 어려운 때에도 매일 일용한 양식을 주시는 주님을 찬양하게 하소서.

🧎 식사할 때 일용할 양식의 의미를 생각하며 감사합시다.

나의 영적 일지

죽음이라는 두려움

읽을 말씀 : 로마서 5:12-21

● 롬 5:12 이러므로 한 사람으로 말미암아 죄가 세상에 들어오고 죄로 말미암아 사망이 왔나니 이와 같이 모든 사람이 죄를 지었으므로 사망이 모든 사람에게 이르렀느니라

프랑스의 수학자이자 신학자인 파스칼(Blaise Pascal)은 "누구나 죽음을 피할 수 없다는 사실을 모두가 알고 있지만 그 죽음이 무엇인지에 대해서는 아무도 모른다"라고 말했습니다.

이 말처럼 시한부 환자들의 고백에 따르면 죽음에 대한 두려움은 인간이 결코 극복할 수 없는 영역임을 알게 됩니다.

다음은 미국의 호스피스 전문 의사 윌리엄 레이머(William Lamers)가 조사한 「죽음을 앞둔 사람들이 마주하는 7가지 두려움」입니다.

1. 고독에 대한 두려움
2. 사랑하는 사람을 볼 수 없게 된다는 두려움
3. 나를 잃게 되는 것에 대한 두려움
4. 육체적, 정신적 고통에 대한 두려움
5. 더 이상 마음대로 살아갈 수 없음에 대한 두려움
6. 죽음이 무엇인지 모른다는 두려움
7. 사후에 대한 진실, 혹은 진리가 무엇인지 모른다는 두려움

죄의 결과인 죽음을 인간은 스스로의 힘으로 결코 극복할 수 없습니다.

그런 우리를 위해 하나님은 구원의 방법을 내려주셨습니다. 죄를 깨닫고도 회개하지 않는 사람은 불속으로 뛰어드는 나방 같은 사람입니다.

우리를 살리기 위해 우리 대신 죽으신 주님의 보혈의 공로를 믿음으로 사망의 두려움을 이겨내고 참된 자유를 얻으십시오. 아멘!

💙 주님, 죽음에 대한 공포로 두려워하는 사람들에게 복음을 전하게 하소서.

🎴 죽음이 여전히 두렵다면 다시 한 번 믿음을 확증합시다.

나의 영적 일지

양같이, 염소같이

읽을 말씀 : 요한복음 10:1-6

● 요 10:3 문지기는 그를 위하여 문을 열고 양은 그의 음성을 듣나니 그가 자기 양의 이름을 각각 불러 인도하여 내느니라

양은 기본적으로 게으르고 순합니다.

이런 천성 때문에 개에 이어서 2번째로 가축화가 빨리 된 동물입니다.

양은 무리에 리더를 세우지 않고 풀이 떨어져도 사는 지역을 옮기지 않을 정도로 한자리에만 머무는 걸 좋아합니다.

다만 목자의 음성은 기가 막힐 정도로 정확하게 구분하며 무리와 다른 가축이 있을 때에는 리더로 인정하고 따릅니다.

아무리 다른 사람이 목자와 비슷한 옷을 입고 비슷한 목소리로 흉내를 내도 양은 절대로 목자가 아닌 다른 사람의 목소리에 반응하지 않습니다.

이런 습성 때문에 예로부터 목자들은 양 무리에 염소를 한 마리씩 넣어서 키웠습니다.

영민하고 부지런한 염소가 양들의 리더가 되면 목자는 염소를 길들여 수많은 양들을 푸른 초장이 있는 곳으로 쉽게 이동시킬 수가 있었기 때문입니다.

우리는 양과 같이 주님의 음성을 기억하며 선한 목자이신 주님을 따라야 합니다. 그러나 세상에서는 염소와 같이, 세상 사람들을 주님의 말씀대로 이끌어야 합니다.

사람들을 주님께로 인도하는 이 중대한 역할은 선한 목자의 인도하심을 받는 우리가 해야 할 마땅한 일입니다.

양과 같이 주님을 섬기며 염소와 같이 사람들을 선한 길로 이끄는 지혜롭고 순결한 그리스도인이 되십시오. 아멘!

🖤 주님, 선한 목자이신 주님의 음성을 구별하는 지혜로운 양이 되게 하소서.

🖼 나는 양에 속하는지, 염소에 속하는지, 혹은 갈팡질팡하는지 점검해 봅시다.

나의 영적 일지

7월 5일

버려야 강해진다

읽을 말씀 : 누가복음 18:18-30

● 눅 18:22 예수께서 이 말을 들으시고 이르시되 네가 오히려 한 가지 부족한 것이 있으니 네게 있는 것을 다 팔아 가난한 자들을 나눠 주라 그리하면 하늘에서 보화가 네게 있으리라 그리고 와서 나를 좇으라 하시니

알렉산더 대왕의 군대가 '무적'의 칭호를 얻으며 연전연승을 하고 있을 때입니다. 세계를 정복하려는 야망을 품었던 알렉산더 대왕은 이미 오랜 기간 전쟁을 치렀음에도 멈추지 않고 당시 초강대국이던 페르시아와의 일전을 위해 말머리를 돌렸습니다.

그런데 가장 중요한 전투를 향해가고 있음에도 군사들의 행군 속도가 현저히 떨어졌습니다.

부대 전체를 시찰해보니 무적의 부대라는 칭호에 어울리지 않게 병사들의 표정은 이미 패전이라도 한 것처럼 근심이 가득했습니다.

그동안의 승전으로 이미 많은 보화를 손에 얻었기 때문입니다.

이대론 승산이 없다고 생각한 알렉산더 대왕은 행군을 멈추고 병사들의 모든 보화를 한데 모아 불태웠습니다.

병사들은 불만이 가득했지만 왕의 명령을 거스를 수는 없었습니다.

짐을 비운 알렉산더 대왕의 군대는 다시 예전의 무적 군대로 돌아갔고 엄청난 수적 열세에도 불구하고 페르시아를 정복했습니다. 그리고 그 대가로 병사들은 불에 태웠던 보화와는 비교할 수 없을 정도로 큰 보상을 받았습니다.

군대의 목적은 돈을 많이 버는 것이 아니라 전쟁에서 승리하는 것입니다.

그리스도인의 목적 역시 마찬가지입니다.

세상에서의 부귀영화가 아닌 말씀을 따라 복음을 전하며 영적 전쟁에서 승리하는 주님의 강한 군사가 되십시오. 아멘!

💜 주님, 세상에서 승리하는 주님의 군사가 되게 하소서.
🖼 나의 영적 생활을 방해하는 세상의 보화들을 서둘러 정리합시다.

나의 영적 일지

0.1%의 힘

읽을 말씀 : 마태복음 5:13-20

● 마 5:13 너희는 세상의 소금이니 소금이 만일 그 맛을 잃으면 무엇으로 짜게 하리요 후에는 아무 쓸데 없어 다만 밖에 버리워 사람에게 밟힐 뿐이니라

지금으로부터 약 100년 전인 1899년 한 군수가 다른 지역으로 발령이 났음에도 거부하는 일이 있었습니다.

지금이랑 체계는 조금 다르지만 오늘날의 공무원과 같은 직급이었음에도 군수는 그 지역으로는 절대 갈 수 없으니 다른 곳으로 옮겨 달라고 항명했습니다. 군수가 밝힌 거절 이유는 다음과 같았습니다.

"그 지역에는 예수님 믿는 사람들이 너무 많아서 갈 수가 없습니다.

예수님을 믿는 사람들은 하나님을 믿고 사람을 사랑하며 불의를 행하지 않습니다.

법과는 다른 관행도 인정하지 않습니다.

다른 군수들은 어디를 가도 조금씩 위세를 부리고 이래저래 돈을 버는 데 나만 그곳으로 가서 고생을 할 수는 없습니다."

1899년 3월 1일 '대한 그리스도인 회보'에 실린 실제 기사를 요즘 쓰는 언어로 구성한 내용입니다.

놀라운 사실은 당시 그리스도인은 한국에 약 1만 명 정도로 0.1%의 비율도 되지 않았다는 점입니다. 단 0.1%였지만 하나님을 섬기며, 사람을 사랑하고, 불의와 타협하지 않는 사람이 그리스도인이라는 것을 전 국민이 알고 있었듯이 나부터 먼저 말씀대로 살아가는 참된 그리스도인이 되십시오.

음식에 가장 적게 들어가는 소금이 가장 중요한 역할을 하는 것처럼 세상의 요소요소에 천국의 맛을 내는 소금과 같은 성도가 되십시오. 아멘!

♡ 주님, 저도 하나님을 믿고 사람을 사랑하며 불의를 행하지 않게 하소서.

▩ 세상의 도가 아닌 하나님의 도를 따르는 소금 같은 그리스도인이 됩시다.

나의 영적 일지

복음의 전달자

읽을 말씀 : 이사야 40:1-11

● 사 40:9 아름다운 소식을 시온에 전하는 자여 너는 높은 산에 오르라 아름다운 소식을 예루살렘에 전하는 자여 너는 힘써 소리를 높이라 두려워 말고 소리를 높여 유다의 성읍들에 이르기를 너희 하나님을 보라 하라

코르시카(Corsica I.)의 섬 출신이었던 나폴레옹은 사투리가 워낙 심해서 본토 프랑스 사람들은 제대로 알아듣기가 어려웠고 오히려 이탈리아 사람들이 더 잘 알아들었다고 합니다. 심지어 글씨도 악필이어서 명령서나 편지를 보고도 제대로 해석하는 사람이 몇 명 없었습니다.

그런 나폴레옹이 프랑스의 황제가 되고 많은 전투를 승리로 이끌 수 있었던 것은 베르티에(Fusil Berthier Mle)라는 참모 덕분이었습니다. 베르티에는 나폴레옹의 사투리와 글씨를 완벽하게 해석해 부대의 장교들에게 전달하는 탁월한 능력을 갖고 있었습니다.

참패를 당했던 나폴레옹의 마지막 전투인 '워털루 전투'에는 베르티에가 이미 죽고 없었습니다. 때문에 많은 역사학자들은 당시 나폴레옹이 진 가장 큰 이유를 말과 글을 제대로 번역해 줄 '베르티에의 부재'로 꼽았습니다.

베르티에가 죽었다는 소식을 들은 나폴레옹이 가장 먼저 한 말은 "이제 내 말을 누가 전달해 준단 말이냐"였습니다.

우리의 죄를 용서해 주기 위해 세상에 오신 예수님의 복음을 믿어서 구원받은 우리들은 그 기쁜 소식을 세상에 전해야 하며 삶으로 번역해야 합니다.

아는 사람이 전하지 않으면 모르는 사람들은 들을 수가 없습니다.

복음의 기쁜 소식을 아는 모든 사람들은 마땅히 전해야 할 책임이 있습니다.

예수님의 사랑이 우리를 구원했음을 전하며, 그 사랑이 우리의 삶을 얼마나 행복하게 변화시키는지 세상에 전하십시오. 아멘!

💙 주님, 말씀을 듣고 온전히 깨달아질 수 있는 지혜를 주소서.

🖼 언제나 복음을 전할 수 있도록 먼저 복음에 대해 공부합시다.

나의 영적 일지

최선을 다했다면

읽을 말씀 : 고린도전서 4:1~13

● 고전 4:2 그리고 맡은 자들에게 구할 것은 충성이니라

이탈리아의 천재 작곡가 조아키노 로시니(Gioacchino Rossini)가 14일 만에 자신 있게 한 작품을 완성했습니다.

그 당시 이미 천재 작곡가로 명성을 날리던 로시니의 작품을 보러 많은 관객들이 찾았으나 초연의 반응이 너무나 좋지 않았습니다.

관객들의 야유와 평론가들의 질타를 받은 배우들은 막이 내리자마자 로시니의 집에 찾아가 큰일이 났다며 야단을 떨었습니다.

"초연을 했을 뿐인데 반응이 너무 안 좋습니다.

작품이 완전히 실패한 거 같은데 나머지 일정을 어떻게 합니까?"

"우린 이미 최선을 다했습니다. 그래도 실패한다면 다음에 더 좋은 작품을 쓰면 됩니다. 오늘은 푹 주무시고 내일도 최선을 다해 공연을 준비합시다."

그런데 다음날부터 관객들의 평가와 반응이 극명하게 달라지며 작품은 대성공을 거뒀습니다. 초연의 반응으로 공연을 취소하거나 의기소침했다면 지금도 세계에서 가장 많이 실연되는 오페라인 「세빌리아의 이발사」는 세상에 존재하지 않았을지도 모릅니다.

사람들의 반응과 결과에 민감하게 반응하다 보면 최선을 다하는 것이 힘들 수 있습니다.

우리에게 사명과 지상명령을 주신 예수님만 바라보며 오늘 우리에게 주신 말씀에 최선을 다해 다만 순종하십시오. 아멘!

💛 주님, 세상의 평가보다는 주님의 뜻이 무엇인지를 알고 따르게 하소서.

🙇 사람의 평가보다는 하나님의 뜻을 따릅시다.

나의 영적 일지

담대히 권하라

읽을 말씀 : 고린도전서 9:11-18

● 고전 9:14 이와 같이 주께서도 복음 전하는 자들이 복음으로 말미암아 살리라 명하셨느니라

미국과 소련이 한창 냉전 중이던 때였습니다.

모스크바에서 열린 세계 엑스포 개막식에 앙숙이던 흐루쇼프(Nikita Khrushchyov) 러시아 대통령과 닉슨(Richard Nixon) 미국 대통령이 한자리에 앉아 세계의 이목이 집중되었습니다.

두 대통령은 의례적으로 악수를 나눴는데 이때 미국 사절단으로 함께 방문한 펩시콜라의 마케팅 담당 도널드 캔들이 갑자기 끼어들며 흐루쇼프에게 말을 걸었습니다.

"펩시 한잔하시지 않겠습니까?"

자칫하면 큰 결례가 될만한 장면이었습니다.

당시 소련은 공산국가였고 콜라는 자본주의의 상징이었습니다. 그러나 흐루쇼프는 잔을 받았고 심지어 닉슨과 건배까지 했습니다. 이때 찍힌 한 장의 사진으로 펩시의 판매량은 치솟았고 매우 오랜 기간 러시아에서 음료 시장 점유율 1위를 지켰습니다.

당시 어떤 심정으로 흐루쇼프에게 펩시를 건넸냐는 질문에 캔들은 "나의 마케팅 비결은 오직 하나 자신감뿐입니다"라고 대답했습니다.

우리가 복음을 전할 때에도 이와 같은 담대함이 필요합니다.

설령 대통령을 만날지라도 굴하지 않고 담대히 마땅히 전해야 할 것을 전하는 담대한 그리스도의 제자가 되십시오. 아멘!

♡ 주님, 두려움 없이 복음을 전할 수 있는 담대한 마음을 주소서.

🖼 누구에게나 담대하게 복음을 전할 수 있는 용기를 달라고 기도합시다.

나의 영적 일지

주님의 향기를 풍겨라

7월 10일

읽을 말씀 : 고린도후서 2:12-16

● 고후 2:14 항상 우리를 그리스도 안에서 이기게 하시고 우리로 말미암아 각처에서 그리스도를 아는 냄새를 나타내시는 하나님께 감사하노라

미국의 공중보건 전문가 스티븐 루비(Steven Ruby)가 파키스탄의 카라치 빈민가에 파견을 나갔을 때의 일입니다.

공중보건이 존재하지 않는다고 여겨질 정도로 위생시설은 열악했고 각 가정의 위생환경도 최악이었습니다.

스티븐은 팀원들과 이 지역을 면밀히 조사한 후 사람들이 손만 잘 씻어도 대부분의 병을 예방할 수 있다고 결론을 내렸습니다.

스티븐과 팀원들은 시민들을 찾아다니면서 비누를 나눠주고 손 씻기의 중요성을 알렸는데 시민들은 이미 충분한 비누를 가지고 있었고 손을 수시로 씻어야 한다는 사실도 알고 있었습니다.

다만 비누의 질이 나빠 거품이 나지 않는 것이 문제였습니다.

씻고 난 뒤에 피부가 건조해지며 오히려 악취까지 났습니다.

스티븐은 미국의 한 기업의 도움을 받아 거품도 잘 나고 향도 좋은 비누를 '세이프가드'라는 이름으로 공급했고, 향이 나는 좋은 비누를 받은 사람들은 별다른 지시 없이도 수시로 손을 씻어 많은 위생 문제가 해결됐습니다.

복잡한 사실보다 잠시의 향기가 더 강력할 때가 있습니다.

우리의 말 한마디, 행동 하나에도 예수님의 복음의 향기가 묻어난다면 우리와의 만남에 만족한 세상 사람들도 자연스레 복음에 관심을 가지게 될 것입니다. 가는 곳, 만나는 사람마다 예수님의 향기를 풍기십시오. 아멘!

🩷 주님, 기독교가 다시 사랑의 종교로 여겨질 수 있게 성도들의 삶을 인도하소서.

🖼 향기를 맡을 때마다 내게도 그리스도의 향기가 있는지 살펴봅시다.

나의 영적 일지

7월 11일

한 번 더 도전하라

읽을 말씀 : 마가복음 9:17-29

● 막 9:23 예수께서 이르시되 할 수 있거든이 무슨 말이냐 믿는 자에게는 능치 못할 일이 없느니라 하시니

100년 전 역사상 가장 빠른 마라톤 선수로 불린 알렉시스 알그렌(Alexix Ahlgren)이 세운 기록은 2시간 36분이었습니다.

이후 과학과 훈련법의 발달로 마라톤 기록은 2시간 초반대로 단축됐지만 연구를 하면 할수록 2시간은 인간이 결코 넘을 수 없는 벽이라고 여겨졌습니다.

스포츠 생리학자들은 마라톤은 결코 2시간 이내 완주할 수 없다는 의미로 '마라톤 서브 2'라는 단어를 만들었습니다.

그러나 케냐의 국민 영웅이자 올림픽 금메달리스트 킵초게(Eliud Kipchoge)는 2시간의 벽을 깰 수 있다고 호언장담했습니다. 많은 회의적인 시선과 우려 속에 1차 시도를 했지만 2시간 25초의 아쉬운 기록으로 실패했습니다.

사람들은 이때다 싶어 "그럴 줄 알았다"라는 반응을 보였지만 킵초게는 "이제 25초만 더 단축하면 된다"라며 다시 훈련에 매진했고 2년 뒤 1시간 59분 40초의 기록으로 마의 2시간의 벽을 마침내 넘었습니다.

모든 사람들의 회의적인 시선을 이겨내고 할 수 있다고 믿음으로 이루어낸 불굴의 기적이었습니다.

할 수 없다고 하는 사람의 인생에는 아무런 변화도 일어나지 않지만 할 수 있다고 도전하는 사람의 인생에는 하나님의 놀라운 능력이 임합니다.

무엇이든 할 수 있는 힘을 주시겠다고 약속하신 주님을 믿고 오늘도 한 번 더 도전하십시오. 아멘!

💙 주님, 주님이 도우시면 불가능이 없음을 믿고 담대하게 살게 하소서.

🙏 전지전능하신 주님이 나를 도우신다는 믿음으로 계속해서 도전합시다.

나의 영적 일지

온 마음을 다하여

읽을 말씀 : 신명기 6:1-9

● 신 6:5 너는 마음을 다하고 성품을 다하고 힘을 다하여 네 하나님
여호와를 사랑하라

지금은 '세계 성경 번역 선교회'로 이름이 바뀐 위클리프 선교회(*Wycliffe Bible Tra nslators*)는 성경을 모든 나라의 언어로 번역하는 사명을 가진 선교사들이 모인 곳입니다.

선교사들은 아무리 인구가 적은 부족이라 하더라도 몇 년간 부족과 함께 살면서 그곳의 언어로 성경을 번역합니다. 길게는 10년 이상 걸리는 매우 고된 일입니다.

이 선교회의 한 선교사가 남미의 어떤 소수 부족으로 파견됐는데 '순종'이란 단어를 어떻게 번역해야 할지 갈피를 못 잡고 있었습니다.

그러던 어느 날 부족의 한 아버지와 아들의 대화를 듣게 됐습니다.

아버지는 아들에게 중요한 심부름을 시키면서 다음과 같이 당부했습니다.

"마음을 나누지 말고, 네 모든 마음으로 그 일을 하고 와라."

선교사가 듣기에는 이보다 더 완벽한 순종은 없었습니다.

이 말에 감동을 받은 선교사는 그 부족을 위한 성경에 '순종'을 "마음을 나누지 않고 모든 마음으로 따르라"라고 번역했다고 합니다.

말씀과 세상 사이로 마음을 나누지 않고 온전히 하나님을 향해 마음을 모으는 것이 바로 순종입니다.

세상에 마음을 주면서 하나님을 섬길 수는 없습니다.

세상에 마음을 빼앗기지 말고 전심으로 하나님을 구하며 말씀을 묵상하십시오. 아멘!

💗 주님, 세상에 마음을 빼앗기지 않고 주님만을 섬기게 하소서.
🖼 두 마음이 아닌 한 마음으로 주님을 예배합시다.

나의 영적 일지

하늘의 고향

읽을 말씀 : 요한복음 14:1-7

● 요 14:2 내 아버지 집에 거할 곳이 많도다 그렇지 않으면 너희에게 일렀으리라 내가 너희를 위하여 처소를 예비하러 가노니

지중해 지역을 철을 따라 이동하는 들오리들이 있었습니다.

그중 한 마리가 잠시 땅을 내려다보니 지중해의 들판은 정말로 아름다웠습니다. 따스한 햇살에 작은 집들이 옹기종기 모여 있었고 가축들은 풀밭에서 평화로이 모이를 먹고 있었습니다.

멋진 풍경에 마음을 빼앗긴 들오리는 날개가 아프다는 핑계로 잠시 지중해의 들판에 내려앉았습니다.

지중해의 가축들은 들오리를 융숭하게 대접했고 들오리는 멋진 풍경을 만끽하며 하루하루를 즐겼습니다.

1년이 지나고 하늘을 날아가는 오리 떼들을 목격한 들오리는 문득 다시 고향으로 돌아가고 싶어졌습니다.

다시 하늘을 날기 위해 열심히 달리다 힘차게 날갯짓을 했지만 몸이 너무 무거워져 하늘을 날 수가 없었습니다.

들오리는 매년 이동하는 오리 떼를 보며 고향을 그리워했지만 몸은 더 무거워져 가 영영 하늘을 날 수 없는 몸이 되어버렸습니다.

천국을 소망하지 않고 세상의 삶에 안착하는 그리스도인을 비판하기 위해 철학자 키에르케고르(Aabye Kierkegaard)가 쓴 우화입니다.

세상은 우리가 잠시 머무르는 정착지일 뿐 종착지가 아닙니다. 구원받은 성도의 고향은 이 세상이 아닌 영원한 하늘나라임을 기억하십시오. 아멘!

🖤 주님, 저의 본향은 천국임을 시시때때로 기억하고 사모하게 하소서.

🔖 천국에 갈 확신을 가지고 소망하며 살고 있는지 생각해 봅시다.

나의 영적 일지

무엇이 더 소중한가

읽을 말씀 : 사도행전 20:22-32

● 행 20:24 나의 달려갈 길과 주 예수께 받은 사명 곧 하나님의 은혜의 복음 증거하는 일을 마치려 함에는 나의 생명을 조금도 귀한 것으로 여기지 아니하노라

중국이 혼란하던 시기 나라를 위해 고군분투하던 명장이 있었습니다.

대부분의 적군을 물리치고 나라가 다시 안정을 찾아갈 때쯤 다시 한번 찾아온 전투에서 명장은 대승을 거두었습니다.

전란의 시대가 머지않아 끝날 것을 예감한 장군은 오랜만에 막사에서 차를 한 잔 마셨습니다. 전시에는 쓰지 않던 장군이 아끼는 귀한 찻잔이었는데 차를 마시는 도중 실수로 잔을 깰 뻔했습니다. 순간 가슴이 철렁했던 장군은 잠시 생각에 빠지더니 이윽고 찻잔을 던져서 깨버렸습니다.

이 소리를 듣고 놀란 참모가 달려와 물었습니다.

"이렇게 기쁜 날 아끼는 찻잔을 왜 깨십니까?"

"그동안 전쟁에서 내 명령을 따르다가 수많은 병사들이 목숨을 잃었다.

그들의 죽음은 당연한 것으로 여겨 마음이 아무렇지도 않았는데 이깟 찻잔 하나에 가슴이 철렁하다니 나를 용서할 수가 없다."

다시 한번 마음을 잡게 된 명장은 곧 전란을 평정하고 다시 나라의 평안을 되찾아왔습니다.

무엇이 더 소중한 지 결정하는 것은 우리의 말과 생각이 아닌 바로 행동입니다.

우리를 위해 세상을 창조하시고 독생자를 보내신 전지전능하신 하나님을 정말로 우리 삶에 가장 귀하고 소중한 가치로 여기는지 돌아보십시오. 아멘!

🤍 주님, 주님의 위대하심을 기억하며 주님을 위해 위대한 일을 하게 하소서.

🖼 예수 그리스도의 보혈보다 더 중요하게 여기는 것이 있는지 생각해 봅시다.

나의 영적 일지

열정의 방향

읽을 말씀 : 빌립보서 3:10-16

● 빌 3:14 푯대를 향하여 그리스도 예수 안에서 하나님이 위에서 부르신 부름의 상을 위하여 좇아가노라

20세기 최고의 바이올리니스트로 꼽히는 프리츠 크라이슬러(Fritz Kreisler)는 어린 시절 잠시 바이올린을 연주하다가 원래 꿈이던 군인이 됐습니다.

전쟁에 참전했다가 큰 부상을 당한 크라이슬러는 인생의 갈피를 잡지 못해 방황했지만 어린 시절 배웠던 바이올린이 생각나 다시 연주를 시작했습니다.

시작도 늦었고 몸도 좋지 않았지만 끝없는 노력과 열정으로 프리츠는 세기 최고의 바이올리니스트가 됐습니다.

한 번은 프리츠의 연주를 듣고 감명을 받은 젊은 바이올리니스트가 다음과 같이 말했습니다.

"저희 집은 매우 부자이고 어려서부터 최고의 선생님들께 최고의 악기로 배웠지만 선생님의 연주를 도저히 따라갈 수 없습니다. 전 재산을 포기한다 해도 선생님 같은 연주를 한다면 얼마나 좋을까요?"

이 말을 들은 프리츠가 대답했습니다.

"음악을 위해 자신을 바치는 것은 좋습니다. 그러나 왜, 무엇을 위해 자신을 바치는지를 알지 못한다면 결코 위대한 연주가가 될 수는 없습니다."

하나님을 위한 뜨거운 열정도 좋지만 그 열정을 통해 더 많은 사람들에게 복음을 전하고, 더 많은 사람들에게 위로와 도움이 되어야 합니다.

주님을 사랑하는 우리의 뜨거운 마음이 교회 안에서만 머물러 있다면 조금씩 울타리 밖으로 움직여야 합니다.

하나님을 향한 올바른 열정을 품으십시오. 아멘!

♥ 주님, 더 많은 사람들에게 복음을 전하고, 위로와 도움이 되게 하소서.

🖼 내가 열중하고 있는 일이 복음을 위하고 주님을 위한 일인지 생각해 봅시다.

나의 영적 일지

크리스천의 물질관

읽을 말씀 : 빌립보서 4:10-20

7월 16일

● 빌 4:19 나의 하나님이 그리스도 예수 안에서 영광 가운데 그 풍성한대로 너희 모든 쓸 것을 채우시리라

『하루는 86세 되신 권사님 한 분이 아들 가족과 함께 방송사를 방문하셨습니다. 평상시 극동방송을 애청하시는 권사님이셨는데 부동산 매매가 잘되어 생긴 돈을 제게 직접 전달하기 위해 오신 것입니다. 방송선교헌금을 드리기로 하나님께 약속한 것을 실천에 옮기신 것입니다. 1억 원이나 되는 큰돈이었습니다.

액수를 떠나서 헌신된 마음에 큰 감동을 받았고, 저는 간절히 권사님을 위해 기도해 드렸습니다. 그런데 이분에게는 강화에서 목회하는 또 한 명의 아들이 계신데 그날 다른 일정으로 같이 오시지 못했습니다. 저는 아들 목사님께 전화를 걸어 격려를 해드리면서 뜻밖의 소식을 알게 됐습니다.

현재 교회 건물이 30년쯤 됐는데 그해 장마로 2층 소예배실에 물이 많이 새는 바람에 천장과 벽 등 전체적인 방수공사가 필요한 상황이라는 것입니다.

2백만 원이 드는 공사 비용을 놓고 기도 중이라는 말을 듣고는 '방송사에서 지원하면 좋겠다'고 생각해 그날 바로 직원 편에 보내드렸습니다. 목사님은 깜짝 놀라셨고, 기도에 응답하시는 하나님께 감사드린다는 말을 전해주었습니다.

아들 목사님의 상황을 모르실리 없는 어머니 권사님, 그리고 어머니 권사님께 부탁할 수도 있었던 아들 목사님. 그러나 두 분은 그렇게 하지 않고, 물질을 초월해 온전히 하나님과의 약속, 그리고 하나님의 방법에만 초점을 두셨습니다. 그래서 더 큰 감동이 밀려왔습니다.』 - 「김장환 목사의 인생 메모」 중에서

이 같은 일은 모든 물질이 하나님의 것이라는 분명한 원칙을 가질 때만 가능한 일일 것입니다. 우리도 하나님께서 기뻐하시는 물질관을 가지고 섬겨야겠습니다. 아멘!

♡ 주님, 하나님께서 쓰시겠다고 말씀하실 때 내어놓을 수 있는 믿음을 주소서.
🎑 우리에게 맡겨진 물질이 필요한 곳은 어디인지 주위를 둘러봅시다.

나의 영적 일지

실수를 덮는 따스함

읽을 말씀 : 야고보서 3:1-12

●약 3:2 우리가 다 실수가 많으니 만일 말에 실수가 없는 자면 곧 온전한 사람이라 능히 온 몸도 굴레 씌우리라

플랑드르의 유명한 화가 피터 루벤스(Peter Paul Rubens)에게는 많은 제자들이 있었습니다. 바로크 시대 최고의 화가로 명성을 날린 루벤스가 그림을 그리는 모습만이라도 보려고 온 유럽의 젊은 화가들이 모여들었습니다.

한 번은 루벤스가 제자들과 함께 그림을 그리던 중 급한 일이 생겨 자리를 비웠습니다. 루벤스의 그림을 더 가까이서 보고 싶었던 제자들은 그림 가까이에 몰려들었는데 그중 한 명이 물감을 쏟아 그림에 얼룩이 생겼습니다.

모두가 당황하던 차에 한 제자가 용감히 붓을 들고 얼룩진 부분을 다른 그림으로 채우기 시작했습니다.

이왕 망친 거 어떻게든 혼이 덜 나려고 한 행위였습니다.

잠시 후 돌아온 루벤스는 제자가 덧칠한 그림을 보더니 다음과 같이 말했습니다.

"내가 그리려던 그림보다 훨씬 좋구나…."

이 한 마디로 루벤스의 명성은 더욱 높아졌고 덧칠을 한 제자 안토니 반 다이크(Anthony van Dyck)는 자신감을 얻어 영국 궁정의 수석 화가가 됐습니다.

모자라고 연약한 우리를 질책하기보다 따스하게 덮어주시는 주님의 사랑처럼 다른 사람의 실수와 모자란 부분에도 관대한 마음을 지녀야 합니다.

실수를 덮는 따스한 격려와 사랑으로 사람의 마음을 채우고 영혼을 살리십시오. 아멘!

♡ 주님, 주님이 저의 실수를 용납하신 것처럼 저도 다른 이의 실수를 용납하게 하소서.
▨ 다른 사람의 실수에 되도록 화를 내지 말고 사랑으로 덮어줍시다.

나의 영적 일지

인간의 본성

읽을 말씀 : 갈라디아서 3:1-12

● 갈 3:11 또 하나님 앞에서 아무나 율법으로 말미암아 의롭게 되지 못할 것이 분명하니 이는 의인이 믿음으로 살리라 하였음이니라

전 세계의 동전들은 대부분 바깥쪽 테두리에 흠이 파여 있습니다.

은이나 금으로 화폐를 만들던 시대에 사람들은 미세하게 동전을 깎아서 떼어 냈습니다. 이렇게 모인 조각들을 주조해서 비싼 값을 받고 팔았는데 워낙에 동전을 깎아내는 사람이 많아 멀쩡한 동전이 하나도 없을 정도였습니다.

만유인력을 발견한 뉴턴이 흠이 있는 동전 테두리를 개발하고 나서야 동전을 깎아내는 사람들이 사라졌습니다.

몇 십 년 전 일본에선 한국의 500원짜리 동전을 구하는 사람들이 많았습니다. 모양과 크기가 비슷해 자판기가 일본의 500엔으로 인식했기 때문입니다.

대략 6배에서 10배 정도의 이득을 볼 수 있었기 때문에 조직적으로 밀수를 하는 범죄까지 생겨났습니다. 경제에 큰 위협이 될 정도여서 결국 일본 정부는 500엔을 새로운 디자인으로 변경했습니다.

자신의 작은 이익을 위해서는 어떤 범죄도 스스럼없이 저지르는 것이 인간의 본성입니다. 본성은 타고난 것이기에 우리의 힘으로는 다스릴 수 없고 변화시킬 수도 없습니다. 우리 안에 자리 잡은 죄악을 깨달을 때 작은 죄에도 넘어지지 않고 교만하지 않을 수 있습니다.

우리의 힘으로 의로워진 것이 아니라 오직 주님의 은혜로 의롭다 칭함을 받았다는 사실을 잊지 마십시오.

오직 주님의 공로를 힘입어 이길 은혜를 구하십시오. 아멘!

♡ 주님, 죄를 이길 수 있도록 연약한 마음을 다스려 주소서.
▩ 아주 작은 죄도 되도록 멀리합시다.

나의 영적 일지

믿음을 지키는 삶

읽을 말씀 : 고린도후서 6:11-18

● 고후 6:14 너희는 믿지 않는 자와 멍에를 같이 하지 말라 의와 불법
이 어찌 함께하며 빛과 어두움이 어찌 사귀며

　　미국의 유명한 작가 마크 트웨인(Mark Twain)은 기독교에 매우 비판적인 사람이
었습니다.

　　사람들 앞에서도, 글로도, 그는 기회가 닿을 때마다 기독교를 비판했지만 공
교롭게도 독실한 크리스천인 올리비아 랭던이라는 여인을 사랑하게 됐습니다.

　　마크 트웨인은 '사랑은 종교와 상관이 없다'고 생각해 기독교를 비판하는 것
과는 별개로 그녀에게 적극적으로 구애했습니다.

　　올리비아도 마크 트웨인을 사랑했기에 믿음 생활을 방해하지 않는 조건으로
마크 트웨인의 사랑을 받아들였고 두 사람은 결혼까지 했습니다.

　　두 사람은 서로를 너무 사랑했기에 서로 닮아갔습니다.

　　마크 트웨인은 기독교에 대한 비판을 점점 줄여나갔고, 올리비아는 기독교를
비판하는 마크 트웨인의 마음을 조금씩 이해해 나중에는 교회에 가지 않게 됐습
니다.

　　훗날 사랑하는 자녀를 잃어 큰 슬픔에 빠진 올리비아에게 마크 트웨인이 오히
려 "다시 신앙생활을 하는 것이 당신에게 도움이 되지 않겠소?"라고 권했지만
올리비아는 고개를 가로저었습니다.

　　"이미 아무런 믿음이 남아있지 않아서 그럴 순 없어요."

　　우리가 매일 생활하며 보는 것, 듣는 것, 생각하는 것들은 어떤 것들입니까?
하루하루를 살아갈수록 믿음이 성장하며 하나님과 가까워지고 있습니까?

　　하나님의 나라와 하나님의 일을 위한 것들로 우리의 삶을 채우며 믿음을 끝까
지 지키십시오. 아멘!

💙 주님, 주님 안에서 보고, 듣고, 생각하여 주님께 더욱 가까이 살게 하소서

📖 요즘 보고, 듣고, 생각하는 것들을 통해 주님께 더 가까이 가고 있는지 돌아봅시다.

나의 영적 일지

노력의 흔적이 있는가

읽을 말씀 : 갈라디아서 6:11-18

● 갈 6:17 이 후로는 누구든지 나를 괴롭게 말라 내가 내 몸에 예수의 흔적을 가졌노라

세계에서 가장 권위 있는 마라톤 대회 중 하나인 보스턴 마라톤 대회 여자부에서 있었던 일입니다.

쿠바의 로지 루이즈(Rosie Ruiz)는 역대 가장 빠른 기록으로 결승선을 통과했습니다. 취재하러 몰려든 기자들이 앞다투어 인터뷰를 진행 중이었는데 그녀를 축하하러 온 관객들이 술렁이기 시작했습니다.

"정말로 뛴 것 맞아?"

"표정이 너무 밝지 않아?"

"땀도 안 나는 것 같은데?"

로지는 땀을 한 방울도 흘리지 않았고 심지어 호흡도 편안했습니다.

아무래도 이상했던 관객들이 주최 측을 찾아가 강력히 항의했습니다.

그리고 로지는 결승선 근처에 숨어 있다가 고작 1킬로 정도만 뛰어서 결승선을 통과했다는 충격적인 결과가 밝혀졌습니다.

노력 없이 영광만 얻고 싶어 벌인 사기극이었지만 로지는 끝까지 자신의 잘못을 인정하지 않았습니다.

사람들은 로지의 잘못보다 뻔뻔한 변명에 더욱 분노했습니다.

승리의 기쁨을 누리는 사람들에겐 훈련과 노력의 흔적이 반드시 존재합니다. 우리 몸에 그리스도의 흔적이 있다는 사도 바울의 고백처럼 주님을 따르는 제자의 흔적이 삶에 남도록 주님을 위해 헌신하십시오. 아멘!

🖤 주님, 큰 비전만큼 큰 수고와 노력을 감당하게 하소서.

🖼 주님이 주신 비전을 위해 나에게 필요한 노력이 무엇인지 살펴봅시다.

나의 영적 일지

복음을 담는 그릇

읽을 말씀 : 잠언 19:14-22

● 잠 19:16 계명을 지키는 자는 자기의 영혼을 지키거니와 그 행실을 삼가지 아니하는 자는 죽으리라

미국 오하이오주 최초의 사립대학인 캐니언 대학(Kenyon College)에서 「군대에서의 의사소통」이라는 제목의 연구를 진행했습니다.

해군을 대상으로 상사가 어떤 식으로 명령을 내릴 때 부하들이 더 잘 따르고 신뢰감을 형성하는지에 대한 연구였습니다.

부드러운 문장, 딱딱한 문장, 목소리의 높낮이, 어조 등을 다르게 나눠서 심층적으로 연구를 했는데 그 결과 내용보다는 전달 방식이 중요했습니다.

힘들고 직설적인 명령도 부드럽고 낮은 음성으로 내릴 때 부하들은 편하게 받아들였고 군인들이 바라는 휴식이나 외출 같은 명령도 고압적이거나 신경질적으로 내리면 부하들은 불편하게 생각했습니다.

어떤 내용이든 목소리를 부드럽게 하고 자세를 편안하게 전달하면 받는 사람은 더 기꺼이 듣고 즉각적으로 실행했습니다.

심리학적으로도 말을 전하는 태도가 정보 전달에 70%나 영향을 미친다고 합니다.

귀한 복음을 담는 우리의 그릇은 어떻습니까?

상대방이 받기 좋은 편하고 아름다운 그릇입니까?

우리의 작은 말과 행동도 복음을 담는 그릇이라는 사실을 잊지 말고, 짧은 대화일지라도 사랑과 배려를 담아 다른 사람이 듣기 좋은 방식으로 전달하십시오. 아멘!

♡ 주님, 작은 말과 행동으로도 복음을 담는 깨끗한 그릇이 되게 하소서.

▧ 상대방에게 호감을 얻을 수 있는 언어생활을 습관화합시다.

나의 영적 일지

하나님이 하셨다

읽을 말씀 : 시편 115:1-11

● 시 115:1 여호와여 영광을 우리에게 돌리지 마옵소서 우리에게 돌리지 마옵소서 오직 주의 인자하심과 진실하심을 인하여 주의 이름에 돌리소서

'중국내지선교회'를 설립한 '중국선교의 아버지' 허드슨 테일러(Hudson Taylor)가 상하이에서 사역하고 있었을 때입니다.

허드슨 선교사 부부와 함께 열심히 전도하던 두 성도가 하루는 누가 더 하나님을 위해 열심히 일했는지를 놓고 다투었습니다.

이 모습을 본 허드슨의 아내 제인은 급히 나서서 다툼을 일단락시켰습니다.

집으로 돌아온 제인은 누구보다 선교지에서 큰 성과를 올린 남편에게도 이런 유혹이 찾아온 적이 있는지 궁금했습니다.

"여보, 당신이 중국에서 이룬 일들에 대해 교만의 위험에 빠진 적이 있었나요?"

허드슨 테일러는 자신이 무슨 일을 했는지 되려 물었습니다.

"내가 한 일이 도대체 뭔지 나는 모르겠소. 모든 것은 하나님이 하신 일인데."

"내 목숨이 천 개가 있다 해도 모두 중국에 바치겠다"라는 허드슨 테일러의 명언에는 "아니다, 중국이 아닌 그리스도에게 바치겠다"라는 뒷부분이 있습니다. 그만큼 허드슨 테일러는 자신의 모든 삶을 주님을 위해 사용했고 주님이 그를 중국으로 보내셨을 뿐입니다.

이루신 분도 주님이시며, 영광 받으실 분도 오직 주님이십니다.

모든 것이 주님의 은혜임을 기억하며 우리를 선한 도구로 사용해 주시는 주님께 모든 찬양과 영광을 돌리십시오. 아멘!

🩷 주님, 제가 이룬 모든 영광들도 주님이 하신 것임을 고백하게 하소서.
🖼 내 인생의 모든 공로를 주님께로 돌립시다.

나의 영적 일지

주님을 경외하라

읽을 말씀 : 잠언 22:1-11

● 잠 22:4 겸손과 여호와를 경외함의 보응은 재물과 영광과 생명이니라

군터 게벨 윌리엄스(Gunther Gebel-Williams)는 세계 최고의 동물조련사였습니다.

10살 때부터 서커스단에서 일했던 군터는 동물조련에 탁월한 재능이 있었습니다. 군터는 많은 관객 앞에서 사자와 호랑이를 비롯한 수많은 맹수들을 마치 아기 다루듯이 하며 믿지 못할 공연을 선보였습니다. 사자와 호랑이를 마음대로 조종하고 코끼리도 물구나무 서게 하는 군터의 쇼를 보기 위해 미국 전역이 들끓었습니다.

「지상 최대의 쇼」로 유명한 미국의 링링 브라더스(Ringling Bros.) 서커스단은 오직 군터 한 명만을 영입하려고 그의 서커스단을 통째로 구입했습니다.

서커스단을 넘어 TV와 영화에까지 출연하며 성공 가도를 달리던 군터는 최정상의 자리에서 돌연 은퇴를 선언했습니다. 이유는 맹수가 더 이상 무섭지 않다는 것이었습니다.

"동물을 다룰 때 더 이상 두렵고 떨리는 마음이 생기지 않습니다. 이대로는 분명히 큰 사고가 날 것이기에 지금이 바로 은퇴할 때라고 생각합니다."

독생자를 주시고, 우리 대신 죽게 하시기까지 하나님은 우리를 사랑하십니다. 그런 놀라운 사랑이기에 죄를 지어 주님과 멀어지지 않고, 베풀어주신 놀라운 구원을 잊지 않도록 두렵고 떨리는 마음으로 하나님을 경외해야 합니다.

놀라운 구원을 허락하신 주님의 사랑을 잊지 말고 두렵고 떨리는 마음으로 주님을 매일의 삶 속에서 예배하십시오. 아멘!

🖤 주님, 언제 어디서나 주님을 경외하며 예배하는 삶을 살게 하소서.

🧩 잠언 22장 4절을 암송하며 주님이 주시는 큰 복을 기억합시다.

나의 영적 일지

조지 워싱턴의 기도

읽을 말씀 : 베드로전서 4:1-11

● 벧전 4:7 만물의 마지막이 가까왔으니 그러므로 너희는 정신을 차리고 근신하여 기도하라

미국에서 가장 존경받는 대통령 중 한 분인 조지 워싱턴(George Washington)은 매우 독실한 크리스천이었습니다. 조지 워싱턴은 주일 아침마다 하나님께 같은 기도를 드렸는데 다음은 그가 죽고 난 뒤에 발견된 기도문의 일부입니다.

「자비롭고 전능하신 주님.
제가 지금부터 주님께 드리는 예배를 받아주옵소서.
주님 앞에 겸손히 무릎을 꿇으니
모든 위험 가운데서 저를 지켜주시고 밝은 새날로 인도해 주소서.
주님께 영광을 올리고 예배를 드리며 평안을 누리게 해주심을 감사드립니다.
세상의 일에 너무 빠져 있지 않게 하시고
하나님이 저에게 주신 무거운 책무를 하나님의 능력으로 완수하게 하소서.
제 기도를 들어주시고,
주님의 음성을 분별할 수 있는 은총을 허락하여 주소서.
제 가족과 모든 친척, 친구들과 더불어 이 나라를 축복하여 주시고,
우리의 하나님이 되어주소서.
오늘부터 영원까지 우리를 인도하여 주소서.
우리를 위하여 다시 살아나신 예수 그리스도의 이름으로 기도합니다. 아멘.」

주님께 기도할 때 하나님이 우리의 삶에 베풀어주신 은총을 잊지 않고 주님의 온전한 뜻대로 살아갈 수 있습니다. 아침마다, 주일마다, 주님의 은혜에 감사하며 주님을 위한 우리의 삶의 다짐을 기도로 올려드리십시오. 아멘!

💗 주님, 매일 아침 주님의 도우심과 인도하심을 구하며 하루를 시작하게 하소서.
🧩 매일 간구해야 할 제목들을 담은 기도문을 만들어 봅시다.

나의 영적 일지

내가 할 수 있는 이유

읽을 말씀 : 누가복음 18:18-30

●눅 18:27 가라사대 무릇 사람의 할 수 없는 것을 하나님은 하실 수 있느니라

마틴 루터는 교회보다 식탁에서 더 많은 설교를 한 것으로 알려져 있습니다. 가족과 친구뿐 아니라 가르치는 학생들까지 식사에 초대해 오랜 시간 교제를 나눴는데 이때 나눈 이야기들을 책으로 엮으면 6권이 나올 정도라고 합니다.

식탁에서 이루어진 교제에서 마틴 루터가 가장 많이 받은 질문은 종교 개혁에 관한 것이었습니다. 마틴 루터는 불가능해 보이던 종교 개혁을 끝까지 포기하지 않을 수 있었던 이유에 대해 다음과 같이 설명했습니다.

"우리는 무능하지만 하나님은 전능하십니다. 내가 아무것도 할 수 없기 때문에 주님으로 인해 무엇이든 할 수 있게 됩니다.

사람이 혼자서 아무리 노력하고 말씀대로 살려고 노력해도 결국 베드로처럼 주님을 부인하고 곁길로 벗어나게 될 뿐입니다.

내 힘으로는 할 수 없지만 하나님은 하실 수 있습니다.

나의 무력함을 고백하고 하나님의 전능하심을 인정하십시오.

전능하신 하나님께서 내게 은혜를 주시기를 기다리며 자아에 도취되지 않는다면 하나님이 우릴 사용하십니다. 내가 한 것이 아니라 하나님이 나를 사용하신 것입니다."

우리가 무엇이든 할 수 있는 이유는 하나님이 전능하시기 때문입니다.

우리의 힘이 아닌 주님의 은혜가 우리 삶에 임하는 것이 그리스도인의 능력의 비결입니다. 하나님이 기꺼이 사용하실 수 있는 거룩하고 선한 도구가 되십시오. 아멘!

🤍 주님, 하나님의 능력을 힘입어 하나님의 일을 위해 저를 사용하여 주소서.

📖 말씀과 기도로 우리의 삶에 주님의 능력이 임하기를 간구합시다.

나의 영적 일지

하나님의 침묵

읽을 말씀 : 열왕기상 19:1-8

● 왕상 19:4,5 … 여호와여 넉넉하오니 지금 내 생명을 취하옵소서 나는 내 열조보다 낫지 못하니이다 하고 로뎀나무 아래 누워 자더니 천사가 어루만지며 이르되 일어나서 먹으라 하는지라

현대 의학으로 고칠 수 없는 병으로 고통받는 누군가를 볼 때 우리는 그 어느 때보다 간절히 주님께 기도합니다. 그러나 어떤 경우 주님은 우리의 기도를 듣지 않으시고 심지어 방치하시는 것 같이 느껴질 때가 있습니다.

기도에 대한 하나님의 침묵으로 고통받는 성도들을 위해 「침묵으로 말씀하시는 하나님」이라는 책을 쓴 피터 그레익(Peter Greig) 목사는 이 질문에 다음과 같이 답했습니다.

"응답되지 않는 기도만큼 성도를 괴롭게 하는 것은 없습니다.

홀로 있는 것 같은 외로움, 육체의 고통, 하나님의 침묵에 대한 슬픔….

그러나 그 순간에도 하나님은 나와 함께 하시며 나를 인도하고 계시다는 사실을 인정해야 합니다.

엘리야도 무력함에 빠졌고, 하박국도 불평했고, 주님 역시 십자가를 앞에 두고 하나님의 침묵을 경험하셨습니다. 그러나 그 침묵으로 인해 하나님의 가장 원대한 계획인 구원이라는 기적이 일어났습니다."

보이지 않아도 하나님이 존재하시는 것처럼 때론 응답하시지 않는다 해도 하나님은 여전히 역사하고 계십니다.

우리의 생각과 원대로 역사하시지 않는다고 하나님을 원망하지 말고 침묵에도 하나님을 의지하며 우리의 삶이 주님이 계획하신 대로 위치를 벗어나지 않게 해달라고 기도하십시오. 아멘!

♥ 주님, 주님께서 침묵하시더라도 주님을 의지하여 주님의 뜻을 이루게 하소서.

📖 요즘 주님의 답이 없어 실망하고 있다면 좀 더 기다리며 기도합시다.

나의 영적 일지

성령님이 전하신다

읽을 말씀 : 마태복음 10:16-23

● 마 10:20 말하는 이는 너희가 아니라 너희 속에서 말씀하시는 자 곧 너희 아버지의 성령이시니라

「온 세상으로 알게 합시다」의 저자 리처드 리델(Richard R. Riedel) 목사가 인도의 선교사에게 들은 이야기입니다.

선교사가 현지의 크리스천과 거리에서 전도지를 나눠주고 있었습니다.

선교사가 한 절름발이에게 전도지를 건넸는데 그 모습을 본 현지 성도가 선교사한테 이야기했습니다.

"아까운 전도지를 낭비하지 마세요.

저들은 최하층민이라 결코 복음을 믿으려하지 않습니다.

이왕이면 믿을 확률이 높은 다른 계층에게 전도지를 주시는 것이 좋습니다."

선교사는 성도의 말을 따라 전도지를 나누어 주었습니다. 그런데 다음날 어떻게 알았는지 전날 전도지를 받은 사람이 선교사를 찾아왔습니다.

"이 전도지의 다음 내용이 궁금합니다.

다른 전도지나 여기에 소개된 성경이라는 책을 주실 수 있을까요?"

전도지 한 장으로 변화를 받은 이 분은 한 달 뒤 주님을 영접했고 교회에서 일하며 자신과 같은 최하층민에게 복음을 전해 많은 사람을 주님의 품으로 인도했습니다.

복음은 우리가 전하지만 역사는 성령님이 하십니다.

우리 생각에는 복음이 합당치 않은 사람이라 할지라도 성령님은 얼마든지 역사하실 수 있습니다. 우리를 구원하신 주님의 놀라운 은혜를 되도록 모든 사람에게 전하십시오. 아멘!

💙 주님, 제 생각이 아닌 성령님의 감동을 따라 복음을 전하게 하소서.

🖼 어디서나 건넬 수 있는 복음지와 주보를 준비합시다.

나의 영적 일지

그럼에도 믿으라

7월 28일

읽을 말씀 : 베드로전서 2:11-17

● 벧전 2:12 너희가 이방인 중에서 행실을 선하게 가져 너희를 악행한다고 비방하는 자들로 하여금 너희 선한 일을 보고 권고하시는 날에 하나님께 영광을 돌리게 하려 함이라

북아메리카의 체로키 인디언족(Cherokee)은 북미 인디언 중 유일하게 기독교를 받아들였습니다.

백인들이 삶의 터전을 빼앗었지만 체로키 인디언은 복음이 유일한 진리라고 생각해 자발적으로 그리스도인이 됐고, 백인들과도 우호적으로 지냈습니다. 그럼에도 초창기 미국인들은 체로키 인디언족을 척박한 땅으로 다섯 번이나 강제 이주시켰고 그 과정에서 보상은커녕 재산을 빼앗기까지 했습니다.

코만치 최후의 추장이자 아메리카 원주민 교회 운동의 창시자인 쿠아나 파커(Quanah Parker)는 이런 상황 속에서도 다른 인디언 부족을 찾아가 복음을 전했습니다. 그뿐 아니라 지금도 오클라호마의 여러 인디언 교회에는 다음과 같은 비문이 있습니다.

「우리는 모든 것을 빼앗기고 다섯 번이나 터전을 옮겼다. 우리의 재산은 하나도 남지 않았으며 사랑하는 가족을 잃기도 했다. 백인들은 계속해서 우리를 척박한 땅으로 몰아냈다. 그럼에도 그들이 전해 준 복음은 잊을 수 없는 진리임이 분명하다. 이 복음이 우리가 받은 고난보다 더 크기에 우리는 모든 것을 용서한다.」

성경은 정말로 진리이며, 믿음은 유일한 구원의 방법입니다.

우리의 연약함과 부족함으로 이 진리가 퇴색될 수 있기에 작은 몸가짐 하나라도 조심해야 합니다. 하나님의 뜻을 알고, 구원의 기쁨을 아는 선한 행실로 복음을 세상에 전하는 성도가 되십시오. 아멘!

🩶 주님, 그럼에도 불구하고 복음이 진리임을 세상이 알게 하소서.
🖼 성경 말씀대로 이웃에게 사랑을 실천하고 있는지 돌아봅시다.

나의 영적 일지

소원을 두고 하게 하심

읽을 말씀 : 빌립보서 2:12-18

●빌 2:13 너희 안에서 행하시는 이는 하나님이시니 자기의 기쁘신 뜻을 위하여 너희로 소원을 두고 행하게 하시나니

미국의 한 동화에 나오는 이야기입니다.

어떤 마을에 '모두(Everybody), 누군가(Somebody), 아무나(Anybody), 아무도(Nobody)'라는 이름의 네 사람이 살고 있었습니다.

하루는 마을에 큰 문제가 생겨 모든 사람이 모여 회의를 했습니다.

오랜 회의의 결과 이 일은 '모두' 함께 해야 한다는 결론이 났습니다.

그러나 아무도 그 일을 하지 않았습니다.

'누군가'가 그 일을 할 것이라고 생각했기 때문입니다.

'아무도' 그 일을 하지 않자 문제는 점점 커져갔고 '누군가'가 왜 약속을 지키지 않느냐고 화를 냈습니다.

그 일은 애초에 '모두'가 하기로 결정한 일이었습니다.

'아무나' 할 수 있는, 어려운 일도 아니었습니다.

그럼에도 '아무도' 하지 않았기 때문에 '모두'가 힘들어졌습니다.

결국 '모두'는 '누군가'를 원망하기 시작했습니다.

단순한 영어 단어를 사용한 언어유희 같지만 자신에게 주어진 책임을 다해야 한다는 뜻으로 미국에서 널리 퍼진 동화입니다.

가정에서도, 교회에서도, 사회에서도, 누군가 해야 할 일이라면 스스로 나서서 해야 합니다.

지금 우리 앞에 있는 일이 하나님이 주신 일이라는 책임감으로 최선을 다해 처리하십시오. 아멘!

♡ 주님, 다른 누가 아닌 제가 해야만 하는 일이 있음을 알게 하소서.

🖾 지금 내게 맡겨진 일은 큰 일과 작은 일을 가리지 말고 최선을 다합시다.

나의 영적 일지

믿음 때문에

읽을 말씀 : 히브리서 11:1-6

● 히 11:6 믿음이 없이는 기쁘시게 못하나니 하나님께 나아가는 자는 반드시 그가 계신 것과 또한 그가 자기를 찾는 자들에게 상 주시는 이심을 믿어야 할찌니라

콜럼버스는 신대륙을 발견하자마자 후원자인 스페인 이사벨 여왕에게 편지를 보냈습니다.

'마침내 신대륙을 발견했습니다. 수학도, 항해술도 정답이 아니었습니다.

정답은 믿음에 있었습니다.'

당시 항해도를 그리던 많은 학자들은 콜럼버스가 개척하려는 신항로가 절대로 성공할 수 없다고 공언했습니다. 수학적으로 계산했을 때 항로가 너무 멀었고 당시 항해술로는 그 오랜 기간을 바다 위에서 버틸 수 없었기 때문입니다.

이런 분위기 때문에 이사벨 여왕도 후원을 약속한 뒤에 6년이나 망설이다 마지못해 콜럼버스를 지원했습니다.

학자들의 계산은 정확했습니다.

콜럼버스의 계산은 틀린 것이었지만 그곳에는 신대륙이 있었습니다.

신대륙을 발견하고 돌아온 콜럼버스는 만약 학자들의 계산에 따랐다면 항해의 3분의 1 시점에서 배를 돌렸어야 했고, 선원들의 말을 따랐다면 3분의 2를 항해했을 때 배를 돌렸어야 했기에 결코 신대륙을 발견하지 못했을 것이라고 말했습니다.

믿음 없이는 어떤 일도 일어나지 않습니다.

사람은 틀릴 수 있지만 하나님은 결코 실수하지 않으십니다.

우리 삶의 가장 좋은 항로를 알고 계시는 주님께 삶의 키를 맡기고 오직 믿음으로 따르십시오. 아멘!

🫀 주님, 어떤 일이든지 주님을 의지함으로 이루어가게 하소서.

🖼 모든 일에 앞서 먼저 주님의 음성을 구하고, 믿음으로 일을 시작합시다.

나의 영적 일지

첫 감격을 기억하라

읽을 말씀 : 요한계시록 2:1-7

● 계 2:4 그러나 너를 책망할 것이 있나니 너의 처음 사랑을 버렸느니라

아주 오래전 한 시골 학교에서 시간마다 종을 치는 종치기가 있었습니다.
하루는 종치기가 매우 슬픈 표정으로 마을의 목사님을 찾아왔습니다.
"표정이 많이 안 좋으십니다. 무슨 일이 있으십니까?"
종치기는 자신의 신세가 처량하다며 목사님 앞에서 한탄했습니다.
"목사님이 저처럼 살아보십시오. 도저히 행복할 수가 없습니다.
하루 종일 학교에서 일을 하다가 때가 되면 종을 치러 달려가야 합니다.
전 하루에 10번씩 종을 칩니다. 1주일이면 70번, 1년이면 3천6백 번입니다.
은퇴하기까지 3만 6천 번이나 종을 쳐야 하는데 행복할 수가 있겠습니까?"
종치기의 하소연을 들은 목사님은 다음과 같이 조언했습니다.
"형제님. 생각을 바꿔보십시오. 하루에 10번만 종을 치고, 한 시간에 1번만 종을 치면 10년이나 일을 하고 살 수 있지 않습니까?"
매너리즘에 빠지면 주어진 삶에 감사하지 못하고 오히려 불평하게 됩니다.
그러나 진정한 사랑은 시간이 흘러도 변하지 않고 더욱 깊어집니다.
매주 드리는 예배, 매주 드리는 찬양, 매주 나누는 교제를 통해 우리의 예배도 더욱 은혜가 넘쳐야 합니다.
첫 구원의 감격, 첫 예배의 감격을 잊지 말고 시간이 지날수록 더 크게 감사하며, 더 깊이 주님을 사랑하는 성도가 되십시오. 아멘!

💜 주님, 주님을 처음 만났을 때의 뜨거운 사랑을 잊지 않게 하소서.
🎴 주님을 만났을 때의 감격이 살아있는 신앙생활을 회복합시다.

나의 영적 일지

"오직 여호와를 앙망하는 자는 새 힘을 얻으리니
독수리의 날개치며 올라감 같을 것이요
달음박질하여도 곤비치 아니하겠고
걸어가도 피곤치 아니하리로다"
— 이사야 40장 31절 —

하나님의 뜻과 순종

읽을 말씀 : 누가복음 5:1-11

● 눅 5:11 저희가 배들을 육지에 대고 모든 것을 버려두고 예수를 좇으니라

『극동방송의 전신인 「한국복음주의 방송국」을 설립한 사람은 탐 왓슨 선교사입니다. 그는 원래 대학에서 저널리즘을 전공하고, 미국 플로리다에 소재한 한 상업방송국을 소유했던 사람이었습니다. 그러나 1950년 8월 어느 주일에 밥존스 대학교 채플에 간증차 갔다가 당시 유학생으로 와있던 강태국 목사로부터 한국에서 복음방송을 시작해 달라는 뜻밖의 요청을 받게 됩니다.

예수 그리스도를 인격적으로 영접한지 1년이 지났을 무렵이었던 그는 강 목사의 요청을 하나님의 뜻으로 받아들이게 됩니다.

그리고 소유하고 있던 방송국과 집 등 모든 것을 정리하고 자비량 선교사가 되어 가족과 함께 한국으로 오게 되고, 마침내 1956년 12월 23일 인천 학익동 해안가에 한국복음주의 방송국을 설립하게 됩니다.

「한국복음주의 방송국」은 이후 극동방송으로 명칭이 바뀌면서 오늘날 북방 지역을 비롯한 전 세계 17억 명을 가청권으로 하는 강력한 선교의 도구가 되었습니다. 아마도 탐왓슨 선교사가 강태국 목사의 요청을 대수롭지 않게 생각했다면, 그리고 자신의 안락한 생활을 포기하고 이역만리 전쟁 중이던 한국에 오는 결단이 없었다면 오늘날의 극동방송은 존재하지 못했을지도 모릅니다.

마찬가지로 모든 하나님의 역사는 이와 같이 하나님의 뜻에 믿음으로 순종한 사람들에 의해 이루어져 왔습니다.』- 「김장환 목사의 인생 메모」 중에서

혹시 지금 하나님의 뜻이 확실한 데 주저하고 있지는 않습니까?

순종의 발걸음을 내디딜 때 요단강 물은 갈라집니다.

그런 기적의 역사를 맛보는 오늘 하루가 되시길 바랍니다. 아멘!

♡ 주님, 하나님의 뜻을 잘 분별할 수 있는 힘을 주소서.

🀰 주님 뜻 안에서 생활 속의 작은 결단을 실천해 봅시다.

나의 영적 일지

누군지 잊지 말라

읽을 말씀 : 갈라디아서 6:1-10

● 갈 6:1 형제들아 사람이 만일 무슨 범죄한 일이 드러나거든 신령한 너희는 온유한 심령으로 그러한 자를 바로잡고 네 자신을 돌아보아 너도 시험을 받을까 두려워하라

아프리카 잠비아의 화전민 바벰바족은 '마을에 범죄가 일어나지 않는 부족'으로 유명합니다..

범죄가 일어나지 않는 사회를 그동안 단 한 번도 발견하지 못했기에 사회학자들은 처음엔 이 사실을 믿을 수가 없었습니다.

이런 이유로 아주 오랜 기간 많은 학자들이 이 부족을 연구했는데 그 결과 가벼운 경범죄는 종종 일어났지만 그 이상의 범죄를 저지르는 사람은 정말로 한 명도 없었습니다.

사회학자들은 교화에 목적을 둔 바벰바족의 독특한 범죄자 처벌에 그 원인이 있다고 분석했습니다.

누군가 잘못하면 마을 사람들은 죄인을 둘러싸고 돌아가며 칭찬을 합니다.

'지난번 음식을 나눠줬던 일, 힘든 일이 있을 때 도와줬던 일, 밝게 인사를 해주었던 일…' 등과 같이 단 한 명도 빠짐없이 모든 사람이 돌아가며 칭찬을 마치면 처벌이 끝납니다.

사람들의 칭찬을 받은 죄인은 자기가 어떤 사람이었는지를 깨닫고 진심으로 반성하고 마을에서는 죄인의 회심을 축하하는 성대한 잔치가 벌어집니다.

죄인인 우리를 위한 하나님의 최후의 처방이 놀라운 사랑이었듯이 진심 어린 사랑과 격려만이 사람을 변화시킬 수 있습니다.

모든 사람이 하나님의 귀한 형제이자 자매라는 사실을 잊지 말고 따스한 사랑으로 서로의 허물을 덮어주십시오. 아멘!

♡ 주님, 늘 온유하고 겸손한 마음으로 이웃을 격려하는 삶을 살게 하소서.

🖼 행실이 바르지 못한 사람들에게 더더욱 온유하고 겸손한 마음으로 다가갑시다.

나의 영적 일지

공감의 위력

읽을 말씀 : 고린도후서 13:5-13

● 고후 13:13 주 예수 그리스도의 은혜와 하나님의 사랑과 성령의 교통하심이 너희 무리와 함께 있을찌어다

캐나다 밴쿠버와 토론토의 몇몇 학교에는 특별한 수업 시간이 있습니다.

1주일에 한 번씩 전담 교사가 갓난아기를 교실로 데려와 학생들과 함께 돌보는 수업입니다. 1주일에 한 번뿐이지만 아이들은 조금씩 성장해가는 아기를 각별한 사랑과 관심으로 돌봅니다.

캐나다의 교육가 메리 고든은 집단 따돌림 같은 학교 폭력 문제의 원인이 '공감력의 부재'에서 온다고 생각해 연구를 하다가 모든 학생이 공감할 수 있는 가장 강력한 매개체가 갓난아기라는 사실을 발견했습니다. 학생마다 취미와 선호하는 문화는 달랐지만 갓난아기에게는 100%의 학생들이 관심을 보였습니다.

함께 갓난아기를 돌보며 공감대가 형성된 학생들은 더 이상 서로를 괴롭히지 않았습니다. 공감 수업을 진행한 캐나다의 학교에서는 학교 폭력 문제가 90%나 감소했습니다. 심지어 장애가 있는 학생들도 일반 학생들과 스스럼없이 어울리는 효과까지 있었습니다.

캐나다에서 시작된 이 수업은 '공감의 뿌리(Root of Empathy)'라는 이름의 교육 프로그램으로 미국과 호주, 뉴질랜드 등지에도 도입되어 좋은 반응을 얻고 있다고 합니다.

예수님은 언제나 사람들의 아픔과 슬픔에 먼저 공감하셨습니다.

사랑은 공감과 배려에서부터 시작됩니다.

주님이 하신 것처럼 서로의 아픔과 사랑에 공감하는 교제로 하늘의 행복을 누리십시오. 아멘!

♥ 주님, 이웃의 아픔과 슬픔을 공감하고 배려하는 사람이 되게 하여 주소서.

🧩 믿음이라는 공감대로 서로 다른 사람들을 이해해 나갑시다.

나의 영적 일지

훌륭한 사람의 조건

읽을 말씀 : 시편 101:1-8

● 시 101:6 내 눈이 이땅의 충성된 자를 살펴 나와 함께 거하게 하리니 완전한 길에 행하는 자가 나를 수종하리로다

'멋진 어린이 되기 재단(Be the nice kids)'의 설립자이자 미국의 교육도서 베스트셀러 작가인 브라이언 스카브낙(Bryan Skavnak)이 어린이를 위해 쓴 「멋진 어린이가 되는 법」이라는 글입니다.

「너보다 더 공부를 잘하는 친구도 있을 거야.
너보다 더 멋진 친구도 물론 있겠지.
어떤 친구들은 너보다 운동을 훨씬 잘할 거야.
하지만 그런 건 결코 중요하지 않아.
너도 남보다 잘할 수 있는 무언가가 분명히 있거든.
그러니 모든 친구들과 잘 지낼 수 있도록 노력해봐.
주위 사람에게 너그럽고 친절하며,
다른 사람의 행복을 위할 수 있는 그런 멋진 어린이.
옳은 일을 하는 멋진 어린이가 되는 거야.」

미국의 초등학생들이 가장 좋아하는 명언 중 하나인 이 글은 미국 초등학교의 복도에 가장 많이 쓰여 있는 글입니다. 하나님은 모든 사람을 귀하게 창조하셨습니다. 인종과 성별, 나이에 상관없이 하나님은 모든 사람들을 동일하게 사랑하시며 원대한 계획을 갖고 창조하셨습니다.
다른 사람과 스스로를 비교하지 말고 말씀이 가르치는 선한 일을 분별하며 마땅히 선을 행하는 그리스도인이 되십시오. 아멘!

🤍 주님, 주님이 창조하신 귀한 자녀가 바로 저라는 사실이 믿어지게 하소서.
🖼 위의 글이 필요하다고 생각되는 사람들에게 문자나 전화로 전합시다.

나의 영적 일지

부정적인 생각을 끊으라

읽을 말씀 : 요한복음 14:25-31

● 요 14:27 평안을 너희에게 끼치노니 곧 나의 평안을 너희에게 주노라 내가 너희에게 주는 것은 세상이 주는 것 같지 아니하니라 너희는 마음에 근심도 말고 두려워하지도 말라

존 존슨(John H. Johnson)은 미국의 흑인들을 위한 잡지를 기획하고 있었습니다.

노예제도는 이미 폐지됐지만 여전히 대부분의 사람들이 암묵적으로 흑인을 열등하다고 생각했습니다. 사회적 차별을 받는 흑인들도 자신들은 운동과 음악이 아니면 백인처럼 성공할 수 없다고 생각했습니다. 존슨은 성공한 흑인들의 모습을 보여주고, 흑인들을 위한 조언을 전하기를 바랐습니다.

준비과정은 쉽지 않았습니다.

무엇보다 함께 일할 사람을 구하기가 너무나 힘들었습니다. 첫 잡지가 나오기도 전에 사업이 망할 위기에 처했는데 존슨은 이때 오히려 동업자이자 가장 친한 친구를 해고했습니다. 매사에 부정적인 말만 했기 때문에 내린 극약처방이었습니다.

"당시 저는 자신감이 부족하고 회의감으로 힘들었습니다.

소중한 친구이긴 했지만 그때 해고하지 않았다면 이 잡지는 결코 출간되지 못했을 겁니다."

이후 기적적으로 출간된 잡지 '에보니(Ebony)'는 선풍적인 인기를 끌며 '사회를 변화시킨 기념비적인 잡지'라는 평가를 받았습니다. 백인들에게도 큰 인기를 끈 이 잡지는 흑인들의 긍정적인 모습을 70년 넘게 전하는 역할을 했습니다.

실패를 두려워 않고 하나님의 말씀에 의지해 도전해 나갈 때 세상에 복음을 전할 수 있으며, 하나님이 주신 귀한 사명을 감당할 수 있습니다.

말씀을 통해 주시는 주님의 격려에 귀를 기울이며 세상에서 들리는 부정적인 소식을 멀리하십시오. 아멘!

♥ 주님, 반석 위에 쌓은 믿음으로 모든 염려와 걱정을 극복하게 하소서.

▨ 실패를 두려워하지 말고 하나님의 말씀에 의지해 도전해 나갑시다.

나의 영적 일지

가장 귀한 시간을 드려라

8월 6일

읽을 말씀 : 에베소서 5:15-21

● 엡 5:16 세월을 아끼라 때가 악하니라

하루는 24시간으로 누구에게나 동일하지만 시간대에 따라 능률은 달라집니다. 다음은 학자들이 연구한 시간대에 따른 사람의 능률입니다.

 – 오전 8시 : 105%
 – 오전 10시 : 102%
 – 오후 1시 : 101%
 – 오후 4시 : 96%
 – 저녁 8시 : 98%
 – 저녁 10시 : 97%

특히 새벽 시간이 될수록 능률은 급격히 떨어졌습니다.

여기에 회사를 가기 전과 다녀와서, 식사 전과 후에 따라 능률도 큰 폭으로 차이가 났습니다. 같은 시간의 일을 하더라도 능률이 좋은 시간에, 좋은 상태에서 일을 하면 효율이 크게는 2배까지 좋아진다고 합니다.

삶에서 가장 귀한 분이 주님이라면, 하루의 가장 좋은 시간을 주님을 위해 드릴 수 있어야 합니다. 남는 시간으로 대충 때우거나 다른 날로 경건의 시간을 넘긴다면 삶의 우선순위가 뒤바뀐 사람입니다.

내가 매일 빼먹지 않을 수 있는 시간은 언제입니까?

그 시간을 주님께 드리십시오.

내가 가장 집중할 수 있는 시간은 언제입니까?

그 시간을 주님께 드리십시오.

하나님을 예배하며 교제하는 시간을 거룩하게 준비하십시오. 아멘!

♡ 주님, 주님과 함께 하는 시간이 삶의 최우선 순위가 되게 하소서.
▒ 하루 중 가장 집중하기 좋은 시간을 주님을 위해 드립시다.

나의 영적 일지

가능성을 향한 시선

읽을 말씀 : 요한복음 14:9-20

● 요 14:12 내가 진실로 진실로 너희에게 이르노니 나를 믿는 자는 나의 하는 일을 저도 할 것이요 또한 이보다 큰 것도 하리니 이는 내가 아버지께로 감이니라

레스 브라운(Les Brown)은 미국 마이애미의 버려진 건물에서 태어났습니다.

브라운의 부모님은 자녀를 키울 수 없어 다른 가정에 입양 보냈지만 그 가정 역시 형편이 넉넉하지 않았습니다. 또래 아이들보다 말도, 배움도 느렸던 브라운을 사회는 '지체 장애아'로 분류했습니다.

브라운은 초등학교 수업도 따라가지 못해 유급을 당했고 같은 반 학생들은 그의 이름 대신 '멍청한 브라운'이라고 불렀습니다. 그러나 브라운을 포기하지 않고 "끝까지 할 수 있다"라고 용기를 불어넣어 주던 선생님이 있었습니다.

"다른 사람의 평가로 네 인생을 결정하지 말아라"라는 선생님의 한 마디가 브라운의 인생을 송두리째 변화시켰습니다.

배움은 힘들고 고통스러웠지만 브라운은 결코 포기하지 않았고 자신이 바라던 삶을 꿈꾸며 하나씩 이루어나갔습니다.

역경을 극복하며 백만장자가 된 브라운은 세계 최고의 연설가 다섯 사람 중 한 명으로 선정됐고, 미국에서 가장 존경받는 동기부여 강사가 됐습니다.

브라운은 어린 시절 선생님이 자기에게 했던 것처럼 세계를 다니며 수 많은 사람들에게 용기와 희망을 전하고 있습니다.

사람은 할 수 없다고 말해도 주님이 할 수 있다고 말씀하시면 모든 일이 가능합니다.

우리를 창조하시고, 우리를 구원하시고, 우리를 사랑하시는 주님을 믿고, 주님이 인도하시는 길을 걸어가십시오. 아멘!

💙 주님, 성취를 위한 역경들을 주님의 말씀을 의지해 이겨가게 하소서.

🧩 다른 사람들의 평가로 주님이 주신 비전을 포기하지 맙시다.

나의 영적 일지

기쁨이 드러나는가

읽을 말씀 : 시편 30:1-12

● 시 30:11 주께서 나의 슬픔을 변하여 춤이 되게 하시며 나의 베옷을 벗기고 기쁨으로 띠 띠우셨나이다

미국 캘리포니아 대학교의 알버트 매라비언(*Albert Mehrabian*) 명예교수는 대화에서 가장 중요한 요소가 무엇인지 연구 중이었습니다.

당시 주류 심리학은 화려한 화술이 매력에 가장 큰 영향을 미친다고 생각했습니다. 매라비언은 '긍정적, 중립적, 부정적'인 세 가지의 문장을 만든 후 목소리, 톤, 빠르기, 굵기와 같이 다양한 변수를 만들어 사람들에게 들려주고 반응을 살폈습니다. 그다음으로는 문장과 마찬가지로 '웃는 사진, 무표정, 찡그리는 사진'을 함께 보여주며 동일한 테스트를 진행했습니다.

연구 결과 사람들은 '문장'에는 아무런 영향을 받지 않았습니다.

찡그리면서 칭찬을 할 때는 오히려 꾸중으로 받아들였고, 웃으면서 화를 내도 좋은 감정을 품었습니다.

이에 매라비언은 "문장은 '7%'의 영향밖에 미치지 못하며 목소리와 억양이 '38%', 표정과 태도가 '55%'의 영향을 미친다"라고 발표했습니다.

화술에서 가장 중요한 것은 문장이 아닌 음성과 표정이었습니다.

매라비언은 이 연구를 통해 "모든 사람은 현란한 말솜씨보다 다정함에 끌린다"라는 말을 남겼습니다.

구원받아 기쁨의 삶을 살고 있는 우리의 말과 표정에는 정말로 놀라운 기쁨이 담겨있습니까?

말로만 전하는 복음이 아니라 감출 수 없는 기쁨이 저절로 드러나는 참된 성도의 삶을 살아가십시오. 아멘!

🩵 주님, 복음을 전할 때 목소리와 억양, 표정과 태도도 좋게 하소서.
🖼 평소에 복음 전파를 위해 좋은 목소리와 억양, 표정과 태도를 훈련합시다.

나의 영적 일지

하나님과의 씨름

읽을 말씀 : 사무엘하 7:18-29

● 삼하 7:21 주의 말씀을 인하여 주의 뜻대로 이 모든 큰 일을 행하사 주의 종에게 알게 하셨나이다

「그리스인 조르바」를 쓴 니코스 카잔차키스(Nikos Kazantzakis)가 지중해 여행 중에 있었던 일입니다.

카잔차키스는 에게 해의 작은 섬에 홀로 수행 중인 유명한 목회자가 있다는 소문을 듣고 호기심이 생겨 방문했습니다.

작은방에서 홀로 기도하는 목회자를 본 카잔차키스는 대뜸 질문을 던졌습니다.

"열심히 기도하시는 걸 보니 악마와의 싸움에서 이기고 있나 봅니다?"

고행은 무의미하다고 생각했기에 던진 무례한 질문이었습니다.

목회자는 마귀가 아닌 하나님과 씨름하고 있다고 대답했습니다.

무슨 뜻인지 카잔차키스가 묻자 목회자가 대답했습니다.

"외딴섬에 홀로 있다 보면 마귀가 끼어들 틈이 별로 없습니다.

그러면서 절로 교만한 마음이 생깁니다.

저는 마귀를 이기려고 기도하는 것이 아니라

하나님께 지려고 기도 중입니다."

목회자의 대답에 감명받은 카잔차키스는 이후 이 목회자에 대한 이야기를 다니는 지역마다 전했습니다.

스스로 잡고 있는 삶의 운전대를 내려놓고 하나님께 맡기는 것이 죄로부터 승리하는 것입니다. 우리 안에 계신 예수님의 뜻을 따라 하루하루를 살아갈 수 있도록 모든 결정권을 주님께 넘기십시오. 아멘!

🩵 주님, 제 마음의 생각과 행동이 오직 주님의 영광만을 위한 삶이 되게 하소서.

🖼 신앙과 관련된 일들로 주님께 고집을 부리지 맙시다.

나의 영적 일지

부자를 위한 질문

읽을 말씀 : 빌립보서 4:10-20

8월 10일

● 빌 4:12 내가 비천에 처할 줄도 알고 풍부에 처할 줄도 알아 모든 일에 배부르며 배고픔과 풍부와 궁핍에도 일체의 비결을 배웠노라

　사람들은 누구나 부자가 되고 싶어합니다. 그러나 얼마나 가져야 부자라고 할 수 있을까요? 사람마다 기준은 모두 다를 것입니다.

　미국의 유명한 인터넷 커뮤니티에 올라온 「당신이 부자인지 확인할 수 있는 질문」이라는 글입니다.
　01. 친구의 성공에 진심으로 축하할 수 있다면 부자이다.
　02. 남을 위해 베풀 때 본전 생각이 안 난다면 부자이다.
　03. 자녀들의 존재만으로 기뻐할 수 있다면 부자이다.
　04. 모든 식사에 앞서 진심으로 감사 기도를 드린다면 부자이다.
　05. 일상에서 접하는 자연의 아름다움이 느껴진다면 부자이다.
　06. 부족한 것에 대한 갈망이 아니라
　　　있는 것에 대해 감사하고 있다면 부자이다.
　07. 남을 비난하는 횟수보다 더 많이 축복한다면 부자이다.
　08. 과거를 그리워하지 않고 미래를 기대하고 있다면 부자이다.
　09. 아무리 바빠도 하나님을 잊지 않고 있다면 부자이다.
　10. 죽음이 두렵지 않다면 부자이다.
　진정한 부자는 마음에 구원의 확신을 품고 하나님이 주신 것에 만족하며 사는 사람입니다.
　우리 삶에 베풀어주신 하나님의 충만한 은혜에 감사하십시오. 아멘!

💜 주님, 제가 주님께서 인정하는 진정한 부자가 되는 삶을 살게 하소서.
🧩 위 10가지 목록 중에 내게 필요한 부분이 무엇인지 살피고 개선합시다.

나의 영적 일지

끝까지 따르리라

읽을 말씀 : 요한계시록 2:8-17

● 계 2:10 네가 장차 받을 고난을 두려워 말라 볼찌어다 마귀가 장차 너희 가운데서 몇 사람을 옥에 던져 시험을 받게 하리니 너희가 십 일 동안 환난을 받으리라 네가 죽도록 충성하라 그리하면 내가 생명의 면류관을 네게 주리라

요한계시록 2장에 등장하는 성도 폴리캅은 사도 요한의 제자로 초대 교회의 가장 명망 있는 지도자였습니다.

서머나 교회에서 전도에 힘쓰던 폴리캅은 90세가 다 된 나이에 로마 황제를 '주'라 부르지 않고, 황제를 위해 향을 피우는 일을 거부했다는 죄목으로 순교를 당했습니다.

폴리캅의 인품이 어찌나 훌륭했는지 폴리캅을 잡으러 온 병사들도 그의 기도를 듣고는 결박을 풀고 나귀에 태워 극진히 호송했습니다.

이런 폴리캅을 처형하는 것이 큰 부담이었던 헤롯은 감언이설로 "지금이라도 황제를 '주'라 부르며 제사에 참여하면 목숨을 살려주겠다"라고 했으나 그는 단번에 거절했습니다.

"80년이 넘게 사는 동안 나의 구주 예수님은 단 한 번도 나를 배신하지 않았습니다. 이제 와서 어떻게 내가 주님을 배신할 수 있겠습니까?"

헤롯은 수많은 군중 앞에서 폴리캅을 묶어놓고 맹수와 불로 위협을 했으나 폴리캅은 끝까지 신앙을 포기하지 않았고 불에 타 죽으면서도 끝까지 하나님을 찬양했습니다.

하나님은 우리를 구원하시기 위해 가장 아끼는 독생자를 주셨고, 주님은 우리를 구원하시기 위해 끝까지 고난의 길을 걸으셨습니다.

신실하신 주님의 사랑을 잊지 말고 우리 역시 주님을 위한 신앙의 길을 끝까지 걸어갑시다. 아멘!

💗 주님, 사탄이 저를 위협할지라도 주님을 믿는 믿음으로 이기게 하소서.
🧎 어떤 위협이 온다고 할지라도 믿음을 지킬 수 있게 해달라고 기도합시다.

나의 영적 일지

모스의 겸손

읽을 말씀 : 로마서 11:25-36

● 롬 11:29 하나님의 은사와 부르심에는 후회하심이 없느니라

일찍이 화가로 성공해 국립 디자인 협회의 회장을 맡은 남자가 있었습니다.

미국의 명소를 화폭에 담기 위해 방방곡곡을 다니던 남자는 그림에 매진한 나머지 아내가 위독하다는 사실을 너무 늦게 전해 들었습니다. 편지를 받자마자 고향으로 갔지만 사랑하는 아내는 한참 전에 세상을 떠난 뒤였습니다.

실의에 빠져 더 이상 전처럼 그림을 그릴 수 없던 남자는 아내의 임종조차 지키지 못했다는 자책감에 '더 먼 곳까지 빠르게' 연락할 수 있는 방법을 찾으려고 몰두했습니다.

오랜 노력 끝에 그의 이름을 딴 '모스 전신기'가 탄생했고, 전신은 지금도 '세계에 가장 큰 영향을 미친 놀라운 발견'으로 인정받고 있습니다.

새뮤얼 모스(Samuel Finley Breese Morse)는 훌륭한 화가이자, 성공한 발명가였고, 독실한 크리스천이었으나 어디에서도 자신에 대한 자랑을 결코 하지 않았습니다. 그는 한 편지에 그 이유를 다음과 같이 적었습니다.

"시간이 지날수록 내가 얼마나 미약하며 하나님이 얼마나 위대하신지 깨닫게 됩니다. 나는 그저 하나님이 맡겨주신 임무를 수행하는 충직한 도구일 뿐이라는 걸 알게 됐습니다."

하나님의 뜻을 알고, 하나님의 뜻대로 살고자 노력하는 사람이 진정한 그리스도의 제자입니다.

우리가 이루는 모든 일들이 전부 주님의 계획 가운데 있다는 사실을 인정하며 순종하십시오. 아멘!

💜 주님, 제가 얼마나 미약하며 주님이 얼마나 위대하신지 깨닫게 하소서.

🖼 나는 하나님이 맡겨주신 임무를 수행하는 충직한 도구일 뿐임을 고백합시다.

나의 영적 일지

남을 더 낮게 여기라

읽을 말씀 : 빌립보서 2:1-11

● 빌 2:3 아무 일에든지 다툼이나 허영으로 하지 말고 오직 겸손한 마음으로 각각 자기보다 남을 낮게 여기고

감리교는 존 웨슬리(John Wesley)가 창시했지만 조지 휫필드(George Whitefield)라는 훌륭한 동역자가 있었기에 토대를 세울 수 있었습니다.

두 사람은 수많은 사람들을 주님께로 인도하며 같은 교단에서 헌신했지만 신학적인 견해는 많이 달랐습니다.

또한 사역의 방향도 크게 달랐는데 웨슬리는 노예 해방에 큰 관심이 있었고 휫필드는 아동 복지에 관심이 있었습니다.

두 사역 모두 귀중한 방향이었지만 두 사람을 추종하는 성도들은 사이가 좋지 않았습니다. 두 사람의 고향인 영국에서는 휫필드가 인기가 많았는데 이 사실을 자랑스럽게 여긴 한 성도가 휫필드를 찾아가 다음과 같이 물었습니다.

"목사님은 훗날 천국에서 웨슬리를 만날 수 있을 거라고 생각하십니까?"

휫필드는 그럴 수 없을 것 같다고 대답했습니다.

"역시 목사님도 웨슬리의 신앙이 잘못됐다고 생각하시는군요?"

"그게 아닙니다. 웨슬리같이 훌륭한 사람은 주님의 보좌에 저보다 가까이 있을 것이 분명하기 때문입니다."

휫필드는 공공연히 웨슬리가 자기보다 훌륭한 사람이라고 칭찬하며 존경을 표했고 이런 겸손한 모습으로 감리교는 오직 복음을 전하는 일에만 집중할 수 있었습니다.

자신을 낮추는 사람은 주님이 높여주십니다.

사람의 인정을 위해 일하지 말고 하나님의 나라와 하나님이 주신 복음을 위해 일하십시오. 아멘!

💙 주님, 남을 나보다 낮게가 아닌 낮게 여기며 주님을 높이게 하소서.

🦑 나의 나 됨은 오직 주님의 은혜임을 생각하고 주님만 높이며 삽시다.

나의 영적 일지

시험을 겪는 이유

읽을 말씀 : 고린도전서 10:13-22

● 고전 10:13 사람이 감당할 시험 밖에는 너희에게 당한 것이 없나니 오직 하나님은 미쁘사 너희가 감당치 못할 시험 당함을 허락지 아니하시고 시험 당할 즈음에 또한 피할 길을 내사 너희로 능히 감당하게 하시느니라

오랜 세월 우정을 쌓아온 두 친구가 있었습니다.

그중 한 사람은 뒤늦게 그리스도인이 되었고, 나머지 한 사람은 무신론자였습니다. 그리스도인 친구는 공교롭게도 주님을 만난 뒤에 인생에 여러 어려움이 찾아왔습니다. 이 모습을 안타깝게 여긴 무신론자 친구가 말했습니다.

"이제 종교를 그만 믿게. 난 지금까지 무신론자로 살아도 어려움이 없었는데 자네는 지금 꼴이 뭔가? 예수 믿고 오히려 더 힘들어지기만 하지 않았나?"

이 말을 들은 친구가 말했습니다.

"자네가 사냥꾼이라면 이미 총을 한 발 맞은 사슴과 멀쩡한 사슴 중 어떤 사슴을 쫓겠나?"

"그야 멀쩡한 사슴이지. 총을 맞은 사슴은 이미 잡은 것이나 마찬가지니까. 그런데 그런 소리를 왜 하나?"

"지금 우리 상황도 마찬가지네. 자네는 이미 마귀의 것이나 마찬가지기 때문에 시험이나 유혹이 없지만 나는 하나님의 것이기 때문에 나를 뺏으려는 온갖 시험과 유혹을 당하고 있다네."

마귀의 목표는 구원받은 성도를 실족시켜 주님으로부터 멀어지게 하는 것 밖에는 없습니다.

모든 시험과 유혹을 물리치고 십자가에서 구원을 완성하신 주님을 본받아 모든 시험과 유혹을 견디어 내고 믿음이 흔들리지 않게 지키십시오. 아멘!

💛 주님, 저에게 수시로 찾아오는 시험과 유혹을 주님의 이름으로 이기게 하소서.

🖼 어떤 어려운 상황 속에서도 하나님의 말씀을 의지하여 이겨 냅시다.

나의 영적 일지

해방의 기쁨

읽을 말씀 : 이사야 61:1-9

●사 61:1 주 여호와의 신이 내게 임하셨으니 이는 여호와께서 내게 기름을 부으사 가난한 자에게 아름다운 소식을 전하게 하려 하심이라 나를 보내사 마음이 상한 자를 고치며 포로된 자에게 자유를, 갇힌 자에게 놓임을 전파하며

1945년 8월 15일 마침내 우리나라에 빛나는 광복이 찾아왔습니다.

해방의 기쁜 소식이 온 강산으로 퍼져나갈 때 이 소식을 들은 그리스도인들은 가장 먼저 예배당으로 달려가 「주 예수 이름 높이어(새 37, 통일 37)」라는 찬양을 목이 터져라 불렀습니다.

'천황만을 왕으로 섬겨야 한다'는 이유로 예수님을 '왕'이라고 표현하는 찬양이 금지됐었기 때문에 그동안 부르지 못했던 찬양이었습니다.

광복이 찾아오고 이제는 신사참배 걱정 없이 마음껏 예배를 드릴 수 있었고, 창씨개명으로 빼앗겼던 이름도 다시 돌려받을 수 있었습니다.

나폴레옹 수하에 있던 프랑스의 한 이름 모를 군인은 전쟁 포로가 되어 러시아의 어둠컴컴한 감옥에 101년이나 갇혀 있었습니다.

평생 자유를 꿈꿨으나 전쟁 포로에 관심이 없었던 프랑스 정부 탓에 결국 그는 죽어서야 감옥에서 나와 그토록 원하는 자유를 얻을 수 있었습니다.

빼앗겨 본 사람만이 자유의 소중함을 압니다.

우리가 오늘날 당연하게 누리고 있는 찬란한 복음과 자유는 주님의 보혈과 믿음의 선진들의 희생으로 이루어진 값진 보배입니다.

이 보배를 잊지 않고 기념할 때 우리 민족을 구원해 주시고 들어 사용해 주시는 하나님의 놀라운 은혜를 깨닫게 됩니다.

영혼이 죄악에서 해방되는 기쁨을 광복을 통해 허락하신 주님을 마음껏 찬양하십시오. 아멘!

♡ 주님, 조국을 갖게 하심을 감사하며 앞으로도 우리나라를 굳게 지켜주소서.

🎖 광복을 위해 수고한 분들과 후손들을 위해 감사하는 마음으로 기도합시다.

나의 영적 일지

작은 일에도 충성하면

읽을 말씀 : 누가복음 16:10-12

● 눅 16:10 지극히 작은 것에 충성된 자는 큰 것에도 충성되고 지극히 작은 것에 불의한 자는 큰 것에도 불의하니라

『극동방송을 경영하면서 직원들에게 늘 강조하는 말이 있습니다.
"*One dollar save, One dollar earn.*─1달러를 아끼면, 1달러를 법니다."
절약의 중요성을 강조하는 미국의 격언 중에 하나입니다.

극동방송은 하나님께서 성도들을 통해 공급하시는 헌금으로 운영되는 곳이기에 돈의 지출의 많고 적음을 떠나 불필요한 곳에 단 1원도 허투루 쓰이지 않기를 바라는 마음에서 기회가 있을 때마다 이 말을 들려줍니다.

극동방송에 헌금하시는 분들의 헌신된 마음과 하나님 아버지의 마음을 알기에 그 헌금을 어떻게 사용해야 하는지 스스로 통제하며 직원들에게 청지기로서의 사명을 강조하고 있습니다. 종이 한 장, 볼펜 한 자루, 휴지 한 조각, 수돗물 한 방울, 전깃불 하나…. 작은 것이지만 그 모든 것을 소홀히 여기지 않고 절약하여 사용하면 그 중심을 보시는 하나님이 그 행하는 그 손길 위에 복을 주시고 더 큰 것으로 갚으신다는 것을 저는 믿고, 그렇게 제가 먼저 솔선수범하려고 노력하고 있습니다.

이 같은 경영철학으로 수십 년을 사역하는 가운데 이제 직원들도 하나님께서 작은 일에도 충성스럽게 순종하며 묵묵히 그 길을 걸어온 극동방송에 베푸신 은혜와 사랑이 바로 이 같은 결과라는 것을 인정하고, 또 그렇게 실천하고 있는 것을 감사하게 생각하고 있습니다.』─「김장환 목사의 인생 메모」 중에서

우리는 큰 것을 좋아하면서 작은 것의 중요성을 잊게 됩니다.

아무리 큰 것일지라도 그것은 작은 것으로부터 시작되었음을 잊지 말고 작은 일에도 충성하는 성도들이 됩시다. 아멘!

🤍 주님, 선한 청지기로서 작은 일에도 충성하게 하소서.
🖼 혹시 생활에서 낭비하고 있는 것이 있는지 돌아봅시다.

나의 영적 일지

어리석은 소경

읽을 말씀 : 고린도후서 5:11-21

● 고후 5:17 그런즉 누구든지 그리스도 안에 있으면 새로운 피조물이라 이전 것은 지나갔으니 보라 새것이 되었도다

거리에서 구걸을 하며 살아가던 중국의 한 시각장애인이 선교사의 도움으로 개안수술을 받았습니다.

다행히 모든 신경이 살아있어 간단한 수술로 완전히 시력이 돌아왔습니다.

새로운 삶을 살게 된 남자는 매우 행복해하며 집으로 돌아갔습니다.

그런데 며칠이 지난 뒤 다시 선교사님을 찾아와 불같이 화를 냈습니다.

"당신 때문에 더 이상 먹고 살 수가 없게 됐으니 책임을 지시오."

선교사님은 그게 무슨 소리냐고 물었습니다.

"전에는 내가 길에 앉아만 있어도 사람들이 적선을 베풀었소.

그런데 이제 눈이 보인다고 아무도 돈을 주지 않으니 굶어 죽게 생겼단 말입니다."

선교사는 이제 눈이 보이니 다른 일을 하며 살아가면 된다고 설득했지만 구걸하는 삶에 익숙한 남자는 막무가내로 화를 내다가 크게 실망해 돌아갔습니다.

구원받아 새로운 삶을 앞에 두고도 세상에서의 삶을 그리워하는 사람은 이야기 속 남자와 같은 어리석은 사람입니다.

우리의 삶은 어떻습니까?

주님이 비추시는 광명으로 만족하는 기쁨의 삶입니까?

은연중에 이전의 삶을 그리워하고 있는 어리석은 삶입니까?

어둠에서 빛으로 인도하신 주님의 사랑을 잊지 말고 빛 가운데 속하는 새로운 삶을 살아가십시오. 아멘!

♡ 주님, 주님 안에서 맞은 새로운 삶의 가치를 깨닫게 하소서.

🎴 옛사람의 구습을 버리고 주님의 자녀로 살아갑시다.

나의 영적 일지

달라도 같을 수 있다

읽을 말씀 : 빌립보서 2:1-11

● 빌 2:3 아무 일에든지 다툼이나 허영으로 하지 말고 오직 겸손한 마음으로 각각 자기보다 남을 낮게 여기고

　　독일의 대문호 괴테와 실러는 모두가 인정하는 당대의 라이벌이자 친한 친구였습니다. 그러나 괴테와 실러를 따르는 추종자들은 상대방을 비방하며 누가 최고인지에 대해 뜨거운 논쟁을 펼쳤습니다.

　　괴테의 열렬한 팬은 논쟁을 하다 분을 이기지 못해 괴테를 찾아가 다음과 같이 요구했습니다.

　　"실러는 결코 당신을 이길 수 없습니다.

　　'실러의 문학은 나보다 수준이 낮다'라고 제발 한 말씀만 해주십시오."

　　이 말을 들은 괴테가 대답했습니다.

　　"누가 더 높다고 싸우지 말고, 괴테와 실러라는 작가가 같은 시대에 있다는 사실에 감사하십시오."

　　괴테와 실러는 극과 극이라고 할 정도로 문학의 주제와 살아온 삶이 달랐습니다. 그러나 두 사람은 서로를 진심으로 인정했고 세간의 그 어떤 이간질에도 우정을 지켰습니다.

　　괴테와 실러로 인해 독일의 문학은 유럽의 중심이 될 수 있었고 지금도 같은 무덤에 나란히 안장되어 있습니다.

　　시기와 질투는 하나님이 주시는 마음이 아닙니다.

　　생각이 조금 다르고 믿음이 조금 달라도, 서로 용납하며 연합함으로 하나님이 주신 계획을 이루십시오. 아멘!

🤍 주님, 남을 나보다 더 낮게 여기는, 주님이 가르쳐 주신 마음을 갖게 하소서.

🖼 혹시 내가 좋아하는 사람을 높이기 위해 누구를 비하하지 맙시다.

나의 영적 일지

주님이 도우신다

읽을 말씀 : 마태복음 6:5-15

● 마 6:15 너희가 사람의 과실을 용서하지 아니하면 너희 아버지께서
도 너희 과실을 용서하지 아니하시리라

미국의 독립을 위해 영국과 무수한 전투를 벌였던 앤드류 잭슨(Andrew Jackson)
장군이 크리스천이 되기로 결심하고 침례(세례)를 받기 위해 목사님을 찾아갔습니다.

목사님은 잭슨 장군의 믿음을 확인한 뒤 마지막으로 "지금까지 싸운 적이라도 전부 용서할 수 있겠습니까?"라고 물었습니다.

"다른 사람은 몰라도 우리 가족을 해치려고 했던 사람, 조국을 침략했던 적군은 용서할 수 없습니다."

목사님은 분노와 미움의 마음을 가진 상태로는 주님을 영접할 수 없음을 설명했습니다.

잠시 침묵을 지키던 잭슨 장군은 무언가 결심한 듯 입을 열었습니다.

"알겠습니다. 제 힘으로는 할 수 없지만 하나님이 도와주시리라 믿고 용서하기로 마음을 먹겠습니다."

그렇게 그리스도인이 된 잭슨 장군은 미국의 7대 대통령이 되어 나라의 기틀을 다지는 일에 쓰임 받았고, 미국의 20달러 지폐에는 앤드류 잭슨의 초상화가 그려져 있습니다.

원수를 용서할 수 있는 힘은 오직 주님의 도우심으로 가능한 기적입니다.

우리의 힘이 아닌 주님의 도우심으로 용서라는 기적을 경험하십시오. 아멘!

💙 주님, 우리 힘으로는 할 수 없지만 주님이 도우시면 할 수 있는 믿음을 주소서.

🖼 아직 가슴속에 품고 있는 용서할 수 없는 일이 있다면 주님의 도우심을 구합시다.

`나의 영적 일지`

그리스도인의 심상

읽을 말씀 : 빌립보서 2:1-11

●빌 2:5 너희 안에 이 마음을 품으라 곧 그리스도 예수의 마음이니

영국의 세계적인 예술 평론가 존 러스킨(John Ruskin)은 예술과 진리는 맞닿는 곳이 있다고 생각했습니다.

러스킨은 예술가들은 세상에 숨어있는 아름다움을 찾아 예술이 무엇인지 모르는 대중에게 전달해야 한다고 생각했습니다.

다음은 러스킨이 말한 「훌륭한 예술가의 세 가지 필수 덕목」입니다.

●첫 번째, 아름다움을 발견할 수 있는 눈.

아름다움이 무엇인지 알지 못하면 찾을 수 없기 때문입니다.

●두 번째, 아름다움을 느낄 수 있는 마음.

아름다움은 눈으로 본다고 해서 이해할 수 없기 때문입니다.

●세 번째, 아름다움을 보고 느낀 것을 전달할 수 있는 손.

아름다움을 찾아 세상에 전하는 것이 예술가의 사명이기 때문입니다.

「주님의 제자 학교」의 저자 오스왈드 샌더스 목사님은 이 명언에서 '예술'을 '복음'으로 바꾸면 그리스도인의 필수 덕목이 된다고 말했습니다.

그리스도인은 세상에 충만한 하나님의 살아계심을 바라보고, 느끼고, 세상에 전하는 사람입니다.

오늘도 우리 삶에 임하는 하나님의 놀라운 은혜를 놓치지 말고 경험하십시오. 그 충만한 은혜를 아직 모르는 사람에게 전하십시오. 아멘!

♡ 주님, 세상을 통해 주님의 살아계심을 확증하는 열린 눈과 마음, 손을 주소서.

▩ 세상에 만연한 하나님의 섭리를 느끼며 주님이 인도하시는 길을 따라 살아갑시다.

나의 영적 일지

경고를 무시한 대가

읽을 말씀 : 갈라디아서 5:16-26

● 갈 5:16 내가 이르노니 너희는 성령을 좇아 행하라 그리하면 육체의 욕심을 이루지 아니하리라

1986년 1월, 나사의 우주왕복선 챌린저호가 발사 도중에 폭발하는 큰 사고가 일어났습니다.

최초의 민간인 우주인이 타고 있어 온 세상의 관심이 쏠려 있던 순간이었습니다. 수천만 명이 영상으로 지켜보는 가운데 파급효과는 매우 컸고 엄청난 예산과 7명의 전문 인력을 한순간에 잃는 대참사였습니다.

대통령 직속으로 조사 위원회가 구성됐는데 이들이 밝힌 사고의 원인은 '왜곡된 의사 결정'이었습니다.

연구원인 로저 보졸리(Roger Boisjoly)는 우주선에 사용하는 부품 하나가 문제가 있어 추락할 수도 있다고 6개월 전부터 건의를 했으나 이런저런 이유를 대며 상부에서 묵인했습니다.

문제를 해결할 충분한 시간도 있었고, 원인이 무엇인지도 알았으나 "설마 부품 하나로 큰일이 나겠어?"라는 안일한 생각이 역사상 가장 큰 로켓 사고의 원인이었습니다.

15만여 개의 부품 중 단 한 개의 부품이 사고를 일으켰듯이 작은 죄 하나가 믿음을 송두리째 흔들 수도 있습니다.

생명의 길을 벗어나지 않도록 우리의 삶에도 하나님은 때때로 경고의 사인을 주십니다.

하나님의 작은 사인들을 무시하지 말고 작은 죄라도 곧 회개(자백) 하며 다시 생명의 길로 돌아오십시오. 아멘!

♥ 주님, 죄를 지었을 때는 곧바로 주님께 회개나 자백하게 하소서.

소욕을 위해 말씀을 거스르는 어리석음을 범하지 맙시다.

나의 영적 일지

긍정의 하나님

읽을 말씀 : 야고보서 4:1-10

● 약 4:3 구하여도 받지 못함은 정욕으로 쓰려고 잘못 구함이니라

인도 선교에 평생을 바치고 마하트마 간디에게도 긍정적인 영향력을 미친 스탠리 존스(E. Stanley Jones) 목사님은 89세 때 선교지에서 큰 병에 걸려 하루 종일 누워만 있었습니다.

이 소식을 들은 많은 사람들이 '이제는 목사님의 선교활동도 끝이구나'라고 생각했지만 목사님의 생각은 달랐습니다.

믿음으로 치유를 경험한 성경 속의 인물들처럼 다시 일어나 걸을 수 있다고 믿었습니다.

목사님은 전 세계의 동역자들에게 "다시 일어서서 복음을 전할 수 있게 해달라"라고 기도를 부탁했고, 돌보는 의사와 간호사들에게도 "나사렛 예수의 이름으로 일어나 걸어라"라고 축복해달라고 부탁했습니다.

의사는 존스 목사님이 다시는 걸을 수 없다고 진단했지만 5개월 뒤 목사님은 병상에서 스스로 걸어 나왔습니다.

히말라야 정상에 오를 정도로 건강이 회복된 목사님은 잠시 휴식을 가진 뒤 다시 인도로 떠나 생명이 다하는 날까지 복음을 전하다 하나님의 부름을 받았습니다.

하나님의 말씀은 우리가 믿기만 하면 반드시 이루어집니다.

우리의 정욕과 바람이 아닌 하나님의 뜻과 일을 위한 거룩한 바람을 말씀에 의지함으로 간절히 구하십시오.

반드시 응답하실 주님께 필요한 모든 것을 구하십시오. 아멘!

♡ 주님, 반드시 응답하시는 주님께 바르게 기도하여 응답받게 하소서.

🖼 요즘 기도하고 있는 것들이 정욕이 아닌 거룩한 바램인지 살펴봅시다.

나의 영적 일지

8월 23일

두 가지 사랑

읽을 말씀 : 요한일서 2:1–6

● 요일 2:5 누구든지 그의 말씀을 지키는 자는 하나님의 사랑이 참으로 그 속에서 온전케 되었나니 이로써 우리가 저 안에 있는 줄을 아노라

'철학자의 신학자, 신학자의 철학자'로 불리는 독일의 폴 틸리히(Paul Johannes Tillich) 목사님은 사랑에는 두 가지 종류가 있다고 말했습니다.

● 첫 번째는 '때문에(Because)' 하는 사랑입니다.

이 사랑에는 분명한 이유가 있습니다.

'상대방이 날 사랑하기 때문에, 마음이 외롭기 때문에, 나한테 잘해주기 때문에….'

어떤 행동에 대한 보답 혹은 어떤 이익을 얻기 위해 가장하는 사랑입니다.

틸리히는 세상 대부분의 사랑이 첫 번째 사랑의 형태를 띠고 있다고 말했습니다.

● 두 번째는 '그럼에도 불구하고(In spite of)' 하는 사랑입니다.

내 욕심과 이익이 아닌 상대방을 위하는 순수한 사랑이기에 이 사랑이야말로 순수한, 진짜 사랑이라고 틸리히는 말했습니다.

사랑이라는 말과 '이기적'이라는 말은 서로 모순이기에 양립할 수 없습니다. 우리는 우리를 위해 모든 것을 내어주신 예수님이 아니고서는 진정한 사랑을 알 수 없습니다.

예수님을 만날 때 그 사랑을 알게 됩니다.

그 사랑을 알 때에 예수님을 전하게 됩니다.

세상이 말하는 가짜 사랑에 현혹되지 말고 세상에서 가장 아름답고 뜨거운 예수님의 진짜 사랑을 믿음으로 경험하십시오. 아멘!

🖤 주님, 주님이 베푸신 사랑을 통해 참된 사랑이 무엇인지 알게 하소서.

🖼 '그럼에도 불구하고'의 사랑으로 형제자매를 사랑하며 주님을 사랑합시다.

나의 영적 일지

승리의 십자가

읽을 말씀 : 고린도후서 13:1-7

● 고후 13:4 그리스도께서 약하심으로 십자가에 못 박히셨으나 오직 하나님의 능력으로 살으셨으니 우리도 저의 안에서 약하나 너희를 향하여 하나님의 능력으로 저와 함께 살리라

빌리 그래함 목사님의 사역 초창기 때 있었던 일입니다.

미국 댈러스의 한 원형 경기장에서 열린 대형 집회였습니다.

목사님은 열정적으로 말씀을 전하고 내려왔습니다.

집회가 끝나자 한 어르신이 목사님을 찾아와 따스하게 안아주며 말했습니다.

"훌륭한 설교 잘 들었습니다. 그런데 목사님의 오늘 설교에서는 십자가를 발견할 수가 없었습니다. 다른 능력에 의지하지 마시고 오직 예수님의 십자가를 전하게 되기를 기도하겠습니다."

많은 회중들이 모인 집회에서 누군가의 심기를 건드리지 않기 위해 당당히 복음을 전하지 못했던 과거가 떠올랐던 목사님은 호텔로 돌아가자마자 무릎을 꿇고 눈물로 회개했습니다.

한 성도의 진심 어린 따스한 조언으로 설교의 초점을 잃지 않을 수 있던 목사님은 전 세계를 다니며 당당하게 십자가를 전했습니다.

빌리 그래함 목사님을 통해 복음을 한 번이라도 들었던 사람은 총 22억 명이 넘으며 1993년에는 미국에서만 250만 명이 회심했다고 합니다.

십자가는 복음의 정수이자 승리의 상징입니다.

성도의 능력은 지식과 재물이 아닌 십자가와 그리스도의 보혈에서 나옵니다.

우리를 위해 기꺼이 돌아가신 주님의 십자가를 부끄러워하지 말고 당당히 세상 가운데 전하십시오. 아멘!

💗 주님, 제 삶의 중심이, 복음의 중심이 언제나 주님의 십자가가 되게 하소서.

🧶 성경적인 바른 조언은 겸손한 마음으로 받아들이며 개선합시다.

나의 영적 일지

예배를 위한 교육

읽을 말씀 : 여호수아 24:12-18

● 수 24:14 그러므로 이제는 여호와를 경외하며 성실과 진정으로 그를 섬길 것이라 너희의 열조가 강 저편과 애굽에서 섬기던 신들을 제하여 버리고 여호와만 섬기라

모든 운동이나 공연에는 적절한 규칙과 예절이 있습니다.

가만히 물에 던져놓는다고 수영을 배우는 것이 아니고, 클래식 공연장에서 축구시합처럼 응원을 하면 안 되는 것처럼 예배도 드리는 의미와 기본적인 예절을 배우고 나서야 올바로 드릴 수 있습니다.

「좋은 엄마 되기」의 저자 자넷 블라이(Janet Bly)가 말하는 「자녀에게 가르쳐야 할 예배의 지침」입니다.

- 교회 주보를 정독시켜라.
- 찬송과 성경을 들고 다니고 직접 찾게 하라.
- 말씀 봉독의 중요성을 가르쳐라.
- 필기와 같은 방법으로 설교에 집중할 수 있는 방법을 권하라.
- 정숙과 같은 예배의 기본예절을 알려주라.
- 예배를 하나님이 얼마나 기뻐하시는 일인지 가르치라.

자녀를 위한 예의지만 또한 많은 사람들에게도 필요한 지침들입니다.

예배는 앉아만 있으면 저절로 드려지는 것이 아닙니다.

하나님이 기뻐 받으시는 예배를 위해서는 많은 노력과 열정이 필요합니다.

예배에 필요한 지식과 예절들을 배우고 한순간도 놓치지 말고 온 마음을 다해 주님 앞에 올려드리십시오. 아멘!

♡ 주님, 바른 마음과 예절로 하나님 마음에 합당한 예배를 드리게 하소서.

▨ 위 6가지 어미를 '하라'라는 지시형으로 고쳐 아이에게 프린트해 줍시다.

나의 영적 일지

말씀의 증표

8월 26일

읽을 말씀 : 에베소서 3:14-21

● 엡 3:20,21 우리 가운데서 역사하시는 능력대로 우리의 온갖 구하는 것이나 생각하는 것에 더 넘치도록 능히 하실 이에게 교회 안에서와 그리스도 예수 안에서 영광이 대대로 영원 무궁하기를 원하노라 아멘

　1885년 캐나다 앨버타를 비롯한 몇몇 주에서 대규모의 원주민 반란이 일어났습니다. 주 정부가 토착민과 맺은 조약을 성실히 지키지 않는다는 이유로 많은 부족들이 연합해 대군을 꾸렸습니다.

　앨버타에 있는 큰 부족의 족장인 크로푸트는 문제를 평화적으로 해결해야 한다고 생각해 반란에 가담하지 않았습니다. 원활한 소통으로 정부와 타협점을 찾은 크로푸트는 여러 지역을 다니며 다른 부족들을 설득했고 더불어 캐나다 전역을 오갈 수 있는 철도의 건설에도 큰 도움을 줬습니다.

　반란이 진압되고 캐나다 정부는 크로푸트에게 '황금 메달'을 수여했습니다. 90명에게만 수여된 이 메달을 가진 사람은 원하는 지역의 땅을 받을 수 있었고 캐나다 전역의 열차를 평생 무료로 이용할 수 있었습니다.

　크로푸트는 이 메달을 매우 자랑스럽게 여겨 가죽끈을 달아 평생을 차고 다녔지만 메달이 가진 특권을 제대로 이해하지 못해 죽을 때까지 단 한 번도 사용하지 않았습니다.

　하나님은 말씀을 통해 구하는 모든 것을 우리에게 주신다고 하셨습니다.

　귀한 축복의 약속도 중요하지만 그 약속의 능력을 실제로 누리는 것은 더욱 중요합니다.

　말씀을 보기만 하고 믿지 않는, 믿음 없는 자가 되지 말고 구하는 것을 받을 수 있는 자녀의 특권을 당당히 사용하십시오. 아멘!

🤍 주님, 주님께서 약속하신 복된 말씀을 믿음으로 받아 형통하게 하소서.

🖼 주님께서 약속한 말씀들을 수시로 묵상하며 자녀의 특권을 잊지 맙시다.

나의 영적 일지

하나님의 뜻대로

읽을 말씀 : 역대상 17:16-27

● 대상 17:19 여호와여 주께서 주의 종을 위하여 주의 뜻대로 이 모든 큰 일을 행하사 이 모든 큰 일을 알게 하셨나이다

주방의 여러 식기들이 서로 자신이 잘났다고 자랑을 하고 있었습니다.

"나는 날카로운 날로 음식을 먹기 좋게 자를 수 있는 나이프야."

"나는 손을 더럽히지 않고 음식을 먹을 수 있는 포크야."

"나는 국물을 떠먹을 수 있는 스푼이야."

저마다 자랑에 열중이었지만 구석에 있는 머리가 구부러진 스푼은 부끄러워 아무 말도 할 수 없었습니다.

다른 식기들은 구부러진 스푼을 보며 놀려댔습니다.

"너는 어쩌다 그렇게 태어났니? 너는 실패작이야. 아무짝에도 쓸모가 없어."

그런데 하루는 주인이 이 구부러진 스푼을 가장 먼저 집었습니다.

이 집에는 몸이 아픈 아이가 있었는데 이 스푼만이 아이에게 온전히 음식을 먹일 수 있었기 때문입니다.

이때야 비로소 구부러진 스푼은 자신이 왜 세상에 태어났는지를 깨달았습니다.

불의의 사고로 17살 때 전신이 마비된 조니 에릭슨 타다(Joni Eareckson Tada)가 동일한 아픔을 지닌 학생들에게 하나님의 사랑을 전할 때 사용한 예화입니다.

때론 떨리고 의심도 되지만 그럼에도 주님을 믿고 의지할 때 우리의 삶에 하나님의 놀라운 계획이 펼쳐질 것입니다.

우리를 향한 하나님의 완전한 계획을 믿음으로 오늘도 한 발을 내디디십시오. 아멘!

♡ 주님, 누구에게나 주님의 뜻이 있음을 알고 함부로 판단하지 않게 하소서.

✍ 다른 사람을 내 기준대로 함부로 판단하거나 무례히 행치 맙시다.

나의 영적 일지

재능의 잘못된 사용

읽을 말씀 : 에베소서 3:5-13

● 엡 3:7 이 복음을 위하여 그의 능력이 역사하시는대로 내게 주신 하나님의 은혜의 선물을 따라 내가 일군이 되었노라

미국에 뛰어난 실력을 가졌지만 아직 빛을 보지 못한 화가가 있었습니다.

배고픔을 참지 못한 화가는 식료품을 사기 위해 20달러 지폐를 공들여 그렸습니다. 그가 그린 20달러 지폐는 전문가들도 차이점을 찾지 못할 정도로 매우 정교했습니다.

그러나 어이없게도 손에 물이 묻은 채로 돈을 받다 번지는 잉크를 확인한 상점 주인의 신고로 붙잡혔습니다.

위조지폐는 매우 중범죄였으므로 화가는 감옥에 들어갔습니다.

감옥에 들어간 뒤 그가 그려두었던 그림 3장이 경매에 올라갔는데 무려 1만 5천 달러라는 높은 가격에 팔렸습니다.

이 화가는 20달러를 그리느라 매우 오랜 시간을 투자했습니다.

만약 이 화가가 20달러를 그릴 시간에 그림을 계속 그렸다면 경매에서 더 큰 돈을 벌었을 것입니다.

이 화가는 하나님이 주신 놀라운 재능을 올바로 사용하지 못하고 푼돈을 위조하다 인생을 망쳤습니다.

이 이야기는 1887년 미국에서 실제로 일어난 한 무명 화가의 이야기입니다. 남들보다 나은 재능을 가진 것은 세상과 복음을 위해 사용하라는 하나님의 선물입니다.

하나님이 주신 달란트를 낭비하거나 잘못 사용하지 말고 주님을 위해, 이웃을 위해 지혜롭게 사용하는 정직한 청지기가 되십시오. 아멘!

🖤 주님, 주님이 주신 놀라운 재능과 은사를 주님을 위해 올바로 사용하게 하소서.

🏵 주님이 주신 달란트를 주님을 위해 올바로 사용합시다.

나의 영적 일지

걱정할 일 없는 인생

8월 29일

읽을 말씀 : 베드로전서 5:1-11

● 벧전 5:7 너희 염려를 다 주께 맡겨 버리라 이는 저가 너희를 권고하심이니라

'가난하고 실패한 사람들의 친구'라고 불린 미국의 프랭클린 루스벨트 (Franklin Roosevelt) 대통령은 뛰어난 리더십과 소통으로 대공황의 위기를 극복했습니다.

오랜 재임 기간 동안 숱한 위기에 직면했던 루스벨트는 언제나 낙관론을 펼치며 라디오 방송으로 국민들에게 화합과 지지를 호소했습니다.

시대의 낙관론자로 알려진 루스벨트에게 한 기자는 다음과 같이 물었습니다.

"마음이 힘들고 불안할 때는 어떻게 극복하십니까?"

"그럴 땐 휘파람을 붑니다."

그러나 루스벨트가 휘파람을 부는 것을 본 기자는 아무도 없었습니다.

아직까지 아무도 루스벨트가 휘파람을 부는 모습을 본 적이 없는 것 같다는 질문에 루스벨트가 대답했습니다.

"아마 그럴 겁니다. 왜냐면 지금까지 휘파람을 한 번도 불어본 적이 없거든요."

전지전능하신 만유의 하나님이 우리의 모든 것을 책임져 주시기에 그리스도인들은 어떠한 일에도 걱정할 이유가 없습니다.

'기도할 수 있는데 왜 걱정하는가?'라는 찬양처럼 만왕의 왕이신 능력의 하나님이 계시기에 우리는 어떤 일에도 낙망할 이유가 없으며 낙담할 필요가 없습니다. 모든 문제의 해답이신 능력의 하나님께 우리의 모든 문제를 아뢰고 맡기십시오. 아멘!

♡ 주님, 염려를 주님께 맡김으로 '가난하고 실패한 사람들의 친구'가 되게 하소서.

🌀 마음이 힘들고 불안할 때 붙잡을 하나님의 말씀을 정해 선포합시다.

나의 영적 일지

말씀을 마음에 담으라

읽을 말씀 : 잠언 3:1-8

● 잠 3:3 인자와 진리로 네게서 떠나지 않게 하고 그것을 네 목에 매며 네 마음판에 새기라

캐나다 최초의 중국 선교사 조나단 고포스(Jonathan Goforth)는 "내 뒤를 이을 선교사가 없다"라는 나이 든 선교사의 한탄에 도전을 받고 중국으로 떠났습니다.

고포스는 "중국 선교는 무릎으로 해야 한다"라는 중국 선교의 아버지 허드슨 테일러의 조언을 따라 힘들수록 더더욱 기도하며 하나님의 말씀을 붙들었습니다. 5명의 자녀를 풍토병으로 잃고, 수차례 추방을 당해도 고포스는 주님을 의지했고 그때마다 기적이 일어나 다시 중국에서 복음을 전할 길이 열렸습니다.

노년에 시력을 잃은 고포스는 현지 청년들에게 성경을 읽어달라고 부탁했으나 워낙 오랜 시간 성경을 읽어 고포스의 묵상을 위해서는 3,4명의 청년들이 필요했습니다.

중국 선교를 향한 간절한 마음으로 묵상도 중국어 성경으로 했던 고포스는 당시 완전하지 않았던 번역으로 빠진 구절이나 틀린 구절이 있으면 즉석에서 바로잡아주었습니다. 평생 붙들고 묵상했기에 그의 마음 판에 성경이 새겨져 있어 가능한 일이었습니다.

영의 양식인 하나님의 말씀은 우리의 평생을 통해 영혼에 공급해야 할 생명의 양식입니다.

우리의 믿음을 키우고, 지키고, 회복시키실 능력의 말씀을 늘 곁에 가까이 두고 수시로 묵상하십시오. 아멘!

💙 주님, 평생 말씀을 붙들고 묵상하여 그 말씀을 마음 판에 새기게 하소서.

🔲 내 인생의 가장 힘이 되는 말씀을 찾아 노트에 적은 후 마음 판에 새깁시다.

나의 영적 일지

8월 31일

광대하신 주님

읽을 말씀 : 시편 34:1-9

● 시 34:3 나와 함께 여호와를 광대하시다 하며 함께 그 이름을 높이세

이탈리아의 한 남자가 아내와 싸운 후 분을 이기지 못해 집을 뛰쳐나왔습니다. 분이 사라질 때까지 걷기로 마음먹은 남자는 무작정 걷기 시작했는데 무려 9일 동안 420㎞나 걸었습니다.

돈도 없어 끼니를 구걸했고, 밤에는 추위에 떨었지만 그래도 집으로 돌아가기 싫다 보니 어마어마한 거리를 걸은 것이었습니다.

화가 날 때 무작정 걷는 방법은 본래 에스키모들이 사용하는 방법입니다.

에스키모들은 감정이 격해지면 누군가와 싸우기보다는 밖으로 나와 무작정 걷습니다. 그래도 길이 있고 적선해 줄 사람이 있는 이탈리아와는 달리 북극에는 매서운 추위로 하룻밤도 버틸 수가 없습니다.

길도 없는 영하 수십 도의 북극을 걷다 보면 30분도 못 되어 죽음의 위기가 찾아오는데 죽음을 앞에 둔 순간 자신을 화나게 했던 모든 일이 결국 사소한 것이었음을 깨닫게 됩니다.

분노의 크기에 따라 에스키모들도 때때로 오래 걷지만 대부분 하루를 넘기지 않고 마음을 다스린 후 다시 집으로 돌아옵니다.

삶의 시야를 길게 보면 참을 수 없을 것 같던 일도 사소한 해프닝인 경우가 많습니다.

세상의 작은 일들에 연연하지 말고 영원하고 완전하신 주님의 계획을 바라보는 넓은 시야로 인생을 바라보십시오. 아멘!

♡ 주님, 아무리 분이 나는 일이 있어도 해지기 전에 푸는 지혜를 주소서.

✠ 세상의 작은 일들에 연연하지 말고 영원한 주님의 계획을 바라봅시다.

나의 영적 일지

9월

"하나님은
우리의 피난처시요 힘이시니
환난 중에 만날 큰 도움이시라"

– 시편 46편 1절 –

하나님의 능력 복음

읽을 말씀 : 로마서 1:8-17

● 롬 1:16 내가 복음을 부끄러워하지 아니하노니 이 복음은 모든 믿는 자에게 구원을 주시는 하나님의 능력이 됨이라

『극동방송은 매년 일 년에 한 번씩 전파 선교사 모집 특별 생방송을 합니다. 이날은 세계 선교 축제의 날이요, 선교사 파송의 날로 애청자들을 직간접적으로 만나는 의미 있는 날입니다. 이렇게 특별 생방송이 있는 날이면 저도 마이크 앞에 앉아 그동안 전파 선교사로 헌신해준 분들에 대한 감사와 함께 전파 선교의 중요성을 강조합니다.

특별히 진행을 하다보면 다양한 사연을 만나게 되는데 북한 국경 지역에서 극동방송을 우연히 듣고 탈북까지 하면서 주님을 만난 채국희(가명) 탈북민의 이야기가 가슴을 뜨겁게 했습니다.

"저는 북한에서 중국 연변방송을 몰래 들으려다가 우연히 한국 방송 채널을 접했습니다. 들으면 저도 모르게 눈물이 흐르는 이상한 방송이었는데 그 방송이 바로 극동방송이었습니다. 찬양도 궁금하고 무엇보다 하나님의 말씀에 큰 충격을 받아 북한을 떠나야겠다고 다짐했습니다.

오랜 세월 돌고 돌아 대한민국으로 올 수 있었고 마음껏 찬양도 부르며 신앙 생활을 하고 있습니다. 북한에서 복음을 들었던 은혜를 기억하며 이제는 북방에 복음을 전하는 전파 선교사로 헌신하고 싶어 참여하게 되었습니다."

복음에는 힘이 있습니다. 북한 동포들의 영혼 구원과 참 구원, 자유를 위해 끊임없이 기도합시다.』 - 「김장환 목사의 인생 메모」 중에서

우리가 복음을 전하고 부끄러워하지 아니할 이유가 여기에 있습니다.

오늘도 이 같은 전파 선교사님들의 1만 원, 1만 원이 모여져 북방과 국내에 복음이 전해지고 있습니다. 청취자들의 구원과 주님께 헌신을 위해 기도합시다. 아멘!

💙 주님, 전파가 전해지는 곳곳마다 생명의 역사가 나타나게 하소서.

🖼 북한에 복음의 문이 열리고, 복음 통일이 이루어지도록 기도합시다.

나의 영적 일지

하나님의 일을 위해

9월 2일

읽을 말씀 : 고린도전서 10:23-33

● 고전 10:31 그런즉 너희가 먹든지 마시든지 무엇을 하든지 다 하나님의 영광을 위하여 하라

　미국의 아침식사 문화를 바꾼 시리얼 회사 '퀘이커 오츠'는 이사회에 공석이 생기면 다음의 원칙에 따라 새로운 사람을 뽑습니다.

　'삶과 성품을 통해 증명됐을 뿐 아니라 예수 그리스도의 제자라고 스스로 고백하는 사람.'

　이 회사를 세운 헨리 크로웰(Henry Parsons Crowell)은 '아침의 황제'라고 불려지는데, 어린 시절부터 사업을 통해 하나님께 영광을 돌리고자 하는 분명한 목표를 세웠습니다.

　어떤 상황에서도 결코 십일조를 잊지 않았던 크로웰은 사업이 번창한 뒤에는 수입의 70%를 정기적으로 복음을 위해 하나님께 드렸습니다.

　여러 전도자가 세계를 돌아다니며 복음을 전할 수 있었던 것도 크로웰의 후원 덕분이 컸습니다.

　크로웰은 자신이 세상을 떠난 뒤에도 세계에 복음을 전하는 일에 후원할 수 있도록 말년에는 재단까지 설립했습니다.

　크로웰은 기도에 응답해 주신 하나님을 잊지 않고 받은 큰 복과 시간을 복음의 전파라는 가장 가치 있는 일에 다시 흘려보냈습니다.

　하나님이 주신 사명을 잊지 않고 세상에서 실천하며 살아가는 사람이 참된 제자입니다.

　큰 사명, 작은 사명을 떠나 하나님이 맡겨주신 일에는 온전히 충성하는 참된 그리스도인이 되십시오. 아멘!

🖤 주님, 주님께서 맡겨주신 사명과 일에 기쁨으로 충성하게 하소서.

🖼 기도의 응답으로 받은 하나님이 주신 큰 복을 다시 복음 전파로 흘려보냅시다.

나의 영적 일지

죽음 앞의 인간

읽을 말씀 : 전도서 2:12-17

● 전 2:16 지혜자나 우매자나 영원토록 기억함을 얻지 못하나니 후일에는 다 잊어버린지 오랠 것임이라 오호라 지혜자의 죽음이 우매자의 죽음과 일반이로다

미국의 순양함 인디애나폴리스호는 비밀 임무를 수행한 후 태평양을 건너 돌아가고 있었습니다.

극비리에 수행된 임무였기에 미국에서도 인디애나폴리스호의 동선을 아는 사람은 소수에 불과했습니다.

그런데 첩보를 입수한 일본의 잠수함이 습격해 어뢰를 쐈고 무방비에 있던 인디애나폴리스호는 단박에 침몰됐습니다.

300명이 순식간에 목숨을 잃었고 남은 900명의 병사들은 배의 잔해들을 붙잡고 구조를 기다렸습니다.

선장인 찰스(Charles B. McVay III)는 병사들을 한 명이라도 더 살리기 위해 이런저런 방법을 찾았지만 워낙 극비리에 진행된 작전이라 사고 사실이 알려지지 않았고 골든타임이 한참 지난, 사고 4일 뒤에야 구조대가 도착했습니다.

4일 동안 추위와 외로움, 그리고 상어떼의 공격으로 600명이 죽었습니다.

생존자 중 한 명은 당시 상황을 다음과 같이 회상했습니다.

"죽음의 문턱에서 사투를 벌이던 처참했던 그 순간 무신론자는 단 한 명도 없었습니다. 우리 모두는 살기 위해 하나님을 찾고 기도했습니다."

죽음 앞의 인간은 아무것도 할 수 없는 무력한 존재입니다.

죄를 지은 인간은 결코 죽음의 문제를 스스로 해결할 수 없습니다.

구원의 유일한 방법인 예수 그리스도의 복음을 거친 세파 속에서도 끝까지 붙잡으십시오. 아멘!

♥ 주님, 어떤 순간에도 주님을 의지하는 믿음으로 살아가게 하소서.

🖼 주님이 주시는 영원한 생명으로 죽음의 두려움을 극복합시다.

나의 영적 일지

정말 시간이 없으십니까

읽을 말씀 : 디모데후서 2:15-21

9월 4일

● 딤후 2:15 네가 진리의 말씀을 옳게 분변하며 부끄러울 것이 없는
일군으로 인정된 자로 자신을 하나님 앞에 드리기를 힘쓰라

세계적인 경제잡지 「포브스」에서 미국 직장인의 근무태도를 조사했습니다.

조사에 응한 직장인은 대부분 자신들이 하루 종일 쉴 틈이 없을 정도로 바쁘다고 응답했습니다.

그러나 조사 결과 대부분의 직장인은 어떤 식으로든 시간을 낭비하고 있었습니다. 동료와의 잡담 등으로 낭비하는 시간은 평균 45분이었습니다.

하루에 8시간을 근무한다고 하면 한 달에 3일 정도는 일과 상관없는 시간으로 허비하는 것이었습니다.

경제학자들은 이 결과를 모든 직장인에게로 확장한다면 매년 수천억 달러라는 엄청난 손실이 발생하고 있을 것이라고 추정했습니다.

일을 하면서도 계속 자기계발을 하는 사람과 주어진 업무만 하는 사람의 실력 차이는 5년을 기준으로 했을 때 60%나 벌어진다고 합니다.

하루는 24시간으로 모두에게 같습니다.

결국 주어진 시간을 낭비하지 않고 발전을 위해 투자하는 직장인과 그렇지 못한 직장인이 있을 뿐입니다.

이 원리를 성도에게도 적용할 수 있습니다.

아무리 바빠도 하루에 30분도 기도할 시간이 없고, 묵상할 시간이 없을 수는 없습니다.

더 나은 믿음 생활을 위해 시간을 지혜롭게 준비하십시오. 아멘!

♡ 주님, 주어진 시간을 낭비하지 않고 말씀과 기도 시간을 지키게 하소서.

🖼 시간이 없다는 핑계를 대지 말고 매일의 경건생활을 지킵시다.

나의 영적 일지

주님이 아신다면

읽을 말씀 : 요한복음 21:15-25

● 요 21:15 저희가 조반 먹은 후에 예수께서 시몬 베드로에게 이르시되 요한의 아들 시몬아 네가 이 사람들보다 나를 더 사랑하느냐 하시니 가로되 주여 그러하외다 내가 주를 사랑하는줄 주께서 아시나이다 가라사대 내 어린 양을 먹이라 하시고

잉글랜드의 법률가이자 신학자로 많은 사람들에게 존경받던 토마스 모어 (Thomas More)가 전도유망한 청년과 대화를 나누고 있었습니다.

모어 경은 청년에게 교사로서 훌륭한 자질이 있다고 생각했습니다.

"당신은 정말로 훌륭한 교사가 될 수 있습니다.

미래의 학생들을 위해서 지금이라도 교사를 준비하세요."

"저는 많은 돈을 벌고 싶습니다. 제가 훌륭한 교사가 되어 학생들을 키워낸다고 해서 저에게 무슨 보람이 있죠? 누가 알아주기라도 하나요?"

모어 경은 청년을 그윽하게 바라보며 말했습니다.

"알다마다요. 당신에게 배운 제자들, 그리고 친구들이 알아줄 겁니다.

당신에게 이런 재능을 주신 하나님도 알아주실 텐데 이 정도면 충분히 할만한 도전 아닌가요?"

청년은 모어 경의 조언을 받들어 교직의 길을 걸었고 이 대화는 훗날 모어 경의 인생을 담은 「사계절의 사나이」라는 연극에도 등장했습니다.

세상의 그 누가 알아주지 않는다 해도 주님이 알아주신다면 도전할 가치가 있습니다.

이제 우리의 삶은 나를 위한 것이 아닌 하나님을 위한 것이기에 사람이 아닌 하나님만을 바라보며 살아가야 합니다.

사명을 감당할 달란트를 주시고, 용기를 주시는 주님을 믿고, 주님을 바라보며 담대히 도전하십시오. 아멘!

🤍 주님, 주님만 알아주시면 된다는 마음으로 맡겨진 일에 충성하게 하소서.

📖 그 일을 한 것을 자랑하지 말고 그 일을 하게 하신 주님을 자랑합시다.

나의 영적 일지

재능보다 가치 있는 것

읽을 말씀 : 시편 119:30-37

●시 119:30 내가 성실한 길을 택하고 주의 규례를 내 앞에 두었나이다

르네상스 시대의 유명한 조각가 베르톨도 디 조반니(Bertoldo di Giovanni)에게는 실력이 매우 뛰어난 제자가 있었습니다.

독학으로 그림과 조각을 배운 제자는 10대 때 이미 실력이 정평이 나 있을 정도였습니다. 그러나 뛰어난 실력만 믿고 다른 사람을 무시했고, 사람들의 평가가 두려워 쉽게 완성할 수 있는 작품만 손을 댔습니다.

이 모습이 안타까웠던 조반니가 하루는 제자를 불러 다음과 같이 조언했습니다.

"너에겐 정말로 뛰어난 재능이 있다. 하지만 그것으로는 충분치 않아.

온 힘을 쏟을 수 있는 노력과 끈기에 비하면 재능은 싸구려나 마찬가지란다."

당시 제자는 조반니의 말을 이해하지 못했습니다.

그러나 훗날 '켄타우로스의 전투'라는 스승의 작품을 보고 진정한 예술이 무엇인지 깨달은 후 그동안 만든 완성품들을 깨버리고 온 힘을 쏟을 수 있는 걸작들을 만들었습니다.

미켈란젤로의 '천지창조', '피에타' 등의 수많은 작품들은 모두 조반니의 조각을 보고 깨달은 뒤 탄생했습니다.

하루에 한 걸음을 걷더라도 포기하지 않으면 태산을 오를 수 있습니다.

몇 번이고 포기했던 경건생활이라도 포기하지 않고 다시 시작한다면 주님이 이끌어 주십니다.

경건의 끈을 놓지 말고 하루에 말씀 한 구절이라도 꾸준히 실행해 나가는 열정과 끈기를 품으십시오. 아멘!

💛 주님, 싸구려 인생이 아닌 주님께 영광 돌리는 값진 인생을 살게 하소서.

🖼 지금 나에게 맡겨진 일을 최고의 완성품을 만드는 마음으로 합시다.

나의 영적 일지

결코 헛되지 않은 삶

읽을 말씀 : 고린도전서 9:19-27

● 고전 9:23 내가 복음을 위하여 모든 것을 행함은 복음에 참예하고
자 함이라

교회는 다녔지만 하나님이 정말로 살아계신지 확신이 서지 않았던 데이비드 브레이너드(David Brainerd)라는 청년이 있었습니다.

브레이너드는 1년 동안 기도와 금식을 하며 말씀을 묵상했고 마침내 하나님이 살아계심을 확신했습니다.

이후 목사가 된 브레이너드는 하나님의 부르심을 따라 미국 전역의 인디언들을 찾아다니며 복음을 전했습니다.

통역사 한 명과 함께 인디언이 있는 곳이라면 어디든 찾아갔습니다.

들판에서 잠을 자며 어디서든 인디언들을 만나면 복음을 전했습니다.

백인에 적대적이었던 인디언들이었지만 브레이너드의 사랑과 헌신에 마음이 녹아내렸고 1년 만에 100명이 넘는 인디언들이 주님을 영접했습니다.

브레이너드는 결핵으로 고생을 하면서도 전도를 쉬지 않았고 결국 사역을 시작한 지 3년 만인 29살에 세상을 떠났습니다. 브레이너드가 인디언들을 만나기 위해 여행한 거리는 4,800km였습니다.

3년의 짧은 사역 동안 수백 명의 인디언을 전도했을 뿐이지만 그의 삶에 감명받은 인디언들이 자발적으로 다른 부족을 찾아가 전도를 시작하며 원주민 사이에서 큰 부흥이 일어났고, 윌리엄 캐리와 같은 많은 세기의 선교사들은 그의 삶에 감명받아 선교를 결심했습니다.

사명자의 삶은 하루를 살아도 헛되지 않습니다. 영원히 썩지 않을 복음의 씨앗을 세상에 뿌리는 귀한 사명을 위해 우리의 삶을 주님께 드리십시오. 아멘!

🤍 주님, 영원히 썩지 않을 복음의 씨앗을 세상에 뿌리는 귀한 삶을 살게 하소서.

▧ 집중적으로 전도할 대상이나 지역을 정해 전도합시다.

`나의 영적 일지`

낙담을 전파한 죄

9월 8일

읽을 말씀 : 갈라디아서 6:1-10

● 갈 6:9 우리가 선을 행하되 낙심하지 말찌니 피곤하지 아니하면 때
가 이르매 거두리라

트란스발 공화국이 남아프리카 공화국에 통합되기 전에 있었던 일입니다.

공화국 남쪽의 케이프타운을 점령한 영국군이 곧 쳐들어온다는 첩보가 입수되어 트란스발 공화국은 그 어느 때보다 국경을 단단히 지키고 있었습니다.

태세를 점검하러 지휘관이 국경을 돌아다녔는데 가는 곳마다 사기가 떨어져 있었고 방비를 제대로 갖추고 있지 않았습니다.

이 모든 문제의 원인은 단 한 명의 병사 때문이었습니다.

매사에 부정적이던 한 병사가 온 막사에 다음과 같은 소문을 퍼트리고 있었습니다.

"영국군은 세계 최강이라 우리가 이길 수 없다."

"케이프타운에 우리 군대의 10배가 넘는 병력이 있다."

"어차피 질 게 뻔하니 항복해야 한다."

이 병사는 군사 법정에 회부되어 유죄를 선고받았습니다.

죄명은 '다른 병사들을 낙담시킨 죄'였습니다.

복음은 온 인류가 받아야 할 '기쁜 소식'입니다.

성도는 주님이 우리의 모든 죄를 용서하시고 구원하셨다는 기쁜 소식을 온 세상에 전해야 할 사람들입니다.

세상의 걱정과 근심을 모두 벗어버리고 세상에 낙담이 아닌 진정한 기쁨의 소식을 만방에 알리십시오. 아멘!

🤍 주님, 낙심하게 하는 부정적인 말 대신 사람을 살리는 복음을 전하게 하소서.

🖼 사람들에게 희망과 용기를 줄 수 있는 말만을 합시다.

나의 영적 일지

가정을 회복시키자

읽을 말씀 : 시편 128:1-6

● 시 128:3,4 네 집 내실에 있는 네 아내는 결실한 포도나무 같으며 네 상에 둘린 자식은 어린 감람나무 같으리로다 여호와를 경외하는 자는 이같이 복을 얻으리로다

미국의 작가 돌로레스 카렌(Dololres Curren)은 행복한 가정의 조건이 무엇인지 궁금했습니다.

커렌은 심리학자, 가정상담가, 교육자, 성직자 등 각계각층의 저명한 인사 500여 명을 찾아가 의견을 물은 뒤에 15가지의 공통점을 추렸습니다.

다음은 돌로레스 카렌이 쓴 「건강한 가정의 특성(Traits of a Healthy Family)」이라는 책에 나오는 15가지 특성 중 7가지입니다.

1. 대화를 자주 하고 각별히 들어준다.
2. 서로를 격려하며 지지해 준다.
3. 모든 구성원들과 원활한 관계를 유지한다.
4. 서로의 경험을 공유하며 배운다.
5. 적당한 유머와 장난을 자주 친다.
6. 함께 책임져야 할 문제들을 감추지 않는다.
7. 서로의 불만을 솔직히 말하고 잘못된 것을 최대한 빨리 고친다.

이 책이 말하는 가장 중요한 가치는 '가정이 세상에서 가장 행복한 곳이다'라는 대전제입니다.

가정은 하나님이 세우신 가장 작은 교회로 천국의 행복을 맛볼 수 있는 장소입니다.

하나님을 중심으로, 함께 나누는 말씀과 기도로 가정을 작은 천국으로 다시 회복시키십시오. 아멘!

♥ 주님, 주님의 기쁨이 임하는 행복한 가정이 되게 하소서.
※ 가정을 하나님이 주신 작은 천국으로 이루려고 노력합시다.

나의 영적 일지

영혼의 가치

읽을 말씀 : 누가복음 15:1-10

● 눅 15:7 내가 너희에게 이르노니 이와 같이 죄인 하나가 회개하면 하늘에서는 회개할 것 없는 의인 아흔 아홉을 인하여 기뻐하는 것보다 더하리라

아우슈비츠에서 유대인 처형을 담당했던 한 독일군은 인간의 가치를 1달러라고 말했습니다.

"사람 한 명을 분해해봤자 1달러 정도의 가치밖에 없다. 각설탕 몇 개 분량의 당분, 못 한 개 정도의 철, 성냥을 만들 수 있는 인, 비누 몇 개의 지방, 나머진 별 쓸모도 없는 것들이다. 사람의 목숨은 이처럼 하찮은 것이다."

이 사람의 말에 따르면 10명이 죽어도 고작 10달러 가치밖에 되지 않기 때문에 그토록 쉽게 사람을 죽일 수 있었던 것일지도 모릅니다.

테크놀로지 전문 잡지 「와이어드(Wired)」에 따르면 요즘 방식으로 추산한 인간의 가치는 4,500만 달러, 우리 돈으로 약 500억이 넘는다고 합니다. 장기를 이식할 수 있는 기술이 있기에 심장, 신장 등 장기 하나마다 매우 비싼 값에 팔릴 수 있고 심지어 DNA까지 비싼 값에 팔 수 있습니다.

시대가 변하면 사람의 가치가 다시 변할지 모르지만 그 가격이 얼마가 되든 사람의 가치는 몸이 아닌 영혼에 있기에 결코 돈으로 환산돼서는 안 됩니다.

세상 전부를 준다 해도 바꿀 수 없는 가치인 하나님의 자녀가 우리이기에 하나님은 우리를 구원하시기 위해 독생자 예수 그리스도를 보낼 수밖에 없으셨습니다.

물질만능주의에 잠식된 세상의 흐름에 휩쓸리지 말고 세상의 그 무엇보다 귀한 영혼을 지키며, 영혼을 구하십시오. 아멘!

♡ 주님, 천하보다 귀한 생명을 값없이 은혜로 주신 주님을 찬양하게 하소서.
🎑 은연중에 사람의 가치를 판단하지 말고 마음과 마음으로 교제합시다.

나의 영적 일지

위기가 기회이다

읽을 말씀 : 잠언 14:28-35

● 잠 14:32 악인은 그 환난에 엎드러져도 의인은 그 죽음에도 소망이 있느니라

예수님이 십자가에 달려 돌아가시고 따르던 제자들도 멀리 도망쳤을 때 기독교는 이미 끝난 것처럼 보였습니다. 그러나 주님의 부활을 목격한 제자들이 목숨을 아끼지 않고 복음을 전하자 복음은 유럽을 거쳐 전 세계로 퍼져 오히려 그리스도인이 폭발적으로 늘었습니다.

의화단 혁명과 문화혁명을 거쳐 중국은 공식적으로 기독교를 핍박했고 선교사를 내쫓으며 성도들을 핍박했습니다.

공산당의 엄중한 감시 아래 기독교의 생명은 끝나는 듯했으나 이런 역경 가운데에도 복음이 계속 퍼져나가 지금은 중국의 그리스도인은 1억 명이 넘는다고 합니다.

위협을 느낀 정부의 규제는 더욱 거세지고 있지만 지금도 매년 10%씩 교인들이 성장하고 있습니다.

북한 역시 마찬가지입니다.

목숨을 잃을 각오로 지하에 숨어서 예배를 드리는 성도들이 30만 명이 넘는다고 합니다.

복음은 언제나 위기 속에서 더더욱 불길처럼 번져 만방으로 퍼졌습니다.

모두가 기독교가 위기라고 말하는 지금이 어쩌면 복음을 전하기에 더 없는 기회일지도 모릅니다.

핍박과 환란 속에서도 굴하지 않고 주님을 구하는 깨어있는 성도들을 통해 다시 한번 부흥의 뜨거운 불길이 일어나게 해달라고 간구하십시오. 아멘!

♡ 주님, 다시 부흥의 불길을 일으키는 불씨로 저를 사용하여 주소서.

🖼 억압 가운데서도 신앙을 지키는 형제자매들을 위해 기도합시다.

나의 영적 일지

마음 다스림의 중요성

읽을 말씀 : 잠언 16:25-33

● 잠 16:32 노하기를 더디하는 자는 용사보다 낫고 자기의 마음을 다스리는 자는 성을 빼앗는 자보다 나으니라

'아는 것은 곧 행해야 한다(지행합일)'라고 주장한 양명학의 창시자 왕양명이 왕의 명령을 받들어 강서 지방의 도적 떼를 토벌하러 떠났습니다.

현장에 도착한 왕양명은 첫날 마을 주변을 돌아다니며 산속의 도적 떼를 토벌했습니다. 그러나 둘째 날에는 방안에 틀어박혀 밖으로 나오지 않았습니다.

이 모습이 답답했던 지역의 관리가 왕양명을 찾아갔으나 경비병은 나리가 공부 중이라 누구도 들일 수 없다며 길을 막았습니다.

결국 날이 저물고 나서야 왕양명을 만난 관리는 비꼬듯이 말했습니다.

"세상 천지에 도적 떼가 들끓어 곳곳마다 난리인데 태평하게 공부나 하고 계시니 참으로 대단하신 분인 것 같습니다."

왕양명이 대답했습니다.

"산속의 적을 물리치는 것은 아주 쉬운 일이나 내 마음에 있는 적을 물리치는 것은 매우 어려운 일이라네. 마음을 지키지 못하면 내가 도적보다 더한 탐관오리가 될 수 있으니 어찌 중요한 일이 아니겠는가?"

마음을 다스리지 못할 때 그리스도인으로 살아가며 죄를 짓게 되고, 하나님을 잊고 세상 속에서 살아가게 됩니다.

우리의 마음을 말씀으로 가득 채우고, 우리의 시선을 오직 하나님께 고정할 때 우리의 마음도 하나님을 떠나지 않게 됩니다.

하나님이 주신 구원의 기쁨을 세상의 헛된 즐거움에 빼앗기지 않도록 무엇보다 마음을 지키십시오. 아멘!

♡ 주님, 마음속에 있는 가시와 잡초를 물리칠 수 있는 힘과 능력을 주소서.

🖼 영적 기쁨을 빼앗아가는 일들을 정리하며 고요히 주님을 만나는 기쁨을 누립시다.

나의 영적 일지

가지치기의 비결

읽을 말씀 : 디모데전서 4:6-16

● 딤전 4:7 망령되고 허탄한 신화를 버리고 오직 경건에 이르기를 연습하라

미국의 성공한 사업가가 장미를 구경하러 유명한 조경사의 집을 찾았습니다.

조경사는 자신의 정원 곳곳에 피어있는 온갖 장미들을 구경시켜줬습니다.

갑자기 무언가를 발견한 조경사는 창고에서 커다란 가위를 가져와 가지를 마구 자르기 시작했습니다.

이 모습을 본 사업가가 물었습니다.

"기껏 길러놓은 아까운 장미를 왜 다 자르십니까?"

"제가 자르는 것은 단지 가지입니다. 가지를 제때 치지 않으면 덩굴이 길게 자라나지 않고 장미의 질도 나빠집니다.

아름다운 장미를 얻기 위해선 제때 가지를 쳐야 합니다."

가지를 쳐야 장미를 얻는다는 말에 큰 깨달음을 얻은 사업가는 그 뒤로 얻은 수익의 많은 부분을 자선사업과 선교사업에 사용했습니다.

수익으로 남을 도울수록 하나님은 더욱 큰 복을 주셨고 이 사업가는 훗날 '미국의 백화점 왕 워너메이커'로 불릴 정도로 큰 복을 받았습니다.

많이 버는 것보다 올바른 일에 사용하는 것이 더욱 중요합니다.

우리 인생에서 꽃피워야 할 장미는 무엇입니까?

하나님이 주신 사명을 인생의 목표로 삼고 주신 큰 복을 나눌 줄 아는 진정한 부자의 삶을 살아가십시오. 아멘!

💛 주님, 주님께서 주신 큰 복을 복음사역과 자선사업으로도 흘러가게 하소서.

✍ 주님께서 내게 주신 복을 충분히 복음을 위해 사용하고 있는지 생각해 봅시다.

나의 영적 일지

인생의 네 가지 축

9월 14일

읽을 말씀 : 창세기 1:20-31

● 창 1:28 하나님이 그들에게 복을 주시며 그들에게 이르시되 생육하고 번성하여 땅에 충만하라, 땅을 정복하라, 바다의 고기와 공중의 새와 땅에 움직이는 모든 생물을 다스리라 하시니라

미국 최고의 병원인 존스홉킨스 병원과 쌍벽을 이루는 미네소타주의 미네소타주 메이오 클리닉(Mayo Clinic)의 켈퍼 박사(E.J. Kelper)는 특별한 이유 없이 건강이 나빠지는 환자들을 연구했습니다.

박사의 연구 결과 감정적으로 불안하거나, 쉽게 낙망하고 죄책감을 느끼는 사람은 신체적으로 건강했음에도 갑자기 큰 병이 생기곤 했습니다.

박사는 이런 환자들을 '삶의 균형이 무너진 상태'라고 부르며 다음의 'W.P.L.W.'라 불리는 네 가지 영역의 균형을 맞추라는 처방을 내렸습니다.

① 일(Work), ② 여가(Play), ③ 사랑(Love), ④ 예배(Worship)

일을 제대로 하지 않으면 성취감을 느끼지 못합니다.

여가를 통해 제대로 쉬고 놀지 않으면 인생의 보람을 느끼지 못합니다.

사람과의 관계를 통해 사랑을 느끼지 못하는 인생은 허무할 뿐입니다.

그러나 이 세 가지가 모두 충족되어 있더라도 예배를 통해 하나님을 만나지 못하는 사람은 정신적으로 균형 잡힌 건강한 인생을 살고 있다고 말할 수 없다는 것이 켈퍼 박사의 연구 결과였습니다.

우리가 삶에서 누리는 모든 기쁨들도 전부 하나님이 주신 것입니다.

놀라운 큰 복을 허락하신 분이 주님이시라는 사실을 잊지 말고 세상 가운데 누리는 즐거움들도 주님과 더불어 누리십시오. 아멘!

🤍 주님, 일, 여가, 사랑, 예배의 균형을 잡을 수 있는 지혜를 주소서.

📖 내 삶에서 더 해야 하고 덜 해야 하는 요소가 무엇인지 살펴봅시다.

나의 영적 일지

희망 한 글자의 힘

읽을 말씀 : 예레미야 29:8-19

● 렘 29:11 나 여호와가 말하노라 너희를 향한 나의 생각은 내가 아나니 재앙이 아니라 곧 평안이요 너희 장래에 소망을 주려하는 생각이라

서로 다른 병원에서 일하는 암 전문의 두 친구가 있었습니다.

두 친구가 진찰하는 환자들은 대부분 비슷한 상황이었고 수술 성공률도 비슷했습니다. 그러나 항암 처방만큼은 성공률에 큰 차이가 났습니다.

한 친구가 도저히 이유를 모르겠다며 비결을 물었습니다.

"자네나 나나 같은 약을 처방하는데 왜 내 성공률은 20%밖에 되지 않고 자네의 성공률은 70%나 되는지 도대체 이유를 모르겠단 말이야."

"자네는 환자들에게 약을 주지만 나는 희망을 주거든."

"그게 무슨 소린가?"

"우리가 처방하는 약 이름은 하이드록쉬리아(Hydoxyurea), 온코빈(Oncovin), 플라티눔(Platinum), 에토포사이드(Etoposide) 네 가지인 경우가 많네. 대부분의 의사들은 약 이름을 그대로 써서 처방하지만 나는 앞 글자만 따서 '이 약이 당신의 희망(H.O.P.E.)이 될 것입니다'라고 처방하거든. 차이가 있다면 그것뿐일세."

「영혼을 위한 닭고기 수프」의 저자 잭 캔필드의 책에 나오는 이야기입니다.

희망이 없는 사람은 절망하게 되고, 절망의 결과는 죽음뿐입니다.

'희망' 한 글자에는 모든 역경을 이겨낼 큰 힘이 있습니다.

살아있는 소망이 되사 우리의 모든 것을 책임져 주시는 주님으로 인해 어떤 순간에도 희망을 품으십시오. 아멘!

♡ 주님, 최악의 순간에도 주님이 주시는 희망을 품고 이웃을 섬기게 하소서.

🧶 희망과 위로가 필요한 사람들을 찾아가 주님의 마음으로 위로합시다.

나의 영적 일지

66년을 이어온 북방선교의 역사

9월 16일

읽을 말씀 : 빌립보서 1:3-11

● 빌 1:6 너희 속에 착한 일을 시작하신 이가 그리스도 예수의 날까지 이루실 줄을 우리가 확신하노라

『극동방송은 1956년 12월 23일 인천 학익동에 송신소를 세우고 북방을 향한 첫 전파를 송출했습니다.

이후 송신소 주변이 개발됨에 따라 1969년에는 인천 논현동으로 또 1988년에는 시흥 방산동으로 송신소를 이전해 가며 북방을 향한 복음 전파의 사명을 이어왔습니다.

그러나 1988년에 대단위 아파트 단지가 들어섬에 따라 또 다시 송신소를 이전해야 했습니다. *AM* 송신소는 안테나를 세우기 위해 넓은 부지가 필요하기에 수도권 지역에서 송신소 설치에 적합한 부지를 찾는 것은 어려운 일이었습니다. 여러 부지를 답사하며 검토하던 중 하나님께서는 안산 대부도에 최적의 부지를 허락하셨습니다.

이전 부지는 확보되었으나 관할 지자체의 건축 허가와 방송통신위원회의 변경 허가를 받는 일이 과제였습니다. 특히 *ITU*(국제전기통신연합) 규정에 따라 인접국의 동의를 포함한 허가가 필요했는데 국제 허가 절차는 시간이 많이 걸리고 한 번에 통과되기도 어려워 많은 기도가 필요했습니다.

하나님의 섭리 가운데 모든 허가 절차와 공사를 무사히 마치고 2020년 10월 감격적인 헌당예배를 드림으로 북방을 향한 극동방송의 송신소는 더 굳건하게 세워졌으며, 북방지역에서 이전보다 더 선명하게 들린다는 소식을 들었습니다.』
-「김장환 목사의 인생 메모」 중에서

지난 66년간 하루도 쉼 없이 북방을 향해 복음을 전해온 극동방송의 전파가 주님이 다시 오시는 날까지 북방을 향해 계속 되기를 기도합시다. 아멘!

💗 주님, 주의 뜻은 반드시 이루어질 줄 믿고 기도하게 하소서.
🖼 난관이 올 때 그것이 무엇이든 하나님을 의지하며 기도합시다.

나의 영적 일지

용서가 정답이다

읽을 말씀 : 에베소서 4:25-32

●엡 4:32 서로 인자하게 하며 불쌍히 여기며 서로 용서하기를 하나님이 그리스도 안에서 너희를 용서하심과 같이 하라

동유럽 국가인 크로아티아에서 끔찍한 내전의 참상을 목격하며 자란 미로슬라브 볼프(Miroslav Volf)라는 소년이 있었습니다.

하루아침에 친구가 죽고, 가족이 죽는 전쟁의 참상 속에서 인간의 잔혹함과 세상의 허망함을 느꼈지만 볼프는 그런 와중에도 주님을 만나고 신학자의 길을 걸었습니다. 볼프는 단 한 번도 말씀이 진리임을 의심한 적이 없었습니다.

그러나 총을 들고 집으로 들이닥치는 군인들에게도 "원수를 사랑하고, 용서하라"라는 말씀을 적용할 수 있을지 확신이 서지 않았습니다.

신학자가 되어서도 이 질문을 마음 깊이 품고 살던 볼프는 그래도 용서가 해답이라는 깨달음을 얻었고 그동안의 고찰을 정리해 「배제와 포용」이라는 책으로 풀어냈습니다. 이 책은 전 세계의 그리스도인들에게 큰 충격을 줬습니다.

대학에서 볼프에게 신학을 가르치기도 했던 '희망의 신학자'였던 위르겐 몰트만(Jurgen Moltmann)도 이 책을 보고 놀라 볼프를 찾아와 "정말로 그들을 용서했나?"라고 물었습니다.

"아직 용서하지 못했지만 용서할 것입니다.

다른 정답은 없기 때문입니다."

주님이 우리를 진정으로 사랑하셨기에 모든 것을 용서해 주신 것처럼 주님의 사랑과 용서를 경험한 우리는 원수라 하더라도 용서하며 포용할 수 있습니다. 우리의 힘으론 할 수 없지만 주님이 주시는 사랑으로 할 수 있음을 고백하며 용서하십시오. 아멘!

🤍 주님, 원수라 하더라도 용서할 수 있는 사랑과 용기를 주소서.

📷 내 마음과 감정까지도 주님께 맡기며 주님이 주신 힘으로 용서합시다.

나의 영적 일지

감사의 효율

읽을 말씀 : 골로새서 3:9-17

● 골 3:17 또 무엇을 하든지 말에나 일에나 다 주 예수의 이름으로 하고 그를 힘입어 하나님 아버지께 감사하라

미국 캘리포니아 대학 심리학과의 로버트 에머슨(Robert Emerson) 교수는 감사가 정말로 사람에게 긍정적인 영향을 미치는지 실험했습니다.

12세부터 80세까지 다양한 연령대의 사람을 두 그룹으로 나누어 한 그룹에만「하루 다섯 가지 감사할 제목」을 적도록 했습니다.

한 달이 지난 뒤에 감사를 한 그룹에서는 다음과 같은 일이 일어났습니다.

● 삶의 행복도가 크게 높아짐
● 체중이 감소하고 혈압이 안정됨
● 염증 수치가 감소함
● 직장에서의 업무 효율이 높아짐

감사를 한 그룹의 모든 사람에게 이와 같은 효과가 있었던 것은 아니지만 감사를 하지 않은 그룹에서는 어떠한 긍정적인 변화도 일어나지 않았습니다.

에머슨 교수는 이 결과를 토대로 "감사는 인생을 행복하게 만드는 일에 투자 대비 가장 효율이 좋은 행동이다"라고 말했습니다.

세상에서 가장 놀라운 구원이라는 선물을 받은 그리스도인은 어떠한 순간에도 감사를 잊어서는 안 됩니다.

주님을 만났기에 새로운 삶을 살게 되었고, 주님을 만났기에 만 가지 축복을 누리게 되었습니다.

이미 가장 귀한 선물을 주신 주님께 우리가 무엇을 또 구하겠습니까? 가장 귀한 것을 받았으니 한 평생 드릴 것은 오직 찬양과 감사뿐입니다.

우리를 만나주시고 구원해 주신 주님의 사랑을 매일 감사하십시오. 아멘!

♡ 주님, 제 기준이 아니라 말씀에 의지하여 모든 일에 감사하게 하소서.
▨ 내 삶에 베푸시는 모든 일들을 주님의 은혜로 믿으며 감사합시다.

나의 영적 일지

부재 가운데 계신 주님

읽을 말씀 : 시편 37:1-10

● 시 37:7 여호와 앞에 잠잠하고 참아 기다리라 자기 길이 형통하며 악한 꾀를 이루는 자를 인하여 불평하여 말지어다

「크리스천 센추리」의 편집장이자 루터교의 대표 신학자 중 한 명인 마틴 마티 (Martin Emil Marty)는 신앙생활을 하면서 '하나님이 나와 함께 하시지 않는다'는 느낌을 받을 때가 많았습니다.

마티는 그런 상황이 찾아올지라도 우리가 올바로 행동하기만 하면 주님의 임재하심을 다시 경험할 수 있음을 강조했습니다.

다음은 「하나님이 계시지 않는다고 느껴질 때 우리가 해야 할 6가지 일」입니다.

1. 지금 하나님의 임재를 느끼지 못하고 있다는 사실을 인정한다.
2. 하나님을 경험할 수 있는 시간, 방법, 장소를 준비한다.
3. 영적 거장들의 글을 보고, 자연 속을 거닐어본다.
4. 하나님의 침묵이 길어지더라도 인내하며 믿음을 지킨다.
5. 하나님의 신호가 느껴진다면 즉각 반응한다.
6. 이 위기를 가장 잘 극복할 수 있는 방법인 예배를 반드시 지킨다.

거절 또한 기도의 응답이 될 수 있듯이, 때때로 하나님이 계시지 않는다고 느껴지는 순간에도 우리는 하나님을 경험할 수 있습니다.

더더욱 정결한 마음으로 하나님의 때에 다시 우리의 삶에 임재하실 주님의 신호에 오감을 집중하십시오. 아멘!

💛 주님, 언제, 어디서나, 무슨 일을 하든지 주님의 임재를 느끼게 하소서.

🖼 잠잠한 가운데 주님이 함께 하심을 믿음으로 기다립시다.

나의 영적 일지

근원에 닿을 때까지

읽을 말씀 : 요한계시록 21:1-8

● 계 21:6 또 내게 말씀하시되 이루었도다 나는 알파와 오메가요 처음과 나중이라 내가 생명수 샘물로 목 마른 자에게 값 없이 주리니

　　미국 캔자스 주에 본격적으로 철도들이 깔리면서 그린스 버그라는 한적한 시골 마을이 허브 역할을 담당하는 중심지가 되었습니다.

　　그린스 버그는 위치로는 완벽했지만 증기기관을 관리, 운용하기에는 물이 부족하다는 큰 문제가 있었습니다. 그러나 이미 전 지역에서 철도가 깔리고 있었기에 다른 지역으로의 이전은 불가능했습니다.

　　결국 최후의 방법으로 우물을 팔 수밖에 없었습니다.

　　중장비 기계가 없던 시절이라 사람들은 곡괭이와 삽을 들고 흙을 파내려갔습니다.

　　1년이 지나도 물은 터지지 않았지만 사람들은 계속해서 땅을 파내려갔습니다. 다른 방법이 없었기 때문입니다.

　　1년이 지나고 2년이 지나도 아무런 기미가 없었지만 그래도 사람들은 계속해서 땅을 파내려갔습니다.

　　4년이 지나서야 마침내 지하수가 터졌고, 수작업으로 390m나 파내려 간 '우딩데인(Woodingdean)' 우물은 지금까지도 사람이 손으로 판 가장 거대한 우물로 기록되어 있습니다.

　　때로는 포기하지 않는 것 외에는 다른 방법이 없을 때가 있습니다.

　　생명의 근원이신 주님을 만나고 전하는 일에는 다른 왕도가 없습니다.

　　구원의 유일한 해결책, 생명수 되시는 주님을 간절히 구하고, 간절히 전하십시오. 아멘!

💙 주님, 선을 행할 때 마음대로 안되어도 주님을 의지해 포기하지 않게 하소서.

🖼 생명의 근원이신 주님을 만나는 삶을 결코 포기하지 맙시다.

나의 영적 일지

메아리의 법칙

읽을 말씀 : 마태복음 7:7-12

● 마 7:12 그러므로 무엇이든지 남에게 대접을 받고자 하는대로 너희도 남을 대접하라 이것이 율법이요 선지자니라

학교에서 친구와 싸우고 나서 잔뜩 화가 나 집으로 온 학생이 있었습니다.

분이 덜 풀린 학생은 저녁 식사를 준비하는 어머니에게 쉴 새 없이 친구의 험담을 늘어놓았습니다.

한참을 듣던 중 어머니는 자녀를 데리고 뒷산 중턱으로 올랐습니다.

그리고 큰 소리로 친구 욕을 해보라고 했습니다.

"넌 정말 나쁜 놈이야!"

아무도 없는 산에서 크게 친구 욕을 하자 잠시 뒤 더 큰 목소리로 욕이 그대로 메아리쳐 돌아왔습니다.

어머니가 이번에는 친구에게 축복을 해보라고 했습니다.

"하나님이 너를 축복하길 바란다!(God bless you!)"

이번에도 동일한 축복이 메아리쳐 돌아왔습니다.

어머니는 아무 말 없이 다시 학생을 데리고 집으로 돌아왔습니다. 그러나 이때의 경험으로 험담도, 축복도 결국에는 메아리처럼 돌아온다는 사실을 깨닫게 된 학생은 되도록 남의 험담을 하지 않기로 했습니다.

미국 메이저 영화사인 'MGM'을 세운 루이스 메이어(Louis B. Mayer)의 이야기입니다.

말한 대로 돌아오고, 행한 대로 돌아오는 것이 주님이 가르치신 '황금률'입니다. 나눌수록 갚아주신다는 주님의 말씀을 믿고 험담보다는 축복을, 아끼기보다는 베푸는 삶을 살아가십시오. 아멘!

💗 주님, 힘든 경우에도 주님을 생각하며 축복의 말만 하는 삶이 되게 하소서.

🖼 만나는 사람들에게 언제나 "하나님이 당신을 축복하십니다"라고 문안합시다.

나의 영적 일지

하루의 방향을 정하라

읽을 말씀 : 잠언 3:1-6

● 잠 3:6 너는 범사에 그를 인정하라 그리하면 네 길을 지도하시리라

일본 전국시대 오와리 지역의 영주였던 오다 노부나가는 매일 새벽 4시면 말을 타고 무작정 달리는 습관이 있었습니다.

한참을 달려가다 동이 틀 때쯤에 말머리를 돌려 집으로 돌아왔는데 당시 기록을 검토하면 대략 20km나 됐다고 합니다.

매일 아침 몇 시간씩 말을 타는 오다 노부나가의 행동을 이상히 여긴 측근이 "해야 할 일이 많은데 매일 아침 너무 많은 시간을 허비하는 것 아닙니까?"라고 물었습니다.

이 질문에 노부나가는 다음과 같이 대답했습니다.

"해야 할 일이 많기 때문에 말을 타고 나가는 것이네. 말을 타고 떠나는 동안은 할 일을 생각하고 돌아오는 동안은 결단을 내리기 때문에 지금까지 승리할 수 있었네."

20여 개의 세력이 난무하던 전국 시대를 '오와리의 멍청이'라 불리던 노부나가가 통일할 수 있었던 것은 매일 아침 생각을 정리하며 곧 행동으로 옮긴 결단력 때문이었다고 합니다.

하나님의 말씀으로 삶의 방향을 정하고 기도로 결단하는 사람만이 세상에 마음을 빼앗기지 않고 주님의 음성을 따라 살아갈 수 있습니다.

세상의 길이 아닌 주님의 길을 따라가겠다는 결심이 필요합니다.

오늘 우리에게 주시는 주님의 말씀을 따라 순종하겠다는 마음으로 매일 결심하십시오. 아멘!

🖤 주님, 세상에 마음을 빼앗기지 않고 주님만 따라가는 삶이 되게 하소서.

🖼 하나님의 말씀으로 삶의 방향을 정하고 기도로 결단합시다.

나의 영적 일지

걱정의 진짜 문제

읽을 말씀 : 베드로전서 3:8-17

● 벧전 3:14 그러나 의를 위하여 고난을 받으면 복 있는 자니 저희의 두려워함을 두려워 말며 소동치 말고

미국의 미시간 대학교에서 '사람들이 가장 많이 하는 걱정이 무엇인가?'에 대해 조사를 했습니다.

그 결과 사람들이 가장 많이 걱정하는 것은 '돈'이었습니다.

사람들을 가장 불행하게 만드는 것 역시 '돈'이었고, 사람들을 가장 행복하게 만드는 것도 '돈'이었습니다.

연구에 응한 대부분의 사람들은 돈 문제로 걱정하고, 돈이 없어서 삶이 불행하다고 생각했고, 돈만 있으면 삶이 행복해질 것이라고 생각했습니다.

아이러니한 것은 돈 걱정을 많이 하는 사람일수록 재정적인 상황은 더 악화되었기 때문에 '돈'으로 인한 악순환이 반복되는 삶을 살아가고 있었습니다.

'아메리칸 온라인(AOL)'의 조사에 따르면 돈으로 걱정하는 사람들의 30~40% 정도가 심각한 우울증과 위장장애를 겪고 있다고 합니다. 그러나 돈이 부족해도 돈 걱정을 하지 않는 사람들은 오히려 행복한 삶을 살아가고 있었습니다.

걱정은 어떤 문제의 해결책도 될 수 없습니다.

우리의 삶을 책임져주시는 주님께서 우리의 모든 걱정과 염려를 책임져주신다고 약속하셨기에 우리는 어떤 어려움 속에서도 평안하며 행복한 삶을 누릴 수가 있습니다.

우리의 삶을 전적으로 책임져주시는 주님이 주시는 참된 평안을 누리십시오. 아멘!

💙 주님, 제가 주님보다 돈을 더 크게 생각하는 어리석은 삶을 살지 않게 하소서.

🖼 우리의 모든 걱정과 염려를 책임져주시고 돌봐주시는 주님께 감사합시다.

나의 영적 일지

삶을 위한 훈련

읽을 말씀 : 디모데후서 1:9-18

● 딤후 1:13 너는 그리스도 예수 안에 있는 믿음과 사랑으로써 내게 들은바 바른 말을 본받아 지키고

로마 검투사들을 키워내는 '투사 양성소(Ludus)'의 훈련장에는 다음과 같은 문구가 붙어 있다고 합니다.

– 바라보라!

– 모방하라!

– 반복하라!

당시의 검투사들은 '죽음을 향해 가는 자'라고 불렸습니다.

경기장에 나가면 당장 죽을지도 모르는 운명이었지만 이들은 또한 소중한 재원이기도 했습니다.

검투사단의 주인인 라니스타(Lanista)들은 한 명의 검투사가 죽을 때마다 지금의 돈으로 10억 원 정도를 손해 봤다고 합니다.

이런 소중한 재원을 잃지 않기 위해서 라니스타는 당시 자유를 얻은 위대한 검투사 출신들을 교관으로 초대했고, 그들의 모습을 바라보게 하고, 모방하게 하고, 반복하게 했습니다. 그것이 자신도 손해를 보지 않고 검투사도 살 수 있는 유일한 방법이었기 때문입니다.

죄로 물든 세상 가운데서 끝까지 신앙을 지켜내기 위해서는 이미 승리하신 주님을 바라보며, 따라 하며, 그 일을 매일 반복하며 살아야 합니다.

혼탁한 세상에서 어디가 바른길인지 찾기 어려워도 하늘의 주님을 바라보며, 이 땅에 오신 주님을 본받으며 하루를, 또 하루를 승리하며 걸어가십시오. 아멘!

🖤 주님, 주님을 바라보며, 본받으며 매일 주님을 더욱 닮아가게 하소서.

🖼 말씀이 가르치는 신앙의 본을 매일의 삶에서 훈련합시다.

나의 영적 일지

위기에의 질문

읽을 말씀 : 데살로니가후서 2:8-17

● 살후 2:17 너희 마음을 위로하시고 모든 선한 일과 말에 굳게 하시기를 원하노라

미국이 낳은 세계적인 신학자 '조나단 에드워즈(Jonathan Edwards)'에게 한 학생이 다음과 같이 질문했습니다.

"정말로 구원을 받았는지 알 수 있는 방법이 있을까요?"

에드워즈는 유혹과 시련을 당해보면 알 수 있다고 대답했습니다.

"어떤 건물이 정말로 튼튼한지는 폭풍이 지나간 뒤에 알 수 있습니다.

마찬가지로 하나님의 섭리 가운데 겪는 시련들에 어떻게 반응하는지를 통해 그 사람이 정말로 구원받았는지를 알 수 있습니다.

우리의 약점을 파고드는 사탄의 계략에 굴복하지 말고

하나님의 도우심을 구하며 말씀대로 살아가고자 노력하십시오."

연약한 육체와 죄성에 빠져 살던 인간이기에 사탄의 작은 유혹이나 위협도 우리의 힘으로는 결코 이겨낼 수 없습니다.

주님의 십자가 고난을 앞에 두고도 잠을 이기지 못하던 제자들의 연약한 모습이 곧 우리의 모습입니다.

피곤과 분주함, 스트레스를 핑계로 하나님을 소홀히 여기지 말고, 우리의 연약함을 솔직히 고백함으로 주님의 도우심을 구하십시오. 주님은 마지막 땀 한 방울, 피 한 방울을 짜내시기까지 포기하지 않으시고 우리를 구원하셨습니다. 내가 이겨낼 수 없는 어려움과 유혹도 주님의 지혜와 능력으로 이겨낼 수 있습니다.

주님께 순종하기로 마음을 정하고 의지적으로 주님을 따르십시오. 아멘!

♥ 주님, 어렵고 힘들수록 더욱 주님을 열심히 섬기는 진짜 신앙을 주소서.
▨ 내 신앙생활의 약점을 돌아보고 그럼에도 주님을 의지합시다.

나의 영적 일지

성공의 함정

읽을 말씀 : 잠언 12:1-7

● 잠 12:7 악인은 엎드러져서 소멸되려니와 의인의 집은 서 있으리라

아늑한 우리에서 매일 맛있는 열매를 먹으며 자라는 돼지들이 있었습니다. 하루하루가 행복했던 돼지들은 일상에 어떤 불만도 없었습니다. 그러던 어느 날 한 마리가 다른 돼지들에게 물었습니다.

"우리 주인은 왜 우리들에게 이토록 잘해주는 걸까?"

"아무려면 어때? 밥만 잘 나오면 되지."

농장 주인은 단지 고기를 얻기 위해 돼지들에게 풍족한 먹이를 주고 있었습니다. 목숨을 살릴 수도 있는 중요한 질문이었지만 현실의 안락함에 물든 돼지들은 우리에서 하루하루 죽을 날을 기다리는 삶을 살아갔습니다.

편안함에 익숙해져 진실을 외면하는 대중들을 비판하는 내용으로 미국의 대표 주간지 「뉴요커(The New Yorker)」에 실린 만평입니다.

국내의 한 교회에서는 대학에 붙은 수험생들에게는 "회개하라"라는 문구가 적힌 컵을 주고, 대학에 떨어진 수험생들에게는 "감사하라"라고 적힌 컵을 준다고 합니다. 대학에 합격한 후 교회에서 멀어지는 학생들이 많으며, 또한 재수하는 가운데 주님을 더욱 의지하는 학생들도 많기 때문입니다.

성공과 실패보다 중요한 것은 하나님을 아는 지식과 찬양과 감사의 삶입니다.

하나님은 성공과 실패에 상관없이 있는 모습 그대로의 우리를 용납하시고 사랑하십니다.

우리를 구원해 주신 주님의 사랑을 깨닫고 감사와 찬양을 올려드리십시오. 아멘!

🤍 주님, 어떤 경우에도 주님께 찬양과 감사를 올려드리는 삶이 되게 하소서.

🖼 어떤 것이 잘 되어도 또는 잘못되어도 모든 일에 주님께 감사하며 삽시다.

나의 영적 일지

하나님이 계신 것처럼

읽을 말씀 : 창세기 17:1-10

● 창 17:1 아브람의 구십 구세 때에 여호와께서 아브람에게 나타나서 그에게 이르시되 나는 전능한 하나님이라 너는 내 앞에서 행하여 완전하라

사절단으로 해외의 위험한 나라를 방문한 목사님이 호텔방에도 도청기와 카메라가 있을 수 있다는 언질을 받았습니다.

혼자 지내는 방이었지만 혹여나 의심을 살까 봐 말을 한마디도 하지 않고 잘 때도 옷을 입고 주무셨다고 합니다.

그런데 다음 날 조용히 기도하는 가운데 다음과 같은 깨달음을 얻었습니다.

'카메라와 도청기 앞에서는 이렇게 몸가짐을 조심하면서 모든 것을 감찰하시는 주님 앞에서는 너무도 경거망동하며 살아왔구나!'

한국에서는 '기도문의 신학자'로 알려진 존 베일리(John Baillie) 교수는 모든 수업의 첫 시간을 다음과 같은 말로 시작합니다.

"우리가 하는 모든 말을 하나님께서는 다 듣고 계시다는 사실을 기억하십시오. 사람에 대해서는 그가 없을 때 험담을 할 수 있지만 하나님은 어디에나 계십니다. 지금 이 강의실에도 계십니다. 우리가 나누는 모든 대화를 하나님과 얼굴을 맞대고 있듯이 대화하십시오."

세상에서도 높은 사람과 함께 있을 때는 작은 말과 행동도 조심하게 됩니다. 하물며 만왕의 왕이신 하나님과 함께라면 더더욱 모든 말과 몸가짐을 삼가야 합니다.

하나님이 보시기에 합당한 말과 행동에서 벗어나지 않도록 우리의 입과 마음에 귀한 지혜를 허락해 달라고 간구하십시오. 아멘!

💛 주님, 주님이 보시기에 합당한 말과 행동에서 벗어나지 않도록 하소서.

🧑 하나님은 어디에나 나와 함께 계시다는 사실을 믿고 말과 행동을 조심합시다.

나의 영적 일지

은혜로운 사람이란

읽을 말씀 : 히브리서 12:22-29

9월 28일

● 히 12:28 그러므로 우리가 진동치 못할 나라를 받았은즉 은혜를 받
자 이로 말미암아 경건함과 두려움으로 하나님을 기쁘시게 섬길찌니

사람은 행동으로 증명됩니다. 주님을 사랑한다고 고백하는 그리스도인들은
평범한 세상 사람들과는 뭐가 달라도 달라야 합니다.

'하나님을 갈구하는 사람들'의 운영자 짐 마틴(*Jim Martin*)이 쓴 「은혜받은 사람의
10가지 특징」입니다.
   01. 내 공을 주장하지 않으며 칭찬에 인색하지 않다.
   02. 다른 사람을 당황시키거나 자존심에 상처를 주는 농담을 하지 않는다.
   03. 아주 작은 일에도 감사를 표현한다.
   04. 경청의 중요성을 알고, 일상에서 실천한다.
   05. 자신을 드러내기 위해 다른 사람을 비하하지 않는다.
   06. 다른 사람의 아픔과 어려움에 깊이 공감한다.
   07. 생각나는 대로 말하지 않고 상황에 맞는 말을 하려고 노력한다.
   08. 다른 사람을 위한 투자를 아까워하지 않는다.
   09. 자신이 모든 사람의 필요를 채워줄 수 없다는 사실을 안다.
   10. 다른 사람의 단점은 잊고 장점은 자주 언급한다.
   하나님의 놀라운 은혜를 받은 사람은 말 한마디를 해도 달라야 합니다.
   하나님의 말씀으로 변화된 사람은 어디에 있든지 복음의 전달자로 쓰임 받습
니다. 진실로 구원받았다면 우리의 삶에도 변화가 일어나야 합니다. 하나님의
귀한 복음을 전할 사명을 받은 사람은 다른 누가 아닌 변화된 우리입니다.
   주님의 복음과 사랑을 전하는 정결한 그릇이 되는 삶을 살아가십시오. 아멘!

🤍 주님, 하나님의 말씀으로 더 변화되게 하시고 복음의 전달자가 되게 하소서.
🖼 위 10가지 항목 중에 나에게 약한 부분을 찾아 주님의 도우심을 기도합시다.

나의 영적 일지

피로라는 핑계

읽을 말씀 : 마태복음 26:36-46

● 마 26:40 제자들에게 오사 그 자는 것을 보시고 베드로에게 말씀하시되 너희가 나와 함께 한 시 동안도 이렇게 깨어 있을 수 없더냐

캐나다 온타리오 주에 제자훈련으로 명성이 높은 한인교회가 있었습니다.

같은 성도들이 봐도 제자훈련을 받은 성도들은 삶이 긍정적으로 변했고 전도의 열매도 많이 맺었습니다. 그러나 안타깝게도 편의점같이 밤늦게까지 가게를 운영하는 성도들이 많아서 사정상 제자훈련에 참석할 수 없는 성도들이 거의 태반이었습니다.

그럼에도 영적 성장을 포기할 수 없었던 성도들의 요청으로 목사님은 결국 밤 12시에 시작해서 새벽 2시에 끝나는 야간 제자훈련반을 개설했습니다.

사회생활의 피로를 알기에 막상 '성도들이 많이 결석하면 어쩌나…'라는 우려도 있었지만 오히려 삶에 지친 성도들은 더더욱 열심히 제자훈련에 참여했습니다.

삶이 어렵고 지쳐있어 말씀밖에는 해답이 없었기 때문입니다.

성도들의 지치지 않는 열정으로 이 교회의 대부분의 성도들은 제자훈련을 무사히 마쳤고 그 결과 지역에서 가장 영향력 있는 교회로 성장하는 열매가 맺혔다고 합니다.

사랑에 빠진 연인은 아무리 먼 곳도 한 걸음에 달려가고 몇 시간을 기다려도 피곤해하지 않습니다.

주님을 사랑한다는 우리 입술의 고백처럼 주님을 만나고 예배하는 시간을 더 뜨겁게 열망하십시오. 아멘!

🤍 주님, 말씀을 배우고 예배하는 일에 핑계를 대지 않고 성실히 참여하게 하소서.
🧖 분주한 삶을 핑계로 주님의 사역을 소홀히 여기지 맙시다.

나의 영적 일지

그리스도인이기 때문에

읽을 말씀 : 역대상 16:25-36

● 대상 16:29 여호와의 이름에 합당한 영광을 그에게 돌릴찌어다 예물을 가지고 그 앞에 들어갈찌어다 아름답고 거룩한 것으로 여호와께 경배할찌어다

미국 피츠버그의 가난한 가정에서 태어난 청년이 있었습니다.

청년은 가족을 부양하기 위해 사업을 시작해 성공 가도를 달리던 중 경제 대공황을 맞아 하루아침에 빚더미에 올랐습니다. 거래 업체의 부도로 파산했기 때문에 면책이 가능했지만 청년은 자신의 책임이라며 모든 빚을 갚아나갔습니다. 누군가 "빚을 왜 갚냐?"라고 물으면 항상 똑같이 대답했습니다.

"저는 크리스천이기 때문입니다."

모든 빚을 갚고 난 뒤 청년은 다시 사업을 시작했습니다.

미국에서 가장 영향력 있는 식품회사의 대표가 된 청년은 어떤 불법적인 일도 저지르지 않았고 직원에게 할 수 있는 가장 좋은 조건의 복지를 제공했습니다. 이윤을 남기기 위해 사람을 소모품으로 여기던 당시 사회적 분위기와는 완전히 달랐습니다.

세상의 가치를 따르지 않고 성경대로 살아가고 성경대로 회사를 운영한 하인즈 식품의 창시자 헨리 하인즈(Henry J. Heinz)는 자기 인생의 가장 중요한 일은 "예수 그리스도가 나를 구원하셨다는 사실을 세상에 알리는 것"이라고 고백했습니다.

우리가 정직해야 하는 이유는 바로 우리가 그리스도인이기 때문입니다.

세상이 알지 못하는 사랑을 알고, 세상이 알지 못하는 기쁨을 아는 그리스도인으로 세상 속에서 살아가십시오. 아멘!

🩶 주님, 주님의 자녀가 되는 축복으로 마음의 한량없는 기쁨을 주소서.
🧎 그리스도인으로 감당해야 할 일들을 바로 내가 감당합시다.

나의 영적 일지

10월

"여호와께서
사람의 걸음을 정하시고 그 길을 기뻐하시나니
저는 넘어지나 아주 엎드러지지 아니함은
여호와께서 손으로 붙드심이로다"

– 시편 37편 23, 24절 –

'Yes' 대신 'Another'로 응답하시는 하나님

읽을 말씀 : 마태복음 7:7-12

● 마 7:11 너희가 악한 자라도 좋은 것으로 자식에게 줄줄 알거든 하물며 하늘에 계신 너희 아버지께서 구하는 자에게 좋은 것으로 주시지 않겠느냐

『지난 2003년부터 기독교적 세계관으로 시대 상황을 진단하고 이에 대한 해법을 제시하는 극동포럼을 갖고 있습니다. 한 번은 이용훈 전 대법원장을 강사로 목포 지역에서 처음으로 포럼을 개최하게 되었는데, 공교롭게도 포럼 당일 세찬 바람과 엄청난 양의 폭우가 내렸습니다. 저녁에 열리는 포럼 시간이 다가올수록 기상 상황은 더욱 안 좋아졌습니다. 행사가 열리는 장소의 관계자들조차도 이런 날씨 속에서는 사람들이 도저히 참석할 수 없을 거라며 비관적인 전망을 내놓았습니다. 하나님 앞에 그저 기도할 수밖에 없었습니다.

"하나님! 포럼을 진행할 수 있도록 비와 바람을 잠잠케 해주십시오."

그러나 비와 바람은 그치지 않았습니다. 그런데, 시간이 흐르면서 그 세찬 비바람을 뚫고 한 사람, 두 사람, 사람들이 모이기 시작했습니다. 그리고 포럼이 시작됐을 때는 500명이 들어갈 수 있는 장소가 차고 넘쳐서 별도의 공간을 마련해야만 했습니다. 참석자들이 공통적으로 이런 이야기를 들려주었습니다.

"목사님! 하나님께서 이런 비바람 속에서는 아무도 참석하려 하지 않을 테니 너라도 그 자리를 채워야 되지 않겠느냐는 마음을 주셔서 오게 되었습니다."

그날 하나님께서는 우리의 기도에 대해 원했던 날씨를 주시는 대신 사람들의 마음을 바꿔주시는 놀라운 기적의 응답을 해주셨습니다.』 - 「김장환 목사의 인생 메모」 중에서

하나님께서는 때때로 우리가 원하는 것이 아닌 다른 것으로 응답하시기도 합니다. 그러나 그 응답이 우리에게 가장 필요하고 좋은 것입니다. 아멘!

💚 주님, 끝까지 하나님을 신뢰하는 전폭적인 믿음을 주소서.
🔲 우리의 생각만이 하나님의 뜻이라는 편견을 내려놓읍시다.

나의 영적 일지

연약함을 품으시는 주님

읽을 말씀 : 로마서 8:18-30

● 롬 8:26 이와 같이 성령도 우리 연약함을 도우시나니 우리가 마땅히 빌바를 알지 못하나 오직 성령이 말할 수 없는 탄식으로 우리를 위하여 친히 간구하시느니라

국내 한 기업의 입사시험에서 있었던 일입니다.

혼자만 들어갈 수 있는 시험장에는 거울 하나만 덩그러니 놓여 있었습니다. 참가자들은 거울을 보고 다음의 세 가지 질문에 답을 해야 했습니다.

1. 앞에 있는 사람은 100% 정직한 사람입니까?

2. 앞에 있는 사람은 결코 거짓말을 하지 않습니까?

3. 앞에 있는 사람은 언제나 신뢰할 수 있는 사람입니까?

어려운 문제도 아니었고, 따로 감독관도 없었는데 시험장에 모인 100여 명 중 합격한 사람은 단 한 명뿐이었습니다.

바로 모든 질문에 '아니요'라고 답한 사람이었습니다.

사람에겐 100%가 없기 때문에 오히려 자신의 부족함을 고백할 줄 아는 진짜 정직한 사람을 신뢰할 수 있다고 판단했기 때문입니다.

우리가 구원받은 것은 우리의 능력이 아닙니다.

우리가 죄에서 자유 할 수 있는 것도 우리가 강해서가 아닙니다.

모든 것이 오직 주님으로 인해 가능한 은혜입니다.

우리의 연약함을 아시고 모든 죄와 수렁에서 보호해 주시고 심판에서 구원해 주시며 선한 목자이신 주님 때문에 승리할 수 있음을 고백하며 살아가십시오. 아멘!

🤍 주님, 저에게 베풀어 주신 모든 것이 주님의 은혜임을 고백하게 하소서.

🖼 나의 연약함을 고백하며 주님의 손에 나의 삶을 맡깁시다.

나의 영적 일지

스트레스 극복의 비결

읽을 말씀 : 고린도전서 15:50-58

● 고전 15:57 우리 주 예수 그리스도로 말미암아 우리에게 이김을 주시는 하나님께 감사하노니

헝가리의 내분비학자 한스 셀리에(Hans Selye)는 '스트레스의 존재'를 세계 최초로 밝혀냈습니다. 그 공로로 비록 수상은 못했지만 노벨생리학상 후보에 17번이나 올랐고 하버드 대학교 의대와 존스홉킨스 대학교 등을 거치며 내분비학의 대가로 인정받았습니다.

한스 셀리에 교수는 노년에는 세계를 돌아다니며 의사들을 대상으로 스트레스에 대한 강의를 했습니다.

강의가 끝난 뒤 가진 질의응답 시간에 셀리에 교수가 가장 많이 받은 질문은 "스트레스를 어떻게 극복하는가?"였습니다.

셀리에 교수는 언제나 단 한마디로 대답했습니다.

"감사하십시오."

셀리에 교수가 밝혀낸 스트레스의 원인은 다음과 같았습니다.

"끊임없이 변하는 환경에 성공적으로 적응하지 못할 때 스트레스가 찾아옵니다. 변화에 긍정적으로 적응한다면 행복이 찾아옵니다. 그러므로 스트레스로 인한 불행과 질병을 피하는 가장 효과적인 방법은 감사입니다."

생각대로 되지 않는다 해도, 잠시 이해할 수 없는 일들이 일어난다 해도, 주님이 모든 삶을 책임지고 계시기에 언제나 감사할 수 있습니다.

마음이 불안하고 삶이 위태하다고 느껴지더라도 우리를 푸른 초장으로 인도하고 계시는 주님이심을 의심하지 말고 감사하십시오. 아멘!

🖤 주님, 모든 일에 주님께 감사하는 고백을 드리며 살아가게 하소서.

🎴 나를 힘들게 하는 일들을 통해서도 주님께 감사합시다.

나의 영적 일지

경험할 수 없는 기쁨

읽을 말씀 : 사도행전 2:28-36

● 행 2:28 주께서 생명의 길로 내게 보이셨으니 주의 앞에서 나로 기쁨이 충만하게 하시리로다 하였으니

피아노의 거장 리스트(Franz Liszt)가 단테의 신곡을 배경으로 한 오페라를 작곡 중이었습니다. 리스트는 교향곡의 1장을 '지옥'으로 시작해 마지막 3장을 '천국'으로 마무리하려고 했는데 이 말을 들은 절친한 친구 바그너가 극심하게 반대했습니다.

"음악으로 감히 천국을 표현할 수 있다고 생각하나?

자네가 아무리 뛰어난 작곡가라 해도 천국을 음악으로 표현하는 것은 불가능하네. 오히려 천국의 아름다움을 모독하는 작품으로 길이 남게 될 걸세."

이 말을 들은 리스트는 곰곰이 생각한 뒤 충고를 받아들였습니다.

당시 모든 교향곡은 3악장으로 구성되어야 했지만 그럼에도 리스트는 3악장을 포기했습니다. 미완성으로 완성된 리스트의 교향곡은 천국의 문 앞까지만 이르는 여정으로 엔딩을 맺습니다.

눈물도 없고, 슬픔도 없는 영원한 기쁨과 생명의 나라가 천국인 이유는 주님이 함께 하시기 때문입니다.

아름다운 음악이 천국을 표현할 수 없듯이 주님이 계시지 않는 그 어떤 즐거움과 행복도 결코 진정한 기쁨이 될 수 없습니다.

하나님과 동행함으로 누릴 수 있는 천국의 기쁨을 사모하며 오늘도 순례의 여정을 걸어가십시오. 아멘!

♥ 주님, 주님과 함께 하는 진정한 기쁨을 누리는 삶이 되게 하소서.
▨ 주님이 허락하신 천국의 영광을 기대하는 마음으로 살아갑시다.

나의 영적 일지

10월 5일

모조품 인생

읽을 말씀 : 누가복음 3:10-20

● 눅 3:17 손에 키를 들고 자기의 타작마당을 정하게 하사 알곡은 모아 곡간에 들이고 쭉정이는 꺼지지 않는 불에 태우시리라

소더비와 함께 세계 최고의 명품 경매를 담당하는 '크리스티'에 초현실주의 작가 막스 에른스트의 그림이 등장한 적이 있습니다. 이 작품은 막스 에른스트의 작품 중에서도 역대 최고가에 낙찰됐고 '20세기 최고의 작품'으로 선정되며 미술계를 놀라게 했습니다.

그러나 몇 년 뒤 더 깜짝 놀랄 일이 벌어졌습니다. 세계를 놀라게 한 이 작품이 사실은 위작이었습니다.

위작을 그린 독일의 화가 볼프강 벨트라키(Wolfgang Beltracchi)는 정식으로 미술 교육을 받지 않았지만 어떤 그림이든 똑같이 그릴 수 있는 능력이 있었습니다. 자신의 이름으로 작품 활동을 했지만 크게 재미를 못 보고 쉽게 큰돈을 벌기 위해 유명한 화가들의 작품을 따라 그리기 시작했습니다.

벨트라키의 위작은 전문가들도 분별이 불가능했으며 원작보다 더 비싼 가격에 팔리기도 했습니다. 그러나 그의 이름은 미술 역사 어디에도 남지 않았고 아까운 재능을 허비한 벨트라키는 교도소에 다녀와서도 여전히 위작을 그리며 살아간다고 합니다.

아무리 비슷하다 하더라도 따라 그린 그림은 결국 탄로 나기 마련입니다.

제자의 삶도 마찬가지입니다. 주변 사람들과 섞여 비슷하게 흉내만 내는 신앙을 가진 성도는 주님의 참된 제자가 될 수 없습니다.

힘들고 어려울 때 더욱 빛을 발하는 진짜 믿음을 가진 그리스도의 제자가 되십시오. 아멘!

♥ 주님, 구원의 확신을 갖고 살아가는 진정한 그리스도인이 되게 하소서.
▨ 진정으로 구원받은 참된 그리스도인으로 살아가고 있는 스스로를 점검합시다.

나의 영적 일지

참된 제자가 되라

읽을 말씀 : 요한복음 15:1-10

● 요 15:8 너희가 과실을 많이 맺으면 내 아버지께서 영광을 받으실 것이요 너희가 내 제자가 되리라

사우스이스트 크리스천 교회의 카일 아이들면(Kyle Idleman) 목사는 오늘날의 그리스도인이 가장 많이 어기는 십계명은 1계명이라고 합니다.

'너는 나 이외에 다른 신들을 두지 말라.'

아이들면 목사는, 예수님을 좋아하지만 따르지는 않는 '착각하는 그리스도인'을 '예수님의 팬'이라고 정의합니다.

다음은 아이들면 목사가 말한 '제자와 팬의 차이점'입니다.

"팬은 희생 없이 즐기기를 원한다. 예수님을 좋아하는 팬들도 예수님과 관계를 맺기 원하지만 어디까지나 자기가 피해를 보지 않는 선에서다.

'너무 많은 요구를 하지 않으면 당신을 따라다닐게요',

'적당히 시간과 돈과 마음을 쏟을게요. 하지만 전부는 요구하지 말아 주세요'.

모든 것을 버리고 예수님을 따를 각오가 되어 있는 제자와는 달리 팬은 자기가 정해놓은 선에서 그저 예수님을 바라볼 뿐이다."

예수님은 우리를 구원하기 위해 적당히 오셔서, 적당히 희생하지 않으셨습니다. 예수님은 우리를 구원하기 위해 모든 것을 버리고 오셔서 모든 것을 주셨습니다.

온전한 믿음에는 '적당히'가 존재할 수 없습니다.

예수님을 향한 믿음을 인생에서 결코 포기할 수 없는 가장 귀한 가치로 여기십시오. 아멘!

🤍 주님, 주님의 팬이 아니라 주님의 제자로 살아가게 하소서.

🖼 내가 진정한 주님의 제자인지 단순히 '예수님의 팬'인지 생각해 봅시다.

나의 영적 일지

말씀대로 사는 축복

읽을 말씀 : 에스겔 36:24-32

● 겔 36:27 또 내 신을 너희 속에 두어 너희로 내 율례를 행하게 하리니 너희가 내 규례를 지켜 행할찌라

미국의 억만장자 코넬리어스 밴더빌트(Cornelius Vanderbilt)는 사람들로부터 '철도왕'이라 불렸습니다.

'철도왕'이란 별명은 단순히 돈을 많이 벌어서가 아니라 가진 돈을 잘 사용했기에 존경하는 마음에서 붙여준 것이었습니다.

밴더빌트는 모든 사람이 평등한 교육을 받아야 한다는 일념으로 천문학적인 금액을 기부해 수많은 학교를 세웠고, 세운 뒤에는 일절 간섭하지 않고 전문가에게 운영을 맡겼습니다.

밴더빌트를 성공한 사업가로 키워준 것은 토마스 깁슨(Thomas Gibson)이라는 사업가였는데 깁슨은 자신의 성공 비결을 다음의 세 가지라고 밝혔습니다.

● 첫째, 술을 먹지 않는다.

● 둘째, 열심히 일한다.

● 셋째, 신앙생활을 열심히 하고 십일조를 빼먹지 않는다.

깁슨은 누구나 아는 간단한 내용이지만 누구나 지키기만 한다면 자신과 같이 성공할 수 있을 것이라고 평생 동안 장담했습니다.

말씀을 깨닫는 것이 지혜이며 말씀대로 사는 것이 하나님의 약속을 유업으로 받는 큰 복입니다.

눈앞에 정답을 두고도 답을 찾아 헤매는 어리석은 사람이 되지 말고 모든 정답이 담겨 있는 성경만을 붙드십시오. 아멘!

🖤 주님, 저에게 주신 은혜와 복을 잘 사용하여 주님께 영광되게 하소서.

🎴 성경이 가르치는 축복의 비결을 실천합시다.

나의 영적 일지

용서가 힘든 이유

읽을 말씀 : 누가복음 17:1-10

● 눅 17:4 만일 하루 일곱번이라도 네게 죄를 얻고 일곱번 네게 돌아와 내가 회개하노라 하거든 너는 용서하라 하시더라

심리학의 세계적 권위자 루이스 스미스(Lewis B. Smith)는 사람이라면 누구나 다른 사람의 고통을 은연중에 즐기는 본성이 있다고 주장합니다.

이런 본성 때문에 우리는 누군가를 용서하기가 쉽지 않습니다. 말로는 용서한다고 해도 마음에서 우러나는 진정한 용서로 이어지지 않기 때문입니다.

용서를 '험난한 과정'이라고 표현한 스미스는 「진정한 용서에는 7가지 단계」가 필요하다고 말했습니다.

1. 시간을 두고 천천히 용서한다.
2. 먼저 이해함으로 용서한다.
3. 혼란한 마음으로 용서한다.
4. 분노함으로 용서한다.
5. 할 수 있는 만큼 조금씩 용서한다.
6. 하고 싶은 만큼 자유롭게 용서한다.
7. 근본적인 감정과 마주하며 용서한다.

우리 힘으로는 누군가를 진심으로 용서할 수 없습니다.

그러나 그럼에도 진심으로 상대를 용서하기로 결심할 때 주님은 넘치는 사랑과 자비로 극복할 힘을 주십니다.

우리의 모든 죄를 용서하신 주님을 생각하며 다른 사람을 용서하기로 결심하십시오. 아멘!

💜 주님, 말과 혀로만 감사하고 용서하지 않고 행함과 진실함으로 하게 하소서.
🧩 위 7가지 항목을 프린트하거나 스마트폰에 저장해 자주 읽고 실천합시다.

나의 영적 일지

확신의 믿음

읽을 말씀 : 고린도후서 13:1-9

● 고후 13:5 너희가 믿음에 있는가 너희 자신을 시험하고 너희 자신을 확증하라 예수 그리스도께서 너희 안에 계신 줄을 너희가 스스로 알지 못하느냐 그렇지 않으면 너희가 버리운 자니라

「이기적 유전자」라는 책을 통해 세계적으로 '무신론'이 거대한 담론으로 떠오르던 몇년 전에는 이러한 흐름을 타고 '무신론자 버스 캠페인(Atheist Bus Campaign)'이 세계 곳곳을 점령했습니다.

도심지를 운행하는 버스에 '하나님은 아마 존재하지 않을 테니 걱정 말고 인생을 즐기세요(God probably does not exist so enjoy your life)'라는 광고를 하는 운동이었습니다.

영국에서 시작된 이 캠페인은 스페인과 독일을 거쳐 온 유럽을 휩쓸었고, 다시 러시아와 미국에까지 퍼졌습니다.

서점에는 무신론에 대한 책들이 베스트셀러가 되었고, 무신론자들의 사교 클럽이 형성됐습니다.

각종 토론회에서는 기독교와 무신론 대표가 맞붙는 일이 비일비재했습니다.

세상의 관심이 무신론에 쏠려 있을 때 스페인 마드리드에 있는 '푸엘라브라다 복음교회'에서는 다음과 같은 버스 캠페인으로 멋지게 반격했습니다.

'하나님은 분명히 살아계십니다.

그러니 주님 안에서 진정한 삶을 즐기세요(God dose exist, so enjoy life in Christ).'

참된 인생을 위해선 주님이 '아마 계시지 않아야'하는 것이 아니라 '분명히 존재하셔야' 합니다.

우리가 경험하고 느낀 분명한 믿음을 세상에 당당히 알리십시오. 아멘!

💛 주님, 미혹된 지식에 흔들리지 않는 반석 위의 믿음을 허락하여 주소서.

🧩 '아마'가 아닌 '분명히' 존재하시는 하나님을 증거합시다.

나의 영적 일지

집념으로 이룬 성공

읽을 말씀 : 갈라디아서 6:1-10

● 갈 6:9 우리가 선을 행하되 낙심하지 말찌니 피곤하지 아니하면 때가 이르매 거두리라

한 보험 설계사가 큰 계약을 앞두고 있었습니다.

고객의 서명만 받으면 계약이 성사되는 순간 만년필에 잉크를 묻히다가 잉크통이 쏟아져 계약서가 젖어버렸습니다.

당황한 설계사는 곧 회사에 가서 다시 계약서를 가져왔지만 마음이 급했던 고객은 그사이 다른 설계사와 계약을 완료한 상태였습니다.

몇 달 만에 성사될 큰 계약을 어이없는 실수로 놓쳤지만 이 설계사는 어떤 핑계도 대지 않고 고객을 원망하지도 않았습니다. 다만 다음 계획에서 같은 실수가 일어나면 안 된다는 생각에 잉크가 필요 없는 만년필을 만들 사람을 찾아다녔습니다.

만나는 전문가들마다 그런 만년필을 만들 수 없다고 거부했고 결국 설계사는 직접 만년필 개발에 뛰어들었습니다.

그렇게 세계 최초의 만년필 '워터맨'이 탄생했고, 이 만년필을 만든 루이스 워터맨(Lewis Edson Waterman)은 한 번의 실수로 인해 계약과는 비교도 할 수 없을 만큼 큰 성공을 이루었습니다.

발전하는 사람은 눈앞의 어려움에 핑계를 대지 않습니다.

계약 한 건에 대한 집념을 포기하지 않았던 설계사의 열정이 새로운 만년필을 탄생시킨 것처럼 영혼을 구원할 복음을 전하는 일에 온 열정을 쏟으십시오. 아멘!

💙 주님, 복음을 전할 대상에게 열정적으로 복음을 전할 수 있는 능력을 주소서.
🧎 내 주변에 있는 사람 중에 세 사람을 선정해 여러 방법으로 복음을 전합시다.

나의 영적 일지

세 종류의 사람

읽을 말씀 : 로마서 15:1-9

● 롬 15:2 우리 각 사람이 이웃을 기쁘게 하되 선을 이루고 덕을 세우도록 할찌니라

유대인 부모들은 자녀들에게 '세 가지 종류의 사람'을 가르칩니다.

● 첫째는 '질병 같은 사람'입니다.

병은 멀쩡한 사람을 고통스럽게 만들고 심하면 죽게 만듭니다.

대할수록 마음이 힘들어지고 피하고 싶어지는 사람이 바로 질병 같은 사람입니다.

● 둘째는 '치료제 같은 사람'입니다.

병이 생겼을 때 약이 필요하듯이 평소에는 필요 없지만 어떤 일이 생길 때 도움을 받을 수 있는 사람입니다. 살다 보면 반드시 필요한 사람입니다.

● 셋째는 '식사 같은 사람'입니다.

하루라도 빼먹어선 안 되고 정기적으로 만나야 힘이 나는 사람입니다.

만나면 기쁘고 힘이 나기에 마음이 든든하고 행복한 인생을 위해 가장 필요한 사람입니다.

유대인들은 첫 번째 사람은 멀리해야 하고, 두 번째 사람은 알고 지내야 하며, 세 번째 사람은 가까이 두고 벗으로 삼아야 한다고 가르칩니다.

예수님은 우리에게 세상 사람들의 '이웃'이 되라고 말씀하셨습니다.

어려운 사람을 외면하지 않고 손수 돕는 사람이 진정한 이웃입니다.

세상 모든 사람들에게 복음을 전해야 할 사명이 있는 우리 그리스도인들은 또한 세상 모든 사람들에게 친구가 될 좋은 성품을 가진 사람이어야 합니다.

우리의 이웃이 되어주시고, 또한 세상 사람들의 이웃이 되라고 말씀하신 예수님처럼 만나는 것만으로 힘이 되는 진정한 이웃이 되어 주십시오. 아멘!

🫀 주님, 주님과의 관계처럼 사람들과의 관계에도 사랑이 흘러가게 하소서.

🧩 가까이 두고 벗으로 지내야 할 성숙한 그리스도인이 됩시다.

나의 영적 일지

정어리의 지혜

읽을 말씀 : 전도서 4:1-12

● 전 4:12 한 사람이면 패하겠거니와 두 사람이면 능히 당하나니 삼 겹 줄은 쉽게 끊어지지 아니하느니라

정어리는 바다의 먹이사슬 가장 밑바닥에 있는 작고 약한 물고기입니다. 10㎝가 안 되는 크기의 생선은 모두 정어리로 부르고 모든 물고기의 먹이라고 해도 과언이 아닙니다.

정어리 혼자서는 바닷속의 생활이 너무나 험난합니다.

만나는 모든 물고기가 천적이며 작고 힘이 약해 강한 해류를 만나면 거슬러 올라갈 수조차 없습니다. 그러나 이 작고 약한 물고기들이 뭉치면 이야기가 달라집니다. '피시볼(Fish Ball)'이라고 불리는 군집을 형성하면 정어리들은 이전과는 다른 힘을 얻게 됩니다.

한데 뭉쳐 커다란 덩어리를 이룬 정어리 무리는 고래보다도 거대해서 상어들도 겁을 먹고 도망갑니다. 적으로부터 서로를 보호하고 강한 해류를 거슬러 올라가기 위해서 정어리들은 때때로 수십㎞의 여정을 무리로 헤쳐나갑니다.

가장 작고 연약한 생명체이지만 '바다의 쌀'이라고 불릴 정도로 정어리가 많은 개체를 유지할 수 있는 이유는 위기의 순간마다 하나로 뭉치는 지혜 때문입니다.

떼다 만 숯이 모이면 철을 녹일 화력이 되는 것처럼 위기일수록 함께 모여야 합니다.

하나님이 허락하신 아름다운 공동체를 지키며 서로의 힘이 되는 것이 시대의 위기를 극복할 수 있는 큰 방법입니다.

하나님이 주신 은혜를 서로 나누며 뜨겁게 기도하십시오. 아멘!

🩷 주님, 형제자매가 연합하여 함께하는 기쁨과 공동체의 힘을 주소서.

🧑‍🤝‍🧑 마음이 맞는 형제자매와 함께 교제하며 기도하는 그룹을 만듭시다.

나의 영적 일지

나를 찾으시는 주님

읽을 말씀 : 마태복음 18:7-14

10월 13일

● 마 18:12 너희 생각에는 어떻겠느뇨 만일 어떤 사람이 양 일백 마리가 있는데 그 중에 하나가 길을 잃었으면 그 아흔 아홉 마리를 산에 두고 가서 길 잃은 양을 찾지 않겠느냐

할머니와 손녀가 미술관에서 그림을 감상하고 있었습니다.

손녀는 예수님이 잃어버린 양을 들러업고 돌아오는 그림 앞에 서서 한참을 바라보다 할머니에게 물었습니다.

"할머니, 저 양은 도대체 얼마나 귀하길래 예수님이 저렇게까지 포기하지 않으셨을까요? 분명 이름도 지어주셨겠죠?"

할머니는 손녀의 머리를 쓰다듬으며 대답했습니다.

"그럼, 저 양의 이름은 바로 샐리어스, 너란다."

손녀는 이때의 기억으로 자신이 얼마나 소중한 존재인지를 자각했습니다.

그날 이후로 숱한 위기의 순간과 인생의 갈림길을 마주했지만 그때마다 미술관에서 본 그림과 할머니의 한 마디를 떠올리며 믿음을 지켰습니다.

애틀랜타에 있는 에모리대학교의 석좌교수로 신학생들에게 예배학을 가르치는 돈 E. 샐리어스(Don E. Saliers)의 어린 시절 이야기입니다.

주님과 우리의 관계가 목자와 양이라는 말은 주님이 결코 우리를 포기하지 않으신다는 이야기입니다.

하나님의 귀한 보살핌을 받는 양인 우리의 할 일은 선하신 목자이신 주님의 음성을 구별하고, 그 음성에 순종하는 것 뿐입니다.

험한 골짜기를 지날 때도, 푸른 초장을 지날 때도 주님은 우리의 목자이시며 우리를 결코 포기하지 않으신다는 놀라운 사실을 잊지 마십시오. 아멘!

🩷 주님, 결코 포기하지 않는 선한 목자이신 주님께 오직 감사하게 하소서.
🧎 숱한 위기의 순간과 인생의 갈림길을 마주할 때마다 나를 찾는 주님을 생각합시다.

나의 영적 일지

예수 믿는 사람

읽을 말씀 : 요한복음 16:25-33

● 요 16:33 이것을 너희에게 이름은 너희로 내 안에서 평안을 누리게
　하려함이라 세상에서는 너희가 환난을 당하나 담대하라 내가 세상
　을 이기었노라 하시니라

　독실한 크리스천이자 대법관을 역임하신 K 장로님은 대학교 3학년이 될 때까
지 교회를 다니지 않았습니다. 그전에도 장로님을 찾아와 전도하던 수많은 사람
들이 있었지만 단 한 번도 교회에 나가지 않았습니다.

　다른 종교를 믿어서도 아니었고, 공부를 하느라 바빠서도 아니었습니다.

　정말로 예수 믿는 사람을 만나지 못했기 때문이었습니다.

　교회를 다니는 사람은 많았지만 정말 하나님의 말씀대로 살아가려는 예수 믿
는 사람은 찾을 수가 없었다고 합니다. 그러다 대학교 3학년 때 같은 기숙사를
사용하던 친구를 만났는데 그 친구는 누가 봐도 하루 종일 행복한 얼굴을 하고
있었습니다.

　"도대체 어떻게 그렇게 행복한 삶을 살 수 있나?"라고 묻자 친구는 기다렸다
는 듯이 대답했습니다.

　"나도 예전에는 보통 사람들처럼 살았지만 예수님을 믿고 거듭나자 이렇게
변화됐어."

　이 말 한마디에 장로님은 그날부터 교회에 나가 예수님을 찾았고 3년 만에 예
수님을 만나 진정한 그리스도인이 되었습니다.

　하나님의 나라는 말이 아닌 능력에 있듯이 진정한 그리스도인은 말이 아닌 삶
으로 드러납니다.

　세상에서 하늘나라의 기쁨을 누리며 살아가는 진짜 예수 믿는 사람으로 거듭
나십시오. 아멘!

💟 주님, 이 땅에서도 하늘나라의 기쁨을 누리며 살아가는 사람이 되게 하소서.

🖼 하늘나라의 기쁨을 세상에 보여주는 삶을 살고 있는지 돌아봅시다.

`나의 영적 일지`

말씀대로 시험해 보라

읽을 말씀 : 말라기 3:7-12

● 말 3:10 만군의 여호와가 이르노라 너희의 온전한 십일조를 창고에 들여 나의 집에 양식이 있게 하고 그것으로 나를 시험하여 내가 하늘 문을 열고 너희에게 복을 쌓을 곳이 없도록 붓지 아니하나 보라

미국의 100대 대형교회 중 한 곳인 뉴스프링스교회에서 하루는 성도들에게 깜짝 제안을 했습니다.

말라기 3장 10절의 말씀대로 십일조의 축복이 정말 임하는지 성도들에게 참여해보라는 독려와 함께 만약 3개월 뒤에도 삶에 아무런 변화가 없다면 전액을 돌려주겠다는 제안이었습니다.

'90일의 십일조 도전'이라는 이 캠페인은 미국의 많은 교회로 퍼져나갔는데 '기복 신앙'의 한 형태라는 비판도 있었지만 점점 경시되고 있는 십일조의 중요성과 말씀의 축복을 체험할 수 있는 좋은 도전이라는 긍정적인 평가가 더 많았습니다.

'처치 디벨럽먼트'의 조사에 따르면 미국에서 십일조를 하는 성도들은 5%밖에 되지 않았습니다. 대부분 10대 때부터 철저히 십일조를 지켜온 이 5%의 성도들은 다른 성도들에 비해 평균 5배 더 많은 헌금을 냈지만 오히려 평균 소득은 더 높았고 부채 비율도 훨씬 낮았습니다.

성공의 가장 큰 비결이 십일조라고 입버릇처럼 말하고 다녔던 윌리엄 콜게이트는 "한쪽 주머니에 십일조를 채우면 다른 한쪽 주머니를 하나님이 채워주신다"라고 말했습니다.

십일조는 물질보다 주님을 더 사랑한다는 신앙의 고백이자 말씀의 실천입니다. 믿음대로 주님께 드릴 것을 구분하며 온 마음을 다해 드리십시오. 아멘!

💜 주님, 말이 아닌 행함과 진실로 주님을 향한 사랑을 증명하게 하소서.
🖼 주님께 드리는 물질을 아까워 말고 철저한 십일조 생활을 지킵시다.

나의 영적 일지

용서할 수 없지만 기도는 해요

읽을 말씀 : 잠언 19:11-12

●잠 19:11 노하기를 더디하는 것이 사람의 슬기요 허물을 용서하는 것이 자기의 영광이니라

『지난 2020년 5월에 있었던 일입니다.

여 집사님 한 분이 전파 선교사가 되고 싶다며 방송사로 전화를 하셨습니다. 그러고는 등록하고 싶은 전파 선교사의 이름을 한 명씩 말하다가, 맨 마지막 이름을 언급하며 이렇게 이야기하셨습니다.

"사실 이 사람은 저에게 큰 피해를 준 사람이고, 이 문제로 현재 구속돼 재판까지 진행 중입니다."

놀란 마음에 어떻게 가해자의 이름으로 전파 선교사에 가입할 생각을 하셨냐고 물으니, 이분의 대답이 이렇습니다.

"아직도 제 인간적인 마음으로는 이 사람을 용서할 수 없습니다.

그런데 기도할 때마다 성령님께서 이 사람이 자꾸 생각나게 하시더군요.

나는 비록 용서할 수 없지만 하나님은 이 사람의 삶에 어떤 계획을 갖고 계신지 모르니 그저 기도할 뿐이지요."

더욱 놀라운 사실은, 이 집사님이 얼마 뒤 진행된 전파 선교사 특별 생방송에서 가해자의 딸 이름으로 추가로 전파 선교사에 가입하셨다는 것입니다.

용서할 수 없는 누군가가 있을 때, 나의 힘으로 용서하려고 애를 쓰기보다 하나님께서 주시는 마음에 집중하다 보면, 우리가 할 수 있는 최선의 방법을 떠오르게 하실 줄 믿습니다.』-「김장환 목사의 인생 메모」중에서

용서할 수 없어도, 기도할 수는 있습니다. 아멘!

"선을 행하되 낙심하지 말찌니 피곤하지(포기하지) 아니하면 때가 이르매 거두리라"(갈 6:9)라는 말씀을 믿고 기다립시다. 아멘!

💙 주님, 제가 일만 달란트 빚진 자와 같음을 알게 하소서.
🧎 누군가를 용서하고, 용납할 수 있도록 기도합시다.

나의 영적 일지

어둠 속에서 찾은 광명

읽을 말씀 : 시편 23:1–6

● 시 23:4 내가 사망의 음침한 골짜기로 다닐찌라도 해를 두려워하지 않을 것은 주께서 나와 함께 하심이라 주의 지팡이와 막대기가 나를 안위하시나이다

깊은 새벽 불도 꺼진 거실의 피아노 앞에서 한 남자가 흐느껴 울고 있었습니다. 뛰어난 음악적 재능을 하나님께 받은 남자는 공연 스케줄로 바쁜 와중에도 수많은 찬양을 썼고, 찬양 집회를 다녔지만, 지방 한 교회의 찬양 집회를 다녀오는 사이에 임신한 아내가 원인 모를 병으로 세상을 떠나고 말았습니다.

남자는 왜 이런 일이 일어났는지 도저히 이해할 수가 없었습니다.

다시는 찬양할 수 없을 것 같았고, 다시는 주님을 구주로 고백할 수 없을 것 같던 그 순간 어둠을 뚫고 한 줄기 광명이 남자를 비췄습니다.

인생의 가장 힘들고 괴로운 순간에도 하나님의 임재를 경험한 남자는 조용히 건반에 손을 올리고 주님을 찬양했습니다.

「주님여 이 손을 꼭 잡고 가소서 약하고 피곤한 이 몸을

폭풍우 흑암 속 헤치사 빛으로 손잡고 날 인도하소서

인생이 힘들고 고난이 겹칠 때 주님여 날 도와주소서

외치는 이 소리 귀 기울이사 손잡고 날 인도하소서」

국내에는 「주님여 이 손을」이라는 제목으로 알려진 토마스 도시(Thomas A. Dorsey)의 찬양은 모든 것을 포기하고 싶은 순간 주님의 사랑을 경험한 놀라운 고백의 찬양입니다.

우리의 모든 슬픔과 괴로움도 주님은 함께 하십니다.

어려운 인생길 고비마다 은혜와 위로를 부어주시는 주님의 손을 결코 놓지 마십시오. 아멘!

💚 주님, 흑암 중에도 주님이 우리의 손을 붙잡고 인도하심을 믿게 하소서.

🧩 인생이 힘들고 고난에 지칠 때도 주님이 도와주심을 믿읍시다.

나의 영적 일지

담대히 전하라

읽을 말씀 : 신명기 32:1-9

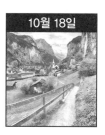

●신 32:3 내가 여호와의 이름을 전파하리니 너희는 위엄을 우리 하나님께 돌릴찌어다

결혼 후 뒤늦게 그리스도인이 된 주부가 있었습니다.

처음엔 "교회나 나가 볼까?"라는 가벼운 생각이었지만 주님을 만나고 진정한 그리스도인이 된 주부는 남편과 자녀들에게도 복음을 전해 구원의 가정을 일구었습니다. 하나님께서 전도에 대한 강한 열망을 부어주셔서 평생을 무교로 살았던 친정 집안도 구원을 받았지만 문제는 시댁이었습니다.

부적을 가지고 다닐 정도로 미신을 깊게 믿었던 시부모님은 때가 될 때마다 액운을 막아줄 부적을 가지고 찾아오셨는데 그런 분들에게 며느리가 복음을 전하는 일은 결코 쉽지 않았습니다.

주님이 주시는 부담감을 느끼면서도 차일피일 전도를 미루고 있었는데 하루는 성경을 펼치자 "담대히 하고 두려워 말라"라는 여호수아 1장 9절 말씀이 눈에 들어왔습니다.

주님이 함께 하신다는 마음으로 시부모님을 찾아가 복음을 전하자 전혀 의외의 대답이 돌아왔습니다.

"그래? 알았다. 아들도 나간다는데 나도 이번 주에 교회에 나가보마."

3년이나 미루던 전도가 말씀에 순종하자 1분 만에 끝이 났고 그 주에 시부모님 모두 주님을 영접했다고 합니다.

하나님은 한 시도 우리 곁을 떠나지 않고 함께 하시니 두려워할 이유가 없습니다.

주님을 의지함으로 담대히 행하십시오. 담대히 전하십시오. 아멘!

💜 주님, 주님을 신뢰하는 만큼 담대히 복음을 전할 용기를 주소서.

🖼 복음을 전하기 두려워 망설였던 사람에게 기도 후 복음을 담대하게 전합시다.

나의 영적 일지

논쟁을 피해야 하는 이유

읽을 말씀 : 잠언 13:1-10

● 잠 13:10 교만에서는 다툼만 일어날 뿐이라 권면을 듣는 자는 지혜가 있느니라

예수님이 아직 세상에 오시기 전, 그리스 지역에는 에피루스라는 작은 나라가 있었습니다. 에피루스는 비록 나라는 작았지만 피로스라는 용맹하고 지혜로운 왕이 있었습니다.

피로스는 과감하고 신속한 지휘로 주변의 강대국들과의 전투에서 연전연승을 거뒀습니다.

당시 세계의 패권을 다투던 카르타고와 로마와의 전쟁에서도 숱한 승리를 거두며 세계에서 제일 가는 명장으로 인정받았습니다.

카르타고가 낳은 세기의 명장 '한니발'도 피로스를 자신보다 뛰어난 장군이라고 추켜세울 정도였습니다.

피로스는 카르타고와 로마의 침략을 몇 번이나 물리쳤지만 안타깝게도 에피루스는 역사 속에서 자취를 감추는 운명을 맞았습니다. 계속해서 승리를 거두었음에도 전쟁을 통해 입은 피해가 훨씬 컸기에 나중에는 전쟁을 치를 힘을 잃었기 때문입니다.

'피로스의 승리'는 '오히려 많은 것을 잃은 승리'라는 경구로 지금도 쓰이고 있습니다.

본질이 무엇인지를 놓칠 때 사소한 시시비비를 가리려다가 에너지와 감정을 소모하게 됩니다.

하나님을 사랑하고, 이웃을 섬기고, 복음을 전하는 것이 그리스도인의 본질입니다. 사소한 논쟁을 피하고 사랑과 말씀으로 덕을 세우십시오. 아멘!

💚 주님, 그리스도인의 본질을 잃지 않고 주님이 가르쳐주시는 삶을 살게 하소서.
🧩 사소한 시시비비를 가리려다가 에너지와 감정을 소모하지 맙시다.

나의 영적 일지

기쁨이 없는 이유

읽을 말씀 : 이사야 51 : 1-11

● 사 51:11 여호와께 구속된 자들이 돌아와서 노래하며 시온으로 들어와서 그 머리 위에 영영한 기쁨을 쓰고 즐거움과 기쁨을 얻으리니 슬픔과 탄식이 달아나리이다

　미국의 전설적인 저널리스트 맥스 러너는(Max Lerner)는 세계대전과 여러 내전을 취재하며 '자유'가 얼마나 소중한 것인지를 깨달았습니다.

　자신의 깨달음을 후세에 전하기 위해서 교육자가 된 러너는 노년에 다음과 같이 고백했습니다.

　"지금 시대를 살아가는 사람들은 그 어느 때보다 더 많은 자유를 누리고 있습니다. 그런데 이제 사람들은 마음껏 자유를 누리며 살아가지만 오히려 기쁨을 잃어가는 것 같습니다."

　엄청난 특혜가 주어져도 사용할 줄을 모른다면 기쁨은 누릴 수 없습니다.

　심리학자들이 지금까지 알아낸 기쁨의 요인은 크게 세 가지입니다.

● 첫째는 인정의 기쁨입니다.

　칭찬과 응원, 사랑을 싫어하는 사람은 아무도 없습니다.

● 둘째는 성취의 기쁨입니다.

　자신이 바라는 것을 이룰 때 누구나 환희를 느낍니다.

● 셋째는 긍정의 기쁨입니다.

　가진 것에 만족하는 사람만이 어떤 상황에서도 기뻐할 수 있습니다.

　그럼에도 주님이 없는 기쁨은 완전할 수 없을뿐더러 일시적일 뿐입니다.

　기쁨의 근원을 아는 우리는 어떤 상황에서도 기뻐하며 만족할 수 있습니다.

　우리를 구원해 주신 주님의 사랑으로 인해 매일 진정한 기쁨을 누리십시오. 아멘!

🤍 주님, 진리인 하나님의 말씀이 주는 진정한 자유를 누리며 살게 하소서.

🖼 인정, 성취, 긍정의 기쁨이 오직 주님께만 있음을 다시 명심합시다.

`나의 영적 일지`

10월 21일

가시의 축복

읽을 말씀 : 고린도후서 12:1-10

● 고후 12:7 여러 계시를 받은 것이 지극히 크므로 너무 자고하지 않게 하시려고 내 육체에 가시 곧 사단의 사자를 주셨으니 이는 나를 쳐서 너무 자고하지 않게 하려 하심이니라

한 중학생이 길을 걷다 무언가에 찔린 듯한 통증을 느꼈습니다.

병원도 가고 약도 붙이고 모든 방법을 강구했으나 통증의 원인을 찾을 수 없었고 통증은 점점 심해져 제대로 걸을 수조차 없었습니다.

교회를 열심히 다녔던 학생은 기도원에서 들어가 40일 작정 기도까지 했지만 차도가 없었습니다.

학교도 다닐 수가 없어 하루 종일 집에만 있어야 했던 학생은 온종일 성경만 읽었고 성경을 통해 진정으로 하나님을 만나고 목회자가 됐습니다.

하나님의 부름을 따라 열심히 사역을 하다가 훗날 은퇴를 앞두고 수술을 했는데 뒤꿈치에 박혀 있던 작은 철사가 모든 통증의 원인이었습니다.

수술을 받자마자 60년을 괴롭혔던 통증이 씻은 듯이 사라졌습니다.

작은 철사 하나 때문에 한 평생을 불행하게 살았다며 하나님을 원망할 법 했지만 오히려 목사님은 다음과 같이 고백했습니다.

"이 작은 철사가 나의 자랑입니다. 이 철사가 아니었으면 나는 하나님을 알지도 못했을 것이고 지금까지도 성경을 붙들지 않았을 것이기 때문입니다."

일평생 수십 권의 성경 주석을 쓰셨던 이상근 목사님의 이야기입니다.

주님을 만날 수 있고, 말씀을 더 알 수 있게 하는 모든 것들이 우리에게는 축복입니다.

고통 중에 만나주시고 고난 중에 깨닫게 하시는 주님의 놀라운 섭리를 찬양하십시오. 아멘!

♡ 주님, 육체의 가시가 있더라도 오히려 주님께 감사하게 하소서.

▨ 나에게 주신 육체의 가시에도 사도 바울과 같이 주님께 영광을 돌립시다.

나의 영적 일지

포옹의 치유 효과

10월 22일

읽을 말씀 : 고린도전서 16:13-24

● 고전 16:20 모든 형제도 너희에게 문안하니 너희는 거룩하게 입맞춤으로 서로 문안하라

조산으로 태어난 쌍둥이가 있었습니다.

그런데 동생은 생명이 위험했습니다. 아기를 돌보던 간호사는 동생이 곧 세상을 떠날지도 모른다는 생각에 건강하게 태어난 언니를 동생 옆에 눕혔습니다.

언니는 본능적으로 동생을 안아주었고, 그날부터 동생은 기적적으로 건강을 회복해 무사히 엄마 품으로 돌아갔습니다.

포옹에 어떤 힘이 있기에 이런 일이 일어나는지는 과학적으로도 아직 밝혀지지 않았습니다. 그러나 포옹을 통해 일어나는 놀라운 효과들은 너무 많아서 언급하기 힘들 정도입니다.

손자를 꾸준히 안아주는 할머니들은 다른 할머니들에 비해서 신체 나이가 10년 이상 젊었고 엄마의 손길을 정기적으로 느끼는 미숙아들은 체중이 40% 증가했고 퇴원도 1주일이나 빨랐습니다.

포옹을 자주 하는 사람은 '사랑의 호르몬'으로 불리는 옥시토신이 나와서 혈압이 낮아지고 심장병 위험이 눈에 띄게 낮아졌습니다.

간단한 포옹과 스킨십에는 이토록 놀라운 효과들이 있기 때문에 '사람 간의 접촉'만을 연구하는 전문 기관들도 세계 곳곳에 생겨나고 있습니다.

하나님은 서로 교제하며 사랑할 때 건강하고 행복해지도록 우리를 창조하셨습니다.

하나님을 사랑하는 것처럼 부부간에, 가족 간에, 성도 간에, 친구 간에 사랑을 표현하며 하나님이 부어주시는 행복을 느끼십시오. 아멘!

🤍 주님, 주님이 주신 사랑의 힘으로 힘써 이웃들과 나누게 하소서.
🖼 가까운 사람들과 정기적으로 은혜의 교제를 나눕시다.

나의 영적 일지

자랑보다도 기도를

읽을 말씀 : 시편 20:1–9

● 시 20:7 혹은 병거, 혹은 말을 의지하나 우리는 여호와 우리 하나님의 이름을 자랑하리로다

선교사 알렉산더 더프(Alexander Duff)는 인도에서 40년이나 먼저 헌신하고 있던 윌리엄 캐리를 만나고는 큰 감명을 받았습니다.

안식년을 맞은 알렉산더 더프는 발 딛는 곳마다 윌리엄 캐리를 칭찬했습니다. 어찌나 열성적으로 칭찬을 했는지 이 소식은 다른 사람을 통해 윌리엄 캐리의 귀에도 들어갔습니다.

다시 인도에서 만난 더프에게 캐리는 다음과 같이 부탁했습니다.

"나를 좋게 봐주는 건 고마운 일이나 칭찬보다는 나를 위해 기도를 해주시오."

알겠다고 대답은 했지만 더프는 여전히 캐리의 칭찬을 멈추지 않았습니다.

노년에 건강이 악화된 캐리는 자신이 죽고 난 후 더프가 더더욱 자신을 신격화할까 봐 더프를 찾아가 손을 잡고 간곡하게 말했습니다.

"사랑하는 형제여. 내가 죽은 후에라도 제발 나에 대한 칭찬을 멈춰주세요. 윌리엄 캐리가 아닌 윌리엄 캐리를 구원하신 주님만을 전하기를 바랍니다."

이 말의 참뜻을 깨달은 더프는 깊이 회개하고 오직 복음만을 전하는 선교사가 되었습니다.

덕을 세우는 말도, 서로를 향한 칭찬도 중요하지만 무엇보다 중요한 것은 기도입니다.

기도의 중요성을 알고, 기도에 목숨을 걸고, 서로를 위해 간절히 기도하십시오. 아멘!

♥ 주님, 성공한 누군가를 자랑하지 말고 오직 주의 이름만을 높이게 하소서.

▨ 나를 통해 이루신 모든 공로의 영광을 주님께 돌립시다.

나의 영적 일지

답이 없는 세상

읽을 말씀 : 고린도전서 1:18-29

● 고전 1:21 하나님의 지혜에 있어서는 이 세상이 자기 지혜로 하나님을 알지 못하는고로 하나님께서 전도의 미련한 것으로 믿는 자들을 구원하시기를 기뻐하셨도다

19세기의 미래학자들은 미래를 다음과 같이 예측했습니다.

"19, 20세기는 자유와 평등의 세기가 될 것이다.

전 지구적으로 많은 사람들이 보다 평등하고 많은 자유를 누리게 된다."

20세기가 되자 미래학자들은 미래를 다음과 같이 예측했습니다.

"21세기의 사람들은 다른 무엇보다도 행복을 추구하게 된다.

사람들이 자유와 평등을 갈구하는 이유는 행복을 추구하기 위해서다."

그리고 다가온 21세기의 가장 큰 흐름은 미래학자들의 예측대로 행복이었습니다.

국내에서도 '소확행', '욜로' 등의 라이프 스타일이 퍼져나가며 지금 당장의 행복을 찾기 위해 많은 사람들이 노력했습니다. 그러나 안타깝게도 행복을 찾는 사람들이 늘어날수록 결과는 정반대로 흘러가고 있습니다.

10년 사이 정신질환을 앓는 환자는 40% 늘어났고 1년 동안 소비되는 수면제와 항우울제만 해도 3,000만 톤이 넘습니다.

삶의 의미가 무엇인지 발견하지 못하고, 진정한 행복이 주님 안에 있음을 알지 못하기 때문에 그 어느 때보다 풍족한 세상을 살아가며 행복을 찾고자 하지만 사람들은 오히려 더욱 불행해져 가고 있습니다.

세상에는 인생의 답이 없고, 행복의 답이 없습니다.

모든 문제의 답이 예수 그리스도임을 아직도 알지 못하는 사람들에게 예수 그리스도를 전하십시오. 아멘!

♡ 주님, 세상이 아닌 주님의 말씀을 통해 모든 문제의 답을 구하게 하소서.

▨ 모든 문제를 주님께 맡기며 간구함으로 해결합시다.

나의 영적 일지

지각의 기준

읽을 말씀 : 시편 29:1-11

● 시 29:2 여호와의 이름에 합당한 영광을 돌리며 거룩한 옷을 입고 여호와께 경배할찌어다

　　미식축구의 전설적인 감독 빈센트 롬바르디(Vincent Thomas Lombardi)가 은퇴하자 그가 부임했던 팀인 '그린베이 패커스'는 롬바르디를 기념하기 위해 홈구장의 시계를 '15분' 빠르게 돌렸습니다.

　　철저한 팀워크와 성실성을 강조하던 롬바르디는 어떤 톱스타라 하더라도 규정을 어기면 결코 경기에 출전시키지 않았고 때때로 숙소에 둔 채로 떠나기도 했습니다.

　　롬바르디가 가장 중요하게 생각한 것은 시간이었습니다.

　　훈련 시작 시간이 1시라면 롬바르디는 1시에 나타난 선수는 절대 훈련에 참가시키지 않았습니다.

　　1시부터 훈련을 하려면 최소 15분 전에는 도착해서 준비해야 한다는 생각 때문이었습니다.

　　한 번은 팀에서 가장 인기가 많은 선수 짐 엘리엇을 15분 늦었다는 이유로 숙소에 두고 경기장으로 떠난 적도 있었습니다.

　　이후 엘리엇은 모든 훈련에 가장 먼저 나오는 선수가 됐고 다른 선수들도 결코 최소 15분은 일찍 나와야 하는 '롬바르디 타임'을 어기지 않았습니다.

　　지금도 그린베이의 홈구장인 램보필드의 시계는 15분 빠르게 되어 있습니다.

　　예배에 온 마음과 정성을 쏟기 위해서도 준비가 필요합니다.

　　하나님이 기뻐하시는 경건한 예배를 위해 최소 15분은 일찍 예배당에 도착하십시오. 아멘!

♡ 주님, 주님께서 기뻐 받으시는 예배를 위해 필요한 것들을 미리 준비하게 하소서.

▧ 예배시간 15분 전부터 조용히 경건한 마음을 준비합시다.

나의 영적 일지

차이나는 신앙

읽을 말씀 : 요한삼서 1:1-8

● 요삼 1:5 사랑하는 자여 네가 무엇이든지 형제 곧 나그네 된 자들에게 행하는 것이 신실한 일이니

독일로 함께 유학을 간 젊은 부부가 있었습니다.

부부에게는 6살 난 자녀가 있었는데 첫 주 동안 지역에 있는 유치원을 다녀온 뒤로 "기이 백(Geh weg!)"이라는 말을 반복했습니다.

부부가 뜻을 알아보니 "저리 꺼져!"와 비슷한 말이었습니다.

유치원에서 친구들이 자기에게 하는 말을 듣고 배운 것이었습니다.

부부는 사랑하는 자녀가 인종차별을 받고 뜻도 모를 말을 반복하는 모습을 보고 가슴이 아팠습니다.

결국 부부는 고민 끝에 자녀를 지역의 한 교회에서 운영하는 유치원으로 옮겼습니다. 신앙인은 아니었지만 그래도 교회라면 좀 낫겠지라는 생각에서였습니다.

유치원을 옮기고 며칠 뒤 아이가 이번에는 "히어커먼(Herkommen)"이라는 단어를 반복해서 말했습니다.

부부가 찾아보니 "이리로 와"라는 뜻이었습니다.

유치원을 통해서 세상과 교회, 일반인과 성도의 차이를 확연히 느낀 부부는 결국 이 경험을 통해 주님을 영접했습니다.

말씀대로 살아가며 말씀대로 사랑하는 성도들이 많아질수록 우리를 통해 세상 사람들은 분명한 하나님의 사랑을 바라보게 되고 경험하게 될 것입니다.

예수님을 통해 살아가고 있는, 차원이 다른 삶을 세상 사람들에게 보여주십시오. 아멘!

🖤 주님, 믿지 않는 사람들에게도 주님의 사랑을 보이는 거룩한 성도가 되게 하소서.
🖼 남에게 선한 영향력을 미칠 수 있는 말과 행동을 실천합시다.

나의 영적 일지

죄의 고리를 끊는 힘

읽을 말씀 : 로마서 13:8-14

● 롬 13:8 피차 사랑의 빚 외에는 아무에게든지 아무 빚도 지지 말라 남을 사랑하는 자는 율법을 다 이루었느니라

크리스 캐리어라는 학생은 모두가 행복해야 할 크리스마스에 괴한에게 납치를 당했습니다. 캐리어를 산속으로 끌고 간 괴한은 송곳 같은 고드름으로 얼굴과 몸을 마구 찌른 후 숲속 한가운데 던져놓고 도망쳤습니다.

다행히 사냥을 하던 포수에게 발견되어 목숨을 건졌으나 한 쪽 눈을 잃었고 얼굴에는 지울 수 없는 끔찍한 흉터가 남았습니다.

그렇게 22년이 지난 어느 날 캐리어에게 한 통의 전화가 걸려왔습니다.

22년 전 저지른 죄를 용서받고 싶다는 범인의 전화였습니다. 평생 지울 수 없는 상처와 공포를 준 상대였지만 캐리어는 당시 그가 처했던 상황을 듣고는 진심으로 용서했습니다. 이미 두 눈을 잃고 위독한 상태로 죽어가는 범인에게 캐리어는 다음과 같이 말했습니다.

"저는 당신도 피해자라는 사실을 압니다. 여기서 제가 용서하지 않는다면 복수의 고리는 끊어지지 않습니다. 22년 전 끔찍한 사고를 통해 저는 주님을 만났습니다. 그 주님이 제게 베푸신 용서와 사랑으로 저도 당신을 사랑하고 용서하겠습니다."

캐리어는 남자가 임종을 맞을 때까지 매일 병실을 찾아가 기도해 주었습니다. 캐리어의 따스한 사랑으로 남자는 주님을 영접했고 평온한 표정으로 세상을 떠났습니다.

용서는 거저 받은 하나님의 은총이고 선물이기에 우리 역시 거저 나누어야 합니다. 우리의 모든 죄를 용서해 주신 주님의 선물을 다른 사람에게도 베푸십시오. 아멘!

💙 주님, 주님께서 우리의 죄를 용서하셨듯이 우리도 이웃을 용서하게 하소서.

🎨 너그러운 마음과 행동으로도 전도가 될 수 있음을 기억합시다.

나의 영적 일지

연합의 모습을 보이라

읽을 말씀 : 골로새서 2:12-19

● 골 2:19 머리를 붙들지 아니하는지라 온 몸이 머리로 말미암아 마디와 힘줄로 공급함을 얻고 연합하여 하나님이 자라게 하심으로 자라느니라

어려서부터 서로 다른 동물들을 같은 우리에 넣고 조련하는 취미를 가진 농부가 있었습니다.

농부의 일기에는 다음과 같이 적혀 있었습니다.

「내가 처음으로 한 일은 개와 고양이를 한 우리에 넣는 일이었다.

나의 예상과 달리 별다른 노력 없이도 둘은 서로 친해졌다.

다음으로는 돼지와 염소를 같은 우리에 넣었다.

이번에는 많은 노력이 필요했지만 그들은 결국 친해졌다.

여기에 다른 종인 새를 넣었으나 역시 별 무리는 없었다.

하지만 내가 결코 할 수 없다고 느껴지는 일이 하나 있는데 그것은 교파가 서로 다른 기독교인들을 서로 사이좋게 지내게 하는 일이다.」

위 내용은 미국의 극작가 마크 트웨인이 신학적인 논쟁으로 서로 갈라서는 미국 교인들을 해학적으로 비판한 내용입니다.

예전에 제3세계의 한 선교사가 선교 여행 후에 본국으로 돌아가 다음과 같이 보고했다고 합니다.

"많은 그리스도인들은 마귀와 싸우지 않고 서로 싸웁니다.

서로 자기 편 예수님이 옳다고 생각해서인지 싸움이 그치질 않습니다."

분열과 갈라짐이 세상의 속성이며 연합과 포용이 하나님의 속성입니다.

다름을 포용하고 차이를 인정하며 주님 안에서 먼저 서로를 용납하십시오. 아멘!

🤍 주님, 주님의 온유하고 겸손한 마음을 주사 성도들의 연합을 이루게 하소서.

🖼 서로 이해하고, 서로 경청함으로 사람들이 보기에도 아름다운 연합을 이룹시다.

나의 영적 일지

잃어버린 기억

읽을 말씀 : 마가복음 8:14-21

● 막 8:18 너희가 눈이 있어도 보지 못하며 귀가 있어도 듣지 못하느냐 또 기억지 못하느냐

동화 속 주인공인 신데렐라가 유리 구두를 잃어버려 걱정하고 있었습니다.

"뒤늦게 파티에서 빠져나오는 바람에 신발을 잃어버렸으니 어쩌면 좋지?

이제 다시는 왕자님을 만날 수가 없겠어."

행여 자신이 잃어버린 유리 구두의 주인공이라 하더라도 파티에서의 모습과 180도 다른 초라한 모습을 왕자님이 사랑해 줄 것인지도 알 수 없었습니다.

그러나 왕자는 이미 신데렐라가 유리 구두의 주인이라는 것을 알고 있었습니다.

왕자는 이미 며칠 전 신데렐라를 찾아와 유리 구두를 신긴 뒤에 청혼까지 했습니다. 이제는 꿈에 그리던 왕자와의 결혼만을 기다리면 되는데도 어쩐 일인지 이 사실을 기억하지 못하는 신데렐라는 찾지 못한 유리 구두 한 짝을 떠올리며 전전긍긍하고 있었습니다.

사실은 잃어버린 줄 알았던 유리 구두 한 짝도 이미 신발장에 있었는데 말입니다.

런던 바이블 칼리지의 학장인 마이클 그리피스(*M. Griffiths*)가 말한 '기억을 잃은 신데렐라'라는 예화입니다. 그리피스는 오늘날의 그리스도인이 '기억을 잃은 신데렐라'처럼 세상에서 정체성을 잃고 살아간다며 자신의 저서에도 이 장면을 삽화로 그려 표지로 사용했습니다.

죄 사함을 받고 구원받은 우리는 하나님의 자녀라는 정체성을 어디에서나 잃지 말아야 합니다. 세상에서 누릴 수 있는 가장 귀한 특권을 받은 그리스도인으로 살아가십시오. 아멘!

주님, 주님의 용서와 약속을 붙들며 사탄의 꾀임에 빠지지 않게 하소서.

주님이 이미 이루신 구원을 확증하며 기쁨으로 살아갑시다.

나의 영적 일지

창조물이 나타내는 증거

10월 30일

읽을 말씀 : 역대상 29:10-19

● 대상 29:11 여호와여 광대하심과 권능과 영광과 이김과 위엄이 다 주께 속하였사오니 천지에 있는 것이 다 주의 것이로소이다 여호와여 주권도 주께 속하였사오니 주는 높으사 만유의 머리심이니이다

　고대 그리스의 철학자였지만 하나님을 믿었던 필론(Philo Judaeus)은 "신은 없다"라고 주장하는 다른 철학자들에게 멋진 조각상을 보여주며 다음과 같이 말했습니다.

　"이 아름다운 예술작품이 자고 일어났더니 저절로 생겼다고 생각할 수 있습니까? 그렇게 믿는 사람은 한 명도 없습니다. 하물며 이 놀라운 작품을 만들 능력이 있는 인간이 저절로 생겨났다고 생각할 수 있습니까?

　이 세상이 존재하기 위해선 그만큼 능력 있는 절대자가 존재해야 합니다.

　그분이 바로 하나님입니다."

　만유인력을 발견한 뉴턴은 독실한 크리스천이었습니다.

　뉴턴도 자신이 고안한 천체 모형을 보고 감탄하는 무신론자들에게 다음과 같이 말했습니다.

　"사실 이 천체 모형도 자고 일어났더니 저절로 생겨 있었습니다. 온 세상 만물이 저절로 생겨났다고 생각하시는 분이니 충분히 이해하실 수 있겠지요?"

　원인 없는 결과가 있을 수 없듯이 세상의 모든 것이 창조주 하나님의 살아계심을 나타내는 분명한 증거입니다.

　부정할 수 없는 하나님의 존재를 인정하며 우리의 삶을 향한 하나님의 모든 계획인 살아있는 말씀을 삶의 등불로 삼으십시오. 아멘!

♡ 주님, 하나님이 없다는 사람들에게 더더욱 진리의 복음을 전하게 하소서.

🖼 하나님이 살아계심을 전할 수 있는 충분한 자료와 간증을 준비합시다.

나의 영적 일지

공정한 판결

읽을 말씀 : 마태복음 20:20-28

● 마 20:28 인자가 온것은 섬김을 받으려 함이 아니라 도리어 섬기려 하고 자기 목숨을 많은 사람의 대속물로 주려 함이니라

경범죄를 저지르다 잡혀 즉결 심판을 받게 된 남자가 있었습니다.

법정에 선 남자와 판사는 서로의 얼굴을 보고 화들짝 놀랐습니다.

판사와 남자는 어린 시절 둘도 없는 친구였습니다.

재판 직전에 이루어진 두 사람의 대화를 통해 법원에 있는 사람들은 둘의 관계를 알게 됐고, 판사가 과연 어떤 판결을 내릴지 궁금했습니다.

경범죄에 아는 사이다 보니 사람들은 판사가 최대한 판결을 가볍게 내릴 것이라 예상했습니다.

그러나 판사는 내릴 수 있는 가장 무거운 벌금을 선고했습니다.

일순간 무거운 침묵이 흘렀는데 판결을 내린 판사는 곧 주머니에서 정확히 벌금만큼 돈을 꺼내 친구에게 건넸습니다.

"내가 판사로써 해야 할 일과 자네 친구로서 해줄 수 있는 일은 이것뿐이네."

판결을 듣고 크게 실망했던 친구는 진심 어린 친구의 격려를 통해 마음에 큰 위로를 받았습니다.

스코틀랜드 남부에 있는 위쇼라는 도시에서 실제로 일어났던 일입니다.

공의와 사랑의 하나님이 우리를 구원하실 유일한 방법은 예수 그리스도를 대속물로 주시는 방법뿐이었습니다.

죄를 용납하실 수 없는 하나님, 우리를 포기하실 수 없는 하나님의 유일한 방법인 예수 그리스도를 영접하십시오. 아멘!

🖤 주님, 공의와 사랑을 균형 있게 실천하는 그리스도인이 되게 해주소서.

🎴 나의 죄를 위해 예수님이 희생하셨음을 기억하며 가치 있는 삶을 삽시다.

나의 영적 일지

11월

"저는 시냇가에 심은 나무가
시절을 좇아 과실을 맺으며
그 잎사귀가 마르지 아니함 같으니
그 행사가 다 형통하리로다"
– 시편 1편 3절 –

내 마음의 소원

읽을 말씀 : 시편 37:3-6

● 시 37:4 또 여호와를 기뻐하라 저가 네 마음의 소원을 이루어 주시리로다

『일찍이 중국 선교사로 헌신해 사역하시던 이옥분 선교사님은 중국에서 고아들을 돌보며 복음을 전하는 미션 스쿨을 운영했습니다. 그러나 몸이 좋지 않아 귀국을 했는데 그만 폐암 말기 판정을 받았습니다.

호스피스 병원에 머물면서도 천국 소망을 잃지 않으셨던 선교사님은 특별히 극동방송이 중국과 북한을 위해 오직 복음만을 전하는 것을 알고 두 번에 걸쳐 보험금까지 모두 헌금하셨습니다.

그때는 극동방송이 신사옥 건축 중이라 이 헌금이 정말 큰 힘이 되었습니다.

너무 감사한 마음에 직원들과 함께 심방을 가면서, 마침 그날 아침 선물로 들어온 포도 한 상자를 갖고 갔습니다. 아픈 기색이라고는 느낄 수 없을 만큼 밝고 환한 모습의 선교사님은 그때도 극동방송을 듣고 계셨고, 우리는 함께 찬송하고 예배를 드리며 천국 소망에 대해 나누었습니다.

그리고 가져온 포도를 드렸는데, 선교사님은 깜짝 놀라며 말씀하셨습니다.

"오늘 아침에 '하나님! 저, 포도가 먹고 싶어요'라고 기도를 했는데 김장환 목사님께서 직접 포도를 갖고 오실 줄 몰랐습니다. 하나님은 정말 기도에 응답하시는 분이시네요."

선교사님! 지금은 천국에서 하나님과 함께 계실 것을 믿습니다. 이 땅에서는 많은 어려움과 고난, 아픔이 있을지라도 하나님을 온전히 기뻐하며 믿고 기도하면 우리 하나님께서 기도에 응답하십니다.』 -「김장환 목사의 인생 메모」 중에서

어느 때라도 기도를 쉬지 않으며 때가 되면 꼭 기도가 응답되리라고 믿으며 하나님을 온전히 신뢰하시기를 바랍니다. 아멘!

♥ 주님, 날마다 기도를 쉬지 않고 계속할 수 있는 힘을 주소서.
🖼 천국 소망을 가지고 날마다 살아가기를 힘씁시다.

나의 영적 일지

행동이 더 소리가 크다

읽을 말씀 : 야고보서 2:14-26

● 약 2:26 영혼 없는 몸이 죽은것 같이 행함이 없는 믿음은 죽은 것이니라

염소 무리를 돌보는 목동이 있었습니다.

하루는 몇 마리의 염소가 무리를 이탈하는 것을 보고 큰 소리로 휘파람을 불었습니다. 제 자리로 돌아오라는 신호였지만 염소들은 들은 체도 않고 무리를 벗어났습니다.

화가 난 목동이 이번에는 큰 소리로 염소를 불렀습니다.

"지금 당장 오지 않으면 큰일 날 줄 알아!"

그러나 무언가에 정신이 팔린 염소는 제 자리로 돌아오지 않았습니다.

개까지 보내도 돌아오지 않자 단단히 화가 난 목동은 큰 돌을 던졌는데 그만 염소의 뿔에 맞아 부러지고 말았습니다.

주인이 아끼는 염소의 뿔이 부러지자 그제야 정신이 든 목동은 염소에게 간곡히 부탁했습니다.

"염소야, 제발 부탁이니 주인에게는 비밀로 해다오."

그러자 뿔이 부러진 염소가 말했다고 합니다.

"이 한심한 친구야. 내가 입을 다물고 있으면 뭐 하나?

부러진 뿔이 다 말해줄 텐데?"

이솝 우화에 나오는 「염소와 목동」이라는 이야기입니다.

성도들이 아무리 진리를 말해도 행동이 믿음을 뒷받침해 주지 않는다면 아무도 귀 기울이지 않을 것입니다.

전하는 복음대로 살고자 노력하는 참된 그리스도인이 되십시오. 아멘!

🤍 주님, 그리스도의 복음에 합당한 삶으로 주님께 영광을 돌리게 하소서.

🧖 믿음에 합당한 삶을 살고 있는지 점검합시다.

나의 영적 일지

살아있는 교회의 특징

읽을 말씀 : 에베소서 1:15-23

●엡 1:23 교회는 그의 몸이니 만물 안에서 만물을 충만케 하시는 자의 충만이니라

미국 댈러스 신학교(Dallas Theological Seminary)의 총장이었던 척 스윈돌(Charles R. Swindoll) 목사는 「살아있는 교회의 특징」을 15가지로 정의했습니다.

다음은 그중 5가지입니다.

1. 살아있는 교회는 아이들이 많아 시끌벅적하다.

   죽어있는 교회는 공동묘지처럼 고요하다.

2. 살아있는 교회는 실패하더라도 변화를 시도한다.

   죽어있는 교회는 아무런 변화도 시도하지 않고 주변 탓만 한다.

3. 살아있는 교회는 믿음과 기도를 바탕으로 행동한다.

   죽어있는 교회는 눈에 보이지 않으면 실행하지 않는다.

4. 살아있는 교회는 사역에 헌신하기 위해 지원하는 교인들이 많다.

   죽어있는 교회는 있던 사역마저도 점점 사라진다.

5. 살아있는 교회의 성도들은 믿음을 믿지 않는 사람들과 나눈다.

   죽어있는 교회의 교인들은 그럴만한 믿음이 없기에

   평일과 주일을 나누어 생활한다.

교회는 건물이 아니라 주님을 믿고 따르는 사람들의 모임인 유기체입니다.

살아있는 교회는 어떤 시대에서도 사람들에게 복음을 전하며 제자를 키워냅니다. 복음을 전하기가 어렵고 힘든 시대라고 느껴진다면 바로 지금이 복음을 전하고 세상에 주님을 선포해야 할 시대라는 뜻입니다. 주님이 주신 비전에 순종하는 성도와, 그런 성도들이 모인 교회만이 이 일을 감당할 수 있습니다.

살아있는 교회를 위해 먼저 말씀과 기도로 깨어있으십시오. 아멘!

♡ 주님, 제가 먼저 살아있는 성도가 되어 살아있는 교회를 섬기게 하소서.

🖼 나는 주님에 대한 첫사랑이 살아있는 성도인지 점검해 봅시다.

나의 영적 일지

거장의 도구

읽을 말씀 : 예레미야 18:1-6

● 렘 18:6 나 여호와가 이르노라 이스라엘 족속아 이 토기장이의 하는것 같이 내가 능히 너희에게 행하지 못하겠느냐 이스라엘 족속아 진흙이 토기장이의 손에 있음 같이 너희가 내 손에 있느니라

프랑스의 한 가난한 화가가 5만 원도 안 하는 싸구려 물감과 붓을 사서 만 원 정도 하는 캔버스에 그림을 그렸습니다.

이 화가가 힘을 다해 그린 '안젤루스(Angelus)'라는 작품은 훗날 부르는 게 값일 정도로 유명해졌다가 지금은 '값을 매길 수 없는 작품'이 됐습니다. 루브르 박물관이 이 작품을 소장한 뒤 어떤 가격에도 거래하지 않았기 때문입니다.

밀레의 이 작품은 한국에는 '만종'이라는 이름으로 알려져 있습니다.

스페인의 초현실주의 화가 살바르토 달리는 백지로만 이루어진 전용 수표를 들고 다녔습니다.

프랑스와 미국에서 모르는 사람이 없을 정도로 유명한 화가였던 달리는 레스토랑에서 식사를 하고 전용 수표에 그림을 그려 건넸습니다.

달리의 낙서에도 엄청난 가치가 있었기 때문에 아무리 고급 레스토랑이라 하더라도 돈 대신 달리가 건네주는 그림 수표를 받았다고 합니다.

이와 마찬가지로 피카소도 식사를 한 뒤에 냅킨에 그림을 그려서 건네주곤 했는데 나중에는 피카소를 알아본 식당 주인들이 먼저 돈 대신 냅킨에 낙서를 해 달라고 요청했다고 합니다.

냅킨에 끄적인 낙서라 하더라도 거장의 작품에는 놀라운 가치가 있습니다.

세상에서는 작고 초라한 우리의 인생이라 할지라도 하나님의 손에 들리는 순간 모세처럼, 베드로처럼 놀랍게 쓰임 받을 수 있습니다.

전능하신 하나님께 삶의 모든 것을 맡기십시오. 아멘!

🖤 주님, 주님의 놀라운 능력이 임하는 삶이 되게 하소서.

🖼 하나님의 능력을 힘입는 삶을 달라고 간구합시다.

나의 영적 일지

15센티미터의 기적

읽을 말씀 : 에베소서 4:7-16

● 엡 4:13 우리가 다 하나님의 아들을 믿는 것과 아는 일에 하나가 되어 온전한 사람을 이루어 그리스도의 장성한 분량이 충만한데까지 이르리니

마크 웰먼(Mark Wellman)은 21살에 낙상사고로 하반신이 마비 됐습니다.

하루아침에 다리를 잃은 웰먼은 더 이상 아무것도 할 수 없다는 무력감에 빠져 7년이나 허송세월을 보냈습니다. 더 이상 이대로 인생을 허무하게 보낼 수 없다고 생각한 마크 웰먼은 암벽등반가가 되기로 결심했습니다. 매우 위험한 도전이었지만 이 불가능한 일을 해낼 수 있다는 사실을 세상에 보여주고 싶었습니다.

웰먼은 피를 쏟아낼 정도의 독한 훈련으로 오로지 팔 힘만을 사용해 암벽을 오르기 시작했습니다. 그리고 미국 암벽등반가들의 최종 목표라는 요세미티 공원의 엘 카피탄에 도전했습니다.

웰먼은 위에서 친구가 던져주는 자일을 잡고 975미터나 되는 암벽을 등반했습니다. 한 번에 15센티미터 밖에 오를 수 없었기에 5일이나 걸리는 대장정이었고 세계 역사상 최초로 성공해 낸 일이었습니다.

웰먼은 975미터나 되는 장벽을 5일 동안 포기하지 않고 오를 수 있었던 비결에 대해 다음과 같이 말했습니다.

"한 번에 15센티미터만 올라가면 어떤 벽이든 정복할 수 있다고 생각했습니다."

포기하지 않는 작은 노력이 대업을 이룹니다.

우리의 삶에도 풍성한 복음의 열매가 맺히도록 하루에 한 절이라도 말씀을 실천하는 일을 포기하지 마십시오. 아멘!

💙 주님, 하루에 한 구절, 하루에 1분이라도 기도하며 주님께 나아가게 하소서.

🎞 포기하지 않으면 주님의 때에 이루어짐을 믿고 더욱 힘씁시다.

나의 영적 일지

신뢰의 중요성

읽을 말씀 : 신명기 32:1-7

● 신 32:4 그는 반석이시니 그 공덕이 완전하고 그 모든 길이 공평하며 진실무망하신 하나님이시니 공의로우시고 정직하시도다

　　미국에서는 "다음날 바로 보낼게"라는 말을 "페덱스(FedEx) 할게"라고 쓰기도 합니다. 드넓은 미국에서 24시간 내에 물건을 배송할 수 있는 유일한 회사인 페덱스는 미국 소비자들이 가장 신뢰하는 기업이기도 합니다.

　　페덱스의 창업자 프레드 스미스(Fred Smith)의 사업 계획서를 본 대학 담당 교수는 '취지는 좋지만 불가능한 일'이라며 'C 학점'을 줬지만 페덱스는 창업 이래 이 약속을 단 한 번도 어긴 적이 없습니다.

　　베스트셀러 작가이기도 한 존 맥스웰 목사님도 이 점이 궁금해 스미스와 저녁 식사 중에 다음과 같이 물었습니다.

　　"모두가 안 된다고 했는데도 어떻게 그런 '영민한(Smart)' 생각을 하셨습니까?"

　　"목사님, 똑똑한 것이 문제가 아니라 '신뢰(Trust)'의 문제입니다.

　　제가 직원들에게 신뢰감을 주기 때문에 직원들은 수단과 방법을 가리지 않고 고객과의 약속을 지킵니다.

　　이런 직원들이 또한 소비자들에게 신뢰를 주기 때문에 페덱스가 신뢰의 상징이 될 수 있었습니다."

　　성령님의 인도하심을 따라 주님을 의지하며 살아갈 때 그리스도인의 삶은 저절로 세상 사람에게 신뢰의 상징이 될 것입니다.

　　나무가 아닌 열매가, 말이 아닌 능력이 중요하듯이, 세상에서 신뢰를 주는 그리스도인이 되십시오. 아멘!

♡ 주님, 나무가 아닌 열매, 말이 아닌 능력으로 신뢰받는 사람이 되게 하소서.

🎴 세상에 앞서 먼저 이웃에게 신뢰감을 주는 사람이 됩시다.

나의 영적 일지

사람의 어리석음

읽을 말씀 : 유다서 1:3-13

● 유 1:10 이 사람들은 무엇이든지 그 알지 못하는 것을 훼방하는도 다 또 저희는 이성 없는 짐승 같이 본능으로 아는 그것으로 멸망하느니라

미국 애리조나 주의 사막은 엄청난 비가 게릴라성으로 순식간에 쏟아집니다.

홍수를 연상할 정도로 그야말로 엄청난 물길이 쏟아지지만 많은 운전자가 물길이 쏟아지는 도로를 건너려다 목숨을 잃습니다.

홍수를 연상케 하는 엄청난 물길이 눈에 뻔히 보이는데도 '사막'에서 비가 내려봤자 얼마나 내리겠냐는 아둔한 생각 때문입니다.

해마다 피해자가 늘어나서 결국 애리조나 주 의회는 "빗물이 넘치는 도로를 건너서는 안 된다"라며 다음과 같은 법안을 만들었습니다.

– 물이 넘치는 도로를 건너는 것은 불법

– 만약 위험을 무릎 쓰고 건너다 구조될 경우 벌금 200만 원

불어난 물이 빠질 때까지 잠시만 기다리면 누구나 안전할 수 있습니다.

그러나 이런 법안에도 사람들은 계속해서 물길이 불어난 길을 건너다 벌금을 물었고, 부상을 당했고, 때로는 목숨을 잃었습니다.

경고를 무시하고 어리석은 일을 자초하는 사람들 때문에 이 법안을 '어리석은 운전자 법'이라고 부릅니다.

죄가 초래할 결과를 알면서도 죄를 짓는 사람 역시 이와 같이 어리석은 사람입니다.

잠깐의 즐거움과 쾌락의 유혹에 빠져 뻔히 보이는 파멸을 맞지 말고 죄를 멀리하고 하나님이 주신 생명의 법을 지키십시오. 아멘!

💜 주님, 주님이 금지하신 일들을 멀리하는 용기를 주소서.

🖼 하나님의 뻔한 경고를 무시하고 어리석은 일을 자초하는 사람이 되지 맙시다.

나의 영적 일지

나이듦의 미학

11월 8일

읽을 말씀 : 잠언 20:23-30

● 잠 20:29 젊은 자의 영화는 그 힘이요 늙은 자의 아름다운 것은 백발이니라

　스코틀랜드의 목회자이자 유명한 작가인 헨리 더반빌(Henry Durbanville)이 쓴 「최고의 날은 아직 오직 않았습니다(Henry Durbanville)」에 나오는 내용입니다.

　「안타깝게도 사람들은 나이가 들어가는 것을 싫어합니다.
　그러나 나는 나이가 드는 즐거움을 마음껏 누리고 있습니다.
　지나온 세월은 나를 더 풍요롭게 하고 영혼에 안식을 줍니다.
　저는 나이가 들며 얻은 지혜와 경험을 젊은 시절의 불확실한 희망과
　껍데기 같은 기쁨과는 바꾸지 않을 것입니다.

　가장 중요한 이유는 하나님의 사랑 안에서 분명한 믿음을 얻었기 때문입니다.
　이 믿음이 생긴 다음부터 내 삶은 매일이 최고의 날들입니다.
　길은 더 밝아지고, 햇빛은 그 어느 때보다 환하게 불어옵니다.
　내 겉 사람은 비록 더 늙어가지만
　내 속 사람은 매일매일 기쁨으로 새로워지기 때문입니다.」

　하나님을 만나고, 하나님과 함께 하는 모든 순간이 그리스도인에게는 전성기입니다.
　하나님과 동행함으로 더 새로워지는 기쁨을 누리는 새로운 날을 맞으십시오. 아멘!

🤍 주님, 하루하루를 주님의 도우심으로 성실하게 순종하며 살아가게 하소서.
🎴 말씀과 기도생활로 속사람이 매일 새로워지는 삶을 삽시다.

`나의 영적 일지`

기도의 은혜

읽을 말씀 : 시편 4:1-8

● 시 4:1 내 의의 하나님이여 내가 부를 때에 응답하소서 곤란 중에 나를 너그럽게 하셨사오니 나를 긍휼히 여기사 나의 기도를 들으소서

미국의 시사주간지 '뉴스위크(Newsweek)'의 조사에 따르면 미국인의 70%가 매일 잠깐이라도 기도를 한다고 합니다.

이 70%는 대부분은 아니지만 때때로 기도 응답을 받으며 80% 정도는 불치병도 기도를 통해 나을 수 있다고 응답했습니다.

반면에 기도를 하지 않는 30%는 "이전에 기도를 해도 응답이 없었기 때문에 기도를 하지 않는다"라고 응답했고 그중 16%는 신앙생활도 하지 않는다고 답했습니다.

기도에는 기적을 일으킬 능력이 있습니다.

그러나 기적이 기도의 목적이 될 수는 없습니다.

안타깝게도 이 사실을 모르기 때문에 많은 성도들이 기도로 인해 오히려 시험에 듭니다.

수많은 지식인들을 회심시켰던 영국의 신학자 조셉 파커(Joseph Parker)에게 한 지성인이 "스데반이 돌에 맞아 죽을 때 당신이 말하는 하나님은 무얼 하고 있었습니까?"라고 공격하자 조셉 파커는 망설임 없이 자신 있게 대답했습니다.

"하나님은 스데반에게 자신을 향해 돌을 던지는 사람들을 위해 기도할 수 있는 은혜를 주셨습니다."

하나님께 기도할 수 있음이 바로 은혜입니다.

매일 주님 앞에 무릎을 꿇고 마음을 아뢰며 하나님의 음성을 듣는 놀라운 은혜를 누리십시오. 아멘!

♥ 주님, 모든 일이 저의 뜻대로가 아니라 주님의 뜻대로 이루어지게 하소서.

🖼 주님의 뜻이 주님의 시간에 이루어짐을 믿으며 잠잠히 기도합시다.

나의 영적 일지

전쟁 대신 평화를

읽을 말씀 : 골로새서 1:18–23

● 골 1:20 그의 십자가의 피로 화평을 이루사 만물 곧 땅에 있는 것들이나 하늘에 있는 것들을 그로 말미암아 자기와 화목케 되기를 기뻐하심이라

십자군 전쟁은 성지 예루살렘을 이교도에게서 되찾자는 취지로 일어났습니다. 당시 많은 목회자들은 그래도 사람을 죽이고 피폐하게 만드는 전쟁은 안된다고 반대했습니다. 그럼에도 정치적인 이유가 더해져 십자군 전쟁은 수차례나 일어났습니다.

이슬람 지역의 땅을 정복하고 얻는 무역적인 이권으로 권력자들은 막대한 부를 축적할 수 있어서 나중에는 본래 취지와는 상관없는 정복전쟁으로 변질됐습니다.

그럼에도 잘 알려지진 않았지만 당시에 이와는 정반대의 목적을 가진 또 다른 십자군이 있었습니다.

'평화의 기도'로 유명한 목회자 프랜시스는 다음과 같이 말하며 깨어있는 성도들을 모았습니다.

"미움과 증오가 동기가 된 전쟁을 주님이 축복하실 리가 없습니다.

이 전쟁은 반드시 패배할 것입니다."

프랜시스가 만든 '평화의 십자군'은 칼 대신 성경과 사랑을 들고 전쟁으로 폐허가 된 곳을 찾아갔습니다. 아군과 적군을 가리지 않고 병자를 치료하고 고아들을 돌보던 평화의 십자군은 제대로 알려지진 않았지만 주님의 말씀대로 살아갔던 진정한 주님의 군사였습니다.

하나님의 뜻이 무엇인지 알 때 믿음은 흔들리지 않습니다.

세상을 향한 하나님의 뜻을 알고, 그 뜻대로 살아가는 주님의 군사가 되십시오. 아멘!

♡ 주님, 혼란한 세상 속에서도 주님의 말씀대로 살아가는 성도가 되게 하소서.
🎨 진정한 그리스도인의 무기인 사랑과 봉사를 들고 세상으로 나아갑시다.

나의 영적 일지

마음의 새를 쫓으라

읽을 말씀 : 에베소서 6:10-17

● 엡 6:13 그러므로 하나님의 전신갑주를 취하라 이는 악한 날에 너희가 능히 대적하고 모든 일을 행한 후에 서기 위함이라

공항에서 가장 중요한 일은 새를 쫓는 일입니다.

비행기가 이착륙을 하다 새와 부딪히는 현상을 '버드 스트라이크(Bird Strike)'라고 부르는데 아무리 작은 새도 이륙 중인 비행기와 부딪히면 몇십 톤의 충격을 받아 추락의 위험이 있다고 합니다.

엔진에 휘말려 들어가는 경우에는 문제가 더 심각해서 방금 이륙을 했다 해도 바로 착륙해 수리를 해야 합니다.

에어웨이즈 1549 항공편은 뉴욕공항에서 이륙한지 4분 만에 버드 스트라이크를 당해 회항했습니다.

버드 스트라이크로 엔진이 완전히 망가져 그나마 공항까지 오지도 못하고 강에 비상착륙을 시도할 정도로 위험한 사고였습니다.

이런 이유로 모든 공항에서 가장 신경 쓰는 일은 바로 새를 쫓는 일입니다.

출항을 앞두고는 24시간을 교대로 새를 쫓는 사람이 있으며 총을 쏘기도 하고, 로봇 새를 만들어 날리기도 하고, 심지어 맹금류를 조련시켜 쫓아내기도 합니다. 비행기가 제대로 뜨기 위해선 쉴 새 없이 날아드는 새들을 쫓아내야만 하기 때문입니다.

작은 새 한 마리를 우습게 여기다가 엄청난 인명사고가 나듯이 일상의 죄와 실수를 조심해야 합니다.

성도들을 넘어트리려고 한시도 눈을 떼지 않고 호시탐탐 노리는 마귀의 유혹이라는 새를 주님이 주시는 하나님의 말씀의 전신갑주로 쫓아내십시오. 아멘!

💚 주님, 마음에 작은 죄가 깃들지 않도록 말씀으로 지켜주소서.

🎖 주님을 모실 수 있는 흠 없는 정결한 마음을 가꿉시다.

나의 영적 일지

가장 중요한 생명

읽을 말씀 : 마태복음 16:21-28

● 마 16:26 사람이 만일 온 천하를 얻고도 제 목숨을 잃으면 무엇이 유익하리요 사람이 무엇을 주고 제 목숨을 바꾸겠느냐

'행크'라는 애칭으로 불렸던 농구 선수 에릭 윌슨(Eric Wilson 'Hank' Gathers Jr.)은 대학농구 역사상 가장 뛰어나다고 평가받는 선수였습니다.

윌슨은 한 시즌 동안 득점과 리바운드 통산 1위를 기록했는데 이 엄청난 기록은 현대 농구가 시작되고 그 누구도 기록하지 못한 대기록이었습니다.

프로 진출을 앞둔 마지막 시즌 토너먼트에서 윌슨은 무언가 결심한듯하더니 기자들 앞에서 다음과 같이 공언했습니다.

"이번 시즌의 저는 하나님이 온다 하더라도 막을 수 없을 것입니다."

윌슨은 심장이 안 좋아서 약을 먹고 있었는데 약 기운이 경기에 나쁜 영향을 미친다고 생각해 복용을 중단했습니다. 컨디션이 좋아진 윌슨은 역사에 길이 남을 기록들을 써 내려갈 자신이 있었습니다. 호언장담을 증명이라도 하듯 윌슨은 첫 경기 시작부터 눈부신 활약을 했지만 전반전 마지막에 멋지게 덩크슛을 성공시키고는 그 자리에서 쓰러져 숨을 거뒀습니다.

한 사람이 천하를 정복할 능력을 가진다 해도 주님의 권능에 비하면 우주 안에 촛불 하나처럼 미약한 힘일 뿐입니다. 죽음이란 해결 불가능한 문제 앞에 모든 인간은 바람에 사라지는 안개와도 같습니다.

아무리 놀라운 업적을 세운다 하더라도 생명을 잃는다면 아무런 소용이 없습니다. 주님을 믿음으로 우리는 가장 귀한 생명, 영생을 약속 받았고 죄에서 벗어나 천국의 기쁨을 누리는 하나님의 자녀가 되었습니다.

영원한 생명을 주신 놀라운 이름을 세상의 그 무엇보다 소중히 여기고 지키십시오. 아멘!

🩷 주님, 생사화복을 주관하시는 주님 앞에 겸손하게 살아가게 하소서.
🧎 자신감과 교만함을 구분하며 주님께 영광을 돌리는 현명한 성도가 됩시다.

나의 영적 일지

가스펠 효과

읽을 말씀 : 야고보서 5:13-20

● 약 5:16 이러므로 너희 죄를 서로 고하며 병 낫기를 위하여 서로 기도하라 의인의 간구는 역사하는 힘이 많으니라

프랑스의 과학자 알프레드 토마티스(Alfred A. Tomatis)는 "모차르트 음악을 들려주면 태교에 도움이 된다"라고 주장했습니다. 과학계에서는 근거 없는 가설이라 일축했지만 아인슈타인도 연구를 할 때 모차르트 음악을 즐겨듣는다는 사실이 알려지며 많은 학자들이 이 학설을 지지했습니다.

그중에서도 캘리포니아 대학교의 신경생물학자 고든 쇼(Gordon Shaw)가 진행한 연구는 '모차르트 효과'로 알려지며 과학학술잡지 '네이처'에도 실린 가장 유명한 연구입니다.

모차르트 음악을 10분만 들려줘도 순간적으로 공간추리력이 30% 정도 증가한다는 이 논문은 순식간에 전 세계로 퍼지며 모차르트 열풍을 불러일으켰습니다.

그러나 이후에 전 세계적으로 진행된 실험에서는 전혀 다른 결과가 나왔습니다. 어떤 사람은 시끄러운 음악을 들을 때 집중력이 향상됐으며 어떤 사람은 일상 속의 소음이 더 도움이 됐습니다.

국내의 한 방송에서 진행된 실험에서는 트로트가 가장 효과가 좋았습니다.

좋아하는 음식을 먹을 때 기분이 좋아지듯이 좋아하는 음악을 들을 때 심신에도 안정이 찾아오는 단순한 효과일지도 모릅니다.

세상의 음악보다도 찬송을 듣고 부를 때, 세상의 문학보다도 성경을 읽을 때, 명상보다도 기도할 때 마음의 안정을 찾고 기쁨을 누릴 수 있는 진정한 믿음을 키워 가십시오. 아멘!

♥ 주님, 주님 안에 있다는 사실 하나만으로도 마음이 안정되는 믿음을 주소서.
🖼 세상의 그 어느 것과도 비교할 수 없는 주님이 주시는 평안을 사모합시다.

나의 영적 일지

생명책에 새겨질 이름

11월 14일

읽을 말씀 : 요한계시록 3:1-6

● 계 3:5 이기는 자는 이와 같이 흰 옷을 입을 것이요 내가 그 이름을 생명책에서 반드시 흐리지 아니하고 그 이름을 내 아버지 앞과 그 천사들 앞에서 시인하리라

세계적인 명문인 영국의 옥스퍼드 대학교 내에는 크라이스트 처치(Christ Church) 라는 명소가 있습니다.

영화 「해리 포터」의 촬영지이기도 하며 옥스퍼드 학생들이 채플을 드리는 장소기도 한 이 교회의 입구에는 자랑스러운 동문들의 이름이 새겨져 있습니다.

교회 바닥에는 영국이 낳은 자랑스러운 목회자 '요한 웨슬리'의 이름이 새겨져 있고 입구에는 넓은 동판에 옥스퍼드가 가장 자랑스럽게 여기는 사람들의 이름이 새겨져 있습니다.

여기에는 노벨상 수상자나 이름만 들으면 알만한 석학의 이름이 적혀 있을 것 같지만 실상은 전쟁에 나가 죽은 동문들의 이름들이 빼곡이 적혀 있습니다.

1,2차 세계대전, 그리고 한국전쟁에 파견되어 목숨을 잃은 동문들의 이름이 새겨져 있는데 그 이유를 입구에 적힌 문구가 설명해 줍니다.

'나라를 위해 목숨을 바친 사람들을 우리는 마땅히 기억해야 한다.'

(We shall remember The man of this house Who died for their Country)

목숨을 아끼지 않고 바치는 희생보다 더 큰 명예는 없습니다.

우리가 구하고 있는 것은 영광을 위한 희생입니까?

안락함을 위한 적당한 타협과 자기합리화입니까?

하늘의 생명책에 우리의 이름이 적히기 위해선 주님께서 하셨듯이 생명마저 아끼지 말아야 합니다.

생명까지도 주님의 나라와 사역을 위해 바치십시오. 아멘!

🩷 주님, 먹든지 마시든지, 자든지 깨든지, 살든지 죽든지 주님을 위해 하게 하소서.

🖼 세상에 이름을 남기기 위해서가 아닌 하늘에 이름을 남길 일을 합시다.

나의 영적 일지

두 가지 정체성

읽을 말씀 : 디모데후서 3:13-17

● 딤후 3:14 그러나 너는 배우고 확신한 일에 거하라 네가 뉘게서 배운 것을 알며

'정체감 위기 이론'으로 잘 알려진 세계적인 발달심리학자인 에릭 에릭슨 (Erik Homburger Erikson)이 미국 정부의 요청으로 한 인디언 거주지를 찾았습니다.

에릭슨은 최근 몇 년 사이 폭발적으로 마약과 알코올 중독자가 늘어났고 특히 청소년 강력 범죄가 급증하고 있으니 원인을 밝혀달라는 부탁을 받았습니다.

에릭슨은 가장 먼저 학생들의 가정을 조사했습니다.

부모들은 자녀들이 학교에서 배워 온 내용들을 들으며 "왜 백인처럼 생각하고 말하느냐?"라고 호되게 야단을 쳤습니다.

다음에는 학교를 찾아갔습니다.

정부에서 파견된 교사들은 가정에서 교육받은 대로 행동하는 학생들에게 "왜 배운 대로 하지 않느냐? 아직도 벌판에서 살아가는 인디언인 줄 아느냐?"라고 훈육했습니다.

아이들은 가정에서도, 학교에서도 자신이 누구인지, 어떻게 살아가야 하는지를 배우지 못했습니다.

에릭슨은 이곳에서 일어난 심각한 사회 문제의 원인은 '정체성을 잃어버린 아이들이 느끼는 무력감과 좌절감'이라고 말했습니다.

교회에서도 세상에서도 예수님의 제자로 살아가는 것이 성도가 가져야 할 바른 정체성입니다.

머무는 장소와 만나는 사람에 따라 변하는 사람이 되지 말고 언제, 어디서나 하나님의 자녀로 살아가는 바른 정체성을 지키십시오. 아멘!

💜 주님, 세상 가운데 방황하지 않고 진리의 길을 따라 살아가게 하소서.
🖼 세상과 주님 사이에서 머뭇거리지 말고 하나님의 자녀로 정체성을 정합시다.

나의 영적 일지

낙심과 포기하지 않으면

읽을 말씀 : 갈라디아서 6:1-10

11월 16일

● 갈 6:9 우리가 선을 행하되 낙심하지 말찌니 피곤하지 아니하면 때가 이르매 거두리라

『제주 극동방송은 하루 24시간 방송 가운데 AM채널을 통해 외국어 방송을(중/일/러) 6시간 보내고 있습니다. 그중 매일 밤 9시 30분-10시 45분까지 1시간 15분 동안 일본 전역의 1억 3천만 명에게 복음을 전하고 있습니다. 일본은 복음화율이 1%에 불과한 미전도 종족이자 8백만의 신이 있다고 할 정도로 우상이 많은 나라입니다. 그런 속에서 일본의 한 청취자의 사연이 눈길을 끌었습니다.

"저는 30세 여성입니다. 한동안 FEBC를 들었지만 방송사에 연락한 것은 이번이 처음입니다. 최근에 갑자기 연락을 하고 싶은 마음이 생겨서 처음으로 메일을 보냅니다. 사실 저는 불교 단체에 속해있고 최근에 불편함을 느끼기 시작해서 기독교를 공부하기 시작했습니다. 그러다가 FEBC를 알게 되었습니다.

제가 생각하기에 FEBC는 교회에 갈 수 없거나, 믿음을 가지기 주저하는 사람을 위해 잘 만들어진 것 같습니다.

다양한 프로그램으로 기독교를 전해 주시는 일은 아주 훌륭합니다. 이 방송을 들으면서 '나도 예수님과 가까운 친구가 되고 싶다'는 바람을 가지게 되었습니다. 왜 이런 느낌이 드는지 알 수 없지만, 예수님이 저에게 '나와 친구가 되는 게 어때?'라고 부르시는 건지 궁금합니다. 그게 사실이라면 저는 당연히 예수님께 응답하고 싶습니다. FEBC에 정말 감사합니다. – Ms. R. S.로부터"

한 영혼을 얻기 쉽지 않은 일본에서도 이렇게 극동방송을 통해 영혼 구원의 역사는 이루어지고 있습니다.』 – 「김장환 목사의 인생 메모」 중에서

우리가 선을 행하되 낙심과 포기를 하지 않으면 하나님의 때에 분명 거두게 될 것입니다. 아멘!

🖤 주님, 영혼을 구원하는 일을 끝까지 포기하지 않게 하소서.
🖼 해외에서 선교에 힘쓰시는 선교사님들을 위해 기도합시다.

나의 영적 일지

애통하는 복

읽을 말씀 : 마태복음 5:1-12

● 마 5:4 애통하는 자는 복이 있나니 저희가 위로를 받을 것임이요

　중국 난징에는 마음껏 눈물을 흘릴 수 있는 '눈물방'이 있습니다.

　1시간에 만원 정도의 요금을 내면 어두운 조명의 아늑한 방에서 마음껏 울 수 있습니다. 원활히 울 수 있도록 고춧가루와 양파 같은 도구들도 준비되어 있습니다.

　비슷한 시기 일본 신주쿠의 한 호텔도 손님을 위해 '눈물 객실'을 운영했습니다. 슬픔을 해소하기 위한 목적으로 호텔을 찾는 손님이 의외로 많다는 것을 발견한 호텔 측은 이들이 마음껏 울다 갈 수 있도록 울음에 특화된 객실을 만들었습니다.

　왜 많은 사람들이 굳이 울기 위해서 어딘가를 찾아갈까요?

　여러 가지 이유로 일상에서는 눈물을 흘리기가 쉽지 않고, 또한 설명할 순 없지만 울고 나면 어딘가 후련하고 행복해지기 때문입니다.

　영국인이 사랑한 왕세자비 다이애나가 불의의 사고로 죽었을 때 영국 내의 우울증 환자가 급격하게 줄었다고 합니다.

　왕세자비의 사고를 기리며 남녀노소 가리지 않고 눈물을 흘렸기 때문입니다.

　주님 역시 눈물로 간구하는 사람의 기도를 항상 들어주셨습니다.

　한나의 눈물에 사무엘을 주셨고 히스기야의 기도에 생명을 연장해 주셨고 베드로의 눈물에 그를 다시 불러 사용하셨습니다. 스펄전은 메마른 눈으로는 천국에 갈 수 없다고 했습니다.

　눈물로 주님을 기리며, 눈물로 주님께 갈구하며 애통이 주는 복을 구하십시오. 아멘!

　♡ 주님, 제가 흘리는 눈물과 슬픔과 고통을 주님의 사랑과 위로로 씻어 주소서.

　🕮 주님 앞에 눈물로 진솔한 마음을 호소하며 참된 위로를 받읍시다.

나의 영적 일지

말씀에 맡기라

읽을 말씀 : 요한복음 5:34-40

● 요 5:39 너희가 성경에서 영생을 얻는줄 생각하고 성경을 상고하거
니와 이 성경이 곧 내게 대하여 증거하는 것이로다

로드니 스미스(Rodney Smith) 목사님은 70년 동안 미국과 영국을 돌아다니며 수많은 사람을 전도했습니다.

특히 오갈 데 없는 집시들을 수시로 찾아가 주님께로 인도해 사람들은 목사님을 '집시'라는 애칭으로 불렀습니다.

어느 날 한 성도가 성경을 아무리 읽어도 영감을 받을 수가 없다고 고민을 털어놓았는데 목사님은 다음과 같이 조언했습니다.

"성도님, 성도님이 성경을 훑지 말고 말씀이 성도님을 훑고 지나가게 해보십시오. 단 한 번만 읽어도 지금과는 다른 고백을 드리게 될 겁니다."

하나님의 말씀을 지식으로 습득하는 것이 아니라 삶을 비추는 거울이자 나침반으로 삼을 때 진정한 말씀의 능력이 일어나게 됩니다.

평생을 성경 원어 연구에 바친 프린스턴 대학교의 구약학자 로버트 윌슨(Robert Dick Wilson) 박사에게는 많은 수재들이 찾아와 성경의 오류에 대해 토론을 요청했습니다.

그때마다 로버트 박사는 다음과 같이 일축했습니다.

"나는 40년 동안 성경을 연구하면서 단 한 번도 틀린 증거를 찾지 못했습니다. 내 책을 다 읽고도 나보다 성경을 잘 안다고 생각하면 그때 찾아오십시오."

내가 말씀을 주장하려 하지 말고 말씀이 나를 주장하게 하십시오.

매일 묵상하는 하나님의 말씀을 통해 보여주시는 하나님의 길에 순종하십시오. 아멘!

💟 주님, 말씀이 내 삶에 임하기를 바라는 간절함으로 묵상하게 하소서.

🖼 성경을 읽을 때 먼저 주님의 임재를 구하는 기도를 합시다.

나의 영적 일지

11월 19일

봉우리 위의 종교

읽을 말씀 : 사도행전 4:1-12

● 행 4:12 다른이로서는 구원을 얻을 수 없나니 천하 인간에 구원을 얻을만한 다른 이름을 우리에게 주신 일이 없음이니라 하였더라

20세기 중국 최고의 지성으로 불리는 린위탕 박사는 자신의 대표작「생활의 발견」에서 스스로를 이교도라고 불렀습니다.

린위탕 박사는 목사님인 아버지 밑에서 모태신앙으로 자랐으나 신앙에 의심을 품고 다른 종교에도 길이 있을 거라고 생각했습니다.

'이교도'라는 표현은 기독교에만 길이 있다는 진리를 비꼬기 위한 의도였습니다. 그로부터 20년이 지나고 린위탕 박사는「이교도에서 기독교인으로」라는 자전적 수필을 썼습니다.

이 책에서 린위탕 박사는 이교도에서 다시 기독교인이 된 이유를 다음과 같이 밝혔습니다.

"나는 그동안 다른 우물에 답이 있나 들여다보았습니다.

그러다 한 우물에 빠졌는데 그곳에서는 '네가 전생에 저지른 일 때문에 우물에 빠진 것이다'라는 말만 했습니다. 어떻게 기어 나와 다른 우물에 빠졌는데 이번엔 '쓸데없는 짓 하지 말고 똑바로 살아!'라는 책망만 들었습니다.

우물에 빠진 나를 구하기 위해 누군가 직접 줄을 매고 내려온 종교는 기독교 뿐이었습니다."

린위탕 박사는 세상의 많은 종교들은 저마다의 높은 봉우리를 가지고 있으나 예수 그리스도만이 모든 봉우리 위에서 빛을 볼 수 있게 한다고 말했습니다.

좋은 종교는 많지만 진리는 하나뿐입니다.

유일한 구원의 방법인 예수 그리스도를 절대 떠나지 마십시오. 아멘!

💙 주님, 세상에 존재하는 유일한 진리의 말씀을 힘써 전하게 하소서.
🖼 주님의 이름이 세상의 유일한 진리임을 의심하지 맙시다.

나의 영적 일지

가장 빠른 방법

읽을 말씀 : 디모데전서 4:1-5

● 딤전 4:4 하나님의 지으신 모든 것이 선하매 감사함으로 받으면 버릴 것이 없나니

영국의 목회자 윌리엄 로우(William Law)에게 한 성도가 고민을 털어놨습니다.

"신앙생활을 아무리 열심히 해도 삶이 행복하지 않고 만족이 없습니다. 도대체 어떻게 해야 합니까?"

로우는 "범사에 감사하라"라는 성경 말씀으로 대답을 대신했습니다.

"인생에서 행복과 만족을 찾을 수 있는 가장 빠른 길이 무엇이냐고 묻는다면 언제나 이렇게 대답할 것입니다.

내 삶의 모든 일을 하나님께 감사하며 하나님을 찬양하십시오."

뉴욕의 저명한 외과의사 더글러스(Flanders Douglas) 박사는 외상을 방지하기 위해서 감사하는 마음을 가지라고 환자들에게 조언합니다.

똑같이 집안일을 해도 오랜 친구를 맞이하기 위해 청소하는 사람은 즐겁게 일하며 오히려 건강해집니다. 그러나 보기 싫은 친척을 맞으려고 억지로 청소를 하면 사소한 일에도 큰 부상을 당하게 됩니다.

대부분의 사람은 한 번쯤은 이런 경험이 있을 것입니다.

감사하는 마음을 갖는다면 모든 일에서 결코 손해를 볼 일이 없습니다.

지금까지의 삶을 잠시만 뒤돌아본다 해도 정말로 주님께 드릴 것은 감사의 마음뿐입니다.

천 가지 감사의 이유를 놓치고 불평하는 광야의 이스라엘 백성이 되지 말고 주신 것에 감사하며, 주실 것에 감사하는 천국 백성의 마음을 가지십시오. 아멘!

💙 주님, 주님께서 지으신 모든 것이 선하니 주님께 모든 일에 감사하게 하소서.

🖼 오늘, 그리고 이번 주에 주님께 감사할 제목을 적어보고 주님께 감사합시다.

나의 영적 일지

11월 21일

지켜보시는 주님

읽을 말씀 : 잠언 24:11-23

● 잠 24:12 네가 말하기를 나는 그것을 알지 못하였노라 할찌라도 마음을 저울질 하시는 이가 어찌 통찰하지 못하시겠으며 네 영혼을 지키시는 이가 어찌 알지 못하시겠느냐 그가 각 사람의 행위대로 보응하시리라

범선 운항은 미국 해군사관학교의 졸업 미션 중 하나입니다. 출항한 뒤 졸업생이 키를 잡고 배를 몰고 있는 동안 선장복을 입은 교관은 뒤에서 가만히 지켜봅니다. 실제 체험하는 바다는 책에서 익힌 이론과는 완전히 다릅니다.

예상치 못한 거대한 파도가 칠 때도 있고, 바람이 너무 거세 배가 흔들릴 때도 있습니다. 먹구름이 드리워 비가 쏟아질 때도 있지만 그래도 선장은 뒤에서 가만히 바라만 봐야 합니다.

누구의 도움도 없이 배를 운항해야만 졸업을 할 수 있기 때문입니다.

뒤에서 아슬아슬한 모습을 바라보며 도움을 주지 못하기 때문에 선장들은 때때로 피가 날 정도로 입술을 깨뭅니다.

이런 경우가 워낙에 많기 때문에 미국 해군사관학교에는 다음과 같은 격언들이 있습니다.

"선장의 입술에는 항상 피가 흐른다."

"선장의 제복은 붉은색이다."

절체절명의 순간에 선내를 진두지휘하며 모든 것을 맡겨야 하기 때문에 때로는 입술의 피가 제복을 적시며, 그러다 보면 제복이 피로 물든 경우도 있었기 때문입니다.

하나님은 이미 예수님의 보혈로 우리를 책임지셨습니다.

그 보혈의 힘으로 거듭난 하나님의 자녀가 나임을 믿고 한 걸음 한 걸음 주님과 함께 험한 세상을 헤쳐나가십시오. 아멘!

💜 주님, 제 인생에 거대한 파도가 칠 때도 주님께서 함께하심을 믿게 하소서.

🖼 주님은 결코, 결코, 결코, 우리를 포기하지 않는다는 사실을 믿고 힘을 얻읍시다.

나의 영적 일지

전도를 위한 인맥

읽을 말씀 : 에베소서 3:1-7

● 엡 3:6 이는 이방인들이 복음으로 말미암아 그리스도 예수 안에서 함께 후사가 되고 함께 지체가 되고 함께 약속에 참예하는 자가 됨이라

전설적인 마케터 가이 가와사키(*Guy Kawasaki*)는 애플의 구원자라고 불립니다. 단순히 예쁜 전자제품을 만드는 회사인 애플을 시대를 이끄는 기업으로 만든 것은 그의 마케팅 덕분이었습니다. 가이 가와사키는 시장을 지배하는데 있어 가장 필요한 것은 '인맥'이라고 말했습니다.

가이 가와사키가 쓴 「당신의 기업을 시작하라」에 나오는 「인맥을 넓히는 7가지 방법」입니다.

1. 어떻게든 일을 만들어 밖으로 나가라.
2. 좋은 질문을 던지고 경청하라.
3. 전화와 이메일, *SNS* 등으로 만난 뒤에 추가 조치를 하라.
4. 연락을 쉽게 받을 수 있도록 명함 같은 방법을 만들라.
5. 많은 책을 통해 인문을 넓혀라.
6. 호감을 얻을 수 있는 호의를 베풀라.
7. 베푼 호의에 답례를 요청하며 만남을 추가로 가지라.

성도들이 전도를 어려워하는 이유 중 하나는 만날 사람이 없다는 것입니다. 그러나 사업과 성공을 위해 인맥을 만들 수 있다면 전도를 위해서도 마땅히 할 수 있어야 합니다.

주변부터 관심을 갖고 복음이 정말로 필요한 영혼들을 붙여달라고 주님께 기도하십시오. 아멘!

♡ 주님, 지금 허락하신 주변의 사람들에게 복음을 전하며 열매 맺게 하소서.

🧎 내가 복음을 전할 대상의 명단을 작성해 위 방법을 적용해 봅시다.

나의 영적 일지

늦기 전에 깨달으라

읽을 말씀 : 고린도후서 7:10-16

● 고후 7:10 하나님의 뜻대로 하는 근심은 후회할 것이 없는 구원에 이르게 하는 회개를 이루는 것이요 세상 근심은 사망을 이루는 것이니라

베트남전 참전용사들의 트라우마를 치료하기 위해 정신과 의사가 된 고든 리빙스턴(Gorden Livingston)이 수십 년간 많은 사람들을 상담해온 결과 알게 된 「사람들이 너무 늦게 깨달았다고 여기는 10가지 사실」입니다.

01. 같은 행동을 반복하며 다른 결과를 기대한 것

02. 좋은 일이 일어날 때까지 인내하지 못한 것

03. 상대방의 행동을 내 생각대로 해석한 것

04. 내 문제의 책임을 다른 사람에게 전가한 것

05. 현실을 바꾸고 싶다는 말만 하고 용기를 내지 못한 것

06. 실패가 두려워 도전하지 못한 것

07. 남에게는 정직하려 하면서 스스로에게는 거짓말을 한 것

08. 아프다는 핑계로 해야 할 일을 안 한 것

09. 불필요한 두려움에 마음을 빼앗긴 것

10. 노년을 미리 준비하지 못한 것

겪어보지 못하면 알 수 없는 것이 인생이지만 그럼에도 미리 깨닫고 준비하는 것이 지혜입니다.

지혜의 근원인 하나님의 말씀을 아는 그리스도인들은 인생의 정말 소중한 것들이 무엇인지 알아야 하며, 그것들을 위해 살아가야 합니다.

세상 모든 지혜를 뛰어넘는 진리가 기록된 성경을 통해 가장 중요한 복음을 깨닫고 준비하십시오. 아멘!

🖤 주님, 세상에서 가장 중요한 것이 무엇인지 깨닫는 지혜를 주소서.

🏃 지금 가장 소중한 시간을 주님을 위해 드립시다.

나의 영적 일지

끈기의 파급력

11월 24일

읽을 말씀 : 잠언 28:10-19

● 잠 28:10 정직한 자를 악한 길로 유인하는 자는 스스로 자기 함정에 빠져도 성실한 자는 복을 얻느니라

역사상 최고의 프로골퍼로 불리는 타이거 우즈가 '골프 황제'로 군림하던 시절 골프 팬들 사이에는 다음과 같은 말이 돌았습니다.

"타이거 우즈가 대회에만 나와도 선수들은 주눅이 든다."

과학적으로는 증명하기 어려운 명제였지만 오랜 세월 지켜보던 팬들이 보기에도 분명히 타이거 우즈가 나올 때 다른 선수들의 실력이 더 떨어져 보였습니다.

미국의 노스웨스턴대학교 연구팀은 이 말이 사실인지를 조사했습니다.

결과는 놀랍게도 사실이었습니다.

타이거 우즈는 어떤 상황에서도 결코 포기하지 않고 악착같이 플레이를 했습니다. 기적 같은 역전승도 많이 일궜는데 이런 우즈의 모습을 본 동료 선수들은 같은 프로였음에도 주눅이 들어 제 실력을 발휘하지 못했습니다.

우즈는 경기가 끝날 때까지 오로지 승리만을 목표로 삼았다고 합니다.

우즈는 참가한 메이저 대회에서 22%의 확률로 우승을 했는데 2위인 필 미켈슨의 7%에 비해 무려 3배가 넘는 놀라운 승률이었습니다.

세상이 아무리 험하고, 사람들의 마음이 아무리 닫혀있어도 포기하지 않는 사람은 역사를 이룹니다.

어두운 세상에 빛을 전하고 닫힌 사람들의 마음 문을 열어 복음을 전하는 하나님의 말씀을 따라 살며 결코 포기하지 않는 그리스도인이 되십시오. 아멘!

🤍 주님, 주님이 맡겨주신 사명을 끝까지 포기하지 않고 집중하게 하소서.
📖 아무리 힘이 들더라도 복음을 전하는 일을 결코 포기하지 맙시다.

나의 영적 일지

그 사람이 되겠습니다

읽을 말씀 : 로마서 12:1-13

● 롬 12:1 그러므로 형제들아 내가 하나님의 모든 자비하심으로 너희를 권하노니 너희 몸을 하나님이 기뻐하시는 거룩한 산 제사로 드리라 이는 너희의 드릴 영적 예배니라

19세기 영국의 부흥사 헨리 발리(Henry Varley)는 영국과 미국, 캐나다 등지에서 수많은 사람들을 회심시켰습니다. 당시 세계적인 명성을 얻고 있던 대 전도자인 스펄전(Charles Spurgeon)도 "하나님이 발리가 가는 곳마다 은혜의 비를 내려주신다"라며 부러워할 정도였습니다.

하루는 한 집회에서 발리가 어떤 청년에게 다음과 같이 말했습니다.

"하나님 앞에 온전히 헌신한 사람을 통해 하나님은 놀라운 일을 이루실 것입니다. 안타깝게도 아직 세상은 그런 사람을 목격하지 못했습니다."

여전히 수많은 사람들에게 복음을 전하고 있었지만 자신처럼 복음을 전하기 위해 온 삶을 내던진 청년은 아직 만나지 못했기에 나온 탄식이었습니다.

그러나 이날 이 말을 들은 청년은 달랐습니다.

"제가 그런 사람이 되겠습니다. 하나님의 도우심으로 그 일을 해내겠습니다."

이 청년은 대서양을 건너 시카고에 도착해 복음을 전하기 시작했고, 전 세계를 돌아다니며 1억 명이 넘는 사람들에게 복음을 전했습니다.

위대한 전도자 무디의 이름으로 수많은 일화가 존재하는 것은 자신의 모든 것을 주님께 맡김으로 쓰임 받고자 결심했던 한 청년이 있었기 때문입니다.

하나님이 찾으시는 그 사람, 하나님이 원하시는 그 사람, 그 사람이 바로 우리가 될 수 있습니다.

우리의 삶을 온전히 주님께 맡김으로 주님의 일하심을 체험하십시오. 아멘!

♡ 주님, 주님이 원하시는 그 일을 위해 헌신하게 하소서.
🎴 내 모든 것을 주님께 맡김으로 쓰임 받기를 결심합시다.

나의 영적 일지

진정한 하나님의 일

읽을 말씀 : 고린도전서 12:1-11

● 고전 12:6,7 또 역사는 여러 가지나 모든 것을 모든 사람 가운데서 역사하시는 하나님은 같으니 각 사람에게 성령의 나타남을 주심은 유익하게 하려 하심이라

마틴 루터가 종교개혁을 일으킨 뒤 믿음으로 구원받은 한 남자가 루터를 찾아와 신앙을 고백했습니다.

"저는 최근에 주님을 영접했습니다.

참된 진리가 무엇인지 깨달은 이 기쁨을 감출 수가 없습니다.

저는 목숨까지도 주님을 위해 바칠 준비가 되어 있습니다."

루터는 남자의 회심을 진심으로 축하했습니다.

남자는 앞으로 자신이 주님을 위해 살려면 어떻게 해야 하는지를 물었습니다.

"아무래도 이제 신학을 공부해서 목사님이 되어야겠죠?"

"지금 하고 있는 일이 무엇입니까?"

"시장 한 쪽에서 구둣방을 운영하고 있습니다."

루터는 호탕하게 웃으며 말했습니다.

"그렇다면 좋은 신발을 만들어 적당한 가격에 파십시오.

그것이 하나님의 영광을 위한 일입니다."

하나님이 주신 사명은 신학에만 머물러 있지 않습니다.

하나님이 주신 사명은 우리 모든 삶 가운데 펼쳐져야 합니다.

무엇을 하든지 주님의 뜻을 따라 하는 사람이 주님이 기뻐하시는 사명자입니다. 우리의 모든 삶이 하나님 안에 있듯이 지금 우리가 하는 일, 주변에 있는 사람, 주님이 머물게 하신 가정, 모두 하나님의 계획 안에 있음을 인정해야 합니다.

지금 우리가 있는 자리에서 우리가 할 수 있는 일을 통해 얼마든지 복음을 전하며 하나님께 영광을 돌리십시오. 아멘!

🤍 주님, 지금 하고 있는 일의 열매를 통해 주님께 영광 돌리게 하소서.

🙏 지금 하고 있는 일이 주님이 주신 일이라는 확신을 가지고 성실하게 합시다.

나의 영적 일지

회복해야 할 때

읽을 말씀 : 시편 69:30-36

● 시 69:32 온유한 자가 이를 보고 기뻐하나니 하나님을 찾는 너희들아 너희 마음을 소생케 할찌어다

세계 최고의 상경대학으로 손꼽히는 와튼 스쿨(Wharton School)에는 '최고의 인생 만들기'라는 강의가 있습니다.

이 강의에서는 행복한 인생을 위해 가장 중요한 것이 회복력이라고 가르칩니다. 계속해서 성공하는 사람이 없기 때문에 실패를 극복하는 방법이 더 중요하기 때문입니다.

다음은 이 강의에서 가르치는 「7가지 회복력의 비결」입니다.

1. 스트레스 받는 상황에서도 낙관적인 생각을 한다.
2. 실행이 불가능한 목표에 매달리지 않는다.
3. 내 힘으로 해결이 불가능한 일에는 도움을 청한다.
4. 운동과 교제 등 삶에 행복을 주는 일들을 관리한다.
5. 순간적인 쾌락을 참는 자제력을 강하게 한다.
6. 작은 승리, 작은 성공에도 기뻐한다.
7. 어떤 상황에서도 유머를 잊지 않는다.

예수님이 세상에 오신 이유도 하나님과 우리와의 관계를 회복시키기 위해서였습니다. 지치고 상한 심령에 모두가 회복을 필요로 하는 시대입니다.

사람의 마음을 진정으로 위로하고 회복시킬 수 있는 것은 오직 주님의 사랑뿐입니다. 어떤 상한 심령도 고치실 수 있는 것이 주님의 놀라운 사랑입니다.

주님을 통해 진정한 회복을 경험한 우리가 세상의 지치고 힘든 영혼들을 위해 필요한 수고를 감당하십시오. 아멘!

♡ 주님, 누구와도 담을 쌓지 않고 주님과의 다리 놓는 일을 감당하게 하소서.
🧎 주님을 위해 다시 회복하고, 주님을 통해 다시 일어섭시다.

나의 영적 일지

돌아오는 관계

읽을 말씀 : 로마서 12:3-13

● 롬 12:13 성도들의 쓸 것을 공급하며 손 대접하기를 힘쓰라

미국 인디애나 주의 최고 명문 중 하나인 퍼듀 대학교(Purdue University)에서 졸업생들을 대상으로 연봉을 조사했습니다.

졸업 후 5년 뒤 성적이 상위권인 학생과 하위권인 학생을 기준으로 연봉을 조사했을 때 두 그룹 간의 평균 연봉은 200달러 정도밖에 차이 나지 않았습니다.

1년 기준으로 우리나라 돈 20만 원 정도로 큰 차이라고 보기 어려웠습니다.

성적 외의 다른 요소들로 평가했을 때 가장 큰 차이가 나는 분야는 다름 아닌 '관계성'이었습니다. 다른 사람들과 관계를 잘 맺는 그룹은 그렇지 못한 그룹에 비해 평균 33%나 연봉이 높았습니다.

회사에서 직원들을 해직시키는 경우를 조사한 하버드대학교의 연구 결과도 이와 비슷했습니다.

회사는 일을 못해서 자르는 직원보다 사람들과의 관계에 문제가 있어서 자르는 직원의 수가 2배나 많았습니다.

「관계의 힘」의 저자인 문화 콘텐츠 작가 레이먼드 조는 사람들과 원활한 관계를 맺는 비결을 다음과 같이 말했습니다.

"먼저 다가가고, 먼저 칭찬하고 먼저 웃으세요.

관계란 내가 보낸 만큼 다시 돌아오는 결과입니다."

관계는 그리스도인이 복음을 흘려보낼 수 있는 소중한 통로입니다.

"받기보다 주는 것이 복 되다"라는 주님의 말씀처럼 기다리기보다 찾아가고, 받으려고 하기보다는 베풀려는 사람이 되십시오. 아멘!

🫰 주님, 성령님이 주시는 열매가 풍성하게 맺히는 삶을 살아가게 하소서.

📖 누구를 만나도 먼저 미소 지으며 먼저 인사합시다.

나의 영적 일지

섬기는 리더의 특징

읽을 말씀 : 마가복음 10:35-45

● 막 10:45 인자의 온 것은 섬김을 받으려 함이 아니라 도리어 섬기려 하고 자기 목숨을 많은 사람의 대속물로 주려 함이니라

'서번트 리더십(Servant Leadership)' 모델은 성경에 나오는 예수님의 모습을 통해 만들어졌습니다.

이 이론이 처음 발표된 1970년도에는 큰 관심을 받지 못했지만 몇 십 년 뒤 미국의 한 전문 경영출판사(Jossey-Bass)가 '섬기는 리더가 되는 법(On Becoming a Servant-Leader)'이라는 책을 낸 뒤에 바람직한 리더의 모델로 급부상했습니다.

다음은 이 책에 나오는 「섬기는 리더의 7가지 자세」입니다.
1. 경청하는 자세
2. 공감하는 자세
3. 멤버의 상처를 치유해 주려는 자세
4. 미래를 예측할 수 있는 통찰력
5. 섬기기 위해 일한다는 청지기 의식
6. 다른 사람을 성장시키기 위한 헌신
7. 서로 믿고 의지할 수 있는 공동체 형성

예수님이 보여주신 본을 따라 살고자 노력하는 성도는 자연스레 세상의 리더로, 세상의 빛과 소금으로 쓰임 받습니다.

섬기는 것을 좋아합니까? 섬김 받는 것을 좋아합니까?

세상을 바라보지 말고 주님만을 바라보며 섬기십시오.

세상을 따르지 말고 주님을 따르면서 섬기십시오. 아멘!

🩷 주님, 주님처럼 겸손하게 사람을 섬기는 리더가 되게 해주소서.

🧩 위 리스트 중에 나에게 부족한 자질을 개선합시다.

나의 영적 일지

외모로 취하지 말라

읽을 말씀 : 골로새서 3:18-25

● 골 3:25 불의를 행하는 자는 불의의 보응을 받으리니 주는 외모로 사람을 취하심이 없느니라

20세기 최고의 여성 성악가로 꼽히는 마리아 앤더슨(Marian Anderson)은 흑인이라는 이유로 극심한 차별을 당했습니다.

어려운 집안 형편과 주변의 차별로 제대로 꿈을 펼치기 힘들었지만 그녀는 모든 역경을 극복하고 28살의 나이에 뉴욕 필하모닉 오디션에서 1등을 했습니다.

"흑인은 싫어도 마리아 앤더슨은 싫어할 수 없다"라는 말이 나올 정도로 그녀의 실력은 탁월했습니다. 명실공히 세계 최고의 성악가로 이름을 날리던 마리아는 워싱턴 링컨 기념관에서 팬들의 사랑에 보답하기 위해 무료로 콘서트를 열었는데 무려 8만여 명의 청중이 모였습니다.

콘서트가 성황리에 끝나고 기자회견 중 한 기자가 다음과 같이 물었습니다.

"인생에서 가장 행복했던 때가 언제였습니까?"

뻔한 질문이었지만 이 질문에 마리아는 눈물을 글썽이며 대답했습니다.

"제가 세계적인 성악가가 된 후에야 더 이상 흑인으로 차별받지 않을 수 있었습니다. 더 이상 차별을 받지 않는다고 어머니께 당당히 말씀드릴 때가 가장 행복한 순간이었습니다."

사람은 외모로도 사람을 차별하지만 하나님은 사람의 중심을 보십니다.

인종, 키, 외모, 옷차림, 그밖에 모든 것들로 은연중에 사람을 차별해서는 안 됩니다. 나를 위해 주님이 오셨듯 우리 주변의 형제자매를 위해서도 주님은 오셨습니다.

사람을 차별하지 말고 하나님의 사랑으로 공평하게 품어주십시오. 아멘!

🩷 주님, 모든 사람이 하나님이 창조하신 형제자매임을 알게 하소서.

🧩 외적인 것들로 사람을 절대로 평가하고 무시하지 맙시다.

나의 영적 일지

12월

"여호와여
주는 나의 방패시요
나의 영광이시요
나의 머리를 드시는 자니이다"

- 시편 3편 3절 -

하나님의 생각은 다르다

읽을 말씀 : 이사야 55:6-13

● 사 55:8 여호와의 말씀에 내 생각은 너희 생각과 다르며 내 길은 너희 길과 달라서

『2013년 1월. 일행 2백여 명과 함께 요르단으로 성지순례를 떠났습니다.

그런데 십수 년 만에 불어닥친 폭설과 호우로 호텔에 발이 묶였습니다. 그때 하나님께서는 시리아 난민들이 있는 자타리 캠프로 발걸음을 옮기게 하셨습니다. 그곳에는 7만여 명의 시리아 난민들이 있었는데 그들의 생활은 이루 말할 수 없었습니다. 한겨울에도 맨발로 생활했습니다. 가장 필요한 것이 카라반(컨테이너 하우스)이라는 말을 듣고, 귀국하게 되면 모금 캠페인을 전개 하겠다고 약속했습니다. 그러나 당시 방송사에서는 중앙사 신사옥 건축 모금이 진행중에 있었고, 성지순례 일정이 끝나면 곧바로 모금 방송을 할 계획이었습니다. 당연히 실무자들은 반대했습니다. 그래서 이렇게 설명했습니다.

"우리가 그들을 돕고 나면 하나님께서 신사옥 헌금이 모자라지 않도록 크게 복 주실 겁니다. 주님의 생각은 우리와 다릅니다. 두고 보십시오."

모금 생방송을 하는 날. 놀라운 일이 벌어졌습니다. 100채 정도(4억 원)를 감당할 수 있지 않을까 생각했는데 하나님께서는 차고 넘치게 역사하시어 400채 분이 넘는 17억여 원이 답지한 것입니다. 그해 3월 자타리 캠프에서는 컨테이너마다 태극기가 부착된 코리아타운이 만들어졌습니다. 더욱 놀라운 일은 그 이후 중앙사 사옥 건축 모금에 하나님께서 6만 5천여 명의 후원자들을 보내주셔서 통일시대의 전초기지가 될 사옥을 빚 없이 완공하게 하셨습니다. 하나님의 생각과 우리의 생각은 다릅니다. 그러나 종종 우리는 그것을 놓칠 때가 많습니다.』-「김장환 목사의 인생 메모」 중에서

우리의 눈을 들어 주님을 바라봅시다. 아멘!

💙 주님, 하나님의 나라와 의를 먼저 구하는 삶이 되게 하소서.

🖼 우리의 생각보다 하나님이 원하시는 것을 실천하는 하루가 됩시다.

나의 영적 일지

발을 내디디라

읽을 말씀 : 마태복음 14:22-33

● 마 14:28,29 베드로가 대답하여 가로되 주여 만일 주시어든 나를 명하사 물 위로 오라 하소서 한 대 오라 하시니 베드로가 배에서 내려 물 위로 걸어서 예수께로 가되

자기관리론의 창시자 데일 카네기(Dale Carnegie)는 사람들의 성공을 가로막는 가장 큰 장벽이 다름 아닌 '공포'라고 말했습니다.

"공포에 도전하십시오.
처음엔 누구나 실패합니다.
우리는 걸음마조차 제대로 걷지 못했던 사람들입니다.
공포를 이겨내고 도전하는 사람은 두려움을 역이용하게 됩니다.
실패에 숙달된 사람은 숙련자가 되어 성공합니다.
작은 실패를 딛고 일어서십시오.
작은 성공을 이루게 될 것입니다.
작은 성공을 경험한 사람은 공포를 이겨낼 수 있습니다.
무엇이든 할 수 있다는 자신감을 얻게 됩니다."

두려움에도 바다에 발을 내디딘 베드로는 물 위를 걷는 기적을 체험했습니다. 그리스도인의 정체성을 나타내는 것이 두렵고, 복음을 전하기가 두렵고, 먼저 사랑을 전하기가 두려울지라도 그 두려움을 이겨냄으로 발을 내디딜 때 주님이 역사하십니다.

풍랑을 잠잠케 하시는 능력의 주님이 우리와 함께하심을 믿으십시오. 아멘!

🩶 주님, 주님의 말씀을 의지하여 거친 풍랑 위에 발을 내딛게 하소서.

📖 나를 두렵게 하는 바로 그 일에, 주님을 믿고 도전합시다.

나의 영적 일지

원하는 길이 어디인가

읽을 말씀 : 시편 73:20-28

● 시 73:24 주의 교훈으로 나를 인도하시고 후에는 영광으로 나를 영접하시리니

16세기 헝가리의 '코치(Kocs)'라는 지역에는 4마리 말이 끄는 마차가 있었습니다. 코치 지역의 마차는 일반적인 마차보다 2배 이상 빨랐기 때문에 헝가리 전역에서 지금의 택시와 같은 역할을 수행했습니다.

다른 나라에서 여행을 온 사람들은 헝가리 사람들이 '코치'라고 부르는 마차를 타면 편하게 목적지까지 갈 수 있었습니다.

'코치'라는 마차가 얼마나 빨랐는지 영국에서는 아예 단어의 뜻을 바꿔 놓았습니다.

영국에서는 대학에 들어갈 수 있게 공부를 가르치는 개인교사를 '튜터(Tutor)'라고 불렀으나 원하는 길을 빠르게 가게 해주는 '코치'가 더 적합한 뜻이라고 생각해 무언가를 가르치는 사람을 '코치'라고 부르기 시작했습니다.

빠른 길을 가게 해준다는 뜻의 '코치'는 마차로 시작해 공부에 적용됐고 스포츠를 거쳐 최근에는 기업에까지 도입됐습니다.

더 나은 누군가가 붙어서 가르쳐줄 때 성장이 급격히 빨라지는 공통적인 현상이 일어났기 때문입니다.

최근에는 개인의 인생을 이끌어주는 라이프 코칭이 세계적인 인기라고 합니다. 분야를 막론하고 코칭의 핵심은 바른길을 빠르게 가기 위한 것입니다.

그러나 삶과 죽음을 넘어선 생명의 길은 예수님이 아니고서는, 성경이 아니고서는 가르칠 수 없습니다.

진정한 영혼의 코치 예수님께 인생의 모든 것을 맡기십시오. 아멘!

💜 주님, 제 인생의 코치이신 주님의 인도하심대로 살아가게 하소서.

🖼 사람들을 주님께로 인도하는 영적인 코치가 됩시다.

나의 영적 일지

할 일을 하는 사람

읽을 말씀 : 요한복음 21:15-25

●요 21:22 예수께서 가라사대 내가 올 때까지 그를 머물게 하고자
할찌라도 네게 무슨 상관이냐 너는 나를 따르라 하시더라

'시카고 데일리 뉴스(Chicago Daily News)'의 칼럼니스트이자 미국의 저명한 저널리스트인 시드니 해리스(Sydney J. Harris)가 출근을 하다가 신문을 한 부 샀습니다. 시드니는 돈을 건네며 먼저 밝게 인사했습니다.

"신문 한 부만 주세요. 오늘 날씨 정말 좋네요."

가판대의 주인은 거스름돈을 던지듯이 주며 퉁명스럽게 응대했습니다.

"당신은 살만하니 그렇게 느끼나 봐요."

때마침 이 모습을 본 직장 동료가 의아해 물었습니다.

"저렇게 불친절한 사람이 있나?"

"아, 괜찮아. 저 사람은 원래 저래."

그걸 알면서도 왜 이리 친절하게 대하냐는 질문에 시드니는 다음과 같이 대답했습니다.

"나도 원래 그렇거든. 저 사람이 누구에게나 불친절하듯이 나는 누구에게나 친절하려고 노력 중이네. 다른 사람의 행동에 나까지 영향을 받을 필요는 없지 않나?"

어떤 상황에서도 할 일을 하는 사람은 사소한 일에 큰일을 그르치지 않습니다.

주님이 인도하시는 길을 따라 주님의 말씀을 실천하며 흔들리지 않는 제자의 삶을 살아가십시오. 아멘!

💜 주님, 제 기분과 상관없이 남을 존중할 줄 아는 사람이 되게 하소서.
🖼 다른 사람의 영향을 받지 말고 주님이 맡기신 일을 합시다.

나의 영적 일지

가장 큰 슬픔

읽을 말씀 : 로마서 6:15-23

● 롬 6:16 너희 자신을 종으로 드려 누구에게 순종하든지 그 순종함을 받는 자의 종이 되는 줄을 너희가 알지 못하느냐 혹은 죄의 종으로 사망에 이르고 혹은 순종의 종으로 의에 이르느니라

미국의 알카트라즈(Alcatraz)는 '탈출이 불가능한 곳'으로 알려진 세계에서 가장 유명한 교도소입니다.

샌프란시스코에서 2km 떨어진 섬에 지어진 이 교도소는 알 카포네를 비롯한 흉악한 범죄자들이 수감된 곳이었습니다.

섬에는 오로지 죄수들과 교도관들만 살고 있었으며 살벌한 감시를 뚫는다 해도 물살이 빠르고 상어 떼가 가득한 바다로 둘러싸여 있습니다.

외부와 완전히 단절된 곳이라 말할 수 없는 가혹행위도 많았다고 합니다.

그러나 이곳에 수감된 범죄자들이 가장 힘들어했던 것은 '탈출할 수 없다는 절망', '가혹한 행위'도 아닌 일상이었습니다.

저녁만 되면 샌프란시스코 해변가의 불야성이 눈에 들어왔고 도란도란 즐거운 시간을 보내는 사람들의 대화가 들려오는 듯했습니다. 고작 2km만 가면 저 행복을 누릴 수 있는데 절대로 다가갈 수 없다는 사실이 재소자들이 겪는 가장 큰 고난이었습니다. 특히나 성탄절과 연말이 되면 재소자들은 스트레스와 우울증이 극심했다고 합니다.

하나님이 마련해 주신 구원의 방법을 거부한다면 감옥에 갇힌 사람처럼 진정한 행복을, 천국을 바라만 보게 됩니다.

누구나 마음껏 누릴 수 있게 자유를 허락하신 생명의 복음을 믿으며 한 명이라도 더 많은 사람들에게 전해 자유의 기쁨을 누리게 도우십시오. 아멘!

♥ 주님, 죄의 감옥에서 자유를 허락하신 주님의 자비를 찬양하게 하소서.
🖾 주님이 주신 복음을 믿음으로 참된 자유의 기쁨을 누립시다.

나의 영적 일지

다른 잣대

12월 6일

읽을 말씀 : 요한복음 14:1-7

● 요 14:6 예수께서 가라사대 내가 곧 길이요 진리요 생명이니 나로 말미암지 않고는 아버지께로 올 자가 없느니라

'와인의 나라' 프랑스에서는 식사 때 대부분 와인 한 잔을 곁들이기 때문에 음주운전 단속이 유명무실했습니다.

대부분의 유럽권 나라들은 술을 한 잔만 마셔도 음주운전으로 단속하지만 프랑스에서는 "와인을 마셨다"라고 말하면 그냥 넘어가거나 훨씬 완화된 기준으로 검사를 하는 경우가 많았습니다.

러시아에서는 2000년도 초반까지도 5도 이하의 술은 초등학생, 중학생도 마실 수가 있었습니다.

술이 독하다 보니 맥주는 애들도 마실 수 있다고 생각하는 사회적 분위기가 일반적이었습니다

중국의 한 인터넷 사이트에서는 자와 줄자를 주문 제작해서 살 수가 있는 곳이 있습니다. 주문하는 사람은 '더 짧게, 더 길게'를 요청할 수 있습니다.

'사업자를 위한 편의'라고 설명은 되어 있지만 사실 자기 이익을 위해 잘못 재단된 도구를 당당히 팔고 있는 것입니다.

나라와 사회, 개인의 생각과 신념이 모두 다르기 때문에 세상에는 진리가 존재할 수 없습니다.

만물을 창조하시고 인간을 창조 하사 구원하신 하나님이 주신 말씀만이 세상의 유일한 진리입니다.

세상의 잣대와 기준이 아닌 말씀이 가르치는 잣대와 기준을 따르십시오. 아멘!

♡ 주님, 주님의 말씀만을 세상의 등으로 삼게 하소서.
🖼 진리이신 주님의 말씀을 잣대로 세상의 가치를 판단합시다.

나의 영적 일지

12월 7일

생각이 만든 행복

읽을 말씀 : 시편 17:7-15

● 시 17:15 나는 의로운 중에 주의 얼굴을 보리니 깰 때에 주의 형상으로 만족하리이다

　영국의 워릭 대학교(University of Warwick)는 한국에는 잘 알려지지 않았지만 매년 영국 Top 5 안에 드는 명문 대학입니다.
　워릭 대학교에서 대대적으로 연구팀을 꾸려 행복에 대한 연구를 진행했습니다.
　조사 결과 사람들의 생각과는 달리 '돈'은 행복에 절대적인 영향을 주지 못했습니다. 돈과 원하는 물건을 가질 때의 행복은 길어야 3,4일밖에 유지되지 않았습니다.

　워릭 대학교가 연구한 행복의 조건들은 다음과 같았습니다.
　1. 기대할 수 있고 성취할 수 있는 비전
　2. 일상의 평화를 유지할 수 있는 경제적, 심리적 여유
　3. 좋은 관계와 행복한 친밀감을 느낄 수 있는 사랑의 관계
　4. 상대방을 이해하고 동정할 줄 아는 용서의 포용력
　5. 지속적으로 만나서 대화할 수 있는 관계의 유무
　6. 신뢰와 믿음을 줄 수 있는 건전한 사고방식
　7. 집중하고 도전할 수 있는 열정의 목표
　8. 인간관계를 통해 누리는 격려와 칭찬
　그리스도인의 행복은 어디에 있다고 생각하십니까?
　행복의 조건이 되시는 예수 그리스도만으로 만족하며 감사하십시오. 아멘!

🤍 주님, 행복의 조건들을 주님 안에서 발견하고 그 행복을 누리게 하소서.
▦ 위 목록 중에 내게 있는 것은 몇 개인지 찾아봅시다.

나의 영적 일지

그저 바라보길 원합니다

읽을 말씀 : 시편 62:1-12

● 시 62:5 나의 영혼아 잠잠히 하나님만 바라라 대저 나의 소망이 저로 좇아 나는도다

프랑스의 문학 총사령관이라고 불리던 평론가 쥘 바르베 도르빌리(*Jules Barbey d'Aurevilly*)가 길을 걷고 있었습니다.

멀찍이 떨어진 곳에서 남루한 차림의 남자가 따라오는 것을 느낀 도르빌리는 목적지를 향해 빠르게 걸었습니다.

유명한 평론가인 도르빌리에게 청탁을 하러 오는 사람들이 많았기 때문에 그런 사람 중 한 명이라고 생각했기 때문입니다.

그러나 이 남자는 적당한 거리를 유지한 채 계속 도르빌리를 쫓았습니다.

답답한 도르빌리가 결국 남자를 찾아가 따졌습니다.

"도대체 왜 자꾸 날 따라오는 겁니까? 무엇을 원합니까?"

청년은 감격에 겨운 목소리로 대답했습니다.

"그저… 선생님을 조금이라도 오랫동안 바라보길 원합니다."

레옹 블루아라는 작가는 도르빌리를 평소 매우 존경했는데 우연히 길에서 도르빌리를 발견하고는 자신도 모르게 쫓아간 것이었습니다.

이 만남으로 시작된 두 사람의 우정은 30살의 나이 차이를 극복하고 평생 동안 이어졌습니다.

우리가 예배를 드리는 이유는 무엇입니까?

우리가 주님을 믿는 이유는 무엇입니까?

이미 모든 것을 주시는 주님을 그저 바라보기를 원하십시오.

더 주님을 알기를, 더 주님의 품 안에 머물기만을 바라십시오. 아멘!

🖤 주님, 주님을 더 알고 싶어 하는 마음이 늘 샘솟듯 솟아나게 하소서.

🖼 나를 사랑하시는 위대한 주님과 동행하는 기쁨을 누리는지 생각합시다.

나의 영적 일지

넘어야 보이는 것들

읽을 말씀 : 에베소서 1:3-14

● 엡 1:11,12 모든 일을 그 마음의 원대로 역사하시는 자의 뜻을 따라 우리가 예정을 입어 그 안에서 기업이 되었으니 이는 그리스도 안에서 전부터 바라던 우리로 그의 영광의 찬송이 되게 하려 하심이라

대학에서 용서를 가르치는 교수 에버렛 워딩턴(Everett L. Worthington Jr.)은 새해를 하루 앞두고 강도에게 어머니를 잃었습니다. 어머니는 일흔이 넘은 노인에 무방비 상태였습니다.

괴한은 두 명이나 침입해서 연약한 어머니를 무참히 살해했습니다. 이토록 흉악한 범죄를 저지르고 훔쳐 간 돈은 단 돈 60만 원이었습니다.

범인이 잡힌 후 에버렛 교수는 큰 고뇌에 빠졌습니다.

'왜 용서해야 하는지, 어떻게 용서해야 하는지?' 알았지만 정작 용서를 실행하기는 너무나 힘이 들었습니다.

에버렛 교수는 몇 년 동안 고민을 거듭한 후에야 용기를 내어 강도들을 용서할 수 있었습니다.

그런데 용서를 마음먹고 나자 놀라운 일이 일어났습니다.

자신이 알고 있던 것보다 더욱 놀랍고 긍정적인 변화가 삶 속에 일어났기 때문입니다.

"어머니를 죽인 강도를 어떻게 용서할 수 있나?"라는 사람들의 질문에 에버렛 교수는 다음과 같이 대답했습니다.

"진정한 치유는 용서와 화해를 통해서만 가능합니다. 용서란 스스로를 축복하는 마음속의 보물이라는 사실만이 내가 할 수 있는 고백입니다."

사랑을 못 해본 사람은 사랑의 유익이 무엇인지 알 수 없듯이 용서도 마찬가지입니다. "일흔 번씩 일곱 번도 용서하라"라는 주님의 말씀을 따라 용서할 용기를 달라고 기도하십시오. 아멘!

🩷 주님, 용서라는 높은 산을 넘어갈 수 있는 힘을 주소서.

🧩 주님이 내게 베푸신 놀라운 용서를 기억하며 다른 사람을 용서합시다.

나의 영적 일지

예수님처럼 건강하라

읽을 말씀 : 잠언 12:20-28

● 잠 12:28 의로운 길에 생명이 있나니 그 길에는 사망이 없느니라

미국 드류대학교(Drew University)의 신학부 학장인 레너드 스위트(Leonard I. Sweet) 박사는 예수님의 삶 속에 현대의학으로도 검증할 수 있는 건강 법칙이 있음을 깨달았습니다.

다음은 레너드 박사가 찾은 「예수님의 건강법 10가지」입니다.
01. 되도록 많이 웃어라.
02. 가리지 말고 많은 친구를 사귀라.
03. 가끔씩 동심의 세계로 돌아가라.
04. 매일 조금씩 걸으라.
05. 가급적 긍정적인 생각을 하라.
06. 함께 할 밥상을 차리라.
07. 잔치하는 기분으로 살아가라.
08. 때로는 일상을 벗어나라.
09. 하나님이 주실 기적을 믿으라.
10. 때때로 있는 그대로의 자연을 즐기라.
성경에 기록된 예수님의 삶을 통해 우리는 하나님이 원하시는 성도의 삶이 무엇이며, 하나님이 창조하신 원리대로 살아가는 성도의 삶이 어떤 것인지 배울 수가 있습니다. 그리스도인이라는 말처럼 성도들은 예수님이 살아가신 삶의 족적을 따라갈 때 건강의 축복까지도 누리게 됩니다.

예수님의 삶을 묵상하며 예수님이 살아가신 모습을 닮아가십시오. 아멘!

🤍 주님, 주님이 본을 보이신 삶의 방식을 따라서 살게 하소서.
🗺 주님이 보여주신 삶을 통해 건강의 비법을 찾읍시다.

나의 영적 일지

무엇보다 귀한 보화

읽을 말씀 : 마태복음 13:44-50

● 마 13:44 천국은 마치 밭에 감추인 보화와 같으니 사람이 이를 발견한 후 숨겨 두고 기뻐하여 돌아가서 자기의 소유를 다 팔아 그 밭을 샀느니라

윌리엄 슈미츠(William B. Schmidt)는 미국 캘리포니아에 있는 엘파소라는 산의 터널을 혼자 삽으로 파낸 광부입니다. 길이 제대로 닦여있지 않은 1920년대라 많은 광부들이 광물을 캔 뒤에 험준한 산을 넘어 옮겨야 했습니다.

윌리엄은 광부들이 더 쉽게 광물을 옮기도록 혼자서 터널을 팠습니다.

수십 명이 달려들어도 불가능해 보였지만 윌리엄은 혼자서 매일 삽을 들었습니다. 폭 3m, 길이 800m의 터널을 파는 데에만 무려 38년이 걸렸습니다.

윌리엄이 터널을 뚫는 동안 기술이 발전해 도로가 뚫리고 자동차가 다니기 시작했습니다. 더 이상 터널을 팔 이유가 없었지만 동료들의 만류에도 윌리엄은 매일 터널을 팠습니다.

터널이 완공되고 오랜 시간이 지나서야 윌리엄이 터널을 판 이유가 세상에 밝혀졌습니다. 윌리엄이 판 터널 곳곳에는 엄청난 금맥이 이어져 있었습니다.

윌리엄은 38년간 터널을 캔 것이 아니라 엄청난 금을 캐고 있었고 이 사실을 다른 사람에게 들키지 않으려고 누구의 도움도 구하지 않고 혼자서 미련한 척 평생을 연기했습니다.

사람은 자신이 가치 있다고 여기는 일에 때로는 평생을 바칩니다.

세상에서 찾을 수 있는 가장 귀한 보석인 복음을 받은 우리는 세상의 그 어떤 사람보다 부자이며, 행복한 사람입니다.

우리 안에 주신 보화를 잃지 않도록 전심으로 주님을 예배하며 찾으십시오. 아멘!

💙 주님, 우주의 으뜸이 되시는 존귀하신 주님이 우리의 보화임을 알게 하소서.

🧩 말씀이라는 보화를 매일 캐내고 삶에 적용합시다.

나의 영적 일지

그럼에도 불구하고

읽을 말씀 : 시편 71:19-24

● 시 71:20 우리에게 많고 심한 고난을 보이신 주께서 우리를 다시 살리시며 땅 깊은 곳에서 다시 이끌어 올리시리이다

서울의 한 종합병원 심장외과에 걸려 있는 「어떤 환자의 시」(작가 미상)입니다. 이 시에는 고난 중에도 하나님을 바라보는 감사와 신앙이 담겨 있습니다.

「하나님, 때때로 병들게 하심을 감사합니다.
인간의 약함을 깨닫게 해주시기 때문입니다.
고독하고 외롭게 하심도 감사합니다.
하나님과 가까워지는 기회가 되기 때문입니다.

때로는 허무함을 느끼고 몸이 늙어 아프게 하심도 감사합니다.
그러므로 영원을 사모하기 때문입니다.
오늘 밤, 잠을 못 이루고 뒤척이게 하신 것도 감사합니다.
병들고 고통받는 이웃을 위해 기도할 수 있기 때문입니다.

하나님, 그럼에도 불구하고 감사할 수 있는 마음을 주신 것에
더욱 감사합니다.」

예수님이 말씀하신 복은 세상이 말하는 복과 다릅니다.
모든 상황 속에서 함께 하시는 주님께 그럼에도 불구하고 감사를 드리십시오.
아멘!

💜 주님, 범사의 하나님의 섭리가 있을 줄로 믿게 하소서.
▦ 어려운 환경 속에서도 주님이 주시는 긍휼을 구합시다.

나의 영적 일지

세상을 품는 긍휼

읽을 말씀 : 베드로전서 2:1-10

● 벧전 2:10 너희가 전에는 백성이 아니더니 이제는 하나님의 백성이요 전에는 긍휼을 얻지 못하였더니 이제는 긍휼을 얻은 자니라

영국을 빛낸 100명의 위인 중 한 사람인 「유토피아」의 저자 토마스 모어는 "세속인은 영적 지도자가 될 수 없다"라며 왕이 교회의 우두머리가 되는 것을 반대하다가 순교당했습니다.

재판에서 끝까지 묵비권을 행사한 토마스는 참수형을 선고받은 뒤 대법관들에게 다음과 같이 말했습니다.

"제가 여러분을 친구라고 부르도록 허락해 주십시오.

바울이 스데반을 죽였지만 나중에는 같은 일을 하는 동역자가 되었듯이 여러분과 저도 나중에 하늘나라에서 만날 때는 친구가 되었으면 합니다."

대법관들은 토마스의 말에 감명을 받아 물었습니다.

"당신에게 사형을 선고한 우리에게 좋은 말로 위로해 주는 이유가 무엇입니까?"

"주님이 저에게 긍휼을 베풀어주셨기 때문입니다."

토마스 무어가 세상을 떠나기 전 마지막으로 남긴 말은 자기 목을 치는 사형집행인의 죄책감을 덜어주기 위한 말이었습니다.

진정으로 천국을 믿는 성도의 삶은 세상의 환란에 굴하지 않습니다.

십자가에 위에서 끝까지 사람들을 사랑하시며 용서하셨던 주님의 사랑이 우리 마음에 있는 사랑이기 때문입니다.

모든 죄를 덮어주시고 사해주신 주님의 놀라운 긍휼로 세상에서 주님의 승리를 선포하십시오. 아멘!

💚 주님, 저를 힘들게 하는 사람에게도 주님의 은혜와 사랑을 베풀게 하소서.

🧶 내가 힘든 일을 만났을 때, 기도하는지 원망하는지 살피고 기도로 승리합시다.

나의 영적 일지

다시 나아갑시다

읽을 말씀 : 시편 43:1-5

● 시 43:4 그런즉 내가 하나님의 단에 나아가 나의 극락의 하나님께 이르리이다 하나님이여 나의 하나님이여 내가 수금으로 주를 찬양하리이다

전 세계를 뒤덮은 팬데믹의 영향으로 많은 성도들이 영적으로 고립되어 있습니다.

크리스천 펠로십의 재리드 윌슨(Jarrid Wilson)은 이런 상황에서 도움을 줄 수 있는 「하나님께 나아가는 5가지 방법」을 제시했습니다.

1. 나 혼자 모든 것을 할 수 없음을 인정하라.

   하나님의 필요를 인정하는 것이 첫 번째 걸음입니다.

2. 하나님과 멀어지게 하는 해로운 관계를 끊어내라.

   세상의 즐거움을 누리며 하나님과 더 가까워지기를 바랄 수는 없습니다.

3. 교회를 꾸준히 나가고 소그룹에 참여하라.

   공동체를 통해 얼마나 많은 도움을 받을 수 있는지 사람들은 잊곤 합니다.

4. 성경을 읽으라.

   성경을 주신 하나님을 알기 위해선 성경을 읽어야 합니다.

5. 기도를 최우선으로 생각하라.

   기도할 때 우리는 하나님과 대화하고 있음을 잊지 말아야 합니다.

우리 힘으로 이겨낼 수 없는 무력한 상황에 처했을 때, 그때가 바로 다시 하나님을 찾을 때입니다. 내 능력으로 넘지 못할 벽을 만났을 때, 그때가 바로 하나님의 크신 손을 붙잡을 때입니다.

더 이상 할 수 없다고 느낄 때, 주님은 이제는 할 수 있다고 말씀해 주십니다. 내 힘으로 안 된다고 느낄 때 주님은 내가 힘을 주겠다고 약속하십니다.

모든 어려움과 고난을 이길 힘을 주실 주님께 다시 나아가십시오. 아멘!

🤍 주님, 어떤 상황에서도 전지전능하신 우리의 주님을 붙들게 하소서.

🖼 위 5가지 목록 중에 부족한 부분을 찾아 힘써 보완합시다.

나의 영적 일지

가진 자가 양보하라

읽을 말씀 : 창세기 26:17-25

●창 26:22 이삭이 거기서 옮겨 다른 우물을 팠더니 그들이 다투지 아니하였으므로 그 이름을 르호봇이라 하여 가로되 이제는 여호와께서 우리의 장소를 넓게 하셨으니 이 땅에서 우리가 번성하리로다 하였더라

미국의 한 농장에서 있었던 일입니다.

농장 주인이 가축을 더 키우려고 울타리를 세웠는데 다음날 농부가 지도를 가져와 항의했습니다.

"이 지도에 따르면 당신의 울타리가 내 땅을 1m나 침범했소."

두 사람은 지도를 들고 옥신각신 매일 싸웠습니다.

기나긴 싸움에 지친 농장 주인은 다른 사람에게 땅을 팔았습니다.

새로운 주인을 보자마자 농부는 험상궂은 표정으로 엄포를 놨습니다.

"이 울타리는 우리 땅을 1m나 침범하고 있소. 나는 절대로 양보 안 할 거요."

"걱정하지 마십시오. 이번에는 울타리를 2m 제 쪽으로 옮기겠습니다."

이 말을 들은 농부가 오히려 놀라 물었습니다.

"그럼 손해를 보는데 괜찮다는 거요?"

"네, 괜찮습니다. 마음이 편안한 것이 더 낫지 않겠습니까?"

우물을 파서 이웃과 물을 나눈 이삭처럼 조금 더 양보하고, 조금 더 나눠주는 것이 사람의 마음을 얻는 지혜입니다.

주님께서는 우리가 주님을 위해서, 주님의 이름과 영광을 위해서, 누군가에게 주님의 이름으로 베풀 때에 그것을 기억하시고 더 크고 큰 것을 주시겠다고 약속하셨습니다.

가장 중요한 영혼 구원을 위해 더 많이 양보하고, 더 많이 수고하는 그리스도인이 되십시오. 아멘!

💙 주님, 모든 좋은 것을 주님께서 주셨사오니 저도 이웃과 나누게 하소서.

🖼 내 작은 욕심보다 이웃과의 관계를 더 소중히 여깁시다.

나의 영적 일지

세월을 아껴 전도하는 일

읽을 말씀 : 디모데후서 4:1-8

● 딤후 4:2 너는 말씀을 전파하라 때를 얻든지 못 얻든지 항상 힘쓰라

『저는 미국으로 유학 가기 전 한국에 있을 때만 해도 교회를 나가본 일이 없고, 그러기에 예수 그리스도에 대해서 전혀 알지 못했습니다.

하우스보이로 있던 어느 날, 칼 파워스라는 미군 상사의 조건 없는 사랑과 희생으로 미국 밥존스 고등학교에 입학하게 되고 한 신학생을 통해 예수님을 구주로 영접하게 되자 무엇보다 구령의 열정이 타오르기 시작했습니다.

고등학교 3학년 때부터 주말마다 시골 전도대회에 참석했고, 가난한 나라에서 왔다는 독특한 이력과 감동적인 메시지로 일약 인기 강사가 되었습니다.

밥존스 대학교 신학과에 진학하면서 본격적인 전도를 시작했는데 보통 자동차로 왕복 6시간이나 걸리는 곳도 많았지만 전혀 개의치 않았습니다. 또한 차가 없다는 것도 저를 막지 못했습니다. 차 있는 친구들을 설득해 전도에 나섰는데, 교회에서 사례금을 주면 그들과 똑같이 나눴습니다. 어떤 때는 차를 제공한 친구가 타이어가 닳았다고 하면 기름값은 물론이요, 타이어 값까지 계산해 주면서 전도의 열정을 불태웠습니다. 어떻게 보면 주말은 젊은이들에게는 황금과 같은 시간이었는데 저는 그 시간들을 하나님께 드리는 것이 행복했습니다.

하나님께서 저를 지금까지 국내외에서 사용하시는 것은 어쩌면 그때의 젊은 시절을 온전히 선교를 위해 헌신한 결과가 아닐까 생각이 듭니다.』 - 「김장환 목사의 인생 메모」 중에서

우리가 할 일은 때를 얻든지 못 얻든지 복음을 전하는 일입니다.

씨를 뿌리면 하나님께서 자라게 하시고, 기쁨으로 열매를 거두게 하십니다. 아멘!

🤍 주님, 세월을 아끼는 지혜와 명철을 주소서.

🧎 낙심하지 말고 거두게 하시는 하나님을 바라봅시다.

나의 영적 일지

영혼의 서명

읽을 말씀 : 고린도전서 6:12-20

● 고전 6:19,20 너희 몸은 너희가 하나님께로부터 받은바 너희 가운데 계신 성령의 전인 줄을 알지 못하느냐 너희는 너희의 것이 아니라 값으로 산 것이 되었으니 그런즉 너희 몸으로 하나님께 영광을 돌리라

매서운 추위가 몰아치던 겨울, 런던의 한 악기점에 걸인이 찾아왔습니다.

"제가 오다가 바이올린을 주웠는데 얼마라도 주시지 않겠어요?"

한눈에 보기에도 볼품없어 보이는 바이올린이었습니다. 사장은 이 추위에 고생하는 걸인을 보고 마음이 짠해 몇만 원 정도를 쥐여줬습니다.

걸인이 떠나고 사장은 악기가 제대로 소리를 내는지 싶어 가볍게 연주를 시작했습니다.

그런데 그 악기점에 있는 어떤 고급 바이올린보다 소리가 좋았습니다.

깜짝 놀란 사장은 바이올린의 먼지를 털어 무언가를 찾기 시작했습니다.

바이올린 한편에는 깜짝 놀랄 서명이 새겨져 있었습니다.

'Antonio Stradivari 1704'

200년 동안 행방불명 됐던 명기 스트라디바리우스 중 하나였습니다.

지금도 영국에서는 이와 비슷한 일이 일어나곤 합니다.

한국의 한 연주자도 샌드위치를 먹는 사이 스트라디바리우스를 걸인에게 도둑맞은 적이 있습니다. 걸인들은 바이올린의 가치를 모르기 때문에 최소 10억 가치의 귀한 이 악기를 주변의 골동품 상이나 악기점에 헐값에 판매합니다.

사람들이 보기에는 볼품없다 하더라도 거기에 장인의 서명이 있다면 명품의 가치가 매겨집니다.

예수님의 보혈의 서명이 쓰인 하나님의 귀한 자녀가 바로 우리라는 사실을 잊지 말고 자존감을 지키십시오. 아멘!

💙 주님, 거장이신 주님의 서명이 제 영혼에 새겨져 있게 하소서.

🎽 하나님의 귀한 자녀라는 사실을 기억하며 가치 있는 삶을 살아갑시다.

나의 영적 일지

암초를 피하는 방법

읽을 말씀 : 시편 119:102-111

12월 18일

● 시 119:105 주의 말씀은 내 발에 등이요 내 길에 빛이니이다

　　태평양의 주요 항로 중 한 곳에는 수많은 암초로 사고가 많이 일어나는 지역이 있었습니다. 항로 중간의 작은 섬에서 빛을 쏘는 등대가 있었지만 360도 어디에서 봐도 등대의 불빛은 똑같이 보였기에 한밤중에는 항로를 예측할 수 없었습니다.

　　전문가들은 암초를 피해 배를 안전한 길로 인도할 방법을 고심한 끝에 등대를 2개 더 세웠습니다.

　　3개의 등대가 불빛을 쏜다면 배가 어디에서 오든지 길을 예측할 수 있기 때문입니다. 전문가들은 배의 항로를 예측해 등대의 불빛이 겹쳐서 하나로 보일 때 안전한 해로로 갈 수 있게 설계했습니다.

　　만약 등대의 불빛이 2개로 보이거나 3개로 보인다면 암초의 위험에 노출된 상태입니다. 배를 움직여 다시 등대의 불빛이 1개로 보인다면 그 길은 안전한 길입니다. 달빛조차 없는 흑암이라 할지라도, 거친 파도가 몰아친다 하더라도 한 개의 불빛을 따라 유유히 흐르기만 하면 파선의 위험 없이 무사히 항해할 수 있었습니다.

　　성도의 삶에도 3개의 등대가 늘 함께 합니다.

　　나를 창조하신 하나님, 나를 구원하신 예수님, 나와 함께 하시는 성령님 세 가지 등대의 불빛이지만 동일한 길로 인도하시는 하나의 빛입니다.

　　선하고 안전한 길로 인도하시는 빛 되신 주님을 바라보며 세상의 암초를 피하십시오. 아멘!

♡ 주님, 주님의 말씀이 제 발에 등이고 제 길에 빛이심을 믿고 알게 하소서.
🪷 어떠한 경우에도 주님의 말씀에서 답을 찾고 있는지 자신을 돌아봅시다.

나의 영적 일지

채워주실 것을 믿으라

읽을 말씀 : 시편 81:9-16

● 시 81:10 나는 너를 애굽땅에서 인도하여 낸 여호와 네 하나님이니 네 입을 넓게 열라 내가 채우리라 하였으나

평생 15만 명의 고아들을 길러낸 '고아들의 아버지' 조지 뮬러(George Muller)는 오직 기도만으로 모든 필요를 채웠습니다.

그러나 그의 삶을 들여다보면 정말로 일촉즉발의 위기가 많았습니다.

한 번은 고아원의 조리사가 다급하게 뮬러를 찾아왔습니다.

"식재료가 하나도 없습니다. 고아원에는 돈도 없고, 식료품점을 여기저기 찾아가도 다들 빌려줄 재료가 없다고 합니다."

뮬러는 조금의 동요도 없이 종을 쳐서 아이들을 식당으로 부르라고 말했습니다. 천 명이 넘는 아이들 앞에는 빈 접시와 포크, 나이프뿐이었습니다.

뮬러는 문제를 어떻게든 해결해 주실 주님을 믿고 식사 감사 기도를 했습니다.

기도를 마치는 순간 식당 문을 열고 큰 통을 든 남자들이 들어왔습니다.

"원장님, 계속 음식을 보내드리려고 마음만 먹다가 드디어 찾아왔습니다."

통 안에는 온 아이들이 먹고도 남을 만큼의 충분한 고기와 야채, 빵이 들어있었습니다.

하나님의 때에, 하나님의 이름으로 구하는 기도에 하나님은 조금의 오차도 없이 응답하십니다.

하나님의 인도하심을 따라 하나님의 응답이 가득히 임하는 삶이 되게 해달라고 깨어 기도하십시오. 아멘!

♡ 주님, 믿음으로 구하는 모든 것을 채워주시는 주님의 능력을 경험하게 하소서.

🖋 주님의 일을 위해 필요한 것은 담대히 주님께 구합시다.

나의 영적 일지

성도로 살아가라

읽을 말씀 : 데살로니가후서 1:3-12

● 살후 1:11 이러므로 우리도 항상 너희를 위하여 기도함은 우리 하나님이 너희를 그 부르심에 합당한 자로 여기시고 모든 선을 기뻐함과 믿음의 역사를 능력으로 이루게 하시고

　　세계 복음 전파의 거장 빌리 그레이엄(Billy Graham) 목사의 외손자인 툴리안 차비진(Tullian Tchividjian) 목사는 모태신앙을 거부하고 세상으로 도망가 오랜 세월을 보냈습니다. 세상에서 도저히 만족할 수 없었던 차비진 목사는 다시 주님의 품으로 돌아왔으나 많은 그리스도인의 모습이 세상에서 보던 사람들과 아무런 차이가 없다는 사실에 크게 놀랐습니다.

　　다음은 차비진 목사가 말한 「당신이 크리스천인지 알 수 있는 체크리스트」입니다.
　　1. 예수님만이 진리라는 복음은 너무 독선적이라고 생각한다.
　　2. 말씀과 기도보다는 리더십, 조직에 관련된 프로그램을 듣는다.
　　3. 찬송가와 철 지난 복음성가를 낡은 것으로 치부한다.
　　4. 성경보다 최신 연구 결과나 학자들의 견해를 신뢰한다.
　　5. 옛날 방식의 전통 교회는 지루하다고 생각하며 다닐 생각도 없다.
　　6. 술, 담배, 언어생활이 불신자와 큰 차이가 없다.
　　복음에는 중간이 없습니다.
　　일주일에 하루만 크리스천일 수 없듯이 세상이 아닌 그 어디에 있어도 우리의 정체성은 크리스천이어야 합니다.
　　어디에서든 당당히 주님을 따르고, 주님의 말씀대로 살아가는 진짜 크리스천이 되십시오. 아멘!

🩷 주님, 세상에서도 믿음이 흔들리지 않고 크리스천으로 생활하게 하소서.
🦌 위의 체크리스트로 나의 성도의 됨됨이를 점검합시다.

나의 영적 일지

복음을 듣게 하라

읽을 말씀 : 이사야 52:1-12

● 사 52:7 좋은 소식을 가져오며 평화를 공포하며 복된 좋은 소식을 가져오며 구원을 공포하며 시온을 향하여 이르기를 네 하나님이 통치하신다 하는 자의 산을 넘는 발이 어찌 그리 아름다운고

미국 애틀랜타 주에서 한 죄수가 재판을 받다가 판사와 경찰을 포함한 4명을 살해하고 도주한 사건이 있었습니다.

이 죄수는 민가를 전전하며 숨어 지내다가 홀로 사는 여자를 발견하고는 습격해 인질극을 벌였습니다.

이미 이 죄수의 만행은 뉴스를 통해 알려져 있었습니다.

인질로 잡힌 애슐리는 온몸이 꽁꽁 묶인 채로 두려워 떨었습니다.

언제 죽을지도 모른다는 두려움에 떨던 애슐리에게 문득 이런 감동이 찾아왔습니다.

'혹시 지금 하나님이 이 범인을 나에게 보내신 건 아닐까?'

애슐리는 하나님이 주신 용기로 범인에게 말을 걸었습니다.

"어쩌면 당신이 우리 집에 와서 저를 인질로 잡은 것은 하나님의 계획하심일지도 몰라요. 제가 책 한 권을 읽어드려도 될까요?"

애슐리는 릭 워렌 목사님의 「목적이 이끄는 삶」을 읽어주었습니다.

사람을 4명이나 죽인 범인은 무언가 홀린 듯이 말씀을 듣더니 애슐리를 풀어주고 자수했습니다.

황량한 사막 같은 세상에 생명을 살릴 오아시스가 있음을 알릴 의무가 우리에게 있습니다.

하나님이 주신 긍휼과 용기로 복음을 전하며 하나님이 주신 사명을 감당하십시오. 아멘!

♡ 주님, 성령의 감동하심이 있을 때는 망설이지 말고 복음을 전하게 하소서.

▨ 아무리 두려운 상황 일지라도 정신을 가다듬고 주님께 기도함으로 해결합시다.

나의 영적 일지

하나님을 만나면

읽을 말씀 : 출애굽기 20:19-26

● 출 20:20 모세가 백성에게 이르되 두려워 말라 하나님이 강림하심
은 너희를 시험하고 너희로 경외하여 범죄치 않게 하려 하심이니라

미국 솔트레이크 신학교의 도널드 맥컬로우(Donald W. McCullough) 총장은 지금 시
대의 교인들은 입맛대로 만든 하나님을 예배하고 있다고 지적했습니다.

"우리가 예배를 드리고 있는 동안 하나님이 바로 옆에 계신다고 생각해 봅시
다. 지금처럼 편안한 자세로 집중하지 못하고 (예배를 드린다든지) 관람할 수 있겠습
니까?

그러나 하나님은 정말로 예배 중에 우리와 함께 하십니다.

대부분의 성도들이 하나님을 자기 입맛에 맞춰서 섬기고 있습니다.

하나님을 경외하며 신비로운 기대감으로 예배를 드리는 성도는 거의 없습
니다.

헌금 시간에 특송을 하는 자매와 어려운 설교를 하는 목회자만이 손에 땀을
흘리며 벌벌 떨뿐입니다."

40여 권이 넘는 신앙서적을 쓴 조시 맥도웰(Josh McDowell)은 이런 모습을 '뷔페
식 신앙'이라고 부릅니다.

살아계신 하나님을 있는 그대로 예배하는 것이 아니라 자기 입맛에 맞는 교
회, 자기 입맛에 맞는 설교만 찾아 자기 마음에 드는 하나님을 만들고 섬기는 성
도들이 점점 많아지고 있기 때문입니다.

예배 가운데 하나님이 정말로 계신다면 우리의 자세와 생각은 어떻게 달라질
까요?

살아계신 하나님은 언제나 우리와 함께하십니다.

그 사실을 믿음으로 신령과 진정으로 드리는 참된 예배를 드리십시오. 아멘!

🤍 주님, 제게 맞는 예배가 아니라 주님이 기뻐하시는 예배를 드리게 하소서.
🖼 하나님을 향한 경외가 살아있는 진정한 예배를 드립시다.

나의 영적 일지

12월 23일

위로를 통해 기쁨으로

읽을 말씀 : 로마서 12:14-21

●롬 12:15 즐거워하는 자들로 함께 즐거워하고 우는 자들로 함께 울라

미국의 몇몇 교회들은 밤이 가장 짧은 동지에 '블루 크리스마스'라는 특별한 행사를 엽니다. 일반적으로 크리스마스 전 주에 열리는 이 행사에는 교회를 다니지 않는 사람도 참석할 수 있고, 다른 종교를 믿는 사람도 참여할 수 있습니다.

'블루 크리스마스'는 일반적인 크리스마스 예배와는 180도 다른 형식으로 진행됩니다. 신나는 캐럴 대신 느리고 장엄한 찬송을 부르며 마음을 위로하는 성경 말씀을 낭독합니다. 중간중간 목이 터져라 울어도 뭐라 하는 사람 없이 서로 어깨를 다독여 줍니다.

예배가 끝나면 서로의 눈물을 닦아주며 위로의 말을 나누는 교제로 행사는 끝이 납니다.

미국인들은 전통적으로 크리스마스를 가족과 함께 보내며 예배를 드립니다. 블루 크리스마스는 사정상 함께 모일 가족이 없거나 가족을 잃은 슬픔으로 크리스마스를 제대로 기념할 수 없는 사람들을 위로하기 위한 행사입니다.

"당신은 혼자가 아니며 우리가 함께 합니다"라는 위로의 목적으로 미국 미시간 주의 몇몇 교회에서부터 시작한 이 행사는 매년 동참하는 교회가 늘어 이제는 미국 전역으로 퍼졌습니다.

예수님이 세상의 슬퍼하는 사람들을 찾아가 위로하신 것처럼 우리가 먼저 소외되고 슬퍼하는 사람들을 찾아가야 합니다.

마음을 위로할 주님이 계심을, 그분으로 인해 참된 기쁨을 찾게 될 수 있음을 애통하는 마음과 돕는 손으로 전하십시오. 아멘!

💜 주님, 우리가 먼저 소외되어 슬퍼하는 사람들을 찾아가 위로하게 하소서.

🏮 모일 가족이 없거나 가족을 잃어 슬퍼하는 사람을 찾아가 위로합시다.

`나의 영적 일지`

주님을 만나는 법

읽을 말씀 : 마태복음 25:35-46

● 마 25:45 이에 임금이 대답하여 가라사대 내가 진실로 너희에게 이르노니 이 지극히 작은 자 하나에게 하지 아니한 것이 곧 내게 하지 아니한 것이니라 하시리니

성경에는 아기 예수님을 예배하러 간 동방박사의 숫자가 정확히 나와 있지 않지만 중동지방의 전설에 의하면 3명이라고 합니다.

그런데 이들 말고도 원래 예수님을 만나러 가기로 한 '알타반'(Artaban)이라는 박사가 한 명 더 있었다고 합니다.

알타반은 다른 박사들과 만나러 가던 중 강도를 당해 죽어가는 사람을 만나 돕다가 약속에 늦었다고 합니다. 훗날 베들레헴에서 예수님이 나셨다는 소식을 듣고 다시 길을 떠났지만 다시 어려움을 겪는 한 가정을 돕느라 때를 놓쳤다고 합니다. 예수님을 만나러 떠날 때마다 남을 돕느라 계속해서 때를 놓친 알타반은 어느새 백발이 성성한 노인이 되어 아쉬운 마음을 주님께 고했습니다.

"주님을 찾아 평생을 헤맸지만 결국 빈손으로 생을 마치게 되었습니다. 주님, 왜 저를 만나 주시지 않으십니까?"

그러자 주님의 음성이 알타반의 귓가에 들렸습니다.

"네가 곤경에 처한 사람들을 돕는 동안 나는 너와 함께 있었다. 너는 이미 나를 만났고, 나를 위해 누구보다 값진 일들을 행하였다. 착하고 충성된 종아."

예수님이 만나고 싶어 했던 바로 그 사람들, 예수님이 복음을 전하러 가셨던 바로 그 사람들을 위해 우리가 몸을 낮추고 겸손히 섬길 때 주님은 그곳에 함께 하십니다.

주님이 찾아가시고, 도우셨던 세상의 낮은 곳에 머무는 사람들을 주님의 이름으로 섬기십시오. 아멘!

💜 주님, 주님의 마음으로 어려운 사람들을 사랑하며 섬기게 해주소서.
🈂 최근에 주님의 이름으로 누구를 섬긴 일이 있었는지 생각해 보고 더욱 섬깁시다.

나의 영적 일지

바로 나를 위해서

읽을 말씀 : 누가복음 2:8-14

● 눅 2:11 오늘날 다윗의 동네에 너희를 위하여 구주가 나셨으니 곧 그리스도 주시니라

네덜란드 최고의 화가로 불리는 '빛의 화가' 렘브란트(Rembrandt Harmenszoon)는 다른 화가들에 비해 유독 자화상을 많이 그렸습니다.

훗날 주님을 만나 구원받은 뒤에는 많은 성화를 그렸는데 그 성화들에 반드시 자신의 얼굴과 같은 인물을 그려 넣었습니다.

'순교자 스데반'을 그린 그림에는 스데반 집사를 향해 돌을 던지는 군중 중 한 명으로 자신을 그렸습니다.

'빌라도의 법정'에서는 예수님을 십자가에 못 박으라고 소리치는 군중으로 렘브란트가 등장합니다.

'돌아온 탕자'에서는 방탕한 생활 가운데 모든 것을 잃은 탕자의 얼굴에 자신의 얼굴을 그려 넣었습니다.

하나님을 외면하고 떠나 살던 탕자가, 예수님을 핍박하고 복음을 거절하던 성경의 그 사람이 바로 자신의 모습이었다는 성찰 때문이었습니다.

빛으로 오신 주님을 몰라보고 외면하던 성경 안의 그 사람이 바로 나이듯, 독생자의 생명을 주시면서까지 구원하고자 했던 하나님이 찾으시는 사람 또한 바로 나입니다.

온 세상이 즐거워하고 기뻐하는 주님이 오심을 기념하는 성탄의 의미가 바로 나, 그리고 우리를 위한 하나님의 위대한 선물입니다.

이 기쁜 선물을 주신 하나님께 할 수 있는 모든 행위로 감사를 표현하는 성탄을 보내십시오. 아멘!

♡ 주님, 저의 죄를 용서하시려고 이 땅에 와 주신 주님을 찬양하게 하소서.

🖼 만약 예수님이 이 땅에 오지 않으셨으면 지금 어떤 삶을 살고 있을지 생각해 봅시다.

나의 영적 일지

힘이 있는 질문

읽을 말씀 : 요한복음 3:1-8

● 요 3:4,5 니고데모가 가로되 사람이 늙으면 어떻게 날 수 있삽나이
 까 두번째 모태에 들어갔다가 날 수 있삽나이까 예수께서 대답하시
 되 진실로 진실로 네게 이르노니 사람이 물과 성령으로 나지 아니하
 면 하나님 나라에 들어갈 수 없느니라

　미국의 작가 도로시 리즈(Dorothy Leeds)는 어느 날 자신이 유방암에 걸렸다는 사
실을 알게 됐습니다. 청천벽력 같은 소식이었으나 차분히 어떻게 할지를 정리한
리즈는 현명한 질문을 통해 유방암을 완벽하게 극복해 냈습니다.
　암에 걸린 사람들은 불안감에 제대로 된 판단을 못 내렸으나 리즈는 자신이
원하는 것을 얻기 위한 올바른 질문을 통해 기도한 결과 저렴하게 새로운 치료
법을 받아 최소한의 후유증을 겪으며 암을 극복했습니다.
　이 경험을 통해 '현명한 질문'의 핵심을 깨달은 도로시 리즈는 현재 실리콘밸
리에서 가장 잘나가는 강사로 활동하고 있습니다.

　다음은 리즈가 말한 「완벽한 질문의 조건」입니다.
　1. 생각을 자극하는 질문
　2. 정보를 얻을 수 있는 질문
　3. 마음을 열게 하는 질문
　4. 귀를 기울이게 하는 질문
　5. 문제를 해결할 수 있는 질문
　올바른 정답은 올바른 질문으로 얻을 수 있습니다.
　우리는 주님께 기도로 무엇을 묻고, 무엇을 구하고 있습니까? 세상을 위한 것
입니까? 주님이 주신 사명과 복음을 위한 것입니까?
　예수님이 질문을 통해 우리의 어리석음을 가르치셨던 것처럼 올바른 질문으
로 관계를 회복하고, 신앙의 길을 찾고, 복음을 전하십시오. 아멘!

💙 주님, 답을 얻을 수 있는 올바른 질문을 위한 지혜와 명철을 주옵소서.
🔃 어떤 어려운 일이 있으면 먼저 기도하면서 질문을 정리합시다.

나의 영적 일지

새로운 삶의 방법

읽을 말씀 : 로마서 1:8-17

● 롬 1:16 내가 복음을 부끄러워하지 아니하노니 이 복음은 모든 믿는 자에게 구원을 주시는 하나님의 능력이 됨이라 첫째는 유대인에게요 또한 헬라인에게로다

쇠재두루미는 광활한 몽골의 초원에서 살아가는 조류입니다.

너른 들판에 가면 쉽게 찾아볼 수 있는 쇠재두루미이지만 가을철만 되면 한순간에 사라져 한 마리도 찾기가 힘들어집니다. 영하 50도에 이르는 혹독한 추위를 거슬러 따스한 인도를 찾아가기 때문입니다.

문제는 몽골과 인도 사이를 가로막고 있는 히말라야산맥이었습니다.

높이가 8천 미터인 히말라야산맥은 제 아무리 새라 해도 넘어가기가 사실상 불가능합니다.

'쇠재두루미가 어떻게 1년에 2번이나 히말라야를 넘을 수 있는가?'는 많은 생물학자들에게 수수께끼였습니다. 그러다 최근 기술의 개발로 쇠재두루미의 비행을 추적할 수 있게 됐는데 그 비결은 매우 놀라웠습니다.

쇠재두루미는 과학적으로 매우 복잡한 호흡법으로 체력을 유지하며 공기밀도가 높은 곳을 찾아 17시간 동안 쉬지 않고 날갯짓을 했습니다.

사람들이 보기에는 히말라야를 1년에 2번이나 넘는 불가능한 비행이었지만 본능적으로 최적의 비행법을 알고 있던 쇠재두루미에게는 심박에 조금도 무리가 가지 않는 편안한 여정이나 마찬가지였습니다.

기도의 능력을 깨달은 그리스도인은 세상이 이해할 수 없는 놀라운 능력의 삶을 살아갑니다.

세상에서 어떤 태산 같은 어려운 일들을 만나더라도 우리의 힘과 능력이 아닌 주님이 주시는 능력과 힘으로 극복하며 나아갑시다. 아멘!

🤍 주님, 주님께서 함께 하시면 모든 문제가 해결될 수 있음을 믿게 하소서.

📱 세상을 이길 힘을 주신 주님을 믿고 기도와 찬양으로 나아갑시다.

나의 영적 일지

하나님이 보내신 이유

읽을 말씀 : 미가 6:6-16

12월 28일

● 미 6:8 사람아 주께서 선한 것이 무엇임을 네게 보이셨나니 여호와께서 네게 구하시는 것이 오직 공의를 행하며 인자를 사랑하며 겸손히 네 하나님과 함께 행하는 것이 아니냐

지역 유지의 딸로 태어나 남부러울 것 없는 최고의 교육을 받으며 자란 한 여인이 있었습니다. 그녀는 뛰어난 성적으로 의대에 진학했으나 알 수 없는 원인의 척수염으로 졸지에 장애인이 됐습니다. 몸이 아파 더 이상 공부를 할 수 없게 되자 그녀는 모든 것을 포기하고 요양을 하러 유럽으로 떠났습니다.

여행 중 우연히 영국의 빈민굴을 찾은 그녀는 세상에 그토록 비참한 사람이 사는 줄은 꿈에도 몰랐습니다. 충격적인 경험을 하고 하나님께 기도하던 그녀에게 하나님의 한 말씀이 떠올랐습니다.

"사람아 주께서 선한 것이 무엇임을 네게 보이셨나니 여호와께서 네게 구하시는 것이 오직 공의를 행하며 인자를 사랑하며 겸손히 네 하나님과 함께 행하는 것이 아니냐"(미가 6:8)

하나님이 자신을 이곳에 보낸 이유가 무엇인지 알 것 같았습니다. 모든 사재를 털어 불우한 이웃을 지속적으로 도우며 자활할 수 있는 방법을 연구한 그녀는 세계 최초의 정착 시설인 '헐 하우스(Hull House)'를 세워 현대사회복지에서도 반드시 공부하는 위인이 됐습니다.

1931년 메리 버틀러와 함께 노벨 평화상을 받은 제인 애덤스(Jane Addams)의 이야기입니다.

하나님은 말씀을 통해 지금도 우리에게 말씀하고 계십니다.

말씀을 믿는 정도가 아니라 말씀을 행하는 사람이 진정으로 변화된 사람입니다. 매일 주시는 말씀을 묵상에서 끝내지 말고 삶을 통해 살아가십시오. 아멘!

🩷 주님, 주변에 있는 불우한 이웃들을 주님의 사랑으로 돕는 삶이 되게 하소서.

🧎 주님이 맡기신 사람들을 위해 내가 할 수 있는 도움이 무엇인지 생각합시다.

나의 영적 일지

누구를 예배하는가

읽을 말씀 : 시편 27:1-9

● 시 27:4 내가 여호와께 청하였던 한 가지 일 곧 그것을 구하리니 곧
나로 내 생전에 여호와의 집에 거하여 여호와의 아름다움을 앙망하
며 그 전에서 사모하게 하실 것이라

'천상의 설교'를 한다고 소문이 자자했던 헨리 워드 비처(Henry W. Beecher) 목사
가 뉴욕의 한 대형교회에 초청을 받았습니다.

200년 전인 당시에는 직접 교회에 오지 않으면 명사의 설교를 들을 수 없었
기에 천재일우의 기회를 놓치지 않으려는 성도들로 예배당은 발 디딜 틈이 없었
습니다.

그런데 강단에는 비처 목사의 동생인 토마스 비처가 등장했습니다.

갑자기 심한 병에 걸려 올 수 없던 헨리 비처 목사 대신 설교를 하러 온 것입
니다. 토마스 목사님이 충분히 사정을 설명한 뒤 사과를 했지만 예배당 곳곳이
웅성거렸고 예배 도중에 나가는 사람도 있었습니다.

이 모습을 보다 못한 토마스 비처는 다음과 같이 말했습니다.

"형님을 여기에 모시지 못한 것을 다시 한번 사과드립니다.

지금부터 예배를 시작할 테니 헨리 비처를 예배하러 오신 분들은 모두 교회에
서 나가주시기 바랍니다.

하나님을 만나러 모인 분들과 함께 예배를 시작하겠습니다."

토마스 비처의 말에 정신이 번쩍 든 성도들은 다시 자리에 앉았고 그날의 예
배는 그 어느 때보다 은혜로우며 많은 영혼들이 주님께 돌아왔다고 합니다.

예배의 대상은 오직 하나님뿐이며 다른 어떤 것도 이 사실에 영향을 미칠 수
없습니다. 어디에 있든지, 누구를 통해 말씀을 듣든지 오로지 우리의 주인이신
하나님만을 구하고 예배하십시오. 아멘!

💗 주님, 하나님을 찾으며, 하나님을 기쁘시게 하는 예배를 드리게 하소서.

🖾 모든 예배의 초점을 오직 주님께로만 맞춥시다.

나의 영적 일지

은혜의 조건

읽을 말씀 : 요엘 2:13-14

● 욜 2:13 너희는 옷을 찢지 말고 마음을 찢고 너희 하나님 여호와께로 돌아올찌어다 그는 은혜로우시며 자비로우시며 노하기를 더디 하시며 인애가 크시사 뜻을 돌이켜 재앙을 내리지 아니하시나니

영국 발전의 기틀을 다진 위대한 여왕 엘리자베스 1세를 암살하기 위해서 훈련받은 한 여인이 있었습니다. 여인은 왕궁의 시녀로 지원해 조금씩 신임을 얻어 마침내 여왕의 침실 근처까지 이르렀습니다. 암살을 실행에 옮기기로 결심한 여인은 몸에 작은 칼을 숨기고 침실 옷장에 숨어 있었습니다.

여인은 여왕의 사적인 공간에 들어가 본 적이 없었기에 여왕이 잠자리에 들기 전 근위대가 온 방을 수색한다는 사실을 몰랐습니다.

암살은 시도도 못해보고 근위대에 붙잡힌 여인은 뒤늦게나마 여왕에게 눈물로 자비를 호소했습니다.

평소 여인이 마음에 들었던 여왕은 흥미가 생겨 다음과 같은 질문을 했습니다.

"내가 너를 용서한다면 나에게 무엇을 줄 수 있지?"

"한 나라의 여왕님께 제가 드릴 수 있는 것은 아무것도 없습니다. 저는 오직 조건 없는 은혜를 바랄 뿐입니다."

엘리자베스 여왕은 여인의 말대로 조건 없이 풀어주었습니다.

여왕의 자비로 목숨을 구한 여인은 평생 시종으로 엘리자베스 여왕의 곁을 지키며 은혜에 보답했습니다.

진정한 은혜에는 조건이 붙지 않습니다.

그러나 놀라운 은혜는 베푼 사람을 위해 모든 것을 헌신하게 합니다.

세상에서 가장 귀한 은혜를 베푸신 주님을 모든 것을 바쳐 섬기십시오. 아멘!

🤍 주님, 파멸에서 제 생명을 구원해 주신 주님의 은혜에 늘 감사하며 살게 하소서.

🧩 놀라운 은혜를 베풀어주신 주님을 모든 성실을 다해 섬깁시다.

나의 영적 일지

주님과 함께 한 결단

읽을 말씀 : 여호수아 1:3-9

● 수 1:5 너의 평생에 너를 능히 당할 자 없으리니 내가 모세와 함께 있던것 같이 너와 함께 있을 것임이라 내가 너를 떠나지 아니하며 버리지 아니하리니

스웨덴의 한 청년이 약관의 나이에 성공의 꿈을 안고 혈혈단신으로 미국 이민을 떠났습니다. 부푼 꿈을 품고 있었지만 경제 상황이 열악했던 당시 미국에서 일자리 구하기가 하늘의 별 따기였습니다.

가진 돈을 탕진하고 노숙을 전전하던 청년은 미국 서부에 일자리가 많다는 풍문만 믿고 몰래 기차에 숨어 탔으나 도중에 발견되어 흠씬 두들겨 맞고 어딘지도 모르는 강가에 버려졌습니다.

거울에 비친 초라한 자신의 모습을 보고 더욱 큰 실의에 빠진 청년은 차라리 이대로 강에 빠져 삶을 마감하는 것이 나을 수도 있다는 생각이 들었습니다.

자신도 모르게 강물에 몸을 담그는 도중 스웨덴에서 종종 읽었던 한 성경 말씀이 떠올랐습니다.

"내가 선한 싸움을 싸우고 나의 달려갈 길을 마치고 믿음을 지켰으니"(딤후 4:7)

지금까지 한탄만했지 바울처럼 정말로 노력해본 적이 없다는 깨달음을 얻은 청년은 다시 힘을 주시는 주님을 믿고 새롭게 출발하고자 도전했습니다.

정유회사의 중직을 거쳐 미국 몬타나(Montana) 주의 주지사가 된 존경받는 정치인이었던 휴고 애런슨(J. Hugo Aronson)의 이야기입니다.

뒤를 돌아보지 않고 앞을 향해 최선을 다하는 사람만이 경주에서 승리할 수 있습니다.

나를 떠나지 않고 언제나 함께하시는 주님을 의지하여 지금까지 여러 가지로 힘들었지만 새해 다시 한번 도전하며, 다시 한번 결단합시다. 아멘!!

💙 주님, 힘들고 지친 순간에도 주님이 함께하시며, 능력을 주심을 믿고 알게 하소서.
🧩 주님이 주시는 새 힘으로 희망찬 새해를 바라보며 주님께서 도와주길 기도합시다.

나의 영적 일지

암담한 어려움 중에 있는 분들에게
용기와 소망과 위로를 주는
김장환 목사의 **기적 인생 이야기**

김장환 목사(극동방송 이사장)와 결혼해
50여 년 동안 한국인으로 사는
트루디 사모의 **무지개 인생 이야기!**

망망한 바다 한가운데서 배 한 척이 침몰하게 되었습니다.
모두들 구명보트에 옮겨 탔지만 한 사람이 보이지 않았습니다.
절박한 표정으로 안절부절 못하던 성난 무리 앞에 급히 달려 나온 그 선원이
꼭 쥐고 있던 손바닥을 펴 보이며 말했습니다.
"모두들 나침반을 잊고 나왔기에… "
분명, 나침반이 없었다면 그들은 끝없이 바다 위를 표류할 수 밖에 없을 것입니다.

우리는 삶의 바다를 항해하는 모든 이들을 위하여
그 나침반의 역할을 하고 싶습니다.
우리를 구원하신 위대한 주 예수 그리스도를 널리 전하고 싶습니다.

"하나님은 모든 사람이 구원을 받으며
진리를 아는 데에 이르기를 원하시느니라"
(디모데전서 2장 4절)

하나님을 찬양하라!
김장환 목사와 함께 / 경건생활 365일

발행처 | 나침반출판사
편집인 | 편집팀
발행인 | 김용호

발행일 | 2022년

등　록 | 1980년 3월 18일 / 제 2-32호
주　소 | 157-861 서울 강서구 염창동 240-21
　　　　블루나인 비즈니스센터 B동 1607호
전　화 | 본　사(02)2279-6321
　　　　영업부(031)932-3205
팩　스 | 본　사(02)2275-6003
　　　　영업부(031)932-3207

홈페이지 | www.nabook.net
이 메 일 | nabook365@hanmail.net
일러스트 제공 | 게티이미지뱅크

ISBN　978-89-318-1628-0
책번호　마-1063

※이 책은 김장환 목사님의 설교자료와
　여러 자료를 정리해 만들었습니다.

값은 뒤표지에 있습니다.